应用型系列法学教材

法学导论

王广辉　周　萍　周芳芳　编著

WUHAN UNIVERSITY PRESS

武汉大学出版社

图书在版编目(CIP)数据

法学导论/王广辉,周萍,周芳芳编著.—武汉:武汉大学出版社,2024.7
(2025.9 重印)
应用型系列法学教材
ISBN 978-7-307-24337-8

Ⅰ.法… Ⅱ.①王… ②周… ③周… Ⅲ.法学—高等学校—教材
Ⅳ.D90

中国国家版本馆 CIP 数据核字(2024)第 062182 号

责任编辑:田红恩   责任校对:李孟潇   版式设计:马 佳

出版发行:**武汉大学出版社**   (430072   武昌   珞珈山)
    (电子邮箱:cbs22@whu.edu.cn   网址:www.wdp.com.cn)
印刷:武汉中科兴业印务有限公司
开本:787×1092 1/16   印张:18   字数:424 千字   插页:2
版次:2024 年 7 月第 1 版   2025 年 9 月第 4 次印刷
ISBN 978-7-307-24337-8   定价:58.00 元

作者简介

王广辉，中南财经政法大学教授，法学院宪法学与行政法学专业博士生导师，比较宪法与行政法教研室主任；中国法学会宪法学研究会常务理事，湖北省法学会宪法学研究会常务副会长，湖北省法学会地方立法研究会副会长。兼任武汉学院法学院院长。

周萍，武汉学院法学院副教授，主要担任法理学、法律史的课程教学和科研工作，两次获得湖北省教学成果三等奖，主持、参与多项省级课题，在《广东财经大学学报》等期刊发表多篇论文。

周芳芳，武汉学院法学院副教授，法学博士。主讲法理学、法律职业伦理等课程。曾荣获第十届中国青年法学论坛"完善中国特色社会主义法治实施体系"主题征文二等奖。主持多项省级、校级课题，在《法制与社会发展》《法律方法》《东方法学》等期刊发表多篇论文。

目　录

1

第一章 法的一般知识

第一节 法字释义

一、中文中法的符号

汉字中，"法"的古体写作"灋"，为汉字"六书"中的会意字，① 东汉许慎在其《说文解字》中对"灋"的解释为："灋，刑也。平之如水，从水。廌，所以触不直者去之，从去。"可以看出，"灋"指的是"刑"，也就是刑法和刑罚，是指人们应当做某种行为或被禁止做某种行为，如果违反就要受到刑罚处罚。"灋"字由三部分组成并各自代表一定的含义：其一，"氵"即水，不论水底高低起伏而水面总是平面，即使水平面被打破也会尽快恢复平面，水代表公平之意；其二，"廌"，是一种传说中的神兽，形似麒麟，大者如牛，小者如羊，头顶上长着一只尖尖的角，它能明辨是非，并在辨明是非之后用其独角去抵触奸恶欺诈等无理之人；其三，"去"指的是驱逐，表示驱逐无理之人，伸张正义。简言之，"灋"一个字将古代司法工作的基本特征包含在内：中国古代的法主要指的是刑法，司法要秉持公平的价值追求，审理案件的方式是以獬豸代表的神意来辨明是非，对无理之人的处罚方式是驱逐。然而，"灋"字的结构和含义代表的只是造字时人们对法的理解，在之后中国专制王朝的发展中，法的内涵虽始终围绕着刑，但是其外延已经发生了许多变化。

---

① 会意字，是指用两个及两个以上的独体汉字，根据各自的含义所组合成的一个新汉字，这种造字法就叫作会意，属于汉字六书中的一种。汉字六书为象形、指事、形声、会意、转注、假借，其中象形、指事、会意、形声主要是"造字法"，转注、假借是"用字法"。汉字六书是指汉字的六种构造条例，是后人根据汉字的形成所作的整理，而非造字法则。六书是后来的人把汉字分析而归纳出来的系统。

商鞅变法后，改"法"为"律"。① "律"，按照《说文解字》的解释："律，均布也。"所谓均布，是指古代用竹管或金属管制成的定音仪器。清代的段玉裁在其《说文解字注》中指出："律者，所以范天下之不一而归于一，故曰均布。"也就是说，"律"的作用在于规定了天下一致遵循的格式、准则。自商鞅制定《秦律》之后，"律"又指成文法形式，并成为之后两千多年的中国古代王朝法律的主要表现形式。

古代汉语中"法"和"律"不是合在一起使用，二者的含义也不同，而后发展为同义。据《尔雅·释诂》记载："法，常也；律，常也"，即早在秦汉时，"法"与"律"二字已经同义，指规范、制度的意思。最早把"法""律"二字连在一起使用的是管仲，他说，"法律政令者，吏民规矩绳墨也"，西汉晁错称："今法律贱商人，商人已富贵矣。"管仲和晁错等古人所说的"法律"只是两个同义字的并列使用，主要含义仍然是"刑"；"法""律"对于社会的作用主要依靠国家的刑罚强制性手段。"法"和"律"用作合成词并且具备我们现在所指法律的含义，则是清朝末年"修律"时由日本引入中国并逐渐发展而成的，自近代以来沿用至今。

以上关于中文"法"字符号的介绍是目前多数法理学著作的共识性成果。在张永和教授的《"灋"问》一书中，展示出了"法"字更加丰富的含义：

氵
蔡枢衡："法字本义是流"，"有罪者置于水上，随流漂去，即今之所谓驱逐"。②
苏力：古人强调法像流水，是自上向下颁布的。③
张永和：水直接指涉"平"。"平之如水"不是"象征意义"（《说文解字》观点）的，而是功能性的，是水性所致。④

廌
李瑾："解廌"之名初为古羌语"神判"一词的汉语音译，后成为图腾。⑤
武树臣："廌"为蚩尤部落的图腾，后来成为权威机构的象征。⑥

---

① 公元前 359 年，商鞅以《法经》为蓝本，制定《秦律》六篇，历史上称为"改法为律"。此外，秦国还颁布了大量法令。秦统一六国后，秦始皇把秦国的法律推行全国，第一次建立起全国统一的封建法制。

② 蔡枢衡：《中国刑法史》，广西人民出版社 1983 年版，第 170 页。

③ 苏力：《"法"的故事》，载《读书》1998 年第 7 期。

④ 张永和：《"灋"问》，清华大学出版社 2010 年版，第 10 页。

⑤ 李瑾：《"神判"与"法"字结体之关系论略——"神羊决狱"本事索隐》，载《重庆师范学院学报》（社会科学版）1984 年第 2 期。

⑥ 武树臣：《寻找最初的"法"——对古"法"字形成过程的法文化考察》，载《学习与探索》1997 年第 1 期。

续表

廌
张永和："廌"在甲骨文中出现，展现了远古时期的诉讼场景。"廌"作为神与人的中介，参与人们的诉讼活动，承载着神的公平和正义理念。"廌"不仅能对刑事案件进行裁判，它同样可以对大量的民事案件进行裁判。"廌"的发音"zhi"是对神兽"廌"发声的模拟。①

去
武树臣："去"是弓矢相离之义，与夷（弓矢相合）相对，是一种古老的证据制度。②
张永和：去即"祛除"，有教育之意。教育的形式往往是象征性的。③

灋
胡大展：灋的最初含义应是"判决"。一个判定为有罪，或应否定，或应废弃（人、器沉入水底）；一个判定为无罪，或应肯定，或应佑护（人、器浮于水面）。④
武树臣：一个世世代代执掌兵刑的部族，在古代法律生活中发挥了持久的影响；水在原始社会中具有禁忌上的和行为准则上的特殊功能；在诉讼活动中证据具有重要意义以及由此可产生严重的后果。以上三方面的因素合起来就是"法"。⑤
卜安淳：许慎释灋（法）为刑，流毒甚广。法字从水去，灋字从水廌去。取象于天，取法于地。法（灋）是人观察自然物象，取法自然物象，所思所悟而明见之恒常规则，是事物反复变化中不变之规则。此类规则于日常习见于流水之形和奔廌之象，故造字者取此日常习见之形象而构成法（灋）字。人见法字即如睹流水之形，见灋字则似同观流水之形和奔廌之象，而知法（灋）字所示者乃事物变化中之不变规则。⑥

法的书写经历了廌、漓、灋到法的过程，历史中形成的对法的不同理解，包含了先人对法的思考。

二、西文中法的符号

西方具有代表性的表达"法"以及"法律"的文字和词语更为复杂。如拉丁文的 jus 和 lex，德文的 recht 和 gesetz，法文的 droit 和 loi 等，均可翻译为"法"（Right）和"法

---

① 张永和：《"灋"问》，清华大学出版社 2010 年版，第 12 页。

② 武树臣：《寻找最初的"法"——对古"法"字形成过程的法文化考察》，载《学习与探索》1997 年第 1 期。

③ 张永和：《"灋"问》，清华大学出版社 2010 年版，第 12 页。

④ 胡大展：《"灋"意考辨：兼论"判决"是法的一种起源形式》，载《比较法研究》2003 年第 6 期。

⑤ 武树臣：《寻找最初的"法"——对古"法"字形成过程的法文化考察》，载《学习与探索》1997 年第 1 期。

⑥ 卜安淳：《古法（灋）考释》，载《中华法系国际学术研讨会文集》，中国政法大学出版社 2007 年版，第 129 页、第 133~134 页。

律"（Law）。前者 Right 等词语除了指"法"的含义之外，还具有"权利""公平""正义""规律"等意思，这是人们对良好社会秩序和有尊严的个人生活之向往，因此这些词语被法学家概括为"自然法""客观法""理想法"或"应然法"，即人们心中对国家、社会和个人应该是什么样子的一种具有抽象性的法学术语之表达；后者 Law 等词语主要是人们依据自己对现实的认识和期待而制定出的法律，因为法律之中体现了社会的现实并凝结了人们的主观创造又以具体的文字所表达，所以法学家将其概括为"人定法""现实法"或"实然法"，以及"主观法"。① 西方法学认为，"自然法"是居于"人定法"之上的某种"高级法"；"自然法"可以作为衡量"人定法"是否具有德性、是否正义的尺度。②

从根本上说，语言文字只是历史上人们对某种现象的理解所作出的展示和记录，"法"在中西方词源上的差异源于各自不同的历史环境。中国古代的法，产生于氏族之间的战争，氏族以合法的武力进行统治，即为青铜器时代的刑。③ 西方古代的法，如雅典城邦的法，是社会分工的扩大瓦解了血缘社会而产生的国家之法，国家是社会各主体之上的力量，在保障和平稳定的前提下为协调各社会主体之间的关系，法作为斗争和妥协的结果而出现，又在对法的运行不断认识过程之中，逐渐产生了公平、自由、权利等诸多方面的理解。

三、法、法律

中国历史上，"法""刑""律"具有相同的含义，并未出现将"法"与"律"复合称之为"法律"的情形。近代以后，最早收录"法律"一词的是 1815 年马礼逊所著的《华英字典》。据研究者考证，中国近代出现的"法律"一词，是西方传教士或是中国的洋学人士，借用了古代中国的汉字词汇，用以翻译"Law"而形成，并被日本人在明治维新后作为"Law"的译词得到广泛应用，后来可能是借助于梁启超等人的使用，重新被中国人所接受。④

"法"与"法律"的区分，在文字符号上就有体现出来。如罗马法上的 ius 与 lex；法语中的 droit 与 loi；意大利语中的 diritto 与 legge；德语中的 recht 与 gesetz。"ius""dioit""recht"指的是"法"，即蕴含公平正义价值的那些抽象的法则、权利等；"lex""loi""gesetz"指的是"法律"，即权威者制定的依靠国家强制力实施的具体行为规则。

古典自然法学派的理论中，法就被作为先于且优于法律并是法律善恶标准之存在，认为自然法是人类法的渊源。在一些著名思想家的理论中，"法"和"法律"也是有区别的。如康德认为，正义与法具有相通性，是"普遍自由的法则"；法律则是指那些使任何

① 参见付子堂主编：《法理学初阶》（第六版），法律出版社 2021 年版，第 88 页。
② 参见陈柏峰主编：《法理学》，法律出版社 2021 年版，第 48 页。
③ 参见梁治平：《法辨：中国法的过去、现在和未来》，中国政法大学出版社 2002 年版，第 79 页。
④ 参见李运博：《近代汉语词汇的形成及其对日本和朝鲜半岛的影响——以"法律"一词的形成过程为例》，载《日语学习与研究》2008 年第 5 期。

人的有意识的行为，按照一条普遍的法则，确实能够和其他人的有意识的行为相协调的全部条件的综合。① 黑格尔认为，"法就是作为理念的自由"，这种自由的理念要成为普遍的、现实的、有效的东西，"就必须获得它的普遍的形式"，这就是法律。所以，法与法律是内容与形式的关系。② 马克思的法哲学思想中，"法"与"法律"也是存在明显区别的两个范畴。马克思所谓的法是理论意义上的，从社会成员的权利维度出发，代表着权利、自由、公平、正义等理念，是指法律应然性的一面；与之相对应，法律则是从国家的规范维度来讲的，由国家制定的实在法、成文法组成，代表着法实然性的一面。③

在中国的法治建设中，"法"经常与"法律"作为同义词使用，一般有广义和狭义两种含义：广义的法律泛指一切以规范性文件表现的行为规范，既包括用"法律"或"法"命名的文件，如全国人大制定的"基本法律"、全国人大常委会制定的"基本法律以外的法律"等；也包括命名为"法规""条例""规定""办法""解释"等的"法规"。如国务院制定的"行政法规"，享有地方立法权的地方人大制定的"地方性法规"，国务院组成部门和地方人民政府制定的"行政规章"，民族自治地方制定的"自治条例"和"单行条例"，最高人民法院和最高人民检察院针对法律具体适用而作出的"司法解释"等，还包括国家参加的"国际条约"。狭义的法律仅指国家最高立法机关制定的名称上用"法"以及"法典"来命名的规范性文件，在我国仅指全国人大及其常委会制定的法律。值得注意的是，"法"和"法律"之用语，并不局限于国家机关指定的具有法律性质的规范性文件，有时也被扩大使用于其他领域，如厂规厂法、道德法庭、章法等。④

但在中国法学研究的话语中，一般认为："法律"指的是具有立法权的国家机关依照特定程序制定的法律规范，或一国法律体系的整体；而"法"则有评价"法律"的某种价值尺度或道义标准的意味。⑤ 这一点，与西方文化语境中"法"与"法律"的区别比较接近，即"法"具有权利、正义的含义，有时也指某种自然规律或社会规律；"法律"则通常指国家或某种组织颁布的具体规范或规则体系。因此在法学研究中，可将"法"和"法律"的关系概括为抽象和具体、应然与实然、观念与现实等不同的关系。这样的区分，对我们合理认识"法"及"法律"的内容与性质有着重要的意义。"法"和"法律"如果只是表述的词语不同，那么，从法律具有公平正义的价值中，应该推论出奴隶制国家、封建制国家的法律也是维护公平正义的，实际的情形却并非如此，其很多内容严重践踏人权，维护的是等级特权，恰恰是不公平、不正义的。再者，"法"和"法律"完全一样，那么，法理学上关于"恶法非法""恶法亦法"的争议就失去了意义，因为这个争议涉及核心问题是，评价法律"善"或"恶"的标准是什么，应该是"法"具有的权利、正义属性。由此可知，"法律"有"善"或"恶"之分，"法"仅代表着"善"，由

---

① ［德］康德：《法律哲学》，转引自法学教材编辑部《西方法律思想史编写组》编：《西方法律思想史资料选编》，北京大学出版社 1983 年版，第 399 页。

② ［德］黑格尔：《法哲学原理》，范扬、张企泰译，商务印书馆 1979 年版，第 10 页、第 28 页。

③ 赵金英：《马克思的法与法律二元性论题及其当代启示》，载《湖南社会科学》2022 年第 4 期。

④ 张文显主编：《法理学》（第五版），高等教育出版社、北京大学出版社 2018 年版，第 67 页。

⑤ 陈柏峰主编：《法理学》，法律出版社 2021 年版，第 48 页。

此才能成为评价法律的价值尺度。

第二节　法律规范

一、法与社会规范

（一）社会规范

英文中"规范"（norm）一词来源于拉丁文"norma"，本义指木匠手中的"规尺"，后引申用以研究人的社会行为，作为人的行为标准，由此形成一个特定的概念——社会规范（Social Norm），并成为哲学、伦理学、文化学、社会学、心理学等多学科共同研究的对象。由此而言，社会规范是指调整社会中人与人之间相互交往关系的行为规范，通过为人们的行为设定一定的标准，确保人对自己行为的选择在合理的范围内进行，目的是维护一定的社会秩序。社会规范的产生和发展，都源于人们共同生产、生活的需要，也同时是人们共同生产、生活活动的规律性表现。

1. 社会规范的特点

（1）社会规范是个体社会行为的价值标准，是衡量个体行为的社会意义并作出判断的依据。所谓个体的社会行为，是指个人之间存在着相互影响的行为。这种行为是在人与人之间的交往中发生的。个体的行为对社会生活及社会秩序都有直接或间接的影响，需要有一定的社会规范去划定边界。社会规范正是评价和矫正个体社会行为的标准。

（2）社会规范是由一定的社会组织依据自身的利益需要及价值观提出或制定的，具有鲜明的社会制约性和形式多样性。在社会学中，社会组织有广义与狭义之分。广义的社会组织包括人类生活活动的各种群体，既有家庭、家族、村社等初级群体，又包括人们为了有效地达到特定目标而建立的共同活动的次级社会群体，如企业、公司、学校、医院、商店、政党、国家机关等。狭义的社会组织通常指上述次级社会群体。社会组织要进行有效运转，就需要一定的规范来统一组织内成员的个体行为。当个体的行为符合社会规范时，便会得到肯定及赞许；当个体的行为背离社会规范时，就会受到否定及指责。社会规范的存在和发挥作用是维持一个社会组织稳定、发展的前提。由不同社会组织的活动需要孕育产生的社会规范表现形式各有不同，如国家机关制定的规范性文件、社会团体制定的章程、社会发展而形成的道德准则等。

（3）社会规范随社会历史条件及社会组织的变更而变化，具有鲜明的历史性。任何社会组织都不是固定不变的，有它发生、发展的历史。当社会组织发生一定的变化与更替时，组织内的各种规范也必须随之变化，及时反映本组织的利益与目标。

2. 社会规范的种类

社会规范存在于社会生活的各个领域。从熟人社会的乡村到陌生人社会的城市，各个地方各个行业几乎都存在社会规范。社会规范的存在形式复杂多样，常见的形式有法律规范、习惯规范、道德规范、宗教规范等。在此，将法律规范之外的社会规范称为其他社会规范。

（1）法律规范

法律规范，是指国家制定或认可，反映特定时期立法者所代表的利益要求，并由国家强制力保证实现的一种社会规范。法律规范作为行为规范，针对的不是个别、特定的事或人，而是适用于同类的事或人；不是适用一次就完结，而是可以反复适用。那些仅适用于某一具体的事或人的命令或判决，虽然也具有必须遵守的性质，只是法律规范在具体条件下的适用，不能归入到法律规范的范围之中，即不能作为法律规范的表现形式。

（2）习惯规范

习惯是人们在长期的生产、生活中反复实践，自发渐进形成的行为规范，是重复足够多次而形成的自动化行为。由于社会关系的复杂多变性以及人的交往形式的多样化，使得法律以及道德对人们行为的规范作用无法做到全覆盖而无遗漏的程度，这就为习惯规范的形成留下了空间。然而，仅仅在这个意义上来理解习惯规范的产生与作用是不够的，因为随着社会的发展，法律和道德规范会逐渐健全，存在的遗漏会越来越少，习惯规范得以形成的空间自然会越来越小。实际上，无论是法律还是道德规范，对人们行为的规范都无法做到精细和精准的程度，即不能对人们行为的方式、步骤、顺序等都做出明确的规定，让人们直接据此而完成某种行为。即便能够做到这样的程度，则会导致人的行为变成纯粹机械性的动作，人的创造性、个性就会被扼杀。实际的情形则是，法律和道德等社会规范只是为人的行为指明了基本的方向，设定了不能逾越的边界，在边界之内，每一个人还是可以根据自己的能力去加以选择的，这才是习惯规范得以形成并能够与法律、道德等规范长期共存的根本所在。当人们在一个较长的时期内对某种行为的选择采取了大体相同的方式、步骤时，或者对某些事务的处理采用大致相同的办法时，就会逐步形成习惯规范。此外，由于人们所处的地域不同，归属于不同的族裔或群体，也会在长期交往中形成带有地域或群体特征的习惯规范。

习惯规范是对法律、道德等规范进行具体化而产生的，既非纯粹的道德规范，也不是完全的法律规范，而是介于道德与法律之间的社会规范，不能与道德、法律等社会规范发生冲突。同时，习惯规范作为历史的积淀，具有较强的稳定性，甚至可以延续上千年。在现代社会之中，习惯规范的作用虽大大减弱，但仍然是社会规范的一种存在形态，甚至在某些方面还发挥着重要的作用。

（3）道德规范

道德是具有相同文化背景中的人们对于善和恶、公正与偏私、合理与不合理等方面的感觉、观点、规范和原则的总和。作为一种社会规范，它依靠社会大众的心理认同而产生和发展，通过人们内心良知产生的评判和社会舆论发挥作用，并且以社会习俗、传统文化以及人们的口耳相传等为主要载体和传播途径。道德规范在社会规范中具有重要位置，每个社会以及社会中的每种社会关系普遍会产生一定的道德规范并受其约束。道德规范通过人们的理性认知来引导人们的行为，本质上是人们内心信念的反映，其发展程度深刻反映着社会文明的进步。除了传统的家庭生活中的老幼道德规范、政治行为中的廉洁道德规范以及商业活动中的诚信道德规范之外，现代社会分工的发展产生了许多专门的职业，随之出现了各具特色的职业道德。职业道德对特定行业的从业人员提出了特殊的职业要求，核心是与该行业紧密相关的各种职业操守。身处不同职业领域中的人，需要遵守以职业操守为核心的职业道德。专业人士需要遵守的职业道德更具强制性，也比一般的道德在适用上更具有特定性。

（4）宗教规范

宗教是人类社会广泛存在的一种社会现象，因人们对超人间神灵的崇拜而产生，属于思想信仰的范畴。宗教信仰除了意识上的崇拜、敬仰心理之外，往往还有外在的行为表现与仪式活动，建立相应的宗教组织，开展传教活动等。如何才能将宗教信徒、宗教组织和宗教活动结合在一起，使之符合某种宗教的教义，展示该宗教具有的显著特征，或与其他宗教的不同，宗教规范便由此而产生，常用"戒""律""约""法""戒律""诫律""律法"等来命名。宗教规范存在于宗教内部，约束的对象是宗教信徒、宗教组织的信教、传教行为。宗教之间因为教义、仪式的不同，会造成宗教规范之间存在较大的差异。教徒对某种宗教的信仰，不仅体现为对宗教教义的接受，还表现为对宗教规范的遵守上。

（二）法律与其他社会规范的关系

法律与其他社会规范共存于社会系统之中，对社会关系的运行和人们的行为发挥着规范的作用，由此便存在法律与其他社会规范的关系问题。讨论这一问题的基本前提是，所有社会规范都有存在的必要性，且有各自的作用范围，相互之间会发生冲突，但不能用否定的办法去化解，而应该采取协调的措施来处理。

1. 其他社会规范弥补法律规范的不足

社会是一个复杂的系统，各种社会关系交织在一起，不同社会关系的内容也存在差别。要对复杂的社会关系进行调整，确保各种社会关系在维持自己内容和运行方式上特性的同时，又能够保持不同社会关系之间的和谐以及规范化运行，就需要根据社会关系性质和内容的不同，形成多种社会规范与之相匹配，满足各种社会关系规范化运行的差异性需要。即便是同样的社会关系内部，也会存在不同层面的问题，需要有不同的社会规范来进行调整。由此决定了复杂的社会关系系统需要复杂的社会规范系统与之相对应。其中的每一种社会规范，对其调整的领域或事项，都是合理的存在，都有发挥其作用的必要性，不同的社会规范之间会形成互补的关系。

法律作为社会规范系统中的一种，在实行法治制度的国家当然具有非常重要的作用，但也不能替代其他社会规范作用的发挥。因为法律不是万能的，如人的思想、情感问题，还有一些道德方面的问题，就不能用法律来调整，用是否合法加以判断。再者，法律规范具有普遍适用性，这决定了法律规范只能针对社会交往过程中具有一定普遍性的行为做出要求，是否允许以及允许到何种程度加以指引，无法就特殊性、非典型性的行为提出要求，这就为其他社会规范的适用留下了空间，其他社会规范就能够弥补法律规范在此方面的不足，降低人们寄希望立法者能够尽可能多地进行立法的预期，减轻立法者的压力。

法律的创制、修改，形式上是由立法者进行的，但立法者由选举产生，立法需要进行充分的调查研究，严格按照法定的程序进行审议，有时还需要社会公众的参与，均需动用许多人力、物力资源；如果面临争议较大的问题，还会引发一定的社会矛盾或利益纠葛，蕴含一定的风险。此外，法律的强制性是需要借助于国家权力的运用而实现的，执法也需要付出一定的成本。其他社会规范的形成和运行更多是一种内生性、自发性的，无须动用公权资源。人们遵守秩序并非由于感受到法律制度的存在，而是因为其他社会规范对社会个体的广泛约束力。① 借助其他社会规范的自我实施机制，法律运作的成本可以降低，克服国家权力运用产生的高昂成本、权力腐败等问题。例如，在农村垃圾治理中，乡村社会以村民自治的方式充分发挥公共道德、村规民约等其他社会规范的引导、激励作用，将包含现代公共卫生意识和环保理念的垃圾处理方法，融入村民的意识之中，通过社会成员的自发参与，促使环保法律和政策以温和的方式逐渐在乡土社会扎根。从另一个角度来看，在其他社会规范作用下已经形成了稳定和谐的社会秩序时，法律规范只需要发挥对破坏社会秩序的行为进行惩罚和纠正的作用即可，也可以降低遵守和适用法律的成本。还有，对其他社会规范的自觉遵守，也会培养和巩固人们的规则意识，从而增强对法律规则遵守的自觉性，实际上也就是为对法律规范的遵守培育坚实的社会基础，促进法律规范性作用的发挥。

2. 其他社会规范为法律规范的发展提供资源

法律的生命力在于能够符合社会关系的实际，准确反映社会关系的要求。但社会关系处在不断的发展变化之中，相应的法律规范也应该随之发生变化，② 以适应变化以后的社会关系需要。法律的变化需要立法者进行判断，人的认识能力有限性决定了立法者对法律应如何变化做出的判断并不都是及时的，也不一定都能够符合变化以后的社会关系实际，反而是具有自生性的其他社会规范做出的反应或改变更加及时和符合实际，可以弥补法律规范的滞后性造成的既有规范无法有效发挥作用的不足，也可以检验其他社会规范先行作用的效果如何，作为对法律规范进行发展的参考，必要的时候吸收转化为法律规范。后一种情形，就是在为法律规范的发展提供资源。例如："七天无理由退货"是对网络购物消费者有利的"后悔权"交易规范，起初是网络平台为保障消费者权益并促进交易而自发形成的商业规范。2013 年修正的《消费者权益保护法》第二十五条加以了吸收和确认，明文规定"经营者采用网络、电视、电话、邮购等方式销售商品，消费者有权自收到商品之日起七日内退货，且无须说明理由……"。这样的情形，在道德规范、习惯规范转化为法律规范上，表现得更多。还有，法律中很多的科学技术规范，也是对生产过程中形成的技术规范吸收而成的。

3. 法律对其他社会规范的协调作用

法律体现国家意志并以国家强制力为后盾保障其实施，其他社会规范体现社会一定阶层或群体的意志并以各自非国家强制的手段发挥规范作用，往往因其属人性、行业性或者地域性而适用的范围有限，且不同类别其他社会规范之间是没有严格的效力位阶区分的。但在法律规范和其他社会规范的关系上，法律规范因为有国家强制力为后盾而在效力上高于其他规范，其他的社会规范都不能与法律规范相违背。在这个意义上，通过法律规范才能将众多的社会规范结合为一个协调的整体，其他社会规范无法能够发挥这样的作用。

法律规范之所以能够发挥对其他社会规范的协调作用，不是人们主观赋予的，而是来自法律规范与其他社会规范之间在调整社会关系时居于的地位和作用。法律规范是对社会

---

① 参见［美］埃里克·A. 波纳斯：《法律与其他社会规范》，沈明译，中国政法大学出版社 2004 年版，第 5 页。

② 王维澄：《关于有中国特色社会主义法律体系的几个问题》，载《求是》1999 年第 14 期。

关系主体行为的一般性调整，其他社会规范则是对各自社会关系主体行为的特殊性要求。法律规范的遵守和执行，以国家权力的强制为后盾；其他社会规范的遵守，主要靠人们的自觉。

法律对其他社会规范的协调作用体现为：首先是法律禁止的行为或者要求人们必须履行的义务，其他的社会规范要加以遵守，不能给予允许或者免除。法律禁止的都是些对社会或他人有明显危害性的行为；法律规定的义务，则是基于人的社会性而要求人们为共同体的存在发展做出的付出。它们结合在一起，才能确保国家和社会共同体的存在，为共同体内部各种组织的活动、不同利益的追求创造适宜的条件，提供秩序的保障。在这个意义上，法律是其他社会规范的规范。其次，法律规范对人们自由选择行为的规定，其他社会规范可以进行具体化，甚至提出更高的要求，但在根本上不能违背法律应有的精神。如特定宗教规范中对信徒信仰其他宗教的禁止，并不违反法律规定的宗教信仰自由的精神。因为信仰某种宗教并对该宗教所主张的超人间神灵的崇拜，本身需要达到一定的虔诚度。如果该宗教的信徒同时又信仰其他的宗教，至少表明其信仰的真诚性、虔诚度是存在问题的。因此，对于宗教信仰者而言，选择信仰某种宗教，必然内含对该宗教规范中禁止同时信仰其他宗教教规的接受。最后，法治制度下的法律规范，以保障人权为基本的价值追求，其他社会规范无论做出怎样的特殊要求，都要与之在根本上相符合，不能有所违背。即便是对违反其他社会规范行为进行的惩罚，也不能突破这一点。

正是通过法律规范对其他规范的协调整合，才能使整个社会规范系统内部不发生冲突，所有的社会关系依之运行而呈现出和谐的状态。

二、法律规范的作用

法律规范的作用是指法律规范作用于人的行为以及社会关系以后可以产生的影响，依据作用的范围、效果等可将其划分为一般作用与具体作用、整体作用与局部作用、预期作用与实际作用、直接作用与间接作用、积极作用和消极作用、规范作用和社会作用等。[①]

（一）法律规范的规范作用

法律规范的规范作用是法律作为一种行为规范对人的行为产生的影响，可概括为指引、评价、预测、强制、教育等作用；法律规范的社会作用是通过其规范作用而实现的，[②]二者是目的和手段的关系，包括分配社会利益、解决社会纠纷和实施社会管理等作用。

1. 告知作用

法律是国家关于人们应当如何行为的要求，需要让人们知晓，才有可能去按照法律的要求来选择自己的行为。法律禁止的，就不去从事或尽力避免去从事，以免受到惩罚；法律鼓励的就努力去从事，以期获得赞许及肯定；法律给予个人自由选择的，就根据自己的意愿选择是否从事、什么时候从事某种行为。立法程序中，最后一个程序是法律的公布，

---

① 张文显主编：《法理学》（第五版），高等教育出版社、北京大学出版社 2018 年版，第 77～78页。

② 陈柏峰主编：《法理学》，法律出版社 2021 年版，第 86 页。

实际就是以此方式向社会大众进行告知。

2. 指引作用

法律通过规定人们的权利和义务以及违反法律应承担的责任来规范人们的行为。其指引作用包括两种情况：其一，确定性的指引，即通过规定法律义务，要求人们作出或抑制一定行为。其二，不确定的指引，即通过授予法律权利，给人们创造选择从事或不从事某种行为的机会。① 从立法的意图来说，这两种指引产生的法律后果都是人们行为时要考虑的因素。但确定性的指引目的是防止人们作出违反法律指明的行为；不确定性的指引目的是鼓励人们从事法律所容许的行为。

3. 评价作用

法律作为行为规范，构成判断、衡量人们的行为是否符合法律要求的标准和尺度。法律只评价人的行为，而不评价人的思想，但是通过法律的评价作用可以影响人们的价值观念和思维习惯，进而达到指引人们作出合法行为的目标。

4. 预测作用

法律规范的预测作用是指根据法律规定，人们可以预先估计到哪些行为是法律允许或鼓励的，哪些行为是法律禁止的，以及行为与否具有的法律后果，将此作为选择自己如何行为的根据。法律的预测作用之所以能够发挥，是因为人都有趋利避害的心理，可以根据法律来确定自己的行为方向、方式、界限，合理地作出选择，尽可能避免从事为法律禁止的行为，以免受到惩罚。例如：由于《刑法》的存在，人们就可以相当准确地预见到哪些行为是犯罪行为，一旦从事会受到什么种类、程度的刑罚处罚，自己应该怎么做，他人会怎么做进而安排自己的行为。

5. 强制作用

法律的强制作用集中体现在一定国家机关运用国家权力对不履行法律规定的义务以及从事法律禁止的行为而给予的制裁之上。制裁的形式是多种多样的，如刑法中的管制、拘役、有期徒刑、无期徒刑、死刑、剥夺政治权利、没收财产、罚金等刑罚；民法中的停止侵害、排除妨碍、返还财产、恢复原状、赔偿损失、赔礼道歉、消除影响、恢复名誉、支付违约金、收缴非法所得、罚款；经济法中的停止供应原材料、停产整顿、停止贷款；行政法中的警告、罚款、拘留、没收、停止营业等。

6. 教育作用

法律不仅是行为规范，也蕴含了最低的社会道德标准和是非观念，更内含公平正义的价值，② 与人们内心对公平正义的信仰和追求具有高度的契合性，也是法律在实质上具有正当性和生命力的基础。法律的教育作用就在于把整个社会的基本价值观念统一到法律上来，让人们相信法律不仅在根本上是维护人们利益的，也是以促进和维护社会的公平正义为目标的，让人们在能够对法律产生高度的认同，成为人们信仰的目标，并通过法律的实施来验证和强化人们意识中所认同的法律权威，使人们自觉地按照法律的要求去行动。因此，法律的教育作用在根本上不是由其强制性作用发挥而产生的威吓效果上，因为单纯的

---

① 张文显主编：《法理学》（第五版），高等教育出版社、北京大学出版社 2018 年版，第 78 页。

② 付子堂主编：《法理学初阶》（第六版），法律出版社 2021 年版，第 96 页。

强制并不能带来真正的服从，唯有建立在信仰基础上的服从才是真诚的。

（二）法律规范的社会作用

1. 分配社会利益

社会利益属于稀缺的资源，不公的分配会带来巨大的社会问题。① 按照一定的原则和方法对社会利益进行分配是法律的基本内容，具体方式是通过权利义务的规定来确认个人或组织的利益份额、获得方式，以避免由于利益分配的不确定性带来的社会冲突与矛盾。法律对社会利益的分配处于变化之中，社会的发展以及人们的利益需求是促使法律变化的两个重要因素，在必要的情况下法律需要对原有的利益分配模式进行合理调整，以实现良好的社会效果。

2. 解决社会纠纷

社会之中充满着利益的冲突，由此引发的社会纠纷不可避免，法律对解决社会纠纷的作用主要体现在两个方面：一是在特定社会发展程度能够支撑人们的利益需求得到某种程度满足的前提下，通过法律为人们追求自己利益实现的行为确立规范基础，每个人都只能在法律允许的范围内来追求自己利益的最大化，以防止和减少由利益冲突而导致的社会纠纷发生。二是为无法避免发生的利益纠纷提供解决的标准和制度，如调解制度、仲裁制度、诉讼制度等。其中以法律规定的诉讼制度为载体的司法裁判活动，在社会纠纷的解决上具有重要的作用，原因就在于，司法裁判以国家公权力为后盾，具有强制执行力，是解决社会纠纷的最终和最有力的手段。因此，不能将法律对社会纠纷解决的作用局限在已经发生纠纷的处理上，还应该包括对纠纷发生的预防之上。

3. 实施社会管理

法律对社会纠纷的解决本身就具有实现社会管理的性质，不过是一种消极性的体现而已。法律对社会的管理的作用还体现在积极性的方面，表现为国家机关、社会组织依据法律的规定，对相关事务的处理之上，特别是行政机关的执法活动，从内容上看遍布社会生活的各个领域，如经济、文化、教育、卫生、交通、环保、人口等，不仅维持了社会关系的有序化运行，还为人们提供了基本的公共产品和服务，充分体现了现代社会服务行政的精神。

（三）法律规范的局限性

法律是当代社会经济、政治、文化发展和社会全面进步必不可少的因素，并以其特有的规范作用和社会作用对社会生活产生着深刻的影响。但是，我们不能因此陷入"法律万能论"和"法律完美主义"的误区，而应认识到法律在作用于社会生活的范围、方式、效果等方面都存在一定的局限性。②

1. 法律不能规范物与物之间的关系

世界上除了人之外，还有各种物质的存在，物与物之间关系的形成和运行，服从的是自然规律，即物质运动固有的、本质的、稳定的联系，表现为只要具备一定的客观条件，

---

① 付子堂主编：《法理学初阶》（第六版），法律出版社 2021 年版，第 96 页。

② 参见张文显主编：《法理学》（第五版），高等教育出版社、北京大学出版社 2018 年版，第 79 页。

就必然会出现对应的结果，这种确定的因果关系具有不变性，各种自然规律互不干扰，更不以人的意志为转移。因此，人类基于自己的主观认识能力而制定的法律规范，不能对物与物之间的关系发挥规范的作用。人本身还要遵守物质运行的自然规律，无法以自己的主观判断去加以改变；即便是想去改变，也在客观上实现不了。无论是什么时候的立法者，既不能通过立法去改变物质既有的运行规律，也无法做到让物质的运行符合某种法律的规定，不符合的时候也根本无法去加以强制或制裁。概括而言，法律无法发挥对物质运行的指引作用，根本上不能对物与物的关系产生规范的效果。

需要指出的是，法律规范中虽涉及对人与物之间关系的调整，但从内容上看，其中的物并非自然存在意义上的，而是作为法律关系主体的行为指向的对象，是将人的一定权益以法律的形式从物上表现出来，根本上还是人与人之间的关系。比如，野生无主的老虎捕杀了一只野生无主的野鸡，遵循的是食物链的自然规律；但是，如果张家养的狗偷吃了李家养的鸡，这种行为就间接引发了张家和李家的关系，才能由包括法律在内的社会规范进行调整。

2. 法律不能以人的思想为规范对象

思想是客观存在反映于人的意识中经过思维活动而形成的观点及观念体系。按照马列主义哲学物质决定意识的原理，作为观念存在的思想虽然是由物质决定的，但其存在形式毕竟是主观的，内在于人们的意识之中。法律是行为规范，针对的是人的外在行为，意在避免或减少人的行为对他人利益或公共利益的侵犯，导致社会关系秩序受到破坏。虽然人的外在行为具有明显的目的性，要受到自己主观意志的支配，但纯粹主观的、没有产生外在行为发生的思想是不能实际上对他人利益或公共利益造成侵犯的，无论是多么善良还是邪恶的思想，只要仅存在于主观意识的层面，都不能客观上引起社会关系的产生或改变。从另一个层面来看，根据人的外在行为，我们能够判断出其产生的结果，但人的思想只是一种心理活动，内容究竟是什么，其他人无法认识与把握，对立法者而言，也就难以将其作为法律规范的对象而纳入法律调整的范围之中。

法律不能规范人的思想，并不是说不能关注人的主观心理状态，只是对人主观心理状态的评价必须建立在有外部行为表现的前提之下。如刑法中犯罪构成的主观要件中，民事法律关系中民事主体承担法律责任要求的"故意""过失"等，都是指人的主观心理活动，问题是这些心理活动只有支配了人从事一定的作为或不作为时，才能进入法律的调整范围之中，而不是单纯针对人的主观心理活动中所蕴含的思想。

宪法对"言论自由"和"宗教信仰自由""科学研究自由"等基本权利的保障，也与人的思想有关。如言论自由涉及人的思想表达，宗教信仰自由关乎人的内心信仰，科学研究自由与学术观点的形成和持有不可分割等。但是，基于宪法的规定，其他法律对这些基本权利进行规范时，也针对的是行为，即思想观点的表达、传播宗教教义或举行宗教仪式、发表学术观点或依据该学术观点采取行动等行为，而不是其中蕴含的思想本身。如在言论自由保障上对"侮辱诽谤"言论的禁止以及惩罚，并不是针对"侮辱诽谤"的主观存在，而是针对人所从事"侮辱诽谤"的行为。因此，对思想、认识、信仰、情感等主观存在采用法律手段强行干预、限制、禁止，不仅不能起到应有的效果，而且往往适得其反。

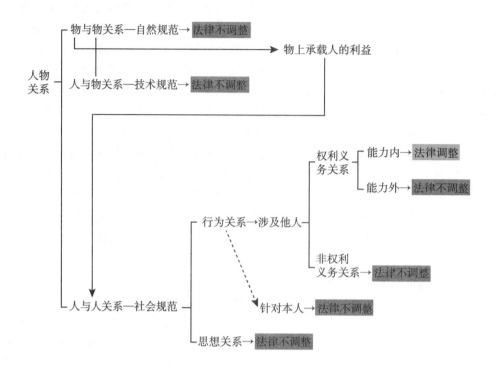

三、法律规范的特点

法律规范是指通过法律条文表现出来的，规定社会关系参加者法律上的某种权利和义务，具有严密的内在逻辑结构的行为依据和标准。

法律规范的特点可从两个角度来考察：其一，法律规范属于上层建筑，同上层建筑中的思想意识和政治实体相区别，是一种社会规范。其二，法律规范作为社会规范的一种，同其他社会规范如道德规范、政治规范、宗教规范以及纪律规范等相比较，又具有区别于其他社会规范的特征。

（一）法律规范的一般特征

法律是人们用以调整人与人之间关系的行为规范，它反映一定的社会关系，属于社会规范，具有社会规范的一般特征，即规范性和反复适用性。

1. 法律规范的规范性

法律规范的规范性，是指法律作为调整人们行为的社会规范而具有的，规定人们可以做什么、应该做什么或不应该做什么，从而为人们的行为提供一个模式标准或方向的属性。也就是说，法律的规范性表现为对人们的行为提供指引，不仅规定行为本身，而且对作出或抑制某种行为的情况和条件，以及违反此项规定的法律后果等予以规定，让人以法律为标准来选择和安排自己的行为。法律的这种规范性何以能够实现，取决于两个方面的因素：一是人的理性使之对法律规范语句表达的语义能够理解，具有正常理智就可以基本上认识到法律对人们的行为要求是什么；二是法律条款的意义必须是规范的，法律文本中的语句对人们应该如何行为即行为模式的描述是严格的、清楚的、没有模糊性的，且使用的是规范的法律语言，能够传达清晰明了的信息，从而指导人们去规范自己的行为。比如，《商标法》规定，商标不得使用国家名称、国旗、国徽等，即不应该在设计商标时以国名、国旗、国徽等为商品的标志，这就为商品制造者、商标设计者、商标使用者提供了一个行为标准。其中的"国家名称"，作为国家标志的"国旗""国徽"等词语的语义，其通常的含义都能够被具有正常理智的人所理解，能够判断出什么是符合这一规定的、合法的，怎样做将不受法律的保护，甚至要受到法律的制裁。

2. 法律规范的反复适用性

法律规范的反复适用性，是指法律在同样的条件下可以反复适用，而不是仅适用一次。换言之，法律规定的行为模式针对的是不特定的人，如不会专门为某个人的犯罪行为制定一部法律，也不会为特定个人的结婚行为、财产继承行为制定专门的婚姻法、继承法。试想一下，社会关系本身就错综复杂，个人的行为也多种多样，且都处在发展变化之中，制定的法律只适用于特定个人的行为或事件，必然会加剧本来就存在的社会关系的多变性与法律规范的有限性之间的紧张关系，造成法律对社会关系的调整永远处在入不敷出的状态。可以肯定的是，无论是多么复杂的社会关系，也不管行为的方式呈现出多少样态，都是以人为主体的，基于人性具有的共同性，总是会程度不同地存在相同的方面，形成具有某种相同或相似特征的行为模式。法律对社会关系的调整，就是对不同行为模式的规范，凡是符合法律规定的行为和事件，相同的情形都会受到相同的对待，不同的情形则会受到不同对待，这样才能对人们的行为发挥指引作用，让人对自己的行为具有可预期性。

法律规范的反复适用性通过表述方式上的概括性来实现。成文的法律规范或文本都是由文字符号组成的语句来表述的，其中那些具有一定抽象性的词语及语义不确定的法律概念，指向的不是具体个人的行为或事件，而是具有共同特征的某类行为或事件，为法律规范的反复使用奠定了基础。

（二）法律规范区别于其他社会规范的特征

1. 法律规范是由国家制定、认可的行为规范

国家意志性是法律规范的本质属性，又是法律规范与其他社会规范相区别的重要的特征。社会规范的种类很多，除法律规范外，还有道德规范、宗教规范、社会组织规章、行业规章、习惯与礼仪等，基本上是在社会交往过程中自发形成的，既没有创制的机关，也没有创制的程序，更不具备国家权力性。[①] 法律规范则不同，它由国家制定或认可。所谓国家制定，是指由国家机关按照一定的程序创制出来，也包括对已经创制出来的法律进行的修改、补充、解释等，即所谓的成文法。国家的认可，是指拥有立法权的国家机关赋予社会上已经存在的某种行为规范（如习惯、道德、宗教教义、政策）以法律效力，主要有两种方式：一种是明示认可，即在规范性法律文件之中明确规定哪种法之外的规范具有法律上的约束力。另一种是默示认可，即允许法官在审理相关案件时，援引这些规范作为裁判依据，具体又可以细分为四种类型：（1）赋予社会上既存的习俗、道德、宗教教规

---

① 参见吴小英：《对"程序优先原则"合理性的几点思考——兼论程序的价值》，载《学术论坛》2007 年第 6 期。

等以法律效力，（2）通过承认或加入国际条约等方式，赋予国际法规范以域内效力；（3）在判例法国家，通过对特定判例进行分析，从中概括出一定的规则或原则，当作以后处理类似案件的根据，事实上赋予它们以法律效力；（4）赋予权威法学家的学说以法律效力，即在法律没有明文规定的情况下，允许援引权威法学家的学说作为处理案件的依据。由此可知，国家的认可多指国家对已经形成、得到人们承认和遵守的习惯或判例的认同、接受，承认其具有约束力，由此产生的便是习惯法、判例法。当然，对习惯、判例的接受和认可，并非所有国家都存在的法律规范生成途径，主要是英美法系国家的传统。

2. 法律规范以规定权利义务为主要内容

法律通过规定法律关系主体的权利与义务，来影响人们的行为动机、指引人们的行为方式、规范人们的行为过程，达到调整各种社会关系、塑造社会生活秩序的目的。① 人在国家和社会中的行为，本质上应是如何处理自己与他人、个人与国家或社会之间的关系，使不同的利益都能在法律规范下得到最大限度的实现。如果权利可以理解为人们自主选择获取什么样的利益，义务就是要求个人对社会、国家的付出或负担，如同数学上的坐标一样，由此而确定每一个人在社会关系中应处的位置以及可追求的正当利益，也就构成了人们选择自己行为的依据，能够指引人们如何去选择和从事自己的行为，法律的规范作用由此便得到实现。

3. 法律规范由国家强制力保证其实施

任何的社会规范，都是为了将人们的行为约束在一定的范围之内，尤其是对那些具有一定危害性，或者不被认可行为的禁止，这就意味着其有被违反的可能性，而且还常常表现为现实。如果不能对违反社会规范的行为人给予强制，让其承担相应的不利后果，甚至付出极大的代价，社会规范具有的定分止争作用就难以实现，对严格遵守社会规范的人就是一种不公平对待，谁还会去自觉遵守相应的社会规范，也不会有人将违犯社会规范当作可耻，遵守社会规范视为光荣。正因为如此，各种社会规范之中，都有一定的如何制裁违反者的措施规定，都具有保证自己实现的力量，只是这种制裁措施作用的发挥，无法由社会规范以自足的方式做到，需要借助于外部的力量。没有保证手段的社会规范是不存在的。例如，习惯规范的实施主要靠传统力量的强制，道德规范的实施主要靠社会舆论的强制，宗教规范的实施主要靠精神力量的强制，政党规范的实施主要靠党内纪律的强制。法的强制性不同于其他规范之处在于，法具有国家强制性。法是以国家强制力②为后盾来保证实施的。是否具有国家强制性，是衡量一项规范是否为法的决定性标准。法律能够借助的外部力量就是国家权力，也就是有国家机关运用其掌握的公权力，对违反法律规定者进行强制，给予制裁；其他的社会规范需要依靠相应组织的力量，去对违反者进行必要的处理。尽管所有的社会规范不能完全依赖于强制来发挥其作用，都需要人们的自觉遵守，法律之外的社会规范依赖于人们自觉遵守的程度比法律更高，但并不能因此而完全否认其他

---

① 付子堂主编：《法理学初阶》（第六版），法律出版社2021年版，第93页。

② 所谓国家强制力，是指一定的阶级为了一定的统治目的而建立起来的军队、警察、法庭、监狱等国家暴力，它由专门的国家机关按照法定程序来运用。国家强制力是一种强大的暴力性力量，是任何单个的组织和个人都无法抗拒的。

社会规范应具有的强制性。法律之外的社会规范的强制性在性质、范围、程度和方式等方面虽然也不尽相同，但在不能借助于国家权力来实现上，则是相同的。

法要依靠国家强制力保证实施，是从终极意义、最后一道防线的意义上讲的，而非意味着法的每一个实施环节，都要借助于国家的系统化的暴力。法律实施过程中，国家强制力隐而不发，常常是备而不用，"无所在，无所不在"。当人们的行为符合法律规范的要求时，法的强制力只是潜在的，不为人们所感知；当人们的行为触犯法律时，法的强制力才会显现出来，对违法者进行法律制裁。人们不应过分迷信国家强制力的运用，如果一个国家的法仅仅依靠国家政权及其暴力系统来维护，这个法就成为了纯粹的暴力。更何况，运用国家强制力需要投入一定的人力、物力和财力，推高法律运行的成本，不符合法律的经济性原则。

4. 法律规范具有严密的逻辑结构

法律规范是确定法律上的权利、义务、责任的准则、标准，或者是赋予某种事实状态以法律意义的指示、规定。① 由于法律规范需要发挥其评价、预测等作用，因此要由具有逻辑性的法律条文加以表达，人们才能明确其对行为的要求究竟是什么。关于法律规范的逻辑结构，主要有"二要素说"和"三要素说"两种主张，这种差别可能是由认识角度或标准不同造成的，其核心应该一样，即提供了法律要求或反对人们做什么，人们的行为会受到法律怎样的评价和处理的依据，以便人们合理地去选择自己的行为。

第三节 法 的 形 态

法的形态，即法的存在方式，无论是法还是法律对人们行为的要求，构成法律的内容，但这种内容如果不以一定的形式呈现出来，就无法为人们所了解，进而作为行为的依据，导致不能明确所遵守之"法"是何的问题；也无法让法律的适用者明确所适用之"法"究竟是何？既难以让被法律适用之人内心信服，也会给适用法律之人选择性执法、甚至是以言代法造成可乘之机。

一、制定法

制定法，又指成文法，是指有权机关依照一定程序制定的或认可，并以条文形式出现的规范性法律文件的总称②，也就是制定成法律条文或法律文本的法律规范，与习惯法和判例法相对应。当今世界各国，绝大多数国家的法律都以成文法的形态存在，即便是承认习惯法的国家，法律的内容也有很多表现为制定法。

法律作为行为规范，对人们的行为提出了不同的要求，意图是让人们能够加以遵守，那就应该让每一个人能够清楚地知道法律规定的内容是什么，以便将自己的行为尽可能约束在法律要求的范围之内。如何才能够满足人们对法律内容的了解，自然是将对人们行为的要求制定成条文，组合成法律文件，向社会公开发布，作为人们了解法律内容的权威载

---

① 张文显：《法理学》（第五版），高等教育出版社、北京大学出版社 2018 年版，第 116 页。

② 张文显：《法理学》（第五版），高等教育出版社、北京大学出版社 2018 年版，第 92 页。

体，一则可以避免法律遵守和适用上的神秘主义；二则可以为法律的遵守者、适用者提供明确的规范依据，避免产生不必要的纷争。

自法律产生以来，法的形态主要表现为制定法，无论是历史还是现实上，各国法律的内容基本上都是以制定法的形态存在的。但在是否把制定法作为唯一的法的形态，大陆法系和英美法系之间在认识上存在差别。大陆法系的国家，坚持成文法的观念，认为只有立法者按照一定程序制定的规范性文件才是法律，法律只能表现为成文法，即制定法；所谓的习惯法、判例法不具有拘束力，不能被作为法的形态。英美法系国家则主张，法律是一种客观存在，需要人们借助于理性来认识和发现，立法者制定的规范性文件当然是法律，不过是立法者发现的客观存在的法律；法官在处理司法案件中创造的判例法，则是法官对客观存在的法律的发现，也属于法的一种形态，不能只承认制定法而否认判例法。

就当今世界而言，大陆法系和英美法系出现了融合的趋势，一方面，大陆法系国家也开始承认判例法的效力，但并没有因此而放弃成文法的观念；另一方面，即便是把判例法、习惯法作为法的形态的英美法系国家，制定法不仅一直存在，而且数量在增加，法律的内容以成文形式表现出来的情形在增多。[①]

二、习惯法

习惯法是不成文法的存在形态，即经由习惯发展演变而成的法的形态。它独立于国家制定法之外，规范作用的发挥建立在习惯成自然的基础上。需要强调的是，在社会发展过程中形成的习惯有很多，并非所有的习惯都能够发展为习惯法。习惯演变成为习惯法需要具备的基本条件是：首先，成文法及判例法对此问题没有明确要求，无法为人们的行为提供规范依据，让习惯的开创并演变为习惯法有了空间；其次是出现了先例，即先前在处理某一问题上的前例。这个为弥补法律规范漏洞或明确性不足而开创的先例，为后来的人们在一个较长的时间内所遵守，即通常按照先例的做法来处理相同的问题，否则便无章可循，甚至是引发纠纷；最后是习惯法的规范作用发挥并不依赖于国家的强制，而是建立在人们自觉遵守的基础之上。人们自觉遵守习惯法，是因为它能对某一领域或一定范围内大家共同面临的持久性问题提供解决之道。纯粹个人或仅存在于某一特定时期的习惯是难以演变为习惯法的。

习惯法是历史发展的产物。人类社会形成以后，并不是一开始就产生了法律，原始社会的共同生活秩序就是由原始习惯调整的。生产力和社会分工的发展，特别是私有制的出现，导致原始习惯再也无力驾驭、处理日益复杂的社会矛盾，因此，出现了法律化了的习惯——习惯法。诚如恩格斯在《论住宅问题》中所指出："在社会发展某个很早的阶段，产生了这样一种需要：把每天重复着的生产、分配和交换产品的行为用一个共同规则概括起来，设法使个人服从生产和交换的一般条件。这个规则首先表现为习惯，后来便成了法律。"[②] 随着社会的进一步发展，国家产生，出现了由国家创制而成的成文法，习惯法的

---

① 参见王霄艳：《从行政案例到行政判例：以受案范围为切入点》，载《山西高等学校社会科学学报》2011 年第 9 期。

② 《马克思恩格斯选集》第 3 卷，人民出版社 1995 年版，第 211 页。

比重和作用逐渐呈现出下降的趋势。

为何在成文法出现以后，还会有习惯法的存在，原因就在于成文法难以将错综复杂的社会关系都纳入其调整范围；即便是能够纳入调整范围的事项，调整的方式以及内容也难以达到精准的程度，因而不可能对人的行为究竟如何从事做到非常具体且准确的规定。概因立法者虽然有理性，但人的理性是有限的，法律规范的创制建立在对人们过去行为经验总结的基础上，人未来的行为并不是对过去行为的不断重复，会因社会发展和人的认识水平提高而有变化，出现不同于过去甚至是全新的行为，立法者事先未必能够都做出准确的预测，制定成为法律规范，这就使成文法对其规范之前习惯法的继续生成和存在有了空间。再者，要求立法者的立法对人们在不同社会关系中的行为方式、行为过程、行为时间和地点等都给予明确规定，显然是任何立法者都无法做到的，也不是立法应该追求的基本目标，法律对人们行为的指引应该达到明确性的程度，仅是相对而言的。更合理且可行的做法是，法律规范仅设定人们某种行为的基本模式，为之划定边界，具体如何行为，由每个人根据具体情形加以选择，大家在选择的过程中，也有可能形成某些习惯而发展成为习惯法。正因为如此，在世界民法典编撰技术比较发达的今天，我国颁布的《民法典》第10条依然规定，处理民事纠纷，应当依照法律；法律没有规定的，可以适用习惯，但是不得违背公序良俗。

成文法能否完全取代习惯法是一个充满争议的问题，但至少需要经历一个漫长的过程；另一方面，习惯法具有鲜明的地域性、群体性和行业性等特点，在符合成文法原则和精神的情况下仍然能够发挥着特定范围内的规范作用，在其没有产生破坏社会秩序和法律统一性的情况下，没有必要取缔习惯法，而应使之继续与成文法共存，发挥对成文法的补充作用。

三、判例法

判例法，是指经由法院对案件裁判而引申出来可以作为今后同类案件裁判依据的法律原则。一般情形下，法院的裁判仅具有个案效力，只约束案件的当事人。因此，案件的裁判结论本身不能成为判例法而加以适用，只有从案件的裁判中引申出来对同类案件具有普遍适用性的那些法律原理，才能在今后的案件中作为裁判依据被适用，成为判例法。因此，判例法不是立法机构制定的，而是法官在案件审理中创造的，因此，又称为法官法或普通法。

判例法生成和存在的法理基础，是承认立法者制定的法律本身是不可能完备的，要么表现为有漏洞，无法给现实中发生的各种案件的裁判提供依据；要么是虽有规定，但比较原则，仅涉及同类案件中的共同性方面，特殊性的内容没有或不够全面，造成法官在裁判案件的时候，面临同类案件中的各种不同情形，只考虑相同之处，会出现不同问题的相同对待；注意到差别的方面，但对差别的程度把握不准，会产生不合理差别对待的结果，难以作出公平合理的裁判。为解决这一问题，判例法的实质就是让法官在裁判的时候，有权根据具体案件的情况，结合法律规定及其精神，作出具有针对性的裁判，在此基础上，把同类案件中的相同或相似情形提炼出来，概括为法律适用的一般原则，成为今后同类案件相同情形的裁判依据。这样做的法律效果就是，大体上能够做到同案同判，一定程度上可以避免出现同样的法律规定，不同时期或不同地域的法官对类似案件的裁判结果存在较大悬殊的问题，将法律适用上的形式平等和实质平等有机统一起来。

判例法适用的原则是"遵循先例"，就是对已经在案件裁判中引申出的成为"先例"的法律原则，除非法律有明确或新的规定，或者已经被新的"先例"所取代，都要加以遵守，即作为同类案件裁判的依据，也就是各法院有义务以相类似的法律和技术方法处理相类似的案件，任何法院不得忽视上级以及本院就同一法律问题已作出的权威性判决。这样来看，判例法的实质就是在承认法官对法律的适用有自由裁量权的前提下，要求法院和法官自己对案件的裁判要做到"相同的相同对待"与"不同的不同对待"；在尊重法官对案件事实认定与法律适用上有"自由心证"能力的同时，尽可能不因个人情感、价值观念等的不同而对案件裁判产生明显的影响。

判例法是法的一种形态，但并不是所有国家都存在的法的一种形态。是否承认或适用判例法，取决于对法官在案件裁判中的地位和作用的认识。大陆法系国家，法官就是被动的法律适用者角色，只能用立法者制定的法律来裁判案件，如果没有法律依据，可以拒绝作出裁判，因而不承认法官可以创造判例法。英美法系国家，法官不仅仅是法律的适用者，还承担发现客观存在的法律的责任。当案件的裁判没有法律依据可以援引的时候，不能拒绝进行裁判，而应该去"造法"，判例法就是法官所造之法。

判例法制度形成于中世纪的英国，促成的因素有这样几个方面：

1. 历史因素。遵循先例在英国经历了较为漫长的发展过程，诺曼底公爵征服英国前，英国并没有统一而强有力的政府，导致其法律极其不完整、法律适用也无法统一。1066年诺曼底公爵征服英国后，国王建立了强有力的中央政府，开始派遣"代理人"到各地进行巡回审判，展示国王威严，打击封建势力。巡回法官回来后对案件和判决进行交流，并约定在之后的审判之中加以使用，遵循先例原则从中萌芽发展，并在 19 世纪末正式确立。

2. 制度因素。（1）判例汇编制度为遵循先例原则提供了依据。对判例进行汇编，经历了约 600 年的发展，至 1870 年非营利性的判例汇编工会成立，形成了系统的判例汇编制度，为法官和律师及时准确地了解以往的判例，坚守遵循先例原则打下了良好的基础。（2）法律职业专门化、行业化的发展为遵循先例原则提供了坚实的保障。中世纪英国的法官和律师受到国王特权的制约，因而相当排斥制定法，更加青睐于适用以遵循先例为原则的判例法。作为法官造法的判例法，内在地要求法律职业者要具有相当的专业水准和职业道德，英国后期的大法官都来源于具有丰富经验的大律师，他们有清晰的法律思维，娴熟掌握处理各种法律问题的技术，具备创造判例法的专业素养和能力，为遵循先例原则的稳定发展提供了智力的支撑。

3. 民族因素。英国人较为保守、注重实际行动的民族性也使得遵循先例原则能够持续发展。英国人认为成文法典所提供的规范过于抽象化，让人难以从容把握，判例可以使人更直观地感知到他们所要进行的活动是否具有危险性、违法性，因而，先例是宝贵的经验和提示，是可靠实用的，使遵循先例原则的存在和延续有了观念和文化的根基。

在英国的判例法传统下，"遵循先例"原则的适用在各级法院之间有着严格的等级体系，主要表现为：（1）上议院（2009 年英国成立最高法院）的判决对所有英国的法院具有拘束力。（2）上诉法院的判决对自身和所属下级法院具有拘束力。（3）高等法院的判决对所有下级法院有拘束力，但对其自身无拘束力，只有说服力。（4）所有下级法院均受上述高级法院判决的拘束。

目前，除英国之外，美国、加拿大、印度、新加坡、澳大利亚、新西兰等国家和中国香港地区的法律制度中均包括判例法的形式，它们都是对英国判例法制度的继承或移植发展而来的。虽然目前一些大陆法系国家如德国、法国在一定范围内也实行了判例法，但在其国家法律体系中的地位还没有达到英国、美国的程度，只是希望借此克服制定法的局限性而已。

四、法理

法理，可理解为法之道理、法之原理、法之条理、法之公理、法之理论等的简称，是指形成某一国家全部法律或某一部门法律的基本精神和学理。从法理的构成要素看，包括"感觉""意识""观念""理念""思想""理论"等，[1] 是一个由低到高的层级。我们这里所说的"法理"，则是指有关法的"理论"的意思。它既是"实在法"之理，又是"法之理性观念"之理。所谓"实在法"之理，即"实在法中所蕴含的道理或原理，是蕴含在实在法律体系、法律部门、法律制度、法律条文背后的基本理论和一般原则"。[2]"理"在法之先，构成法之灵魂；"法"在理之后，是"理"之外化与躯体。[3]

每个事物都有其构成和运行之原理，作为该事物存在和发展的根基，并与其他事物相区别。人依靠其理性，对事物本质的认识，实质上就是对事物运行原理的把握，才能真正达到透过事物表象而认识事物本质的目的。就像我们学医要掌握医理、用药要掌握药理、练武要领悟武术的原理一样，学习法律、运用法律，也需要掌握法理，否则，对法律的理解和运用，就容易变成机械地套用，无法达到举一反三、因势而变的程度。

无论国家和社会的发展程度如何，都存在复杂的社会关系，要实现它们在法治制度下的规范运行，必须要建立一个包括多种法律形式构成的不同法律部门组成的庞大法律体系。无论是其中的法律部门还是整个法律体系的建立，都不可能是各种法律形式、内容的胡乱堆砌，必须遵循一定的原理，采取逻辑的方法将它们整合在一起，才能确保其内部的和谐，以及在发生冲突的时候作为化解的依据，这就是法理，是赋予法律正当性的某些内容。[4] 法理存在的意义是，对法律本身的正当性进行理性化的说明，包括为什么需要法律、什么样的法律形式或内容才是可接受的、法律如何发展演变等，让人们不将法律视为外在于自己的存在，从而对法律产生高度认同和敬仰的情感，在此基础上自觉去遵守法律，维护法律的权威。

法理的内容，有的以法谚的形式表现出来，如"法不禁止即自由""法无授权即无

---

① 邱本、刘航：《什么是法理？》，载《山西师大学报（社会科学版）》2021年第5期。
② 杨春福：《法理概念的三个维度》，载《政法论丛》2022年第4期。
③ 王夏昊：《论"法理"的多层次与统一性——以康德认识论为基础》，载《学术界》2021年第8期。
④ 郭栋：《法理概念的经义指向及近代转型》，载《法制与社会发展》2021年第3期。

权""任何人不得从自己所犯错误之中获得利益""任何人不得做自己案件的法官"等；但更多的是以"学说"的形式存在。

关于法理是否为法的一种形态，学术界在认识上存在分歧。支持者的观点是，无论成文法如何完备、发达、详尽，都不可能把错综复杂、千变万化的社会关系毫无遗漏地加以规定，法理正好可以弥补法律规范的空隙和不足。持怀疑、否定态度者，认为法理是毫无法律约束力的观点、思想或理论，根本不能作为调整社会关系的依据，不是法的形态。①这种以法理不能直接作为调整社会关系的依据，因而否认法理是法的形态的观点，显然是不能令人信服的。我们常说，水有源，树有根，法理就是一个国家法律的"水之源""树之根"，其主要作用在于为国家法律体系的构建提供理论支撑，为法律形式、法律部门、法律内容之间冲突的化解提供依据，防止和避免对社会关系进行直接调整的法律规范之间产生矛盾，导致社会关系主体对法律的遵守出现无所适从的情形。如此来说，法理是作用于法律体系、法律部门、法律形式的，并不直接对社会关系进行规范。

从我国的司法实践看，法理在裁判中适用的情形主要有两种：（1）引用法理来分析法条。案件事实的具体性、复杂性与法律依据的抽象性发生矛盾时，法官可依据法理对法律的含义作出分析。例如，在一起专利权纠纷案中，法院以《最高人民法院关于审理侵犯专利权纠纷案件应用法律若干问题的解释》第 6 条规定的禁止反悔原则为说理依据，其法理基础为诚实信用原则。②（2）引用法理来填补漏洞。在欠缺法律规定的情形下，法院依据法理或学说填补法律漏洞。有判决书载明："人民法院在审理民事案件时，在有法律明文规定的情况下应当依照法律来审理，在没有法律规定的情况下，可依照民事习惯来审理；在没有可予适用的法律和民事习惯的情况下，可以适用法理。"③

尤其是在民商事法律案件的裁判中，法理作为法院的裁判依据具有存在的必要性，理由如下：（1）法律解释不足以替代法理。其一，法律解释数量有限，法律解释不足以填补所有的法律漏洞。其二，条文化的综合性法律解释就其形成机制而言，与制定法并无本质区别，不可能摆脱"自带漏洞"的固有属性。制定法中立法者认知和预见能力的局限性同样存在于司法解释的制定者。其三，社会发展过程中会不断出现新的事物，法律解释无力解决制定法存在的滞后性问题。（2）明文规定法理作为法的形态方可解决误用或滥用法理的问题。其一，虽然我国现行法并未规定法理为法源，但法院依然在司法裁判中或明示或默示地引用法理，法理实际上发挥法源或辅助资料的作用。然而，正因法无明文，裁判者往往含糊其辞。引用法理者，大多仅说明"依法理"或"依基本原则"，而疏于阐明法理的来源或具体内容。不说理的结果是判决的合理性、合法性和可检验性备受质疑。其二，理论上的分歧和司法实务暴露出的弊病也表明，我国法律实有必要明文规定法理在法律适用中的地位。在成文法国家，若能以民法典形式确立法源适用规范，规定各种法源

---

① 刘想树：《学说与判例的法渊源地位研究》，载《公安大学学报》2002 年第 4 期。

② 参见：《中誉电子（上海）有限公司与上海九鹰电子科技有限公司侵犯实用新型专利权纠纷案》，载《最高人民法院公报》2012 年第 10 期。

③ 《广州市穗航实业有限公司与香港友祥发展有限公司侵权纠纷上诉案》，广东省高级人民法院（2003）粤高法民四终字第 116 号民事判决书。

的位阶，自然有助于兼顾法律的稳定性与灵活性，平衡法官的保守性与能动性。若不规定法理与学说的法源位阶，司法裁判中大量的"向法理逃避"之现象仍将继续存在。在不得不运用法理时，法官并不会因为法律未规定法理为法源而不予运用，乱用法理的现象也不可能因此而得到遏制。①

　　法理作为法的形态之一，其规范作用可以体现为：（1）以"法官依法律基本原则确立的规则"作为兜底性法源，即作为判断法理是否可以引用的依据。法理一词极为抽象，含义殊难界定，若不限定其范围，难以保障正当适用。以基本原则为兜底性法源，其妥当性显然不如将法官根据法律原则创设之规则作为兜底性法源。就基本原则的适用方法而言，由于法律原则不同于法律规则，具有非规范性的特征，② 对个案的处理缺乏针对性和操作性，③ 只有经过具体化之后方能适用。因此，以法律原则填补漏洞时，须使法律原则的抽象意义变得相对具体，④ 法律原则的具体化过程即将法律原则转变为法律规范的过程。在引用法理作为裁判理由时，应当围绕着相关的法律规则进行阐述，不得引用与该法律规则的价值取向相对立的法理，也不得引用与现行法律完全没有作出规定的法律规则相关的法理。（2）以法理学说作为参照资料。为防止法官滥用权力，同时又给予法官适当的指引，应将哪些要素明文列为法官依法律基本原则确立规则的参照资料。法官在判决中均需大量引用各家学说以论证所创规则之适当性。而在我国司法实务中，法官依法理裁判并无制定法依据，且通常缺失详尽的法理说明，形式上虽类似于法官自创规则，却因不负有参照各种辅助资料的法定义务，而较自创规则更为自由，难免导致法理适用的错误与滥用。法院事实上适用或参照学说，学者事实上参与了造法过程，但当事人只见其结果而不见其过程，因而无从检讨判决的适当性。明文规定法官有参照学说的义务，可防止学者成为"影子造法者"，并有助于增强判决的说理性，进而消减理论与实务之间的脱节。⑤

第四节　法律规范的分类与构成要素

一、法律规范与法律条文的关系

　　关于法律规则和法律规范是否为同一概念，学界有争议。法律、法律规范和法律规则等术语，是从清朝末年通过翻译外文的方式传入中国的，中国法学界通常将英语中的 rule 翻译为"规则"，将 norm 翻译为"规范"。凯尔森认为，立法者创制的是规范，法律科学

---

① 李敏：《论法理与学说的民法法源地位》，载《法学》2018 年第 6 期。

② 参见徐国栋：《民法基本原则解释——成文法局限性之克服》，中国政法大学出版社 1992 年版，第 45 页。

③ 参见胡玉鸿：《法律原则适用的时机、中介及方式》，载《苏州大学学报（哲学社会科学版）》2004 年第 6 期。

④ 参见舒国滢：《法律原则适用中的难题何在》，载《苏州大学学报（哲学社会科学版）》2004 年第 6 期。

⑤ 李敏：《论法理与学说的民法法源地位》，载《法学》2018 年第 6 期。

表述的却是规则。前者是规定性的，后者是叙述性的。① 凯尔森所讲的规则是一般性的，而规范除了一般性的以外还包括"个别规范"。沃克对此持与凯尔森相反的观点，他认为法律规范与法律规则都是规范人们行为的，但是规则较为规范具体，规范比规则抽象。我国法学家倾向于把规则与规范看作同一概念，这从传统的"法律是行为规范的总和"这个法律定义中可以清晰地感知。② 因此，法律规则是指采取一定的逻辑结构形式，具体规定权利、义务，以及相应法律后果的行为规范。③

法律条文，是法律规范条文化的文字表达形式，与法律规范是形式和内容的关系。法律规范通过法律条文加以表达，完整地表达某一具体法律规范的要求是法律条文追求的目的。但是，法律规范与法律条文不是一一对应的关系。一个法律条文可能包含两个以上的法律规范，法律规范的不同要素也可能分布在不同的法律条文中。还有些法律条文被用来规定法律原则、解释法律概念或者规则中某个逻辑结构要素的含义。

二、法律规范的分类

依据不同的标准，可以将法律规范作出不同的分类。以法律规范归属的部门法为标准，可以将法律规范分为刑法规范、民法规范、诉讼法规范等。以法律规范的内容属性为标准，可以将法律规范分为实体性规范和程序性规范。以法律规范的形成方式为标准，可以将法律规范分为制定法规范、习惯法规范、衡平法规范、普通法规范。以法律规范的位阶不同，可以将法律规范分为宪法性规范、法律性规范、法规性规范、规章性规范等。在此，介绍对法学研究和法律实践意义较大的四种法律规范分类。④

（一）授权性规范、义务性规范和权义复合性规范

以法律规范对人们行为指引的内容为标准，可分为授权性规范、义务性规范和权义复合性规范。

1. 授权性规范

授权性规范，是指法律规范中指引人们有权做一定行为或不做一定行为的规范，特点在于为权利主体提供了一定的选择自由，对权利主体来说不具有强制性，只为行为人的作为、不作为提供了一个自由选择的空间，通常采用"可以""有权利""有……自由"等词语来表述。授权性规范基于人的自主性而使其成为法律关系主体的地位，承认其具有建立、变更或终止与其有关的法律关系的选择能力，为人们的自主行为和良性互动提供法律保障。权利规范常常暗含对相对义务人一定的作为或不作为义务的要求，否则授权性规范就会落空。从实质上讲，法治的核心是保障人权，法律规范都应该围绕权利保障而制定和发展，授权性规范当居于首要地位。但在不同的法律形式、法律部门之间，授权性规范所

---

① 参见［奥］凯尔森：《法与国家的一般理论》，沈宗灵译，中国大百科全书出版社 1996 年版，第 48 页。

② 张文显：《法理学》（第五版），高等教育出版社、北京大学出版社 2018 年版，第 116 页。

③ 陈柏峰主编：《法理学》，法律出版社 2021 年版，第 63 页。

④ 参见张文显：《法理学》（第五版），高等教育出版社、北京大学出版社 2018 年版，第 117 页。

占比重是存在差别的，宪法和民商法中的规范多属于授权性规范。①

例如：《行政诉讼法》第十条："当事人在行政诉讼中有权进行辩论。"

2. 义务性规范

义务性规范，是指法律中直接规定人们作为或不作为的规范。与授权性规范不同，义务性规范表现为对义务主体的约束，为权利的实现、人们的交往、维持社会安全提供保障。义务性规范的内容本身包括作为义务和不作为义务两种，规定作为义务的义务性规范常采用"应当""应该""必须"等词语来表述；规定不作为义务的义务性规范常采用"不得""禁止""严禁"等术语来表示，或者在描述行为模式后加上不利的法律后果。义务性规范具有三大特征：第一，强制性。为保障义务人履行义务，对于不履行义务的主体，法律会作出否定性反应，即认定为违法，强制其履行；甚至会予以处罚或责令赔偿、补偿等。第二，必要性。法治制度的主要价值在于保障个人权利；相应地，个人也应该为共同体的存在、发展作出贡献，否则，个人与共同体之间就会形成只讲索取而不谈付出的关系。因此，义务规范的实质就是要求每一个人为共同体的存在而付出的规范。义务性规范的设立，是科以个人以负担，在法治制度下，必须要有"社会必要性"，即必须为保护更高的价值，且在合理的范围之内，任意或过多设置，会造成个人负担过重而不堪重负，给个人权利的实现带来困难甚至是侵犯。第三，不利性。义务性规范虽然对他人和社会有利，但对义务人来说是一种牺牲或负担，至少在形式上看对个人是不利的。

例如：《民法典》第一千零五十九条："夫妻有相互扶养的义务。"

3. 权义复合性规范

权义复合性规范，是指兼具授予权利、设定义务两种性质的法律规范，有关国家机关组织和活动的规范多属于此类型。依其指示的对象和作用又可以将权义复合性规范分为委任规则、组织规则、审判规则、承认规则等。权义复合性规范的特点是：被指示的对象有权按照法律规则的规定做出一定行为；同时，做出这些行为又是其不可推卸的义务。从有权作为的方面看，它具有授权性规范的特性；从必须或应当作为方面看，它又具有义务性规范的属性。法律授予权力的规则通常是权义复合性规范，因为权力本身是一种作为的能力，同时，不按法律的规定作为又是违法的。②

例如：《宪法》第六十七条规定的全国人民代表大会常务委员会的职权，这既是它的权力，也是它的义务，如果不行使其权力，就构成了不作为违法。
《宪法》第四十二条："中华人民共和国公民有劳动的权利和义务。"

---

① 参见张文显：《法理学》（第五版），高等教育出版社、北京大学出版社2018年版，第117页。
② 参见张文显：《法理学》（第五版），高等教育出版社、北京大学出版社2018年版，第118页。

（二）规范性规范和标准性规范

这是依据法律规范的形式特征所作的分类。

1. 规范性规范

规范性规范，是指内容明确、肯定和具体，可直接适用的规范。

例如：《选举法》第五条："每一选民在一次选举中只有一个投票权。"

2. 标准性规范

标准性规范，是指法律规范的部分内容或全部内容（事实状态、权利、义务、后果等）具有一定伸缩性，须经解释方可适用且可适当裁量的法律规范。

（三）调整性规范和构成性规范

这是依据法律规范的功能所作的分类。

1. 调整性规范

调整性规范，是对已有行为方式进行调整的规范，它的功能在于控制行为。从逻辑上讲，该规范调整的行为先于规范本身，规范的功能在于对行为模式予以控制、改变或统一。从数量上看，调整性规范占据法律规范的大多数。

例如：《道路交通安全法》第七十条："在道路上发生交通事故，车辆驾驶人应当立即停车，保护现场；造成人身伤亡的，车辆驾驶人应当立即抢救受伤人员，并迅速报告执勤的交通警察或者公安机关交通管理部门……"

2. 构成性规范

构成性规范，是组织人们按规则规定的行为去活动的规范。从逻辑上讲，规范所规定的行为在逻辑上依赖规范本身。常见的设定某一机构的规范就属于构成性规范，这一机构的活动有赖于设立机构的组织性规范本身，没有相关组织的构成性规范，相关组织的活动是无法进行的。

例如：《地方各级人民代表大会和地方各级人民政府组织法》第七条："省、自治区、直辖市、自治州、县、自治县、市、市辖区、乡、民族乡、镇设立人民代表大会。"

（四）强行性规范和指导性规范

这是依据法律规范的强制性程度不同所作的分类。

1. 强行性规范

强行性规范，是指要求行为主体必须作为或不作为、强制性程度较高的规范。行为人只能依照法律规范的要求采取行为，没有选择余地。绝大多数义务性规范都属于强行性规范。

例如：《宪法》第十条第五款："一切使用土地的组织和个人必须合理地利用土地。"

2. 指导性规范

指导性规范，是指只对行为人的行为提供指导、行为人可自主选择行为方式的规范。指导性规范只具有指导意义而不具有强行性，法律关系主体可以在法律规定的行为方式、内容上进行选择，是一种命令性较弱的义务性规则。①

例如：《民法典》第四百六十九条："当事人订立合同，可以采用书面形式、口头形式或者其他形式。"

（五）原则性规范和规则性规范

这是依据法律规范对人们行为要求的明确性程度为标准进行的划分。

规则性规范对人们行为的要求指向明确，直接针对人的行为，直接告诉有关主体哪些行为是可以的，哪些行为是必须的，哪些行为是禁止的，对人们选择自己的行为可以发挥直接的指引作用，人们可以直接据此判断出将要采取的行为是否为法律所允许。

原则性规范不直接针对人的行为，而是直接针对规则，规定了规则应该符合的某种原理、准则。

三、法律规则

（一）法律规则的含义

在中国法学中，法律规范通常在两种意义上被使用：一是广义的所有法律内容的表现形式，包括法律原则、法律概念、法律技术性规定和法律规则等方面。一是狭义上的法律规范，指称法律上具有严密逻辑结构的行为规则，这样的话，法律规范与法律规则就是称呼不同，可以交互使用。我们这里所谓的法律规则，是基于法律规范的构成要素包括"法律规则"与"法律原则"两个方面，指的是与"法律原则"相对意义上的"法律规则"，即法律文本中直接规定权利、义务、责任等具体内容的规范。

（二）法律规则的逻辑结构

法律规则的逻辑结构，是指从逻辑上看，法律规则应该由哪些要素组成，它们之间又是怎样的关系，目前占主流地位的是"三要素说"，认为任何法律规范均由假定条件、行为模式和法律后果三个部分组成。

1. 假定条件

假定条件，是指法律规范中有关适用该规范的条件和情况的部分，即法律规范在什么时间、空间对什么人适用以及在什么情况下对人的行为有约束力的问题。它包括两个方面：

（1）法律规则的适用条件，其内容有关法律规范在什么时间生效，在什么地域生效

---

① 参见张文显：《法理学》（第五版），高等教育出版社、北京大学出版社 2018 年版，第 119 页。

和对什么人生效等；

> 例如：在什么时间生效：《刑法》第 452 条："本法自 1997 年 10 月 1 日起施行。"
>
> 在什么地域生效：《刑法》第六条第一款："凡在中华人民共和国领域内犯罪的，除法律有特别规定的以外，都适用本法。"
>
> 对什么人生效：《刑法》第七条第一款："中华人民共和国公民在中华人民共和国领域外犯本法规定之罪的，适用本法，但是按本法规定的最高刑为三年以下有期徒刑的，可以不予追究。"

（2）行为主体的行为条件，又分为一般的行为条件和特别的行为条件。一般的行为条件针对的是普通的主体如成年人、年满十六周岁的人等规定，特别的行为条件是指对主体的身份、从事的行为等方面作出特别的规定，如不动产权利人、国家公职人员等。

> 例如：一般的行为条件：《刑法》第十七条第一款："已满十六周岁的人犯罪，应当负刑事责任。"
>
> 特别的行为条件：《民法典》第二百九十六条："不动产权利人因用水、排水、通行、铺设管线等利用相邻不动产的，应当尽量避免对相邻的不动产权利人造成损害。"

2. 行为模式

行为模式，是指法律规则中规定人们如何具体行为之方式或类型的部分。一部法律的大部分内容都在表述行为模式。

根据行为要件的内容和性质不同，法律规则中的行为模式分为可为模式、应为模式和勿为模式三种，可为模式又称为权利行为模式，应为模式和勿为模式又称为义务行为模式：

（1）可为模式，是指在假定条件下，人们可以做什么的模式，其常见的表述方式为"可以……""有……权利""有……自由"等，可为模式起到建议性和指引性的作用；

> 例如：《民法典》第五百四十五条："债权人可以将债权的全部或者部分转让给第三人……"
>
> 《宪法》第四十一条第一款："中华人民共和国公民对于任何国家机关和国家工作人员，有提出批评和建议的权利……"

（2）应为模式，是指在假定条件下，人们应当或者必须做什么的模式，其常见的表述方式有"应当""必须"等；

> 例如：《民法典》第五百零九条第一款："当事人应当按照约定全面履行自己的义务。"

《民事诉讼法》第二百四十三条第一款："发生法律效力的民事判决、裁定，当事人必须履行。一方拒绝履行的，对方当事人可以向人民法院申请执行，也可以由审判员移送执行员执行。"

（3）勿为模式，是指在假定条件下，人们不得或禁止做什么的模式，其常见的表述方式有"不得""禁止""严禁"等。

例如：《民法典》第二百七十九条："业主不得违反法律、法规以及管理规约，将住宅改变为经营性用房……"

《民法典》第七百九十一条第三款："禁止承包人将工程分包给不具备相应资质条件的单位。禁止分包单位将其承包的工程再分包。建设工程主体结构的施工必须由承包人自行完成。"

3. 法律后果

法律后果，是指法律规则中规定的人们在作出符合或不符合行为模式要求的行为时应承担什么结果的部分。根据人们按行为模式所作出的实际行为的不同，法律后果分为两种：

（1）合法后果，又称为肯定式的法律后果，是法律规则中规定人们按照行为模式的要求进行行为而得到的法律上的承认，一般表现为对人们行为的保护、许可和奖励；

例如：《民法典》第 215 条："当事人之间订立有关设立、变更、转让和消灭不动产物权的合同，除法律另有规定或者当事人另有约定外，自合同成立时生效；未办理物权登记的，不影响合同效力。"

合法后果常常会在法律规则中被省略，我们在对法律规则进行理解时可以根据法律规则的逻辑结构将其补充完整。

例如：《民法典》第 545 条关于"债权人转让债权"的行为模式中并没有规定该行为模式的法律后果，按照"债权人可以将债权的全部或者部分转让给第三人……"的理解来说，该法律规范隐含的法律后果是：债权人将债权的全部或者部分转让给第三人的行为是法律许可的，是有效的。

（2）违法后果，又称否定式的法律后果，是法律规范中规定人们不按照行为模式的要求行为时法律上给予的否定性评价，一般表现为对人们的行为不予保护、要求停止、撤销、惩罚以及要求恢复、补偿等。

例如：《刑法》第二百六十四条："盗窃公私财物，数额较大的，或者多次盗窃、入户盗窃、携带凶器盗窃、扒窃的，处三年以下有期徒刑、拘役或者管制，并处或者单处罚金……"

《民法典》第五百七十七条："当事人一方不履行合同义务或者履行合同义务不符合约定的，应当承担继续履行、采取补救措施或者赔偿损失等违约责任。"

违法后果有时会集中在某部法律中的"法律责任"部分进行规定，《刑法》分则几乎是关于违法后果的规定。

"三要素说"指的是法律规则的构成在逻辑上应该包括的要素，并不是必须在法律条文中给予直接的规定，法律条文中某个要素可以被省略，通过分析可以从中得出被省略的部分。

> 例如：《民法典》第一千零六十一条："夫妻有相互继承遗产的权利。"
> （1）假定条件（法条中省略）：夫妻一方死亡的。
> （2）行为模式：夫妻一方有继承另一方遗产的权利。
> （3）法律后果（法条中省略）：国家保护这项权利。
> 《刑法》第二百三十二条："故意杀人的，处死刑、无期徒刑或者十年以上有期徒刑；情节较轻的，处三年以上十年以下有期徒刑。"
> （1）假定条件：故意杀人的，情节较轻的。
> （2）行为模式（法条中省略）：国家禁止非法杀人的行为。
> （3）法律后果：处死刑、无期徒刑或者十年以上有期徒刑，处三年以上十年以下有期徒刑。

概括而言，法律规则和法律条文不一定构成对应关系，一个法律条文是否都包括法律规则的三个要素，大致有这样几种情形：（1）完全包括；（2）由数个法律条文来表达一个完整的法律规则；（3）法律规则的内容分别由不同法律文件中的法律条文来表达。（4）一个条文表述不同法律规则或其要素。（5）法律条文仅规定法律规则的某个要素或若干要素。

关于法律规则的逻辑结构，还存在"二要素说"的主张，它是 20 世纪 90 年代在批判三要素说的基础上兴起的学说。"二要素说"认为，在法律条文中常常没有假定部分，或者在某部法律的总则部分规定了假定条件，或者有时候假定条件隐含在法条之中，所以没有必要将假定条件单列出来，因而主张将法律规范的结构分为"行为模式"和"法律后果"两部分。

行为模式是指法律规则中规定人们可以作为、应该作为、不得作为的部分，内容上既可以是授权性的，也可以是课以义务性的。法律后果是指法律规则中规定的行为法律结果以及法律对行为的反应的部分。

四、法律原则

法律原则，是指为法律体系或某一法律形式、法律部门的存在发展提供本源性证明的原理和准则。其主要作用是：为法律规定的内容提供正当化根据，以说明法律内容具有的合理性；将法律中的各种规范及其制度整合为一个整体；对法律修改、发展提供评价的依据；指导对法律规范的解释；填补法律规范的漏洞。法律基本原则因此而构成法律及其制度的灵魂。

（一）法律原则的分类

1. 按照法律原则产生的基础不同，可以分为公理性原则和政策性原则

公理性原则是指法律调整社会关系时遵循的原则，来自人类理性认可且经过反复实践，属于不证自明的公认原理，如人权保障、权力制约、法律平等、诚实信用、无罪推定、罪刑法定等原则。这样的法律原则来自人类普遍信奉的公平、正义价值，需要法律始终加以遵循和贯彻而不能放弃。

政策性原则是国家在特定社会发展时期为实现一定的政策目标而需要法律贯彻的原则，如计划生育、共同富裕、多种所有制并存等原则。随着社会的变化，政策性原则的内容会发生改变，一些原则不再遵循，一些原则会为新的原则所取代。

2. 按照法律原则适用的范围大小，可分为基本原则和一般原则

基本原则体现法的重要价值，适用于整个法律体系或某一法律部门，构成法律体系或法律部门存在和运行的原理，发挥着统领的作用，如宪法基本原则、刑法基本原则、民法基本原则、行政法基本原则等，从我国的法律内容看，一般规定在法律的"总则"或"总纲"部分。

具体原则仅适用于某一法律部门中的特定情形或特定领域，范围上无法覆盖该法律部门的所有方面。如英美契约法中的要约原则和承诺原则。

3. 按照法律原则涉及的内容不同，可以分为实体性原则和程序性原则

实体性原则涉及法律中规定的权利义务等实体内容，为法律关系的主体享有权利和履行义务以及国家对权利义务的干预提供指导。如民法、刑法等属于实体法，其中遵循的原则就是实体性原则。

程序性原则涉及程序法中的法律纠纷解决与权利救济问题，用以确保法律问题的公正解决，如"一事不再理"、辩护、非法证据排除、回避、无罪推定等原则。

由于具有高度抽象性的法律规范本身就具有原则的性质，为了以示区分，所谓的法律原则一般是指的基本原则。考虑到不同法律部门调整的社会关系内容存在差别，不仅需要法律规范中相应的调整规则有不同，也要求遵循的基本原则应有区别。

（二）宪法基本原则

宪法基本原则是指宪法在调整国家权力与基本权利关系时所采取的基本立场和准则，也就是宪法对国家权力和基本权利关系进行调整时遵循的原理。只要是国家，无论什么性质，也不管处在什么发展程度，都存在国家与个人的关系。在当今的民主法治制度下，国家与个人的关系就表现为国家权力与基本权利的关系，它决定了宪法在调整这一关系的时候遵循的原理应该有相同之处。但各个国家的性质、历史、发展道路上存在一定的差异，宪法对国家权力与基本权利关系的调整，除了遵循相同的原理之外，还会因为这些差异性的存在而遵循一些特殊的原理，这里的宪法基本原则仅指各国宪法遵循的共同原理。

作为宪法调整国家权力与基本权利关系要遵循的原理，宪法基本原则的作用体现在这样几个方面：首先是，宪法设计调整国家权力与基本权利关系的制度应依据的法理，以确

保宪法中的所有制度都能够符合规范国家权力、保障基本权利的精神；其次是，对修改宪法的行为进行规范，防止或避免修宪活动特别是修宪机关任意变更宪法既有规定，导致宪法应有的保障人权的实质被架空；再次是，对普通法律和行为的合宪性进行审查的根本依据，确保所有法律和行为都符合宪法的原理，而不是形式上符合宪法的规定。也就是说，当法律和行为是否符合宪法产生了争议时，如果没有直接的宪法规定，就可以将宪法基本原则作为判断的依据；最后是，对宪法规范理解、适用上存在分歧，或者援引的不同宪法规范之间存在冲突时，指引宪法解释机关对宪法规范的含义进行阐释说明，使得宪法规范得到准确理解和适用。

世界各国宪法遵循的共同基本原则有：人民主权原则、基本人权原则、法治原则和权力制约原则等。

1. 人民主权原则

人民主权的基本含义是，人民是国家的主人，国家的权力为人民所有，国家的法律就是人民意志的表达，因此，国家事务的决定，都必须建立在符合人民意志的基础之上，人民意志才是国家事务管理的终极性决定力量。国家机关及其工作人员运用的权力都来自人民的委托，必须以追求人民意志的实现，保障人民权利不被侵犯为根本目的，并且要向人民负责，受到人民的监督，以避免国家权力产生异化，将人民的主人翁地位架空，甚至是成为侵犯人民利益的力量。

我国是工人阶级领导的、以工农联盟为基础的人民民主专政的社会主义国家，《宪法》第二条第一款规定："中华人民共和国的一切权力属于人民。"这一规定既是我国国家制度的核心内容，也是人民主权原则的宪法根本法依据。根据宪法的规定，体现人民主人翁地位的内容包括：

（1）确认人民民主专政的国家性质，通过对敌人实行专政，来保障人民作为民主主体的地位；

（2）规定公有制为主的社会主义经济制度，保障人民能够成为生产资料的主人，为人民在政治上的主人翁地位实现奠定坚实基础；

（3）规定人民代表大会制为根本的政治制度，保障人民通过全国人民代表大会和地方各级人民代表大会，将自己的意志转变为国家意志，组织并监督国家机关，决定国家的重要事务；

（4）规定中华人民共和国武装力量属于人民，捍卫国家主权，防止国内外敌对势力颠覆，为人民当家作主的实现提供适宜的环境；

（5）根据宪法和法律的规定，人民当家作主原则贯彻于国家与社会生活的各个领域，即人民通过其他各种民主途径和形式，如民族区域自治、基层群众自治、政治协商制度、职工代表大会等，管理国家事务，管理经济和文化事业，管理社会事务，保障各民族一律平等；

（6）规定公民享有的基本权利及其保障措施，切实尊重和保障人权，保障人民中的每一个人都能够享有尊严，是独立的个人，具有发挥主人翁作用的能力。

2. 基本人权原则

人权是人依其自然属性和社会本质而应当享有的权利。①　人权是人类的共同追求，充分享有人权是人类社会的共同奋斗目标，法治则是实现人权的根本保障。古罗马思想家西塞罗指出："法律的制定是为了保障公民的福祉、国家的繁昌和人们的安宁而幸福的生活。"②

所谓基本人权，是指人所享有的权利之中，对于确保人的尊严和基本生存所需满足而不可缺少的权利，也就是人权之中重要的、根本性的权利，其具体内容会随人们生存需求及社会发展而有所变化，或者是出现新的基本权利，或者是原有基本权利的保障程度提高等。各国宪法文本中明确列举的那些权利，就属于基本权利的性质，构成普通法律规定各种具体权利的法源。除此之外，宪法还通过设置"未列举权利条款"或"概括人权条款"来保持宪法基本权利体系的开放性，避免将基本人权的识别仅限定在宪法列举的权利范围之中，让人产生基本权利来自国家赋予的错觉。

作为宪法基本原则，基本人权原则在宪法调整的国家权力与基本权利关系中构成国家权力存在和作用的目的，宪法因此而被称为"人权保障书"。这不仅表现在成文宪法的国家，宪法文本中设置专门部分对基本权利做出系统规定，还体现在建立宪法审查制度，用以审查有关的法律和行为是否存在违宪而造成基本权利受到侵犯的情形。

我国在 1954 年的宪法中，就设立专章"公民的基本权利和义务"，规定个人享有的各方面基本权利，此后的历部宪法都加以了延续。1982 年宪法则将"公民的基本权利和义务"提升到"国家机构"这一章之前规定，以凸显"基本权利本位"的价值取向；还于 2004 年通过《宪法修正案》，增加一款规定："国家尊重和保障人权"，不仅把"人权"这个过去受到否定的概念写入了宪法，更具有深远意义的是，将国家作为了"尊重和保障人权"的责任主体，也就是承认了国家公权力有不尊重和保障人权的可能性，需要加以防范。

3. 法治原则

法治，即"法律之治"或"依法而治"，即法律作为治理的依据且具有最高的权威，也就是任何机关、组织和个人都必须遵守法律，违反法律都要承担相应不利后果。

在宪法调整的国家权力与基本权利关系中，法治原则作用的面向就是国家与个人。个人对法律的遵守与否以"法不禁止即自由"为判断标准，认定个人的行为违法而给予法律惩罚，必须以个人从事的行为为法律明文禁止为前提；法律对国家的权威表现为，任何国家机关享有的权力，都必须以宪法和法律的明确授权为前提，否则构成越权，是避免人民遭受权力的侵犯，即"法无授权不可为"；即便是行使宪法和法律授予的权力，也必须依照法律规定的条件和程序行使，即"法有授权要依法"，违法行使权力要被追究法律责任。

法律具有最大权威仅仅是法治原则在形式上的要求，以此为标准无法判断出是否真正的法治，因为近代以前的国家也都有法律，其权威性也是存在的，但我们从不认为其是法

---

① 王家福、刘海年主编：《中国人权百科全书》，中国大百科全书出版社 1998 年版，第 481 页。

② ［古罗马］西塞罗：《论共和国论法律》，王焕生译，中国政法大学出版社 1997 年版，第 219 页。

治制度。根本原因是这些国家的法律内容维护专制制度，严重侵犯人权。近代以后的法治对法律的内容有要求，必须是"良法""善法"，也就是保障人权。法律形式上权威最大与内容上保障人权相统一，才是真正意义上的法治。

我国宪法之中，体现法治原则的内容有：（1）宪法是国家法治制度的核心和根基。不仅宣告宪法是国家的根本法，具有最高的法律效力，而且规定国家维护社会主义法制的统一和尊严，一切法律、行政法规和地方性法规都不得同宪法相抵触。（2）实行法治的治国模式，规定中华人民共和国实行依法治国，建设社会主义法治国家；要求全国各族人民、一切国家机关和武装力量、各政党和各社会团体、各企业事业组织，都必须以宪法为根本的活动准则，并且负有维护宪法尊严、保证宪法实施的职责；一切国家机关和武装力量、各政党和各社会团体、各企业事业组织都必须遵守宪法和法律；一切违反宪法和法律的行为，必须予以追究；任何组织或者个人都不得有超越宪法和法律的特权。（3）将人民委托给国家的权力，明确规定在宪法之中，并分配给人民代表大会、人民政府、监察委员会、人民法院、人民检察院等机关来行使，使之成为普通法律规定各种国家机关行使权力应遵循的条件及程序的依据。（4）以列举和概括的方式规定个人享有的基本权利，使之成为法律和国家权力作用的目的。（5）建立宪法审查制度，来审查法律、法规和相关行为是否符合宪法，以维护法治的统一，确保法律的内容及其执行在根本上保障人权。

4. 权力制约原则

在宪法调整的国家权力与基本权利关系中，权力制约是指对国家权力的制约。为何国家权力要受到制约，是因为人民委托给国家权力，是为了让国家运用人民委托的权力去追求公共利益，保障人民的权力不受侵犯的。但国家权力具有强制性，又有监狱、警察、法庭等暴力机器可利用，是一把双刃剑，既可以用于追求公共利益和保障人权，也可以用来以权谋私，导致公共利益和人民权利受到侵犯。对国家权力进行制约，就是要避免出现国家权力的腐败和滥用情形的发生，确保国家权力能够最大限度地用于追求公共利益和保障人权。

实现对国家权力的制约，主要有两个方面的内容：一是用宪法中的基本权利来制约国家权力，使国家权力的存在和运用不产生侵犯基本权利的结果；二是在不同国家权力之间建立起制约的关系，此方面，资本主义国家和社会主义国家在制度上又存在不同。资本主义国家实行"分权制衡"制度，即不同国家权力之间建立起相互制衡的关系，以减少或避免发生国家权力被滥用的可能性；社会主义国家则实行"监督"制度，代表机关在性质上是权力机关，地位高于其他机关，其他机关由同级代表机关组织，受同级代表机关的监督，以防止其他机关在执行人民意志的过程中滥用权力，形成腐败。

根据我国宪法规定，权力制约原则外化出的监督制度主要包括以下的内容：

（1）人民对国家权力的监督

《宪法》第三条规定，"全国人民代表大会和地方各级人民代表大会都由民主选举产生，对人民负责，受人民监督"；第七十七条规定："全国人民代表大会代表受原选举单位的监督。原选举单位有权依照法律规定的程序罢免本单位选出的代表。"第一百零二条规定："……地方各级人民代表大会代表接受原选举单位和选民的监督，原选举单位和选民有权依照法律程序罢免由他们选出的代表"。宪法第四十一条规定，公民"对于任何国家机关和国家工作人员，有提出批评和建议的权利；对于任何国家机关和国家工作人员的违法失职行为，有向有关国家机关提出申诉、控告或者检举的权利"，还规定"由于国家机关和国家工作人员侵犯公民权利而受到损失的人，有依照法律规定取得赔偿的权利"从而明确了公民行使监督权和国家赔偿权的宪法依据。

（2）国家机关之间的监督

由于国家机关的性质和层级不同，国家机关之间的监督也表现为不同的关系：一是不同性质和职能的国家机关之间的监督关系，即人民代表大会在国家机构体系中处于核心地位，国家行政机关、监察机关、审判机关、检察机关都由人民代表大会产生，对它负责，受它监督。二是同一性质不同层级国家机关之间的监督关系，如《宪法》第一百零八条规定："县级以上地方各级人民政府有权改变或者撤销所属工作部门和下级人民政府的不适当的决定。"第一百三十二条规定："……上级人民法院监督下级人民法院的审判工作。"第一百三十七条规定："……上级人民检察院领导下级人民检察院的工作。"三是处理某一类型事务时国家机关之间的监督关系。如《宪法》第一百四十条规定："人民法院、人民检察院和公安机关办理刑事案件，应当分工负责，互相配合，互相制约，以保证准确有效地执行法律。"第一百二十七条规定："监察委员会依照法律规定独立行使监察权，不受行政机关、社会团体和个人的干涉。监察机关办理职务违法和职务犯罪案件，应当与审判机关、检察机关、执法部门互相配合，互相制约。"

（三）行政法基本原则

行政法基本原则，是指导和规范行政法立法、执法以及行政行为的实施和行政争议处理的基本法则，它贯穿于行政法具体规范之中，同时又高于行政法具体规范，体现行政法的基本价值。行政法的基本原则有以下几个方面：

1. 依法行政原则

依法行政原则，或称合法性原则，基本含义是要求行政机关和其他行政公务组织必须依法行使行政权或者从事行政管理活动。立法者制定的法律和作出的决策，绝大多数依赖于行政机关的行政管理活动来实施，加之现在的行政是服务行政、给付行政，个人很多生存目标及其利益的实现与政府的行政之间存在非常密切的联系，政府不依法行政，不仅会损害法律的权威，更会导致很多的个人利益无法实现，甚至是受到侵犯。依法行政原则的要求包括：

（1）职权法定，国家行政机关以及其他组织的行政职权，必须由法律予以规定或授予，无法律即无行政。

（2）法律优先，依法行政原则之中，法律优先是指立法机关制定的法律优先于行政机关颁布的法规、规章；如果法律、法规和规章均对某事项作了规定，构成行政的规范依据时，法规、规章必须与法律不相违背，行政机关必须适用立法者制定的法律。

（3）法律保留，凡宪法、法律规定只能由法律规定的事项，则只能由立法机关的立法加以规定；除非有法律的明确授权，行政机关才能在其制定的行政规范中做出规定。其目的在于禁止行政机关在没有法律授权的情况下，以行政规范来干涉基本权利中的重要事项，造成对基本权利的侵犯。

2. 行政合理性原则

行政合理性原则，是指行政主体依照法律规定享有自由裁量权的事项，不仅应当在法律、法规、规章规定的范围内实施自由裁量行为，还需要做到客观、适度，符合公平、正义等法律理性。具体要求为：

（1）比例原则。包括：第一，适当性原则，又称为妥当性原则、妥适性原则、适合性原则，是指所采取的措施在目的与手段的关系上，必须是适当的，即能够实现行政目的，或至少有助于行政目的达成并且是正确的手段。第二，必要性原则，又称最少侵害原则、最温和方式原则、不可替代性原则，是指在前述"适当性"原则已获符合后，在能达成法律目的诸种方式中，应选择对人民权利最小侵害的方式。第三，相称性原则或均衡原则，即行政权力所采取的措施与其所达到的目的之间必须合乎比例或相称。具体讲，要求行政主体执行职务时，面对多数可能选择之处置，应就方法与目的的关系进行权衡，采更有利者而为之。

（2）平等对待，行政主体应平等对待所有行政相对人；国家应平等对待行政主体与行政相对人。所谓的平等对待，包括两个方面：相同的相同对待；不同的不同对待。

（3）行政行为的内容应当合乎情理，指行政主体作出的裁量行为，应当符合一般的道德标准与生活价值观，即符合人们公认的"情理"标准。

3. 程序正当原则

程序正当，是指行政机关在作出影响行政相对人的决定，尤其是不利决定时，必须遵循正当、公开的程序。具体要求为：

（1）行政公开，是指将行政权力运行的依据、过程和结果向相对人和公众公开，使相对人和公众能够知悉，以确保行政具有透明度。行政公开既是预防行政主体恣意、滥权和腐败的有效手段，也是保障公民知情权和监督权实现的前提。

（2）程序公正，程序公正的基本要求有两个：任何人不得做自己案件的法官；任何人在受到不利对待时应当给予其陈述和辩护的机会。

（3）公众参与，行政行为涉及多数社会公众的权益时，应通过座谈会、听证会、论证会、网络平台征求意见、协商、讨论、辩论等途径和形式为社会公众提供参与的机会，广泛听取社会公众的意见。[1] 目的在于保障公众的参与机会，使之不再成为单纯的行政行为作用的对象，进而让行政机关能够在实施行政行为中充分照顾到各方的利益诉求。

4. 诚信原则

诚实信用原则包括诚实守信和信赖保护两个方面：

（1）诚实守信。是指行政活动应具有真实性与确定性。行政主体作出行政活动，应出于真实的目的，意思表示要真实、准确。真实性不只适用于行政法律行为，也应包括行政事实行为，如咨询、信息提供等。行政主体不得为了自身的利益欺骗行政相对人，违反法律、法规、政策的初衷和目的。虚假、错误的行政行为造成行政相对人合法权益损害的，行政主体负有赔偿义务。因此，政府在制定法律、政策、决定和作出承诺前，必须充分考虑各种复杂的情形，听取多方意见，在民主的基础上作出决定。

（2）信赖保护。信赖保护是指行政相对人对行政权力的正当合理信赖应当受到保护，

---

① 姜明安：《行政法基本原则法定化研究》，载《湖湘法学评论》2021年第1期。

行政机关不得擅自改变已生效的行政行为，如确需改变而给行政相对人造成的损失应当给予补偿。它要求行政行为一经作出，非有法定事由并经法定程序不得随意撤销、废止或改变，以保护行政相对人的既得利益和合理期待。具体包括：第一，行政相对人基于对行政机关行政行为合法性与有效性的信赖而与行政机关合作应当受保护。第二，行政相对人因行政机关的行政行为信赖而获得的利益，应当受到保护。行政机关如随意撤销自己的行政行为而给行政相对人造成损失，应当承担责任。第三，行政机关对行政相对人实施授益行为后，第三人与该行政相对人建立某种法律关系时因不知道行政行为存在瑕疵而应当获得的利益，也应当受到保护。

5. 高效便民原则

高效便民，是指行政机关应依法高效率、高效益地行使职权，最大限度地方便人民，把更好地服务于人民，作为实现行政管理的根本目标。具体要求是：

（1）高效原则，即行政机关应当积极、迅速、及时地履行职责，实现其职能，以最低成本在最短时间内创造出更多的成果。这是行政在本质上是执行，而执行以效率为基本目标的体现。没有执行上的效率，法律中的公平价值也难以更好地实现。

（2）便民原则，即行政机关应当尽可能减少行政相对人的程序性负担，节约行政相对人的办事成本，让行政相对人能够更方便地获得行政主体提供的公共服务。在我国，便民原则是国家机关为人民服务的宗旨在行政活动中的体现。

6. 监督与救济原则

（1）监督原则，是指有权国家机关、公民、法人或者其他组织对行政机关或其他组织的行政活动有权依法进行监督与问责。基于"权责一致"和"有权力必有监督"的要求，监督原则主要包括两个方面的内容。其一，自觉接受"他律"监督；其二，加强行政内部层级监督和专门监督。责任主要表现为三个方面：其一，行政机关有责任依法行使职权。其二，对违法、不当行为及其他造成公民或组织权益损害的行为应当承担责任。其三，有权机关对行政行为依法问责。

（2）救济原则，即行政相对人的合法利益受到行政行为损害时享有受救济的权利，换言之就是国家应对行政相对人合法利益受到的损害提供救济，主要包括申请行政复议、提起行政诉讼、要求赔偿或补偿，并在救济过程中享有相应的权利等。

（四）民法基本原则

民法基本原则是指民事法律在对平等主体之间一定的人身和财产关系进行调整的时候应当遵循的具有普遍法律约束力的原理和准则。民法基本原则具有价值宣示性，使得民法不再是"价值中立"的规范体系，而是演化为一个由"原则和规则"共同作用的可供动态演绎的法秩序体系。[①] 民法基本原则包括：

1. 平等原则

民法本身就是对平等主体之间一定的人身和财产关系进行调整，平等原则应是民法的根基，是民法的其他基本原则的基础，没有平等就没有民法，故学者称其为无须明文规定

---

① 参见龙卫球：《我国民法基本原则的内容嬗变与体系化意义——关于〈民法总则〉第一章第3~9条的重点解读》，载《法制现代化研究》2017年第2期。

的公理性原则，法国、德国、日本、瑞士等国家的民法典均未加明文规定。我国《民法典》第4条规定："民事主体在民事活动中的法律地位一律平等。"以突出平等原则对于划清民法与行政法、经济法的界限，在立法和司法上都有实际意义。平等原则的内容主要体现在：

（1）民事权利能力平等，即民事主体资格平等。自然人自出生起就具有民事权利能力，享有平等的民事主体资格。法人自有效成立时起，具有民事权利能力，享有民事主体资格。法人的业务性质、范围虽不同，但民事主体资格是平等的。因此，自然人、法人和非法人组织的民事主体资格一律平等。

（2）民事主体地位平等。在民事法律关系中，没有领导和被领导的关系，即使在行政上有隶属关系的上级组织与下级组织，在民事法律关系中，其法律地位也是平等的。自然人和法人，不论经济实力强弱，任何一方都没有凌驾于另一方之上的特权。国家作为民事主体时，与其他民事主体也处于平等地位。

（3）民事权益平等受法律保护。作为民事主体的自然人、法人和非法人组织的合法民事权益都平等受民法保护，任何组织和个人都不得侵犯。民法对财产的保护方法主要是支付违约金、返还被侵占的财产、赔偿损失等，并不因民事主体的所有制性质或者经济实力不同而存在差别，同样要承担相应的民事责任。

2. 自愿原则

自愿原则，也称意思自治原则、合同自由原则，指民事活动的当事人在法律允许的范围内享有按照自己的自由意志决定缔结民事法律关系，为自己设定权利或对他人承担义务的自由，任何机关、组织和个人不得非法干预。我国《民法典》第5条："民事主体从事民事活动，应当遵循自愿原则，按照自己的意思设立、变更、终止民事法律关系。"自愿原则主要体现在：

（1）民事主体根据自己的意愿自主行使民事权利。民事主体有自主占有、使用或者处分其所有物，发表作品，转让专利权，设立遗嘱等权利。为体现自愿原则，民事法律有较多的任意性规范。

（2）民事主体之间自主协商设立、变更或者终止民事法律关系。

（3）当事人的意愿优于任意性民事法律规范。在民事立法上特别是合同法上规定有较多的任意性规范，在有任意性规范的情况下，当事人协议的效力优于任意性规范的效力。在继承关系中，在有遗嘱的情况下，优先适用遗嘱继承。

3. 诚实信用原则

《民法典》第7条规定，民事主体从事民事活动，应当遵循诚信原则，秉持诚实，恪守承诺，是对民事主体之间相互关系的基本要求。诚实信用原则主要体现在：

（1）在设立或者变更民事法律关系时，不仅要求当事人不隐瞒真相、不作假不欺诈，还应当给对方提供必要的信息。

（2）民事法律关系建立后，当事人应当恪守诺言，履行义务，维护和满足对方的正当期待，应当"根据合同的性质、目的和交易习惯履行通知、协助、保密等义务"（《民法典》第五百零九条第二款）。

（3）民事法律关系终止后，当事人应当为维护对方的利益，实施一定行为或者不实施一定行为。例如，合同的权利义务终止后，当事人应当遵守诚实信用原则，根据交易习惯履行通知、协助、保密等义务。离婚时，如一方生活困难，另一方应从其住房等个人财产中给予适当帮助。

4. 禁止权利滥用原则

禁止权利滥用原则是民事主体行使民事权利的界限。权利都有一定的界限，没有不受任何限制的权利。行使民事权利，超出了一定界限而损害他人权益或者公共利益的，构成权利滥用。《民法典》第 132 条："民事主体不得滥用民事权利损害国家利益、社会公共利益或者他人合法权益。"

构成权利滥用通常需具备三个条件：一是当事人有权利存在；二是权利人有行使权利的行为；三是当事人的行为有滥用权利的违法性。

5. 公平原则

民法上的公平，是指民事主体之间的利益平衡，也就是在民事活动中获得的利益多少与为此而作出的付出之间具有合理的关系，是衡量当事人之间利益的标准。我国《民法典》第 6 条："民事主体从事民事活动，应当遵循公平原则，合理确定各方的权利和义务。"在民事法律关系中判断公平与否，应当从民法的基本精神出发，以特定时期的交易习惯、人们的观念和社会发展程度为标准。

公平原则和诚实信用原则既有联系又有区别。认定是否违反公平或者诚实信用，需要判断当事人之间的利益是否失衡。不同之处在于诚实信用原则主要是从道德观念上要求当事人应当怎样做，不应当怎样做，更注重道德标准。公平原则主要是从客观上判断当事人之间的利益是否失衡。公平原则主要体现在：

（1）当事人的权利与义务的平衡。当事人之间设立的权利与义务应当是平衡的。在合同关系中的公平不是要求绝对等价，一般应当有相近的价值。当事人出于自愿产生的利益不平衡，法律不作限制，以体现自愿原则。

（2）当事人承担民事责任平衡。在适用过错责任原则的情况下，由有过错的一方承担责任，双方都有过错的，由双方各自承担相应的责任；在赔偿损失责任中实行过失相抵，损益相抵。法律规定一定情况下适用无过错责任原则，例如从事高度危险作业，造成他人损害时，不论从事高度危险作业者有无过错，都应当承担民事责任，体现了对弱者的保护。

6. 公序良俗原则

"公序良俗"包含"公共秩序"和"善良风俗"两个方面。"公共秩序"是指为保障社会的公共生活而建立和维持的共同生活秩序。通常，违反禁止性规定的，即为违反公共秩序。法律难以将禁止性规定列举周全，除包括涉及公共秩序的现行法律规范外，还包括现行法律没有规定的某些情况。"善良风俗"又可称之为"社会公德"，是指在社会交往过程中形成并体现公平正义价值理念，得到大家普遍认同并加以遵守的习惯等规则，也就是社会的存在及发展必须遵守的一般道德。民法基本原则中的善良风俗，是将人们应当遵守的最低限度的道德法律化，违背应当遵守的最低限度的道德，就是违反善良风俗。因此，我国《民法典》第八条规定："民事主体从事民事活动，不得违反法律，不得违背公序良俗。"

"公序良俗"原则不仅是维护国家和社会共同生活秩序的需要，也是维护个人利益的表现，是个人在社会交往中的行为自主的底线，不可逾越。社会在不断发展，人们的观念在不断变化，"公序良俗"的内涵也会随之变化。在司法实践中适用公序良俗原则，认定民事法律行为无效，是一个比较复杂的问题，应当以整个法律的价值体系和一般道德观念为基准，区分不同的情况，慎重裁量。

7. 绿色原则

绿色原则是指民事主体在从事民事活动时，要注意做到节约资源、保护生态环境，以是否有利于节约资源、保护生态环境作为应否从事相关民事活动的考量标准，让社会资源得到更充分的利用。我国《民法典》第9条规定："民事主体从事民事活动，应当有利于节约资源、保护生态环境。"这一原则，是宪法规定的生态文明建设在民法中的具体落实。坚持绿色原则，就是要坚持人与自然和谐的价值观，促进社会经济的可持续发展。

（五）刑法基本原则

刑法的基本原则，是指刑法明文规定的、在全部刑事立法和司法活动中应当遵循的基本原理和准则。主要包括：罪刑法定原则、罪责刑相适应原则和适用刑法人人平等原则，共同构成了刑法基本原则体系。①

1. 罪刑法定原则

罪刑法定是指什么行为才能构成犯罪、犯罪行为的种类、构成条件以及对犯罪行为施以刑罚处罚的种类、幅度等，均事先由法律加以规定，刑法文本没有明文规定为犯罪的行为，不得定罪处罚。为此，我国《刑法》第3条规定："法律明文规定为犯罪行为的，依照法律定罪处刑；法律没有明文规定为犯罪行为的，不得定罪处刑。"概括而言就是，法无明文规定不为罪，法无明文规定不处罚。其基本内容包括：

（1）成文的罪刑法定，排斥习惯法。刑法渊源只能是国家最高立法机关依法制定的刑事实体法律规范，其他规范性法律文件不能作为刑法的渊源。

（2）事前的罪刑法定，禁止事后法。只有行为时已经存在并且生效的法律才能作为认定行为是否构成犯罪以及如何进行处罚的依据。禁止不利于行为人的事后法，但允许有利于行为人的事后法。

（3）严格的罪刑法定，禁止类推解释，禁止一切不合理的解释。允许有利于行为人的类推解释。

（4）确定的罪刑法定，刑罚法规的适当。明确性，刑法的规定必须清楚、明了，不得有歧义，不得含糊不清。禁止处罚不当的行为，禁止残酷的不均衡的刑法。对于没有侵犯国家、社会或者他人利益的行为，无论立法还是司法，都不允许将其作为犯罪加以处罚。

2. 刑法适用平等原则

依照刑法规定来认定行为是否构成犯罪以及构成犯罪以后如何进行处罚时，对一切人的合法权益都要加以保护，不允许有任何歧视。对犯罪行为的惩罚，应做到同样性质和危

---

① 马荣春：《罪刑法定原则与刑法基本原则体系的结构性》，载《时代法学》2019年第2期。

害程度的犯罪，应受到大体相同的刑罚处罚。《刑法》第四条规定："对任何人犯罪，在适用法律上一律平等。不允许任何人有超越法律的特权。"主要内容有：

（1）任何人犯罪，都应当受到刑法的追究，任何人都不得享有超越刑法规定的权利。

（2）对一切犯罪行为，应平等适用刑法，定罪量刑上应以犯罪行为的性质和危害后果为标准，不得因犯罪人的社会地位、家庭出身、职业状况、财产状况、政治面貌、才能业绩的差异而有所区别。

（3）任何人受到犯罪侵害，都应受到刑法的保护；不同被害人的同等权益，应受到同样的刑法保护。

3. 罪责刑相适应原则

刑罚的轻重应当与犯罪的性质、危害后果的轻重相适应。主要内容有：

（1）刑罚的性质和强度要与犯罪的性质和严重程度相适应，轻罪轻刑，重罪重刑，罪刑相称，罚当其罪。反映在立法上就是，刑法分则在确定具体犯罪的法定刑时，应根据罪行和刑事责任的轻重确定轻重有别的法定刑。犯罪形式是多种多样的，其危害也有轻有重，不能罪重的量刑比罪轻的轻，也不能罪轻的量刑比罪重的重；其次，在刑法总则中确定某些情况的处理原则时，也须贯彻罪刑相当的原则。例如，对预备犯、未遂犯、中止犯的处理原则，对自首、立功、累犯的处理原则以及数罪并罚的原则，都是罪刑相当原则的体现。

（2）刑罚的性质和强度要与刑事责任的轻重相适应。对具体犯罪裁量刑罚时，不仅要考虑犯罪行为本身的轻重，还应考虑犯罪分子应承担刑事责任的轻重。刑事责任的轻重实际上是一种综合评价指标，不单纯指犯罪行为造成的、可测量的、确定的某种危害结果，而是犯罪的客观的、主观的和主体的诸方面因素有机结合。刑事立法中，对各种具体犯罪的法定刑都规定有一定的幅度，以便使司法部门适用时能根据罪责的轻重作出选择。影响刑事责任轻重的因素主要有：行为的性质、行为的方式、行为的后果、行为的原因、罪过的形式、动机、目的等。对负有刑事责任的人判处刑罚时，其刑罚的严厉程度不能超过其应负的刑事责任的程度。

（六）诉讼法基本原则

我国目前有刑事诉讼、民事诉讼和行政诉讼三种诉讼制度，它们之间在功能、程序、证据规则、主体等方面存在一定的差异，遵循的基本原则在内容要求上不会完全相同，概括起来主要有：

1. 承担诉讼职能的国家机关各负其责

在我国，根据宪法和相关诉讼法的规定，承担诉讼职能的国家机关有：公安机关，行使一般刑事案件的侦查权；监察机关，行使对管理公务人员职务犯罪的侦查权；检察机关，行使对犯罪行为的公诉权和对法院审判活动的监督权；人民法院行使行政、民事、刑事案件的审判权。这些机关各自依照法律的规定独自履行相应的诉讼职能，以保障诉讼活动的专业性和效率，也有利于确保诉讼活动的公正进行。具体内容包括：

2. 进行诉讼必须以事实为根据，以法律为准绳

以事实为根据，就是必须以案件事实作为进行起诉、审理和裁判的依据，而不能凭主观想象、推测或想当然来作为诉讼依据。以法律为准绳，就是在案件事实清楚的前提下，

以国家有关法律规定为唯一标准，对案件进行定性和处理。除了法律之外，不得以其他内容作为裁判依据。

3. 对公民适用法律一律平等

国家的法律，人人都必须毫无例外地遵守，承担诉讼职能的国家机关在诉讼过程中是法律的适用者，应该对所有人都平等对待，不论他们的民族、种族、性别、职业、家庭出身、宗教信仰、教育程度、财产状况有何不同，都应当保护其依法享有的诉讼权利，承担应该承担的法律责任。尤其是在承担法律责任的方面，努力做到相同的相同对待，不同的不同对待。

4. 审判公开进行

审判公开原则是"不公开审理原则""秘密审理原则"的对称。我国的民事诉讼法、行政诉讼法和刑事诉讼法均规定，人民法院审判案件，实行公开审判制度。

人民法院审理案件，应当公开进行，即除合议庭评议秘密进行外，允许公众依法旁听案件审判情况；允许新闻媒体采访报道案件审判情况；案件的证据，依法在法庭上进行公开质证。但是涉及国家秘密或者个人隐私的案件，不公开审理；涉及商业秘密的案件，当事人申请不公开审理的，可以不公开审理。不公开审理的案件，应当当庭宣布不公开审理的理由；做出的裁判，则应当公开。

5. 回避原则

回避原则，又称"回避制度"。我国的民事诉讼法和行政诉讼法均明文规定了这一原则；刑事诉讼法也以专章规定了回避制度。因此，回避原则是我国诉讼制度共同遵守的原则。这一原则要求人民法院审判案件，必须依法实行回避制度。

根据我国民事诉讼法的规定，承办某一案件的审判人员、书记员、翻译人员、鉴定人和勘验人，因遇有法律规定的不得参与案件的审理或执行有关任务的情形，不参加对该案的审理或有关任务的执行。在审判案件和执行有关任务时，上述人员有下列情形之一的必须回避：（1）是本案当事人或者当事人、诉讼代理人的近亲属；（2）与本案有利害关系；（3）与本案当事人有可能影响案件公正审理的其他关系。

实行回避制度，目的在于防止利用职权徇私舞弊，影响案件的公正审理；同时，也为消除当事人的疑虑，保证诉讼活动的正常进行，切实保障当事人的正当权利和合法利益，提高司法活动的威信。

6. 两审终审原则

两审终审制，是指法律案件可以经过两级法院审理，作出的裁判就是终审裁判的制度。地方各级人民法院按照法律关于审判管辖权的规定对由它审判的第一审（初审）案件作出的判决或裁定，若当事人不服，可以在法定期限内向上一级法院提出上诉；若同级的检察院不服，可以在法定期限内向上一级法院提起抗诉。上一级法院有权受理针对下一级法院第一审判决或裁定不服的上诉或抗诉案件，然后经过二审程序的审理，改变或维持第一审法院的判决或裁定。这时，上级法院的第二审判决、裁定，就是终审判决、裁定，当事人不得上诉。审级制度的实质是要求审判必须按审判程序严格进行，不得越级审理案件。

实行两审终审制一方面在上下级法院之间建立起了监督与被监督的关系，有利于上级人民法院对下级人民法院的审判工作进行监督，及时纠正下级法院裁判中存在的事实认定和法律适用错误，维护国家法治的统一。另一方面，我国的人民法院包括基层人民法院、中级人民法院、省高级人民法院和最高人民法院四个层级，但司法案件却不需要经过每一个层级法院的审理才能作出终审裁判。两审终审制的实行，能够将司法公正与司法效率统一起来，因为司法过程的冗长会影响司法效率，使得法律争议的解决长期处在不确定的状态，实质上会损害当事人的合法权益。

两审终审制是指一个案件最多经过两级法院的审理而不是必须；如果一审法院做出的裁判，在法定的期限内当事人没有提出上诉、检察机关也没有提出抗诉，也是终审裁判，发生法律效力。除此之外，我国法律还规定了两审终审制的四种例外：最高人民法院审理的第一审案件为一审终审；判处死刑的案件，必须依法经过死刑复核程序核准后，判处死刑的裁判才能生效并交付执行；地方各级人民法院依照刑法规定在法定刑以下判处刑罚的案件，必须经过最高人民法院核准，判决、裁定才能生效并交付执行；民诉中的小额诉讼程序。

7. 有权使用本民族语言文字进行诉讼。

《宪法》第一百三十九条："各民族公民都有用本民族语言文字进行诉讼的权利。人民法院和人民检察院对于不通晓当地通用的语言文字的诉讼参与人，应当为他们翻译。在少数民族聚居或者多民族共同居住的地区，应当用当地通用的语言进行审理；起诉书、判决书、布告和其他文书应当根据实际需要使用当地通用的一种或者几种文字。"宪法的这一规定实际上是针对少数民族而言的，诉讼法关于使用本民族语言文字进行诉讼的规定，就是宪法内容的具体化。遵守和适用该原则的意义有：

（1）体现我国各民族一律平等的宪法精神，保障各民族公民平等地行使诉讼权利，切实维护各民族公民的合法权益。

（2）可以保障诉讼当事人运用本民族语言文字，准确表达其诉讼请求，有利于司法机关准确、及时地查明案件事实和依法处理案件。

（3）可以进一步密切司法机关同各民族人民的关系，便于司法机关对各民族人民进行法治宣传教育，也便于各民族人民对司法机关进行监督。

（七）国际法基本原则

国际法是处理国家以及国家与国际组织之间关系的法律，国际法的基本原则，必须是为各国公认的、具有普遍意义、适用于国际法一切领域、构成国际法基础的原理和准则。尽管有时一国或少数国家提出的某一原则，具有重大的政治、法律意义，但在没有得到各国公认之前，尚不能成为国际法基本原则。

《联合国宪章》本质上属于多边性质的国际条约，对现代国际法基本原则的形成和发展具有举足轻重的影响，其所载原则构成国际法基本原则的基础。根据《联合国宪章》及其他国际文件的规定，国际法的基本原则有五项：

1. 国家主权平等原则

国家主权平等实质上是一种法律上的平等，它要求在国际关系中应尊重别国的主权独立和领土完整，具有重要的法律效果。① 主权平等包括下列要素：

（1）各国法律地位平等；

（2）每一国均享有充分主权之固有权利；

（3）每一国均有义务尊重其他国家之人格；

（4）国家之领土完整及政治独立不得侵犯；

（5）每一国均有权利自由选择并发展其政治、社会、经济及文化制度；

（6）每一国均有责任充分并一秉诚意履行其国际义务，并与其他国家和平共处。

2. 互不侵犯原则

互不侵犯原则是指各国在其相互关系中不得以任何借口进行侵略，不得以违反国际法的任何其他方法使用武力或以武力威胁侵犯另一国的主权、独立或领土完整，不得以战争作为解决国际争端的手段。

《国际法原则宣言》对互不侵犯原则的内容作了阐明：

（1）侵犯战争构成危害和平之罪行，须负国际责任；

（2）各国皆有义务避免从事侵略战争之宣传；

（3）各国有义务避免使用武力或威胁侵犯他国边界和国际界线；

（4）每一国皆有义务避免对阐释各民族享有平等权利与自决权原则时所指之民族采取剥夺其自决、自由及独立之任何强制行动；

（5）每一国皆有义务避免组织或鼓励组织非正规军或武装团队，包括雇佣军在内，侵入他国领土，有义务避免在他国发动、煽动、协助或参加内战或恐怖活动，或默许在其本国境内从事以犯此等行为为目的之有组织活动；

（6）国家领土不得作为违背宪章规定使用武力所造成之军事占领之对象，不得成为他国以使用威胁或武力而取得之对象，使用威胁或武力取得之领土不得承认为合法。

国际法禁止的是侵略战争而不是一切战争，下列两类战争不在禁止之列：

（1）联合国按照宪章规定合法使用的武力；

（2）在外国统治下的民族和人民为行使自决权，取得被剥夺的权利、自由和独立而进行的民族独立解放战争，包括民族武装斗争和反对侵略的自卫战争。

3. 互不干涉内政原则

互不干涉内政原则是从国家主权直接引申出来的。内政是国家主权范围内的事务，但以不违反国际法义务为准。不干涉内政原则的基本点就是禁止一国对别国内部事务的任何干涉，不论采取什么形式的干涉均为违法的。依此原则，任何国家或国家集团都无权以任何理由直接或间接地对别国进行干涉，不得以任何借口干涉他国的内政与外交事务，不得以任何手段强迫他国接受别国的意志、社会政治制度和意识形态。

4. 和平解决国际争端

和平解决国际争端原则是指国家之间发生纠纷或争端时，应通过和平方法予以解决，任何使用或企图使用武力或武力威胁的办法来解决争端，都是违反国际法的。

《国际法原则宣言》对和平解决国际争端原则作了详细解释。主要内容有：

---

① 杨泽伟：《国家主权平等原则的法律效果》，载《法商研究》2002 年第 5 期。

（1）一国应以和平方法解决其与其他国家之国际争端，避免危及国际和平、安全及正义。

（2）各国应以谈判、调查、调停、和解、公断、司法解决、区域机关或办法之利用或其所选择之他种和平方法寻求国际争端之早日及公平之解释。于寻求此项解决时，各当事方应商定与争端情况及性质适合之和平方法。

（3）争端各当事方遇未能以上述任一和平方法达成解决之情形时，有义务继续以其所商定之他种和平方法寻求争端之解决。

（4）国际争端各当事国及其他国家应避免从事足以使情势恶化致危及国际和平与安全之维持之任何行动，并应依照联合国之宗旨与原则而行动。

（5）国际争端应根据国家主权平等之基础并依照自由选择方法之原则解决之。各国对本国为当事一方之现有或未来争端所自由议定之解决程序，其采用或接受不得被视为与主权平等不合。

5. 善意履行国际义务原则

这项原则的基本内容就是要求各国在国际交往中诚实、严格地履行国际法律义务，不论是条约义务还是其他法律义务。

《联合国宪章》明确规定："各会员国应一秉善意，履行其依本宪章所担负之义务。"善意履行国际义务原则的主要内容是：

（1）每一国均有责任一秉诚意履行其依联合国宪章所负之义务；

（2）每一国均有责任一秉诚意履行其依公认之国际法原则与规则所负之义务；

（3）每国均有责任一秉诚意履行其在依公认国际法原则与规则系属有效之国际协定下所负之义务。遇依国际协定产生之义务与联合国宪章所规定联合国会员国义务发生抵触时，宪章之义务应居优先。

第五节　法律体系

一、法律何以需要体系化

（一）法律体系的概念

法律体系是指由一个国家现行的全部法律规范归属于不同法律部门以后组合形成的一个内部和谐的系统。

法律体系是由一个国家的所有有效法律构成的整体，既不包括其他国家的法律，也不包括该国已经失效或尚未生效的法律，只包括现行的国内法和被本国承认的国际法。

法律体系是由特定国家的不同法律部门组合而形成的整体。"体系"本身就是指由若干要素构成的相互联系的系统。法律体系的内部构成要素是法律部门，所谓的法律部门，是遵循一定的标准和原则，根据法律规范自身的不同、调整社会关系的不同领域和不同方法等划分出来的同类法律规范的总和。构成一个国家法律体系的法律部门不是机械和无序地堆积在一起的，而是按照一定的标准进行分类组合，呈现为一个体系化、系统化的相互联系的系统。

法律体系是一个门类齐全、结构严密、内在协调的系统。门类齐全，是指以国家的宪法为根基，法律体系应该具备调整不同社会关系的所有法律部门，不能有所遗漏。结构严密，是指法律体系内部，不仅所有的法律部门存在严密的结构，各个法律部门内部也要形成一个由法律及其与之配套的法规、实施细则等构成的严密结构。内部协调，是指在法律体系中，一切法律形式和法律部门都要符合宪法，在此基础上，不同法律形式和法律部门之间形成的各自独立，但却相互支撑、补充，至少在形式上不存在冲突的和谐关系。①

（二）法律部门的划分

法律体系由法律部门所构成。法律部门，是指根据一定的标准和准则，按照法律规范自身的不同性质、调整社会关系的不同领域和不同方法等所划分的同类法律规范的总和。法律部门的划分标准：

1. 以法律规范所调整的社会关系为标准

法律是调整社会关系的行为准则，任何法律都有其所调整的社会关系，否则，就不称其为法律。法律部门就是以法律所调整的社会关系的内容为依据来确定一部法律、法规、规则属于何种法律部门的，因为调整社会关系的内容决定法律规范的性质。社会关系具有多样性和多边性，社会关系可以分为政治关系、经济关系、文化关系等。这些不同类别的社会关系进入法律调整的领域之后，就成了法律部门形成的部门性基础，而调整不同领域的社会关系的法律又构成不同的法律部门。如将调整平等主体之间的人身关系和财产关系为特征的法律规范纳入民法法律部门、将调整行政主体和行政相对人之间的行政法律关系为特征的法律规范纳入行政法法律部门。

2. 以法律规范的调整方法为标准

不同法律部门所调整的社会关系可能会有重叠之处，只有结合调整方法才能更恰当地划分法律部门。② 法律调整方法是作用于一定社会关系的特殊的法律手段和方法，法律调整的方法指明了某种社会关系是怎样被调整的，这使得各部门法得以区别。如可以将以刑罚制裁方法为特征的法律规范纳入刑法法律部门，将承担行政责任为特征的法律规范归入行政法法律部门。

（三）法律体系化的原因

法律的体系化并非与法律相伴而生，而是法律发展到一定程度后产生的内在要求。近代以前的国家，虽有法律的存在，但在人治的制度下，法律仅具有统治者手中工具的作用，并没有最高的权威，也不需要制定完善的法律来规范所有的社会关系领域，自然不存在法律体系化的问题。法律体系化以近代以来法治制度的确立为根基，直接原因内生于法治制度下众多法律部门之间为避免冲突而需要形成有机的整体。

1. 法律体系化根源于对复杂社会关系调整的法治化需求

社会关系是人们在共同的生产、生活和社会交往过程中结成的相互关系的总称，它是一个复杂的网络系统，包括政治关系、经济关系、文化关系、宗教关系、劳动关系、血缘关系等，每一个人都处在该网络系统之中，且因所处特定社会关系不同或变化而具有不同

---

① 参见张文显：《法理学》（第五版），高等教育出版社、北京大学出版社 2018 年版，第 100 页。
② 陈柏峰主编：《法理学》，法律出版社 2021 年版，第 90 页。

身份与要求。尤其是现代社会，交通的便利、社会分工的精细、人们生存需求的多样化以及科学技术的广泛运用等，都极大地增加了社会关系的复杂性程度，也增强了社会关系发展变化的速率。要实现对如此复杂多变的社会关系运行的规范化，以往的道德规范、习惯规范、宗教规范等不仅因为其作用有限已经难以胜任，而且也因为无法相互协调、没有国家强制力做后盾等不堪重任，法治制度的建立，就是要解决这一问题，以对所有社会关系的法治化运行为基本目标；换个角度说，没有实现所有社会关系的法治化运行，法治制度也无法存在和发挥其作用。

2. 法律体系化以法律的部门化构建为基础

要实现复杂多变的社会关系的法治化运行，就必须使制定的法律能够涵盖需要法律调整的社会关系的各个方面、各个领域，做到这一点，需要在两个层面进行立法工作：一是横向上，要构建完整的法律部门，能够将社会关系的各个领域都涵盖其中，不能出现缺失或遗漏，为实现所有社会关系的规范化奠定基础。法律部门的构建，需要将复杂的社会关系加以类型化，把具有相同或相近的内容，或者是能够采取同样的调整方法的社会关系归入一个法律部门的调整范围之中，不同的法律部门结合起来，就可以将所有的社会关系都纳入法律调整的范围，不遗漏对某个应该规范的社会关系的调整。二是在纵向上，同一个法律部门的内部，应该由具有不同效力等级的法律形式组成一个层级结构，在各自的领域内实现对某类社会关系的具体规范作用，避免出现同一法律部门只有一种法律形式构成而产生规范不能的问题。

3. 法律体系化是保持法律体系整体协调的必然选择

法治制度需要以法律的部门化为基础，就会存在不同的法律部门之间、法律部门内部不同的法律形式之间如何避免发生冲突的问题，需要面对和解决的问题主要有：立法缺乏规划，呈现杂乱无章的局面；法律规定重复，浪费立法资源；法律规范不一致，导致无法适从；法律制度前后不衔接，影响制度作用的发挥等。① 法律体系化对这些问题的解决之道是：首先，根据法律调整的社会关系性质及内容，合理确定不同法律部门之间的边界，尽可能避免或减少交叉。其次，根据法律部门内容的不同，建立由相应法律形式构成的层级结构，实现对社会关系的全面、准确调整。最后，在法律中规定相应的规则，作为处理法律之间冲突关系的依据。

（四）法律体系化的意义

法律体系化的意义表现为两个方面：首先，实行法治制度的国家，所有的制度都有一定的法律作为载体，它们虽然不是因法律规定而产生和存在，但经由法律而得到保障。在此情形下，法律的体系化，维持法律体系内部的和谐，也就是维护了法律规定的各种制度之间的和谐，极大地减少了不同制度之间因性质、功能不同，在发挥作用上产生矛盾的可能性，有利于维持社会秩序的稳定和发展。其次，法律是公平与正义要求的规范表达，也体现着公平与正义的制度化安排。法律体系化一方面在形式上确保了各种法律部门、不同法律形式在根本上都不能偏离追求公平正义的目标，另一方面则是借助于法律规定的制度

---

① 参见柳经纬：《民商事法律体系化及其路径选择》，载《河南财经政法大学学报》2014 年第 6 期。

去追求实质上公平正义的实现。最后，法律体系化也有助于人们对法律内容的系统化了解，有利于更好地理解法律的精神，提高认同法律权威、积极遵守法律的自觉性。

二、主要国家的法律体系

世界上主要两大法系为大陆法系和普通法系，在此，选取大陆法系代表性国家的德国法律体系、普通法系代表性国家的英国法律体系以及兼具大陆法系和普通法系特点的日本法律体系进行介绍。

（一）德国法律体系

德国的法律，就传统而论，属于大陆法系，不论在公法和私法方面都继承了罗马法的传统，但也保存了若干日耳曼法的特点。它的全部法律以制定法为主，不仅有体系严整的各种法典，也有大量的单行法规和比较完备的司法制度。

1. 公法

（1）宪法，即《德意志联邦共和国基本法》。它不仅在一定程度上继承了《魏玛宪法》的某些原则，而且有些条文直接来自《魏玛宪法》，例如第 14 条中就包含有《魏玛宪法》第 153 条的规定："所有权包含义务。所有权的行使应该符合公众福利。"但是《基本法》在内容和形式上又与《魏玛宪法》有所不同。《基本法》除前言外，共 146 条，分为 11 章，分别规定人民的基本权利、联邦制度、立法、司法、行政等各个方面。关于基本权利，第 1 条宣布："人的尊严是不可侵犯的。对这种尊严加以尊重和保护是国家的义务。"第 26 条规定，凡扰乱世界和平、特别是准备发动侵略战争的行为是违宪的。《基本法》还规定了联邦和各州都有立法权，联邦设立总统和两院制的议会，建立责任内阁制。根据《基本法》，各州法律不得与联邦法律抵触。州和联邦的法律都不得违反联邦宪法。为此，根据《基本法》第 93、94 条和 1971 年《联邦宪法法院法》，设立联邦宪法法院，主要审理法律违宪问题。根据《基本法》，各州还有自己的宪法、法律和宪法法院。各州也有普通法院，但最高审判权属联邦。为实施《基本法》而制定的单行法规，有《关于调整公共结社权利的法律》（1964）、《集会与游行法》（1978）、《政党法》（1967）、《联邦选举法》（1975）、《联邦政府成员法律关系法》（1971）等。

（2）行政法，由联邦和州分别制定、执行。其中一个重要部门是公务员法，规定联邦和州的各级官员、雇员的任免、升迁和俸给。主要有《联邦公务员法》（1977）、《联邦公务员俸给法》（1975），这些法律是德国文官制度赖以建立的法律基础。

（3）财政法，规定国家财政活动和金融管理。《联邦和州的财政法原则法》（1969）是这方面最主要的法律。

（4）刑法，联邦共和国成立后，仍继续适用 1871 年帝国时期的《刑法典》，1969 年作了全面修改，先后公布了总则、分则，1975 年合并为《德意志联邦共和国刑法典》，于 1 月 1 日生效。这部《刑法典》实行罪刑法定主义，对各种犯罪行为规定得极为详尽。废除死刑，无期徒刑只适用于发动侵略战争、谋杀、以灭绝种族为目的的杀人等几种个别的罪行。对 6 个月以下短期自由刑，要求尽量用罚金代替，采取"日数罚金制"。即在法典中不规定罚金数额，法官判决时在法定范围内宣告被告应纳罚金的日数，再根据犯人的情况决定他每日应纳罚金的数额。对于青少年的犯罪，制定了专门的《青少年法院法》，

1975 年 1 月 1 日施行。在确定犯罪、采取措施和处理程序各方面都与一般刑事案件不同，总的精神是对青少年注重教育，原则上不适用自由刑和罚金。作为《刑法典》的特别法的还有《军事刑法》（1974）和《经济刑法简化法》（1975）等。对于未构成刑事犯罪的违法行为，根据《违警法》（1975）规定，由联邦和各州的行政官署（包括警察）处理。

（5）诉讼法，《刑事诉讼法》（1975）实行公诉主义；《民事诉讼法》（1950）实行当事人处分主义。《刑罚执行法》于 1976 年公布，1977 年 1 月 1 日生效，规定罪犯在服刑期间仍享有一定的基本权利，例如休假、接见亲属、通信、宗教礼拜等。罪犯还可根据情况定期回家，与社会保持接触，以有助于罪犯将来重返社会。

2. 私法

（1）民法，1900 年生效的《民法典》仍然有效。虽然其中许多条文经过多次修改，但法典的整体没有改变（见《德国民法典》）。第二次世界大战后，根据《基本法》规定的男女平权、提高妻子的地位、改善非婚生子女的地位等规定，对《民法典》，特别是第 4、5 两编作了重大修改，清除了其中不合时宜的内容。

（2）商法，1900 年生效的《商法典》也沿用至今，没有重大改变。另外制定了一些单行法，如 1889 年的《关于营业和经济合作社的法律》、1892 年的《有限责任公司法》（1980 年修订）和 1965 年的《股份法》等，其中有《商法典》里未规定的企业形式。关于铁路、公路和航空运输的一些单行法，规定了一些无过失责任的制度。1976 年的《共同经营条件权利调整法》对《民法典》第 242 条里的诚信原则作了补充。《民法典施行法》中有关涉外法律适用的规定，是国际私法的重要法规。

（3）社会法，是以社会保险为中心的社会福利和社会救济方面的法律，包括工人的疾病医疗、退休病休、病残保险、儿童补助、住房津贴、学生补助、死亡抚恤以及失业补助和职业介绍等。1975 年的《社会法法典》是这个法律部门法典化的开端，但只制定了总则部分，许多单行法作为分则，既有 1911 年的《帝国保险法》等旧法律，也有 1961 年公布、1977 年修订的《青少年福利法》等新法律。

（4）劳动法，19 世纪初逐渐发展起来。第二次世界大战后，德国力求迅速恢复经济，工人运动也风起云涌，劳动法就在这个过程中发展起来。劳动法由工资合同、劳动保护、企业委员会制和工人参与决定权等方面的法律组成，有《工资合同法》（1969）、《保护有职业的母亲法》（1968）、《青工保护法》（1976）、《企业委员会法》（1972）、《雇佣劳动者参与决定法》（1976）等。社会法和劳动法两个部门不仅有实体法，而且各有其相应的程序法和审判机关，即社会法院和劳工法院。

（5）经济法。第二次世界大战后迅速发展起来的一个法律部门。战后为了恢复和发展国民经济，联邦德国制定了一系列法律，加强法律对经济活动的规范，使国民经济向着国家要求的方向发展，由此形成了经济法这一新的法律部门。[①] 1967 年的《促进经济的稳定与增长的法律》（即《稳定法》）与 1980 年的《反对限制竞争法》（即《卡特尔法》）等，都是这方面的重要法律。此外，关于保护消费者、知识产权、自然资源、能

---

① 参见韩灵丽、李占荣：《经济法社会性背景的法理学考察——兼论德国经济法的社会市场经济背景》，载《政法论坛》2004 年第 6 期。

源和环境保护等方面的法律，也都在经济上具有重要意义。

（二）英国的法律体系

1. 普通法

普通法是指在英国 12 世纪左右开始形成的一种以判例形式出现的适用于全国的法律，是英国法最重要的渊源。从法源的意义来看，普通法是指由普通法院创立并发展起来的一套法律规则，"遵循先例"是其最基本的原则，即法院先前的判决对以后处理类似案件具有拘束力。普通法最重要、影响最大的特征是"程序先于权利"，即一项权利能否得到保护，首先要看当事人所选择的程序是否正确，如果程序出现错误，其权利就得不到保护。

2. 衡平法

作为英国法一种独立渊源的衡平法直接起源于普通法的僵化和自我调整的失败。按照普通法制度，当事人在普通法法院起诉，须先向大法官申请以国王的名义发出的令状，其中载明诉讼的条件和类别，法官只能在令状的范围内进行审判。但是，因为令状的种类和范围有限，无法对应所有的争议，使得一些争议无法在普通法法院提起诉讼。即使能够获得在普通法法院起诉的案件，也会因普通法规定的刻板和救济方式的有限而难以获得"公允"的解决。加之普通法对违反契约或侵权行为的诉讼的救济方式有限，当事人的权利无法得到有效救济。于是，当事人便根据古老的习惯，向国王提出请愿，国王也借此对普通法院的审判进行直接干预，先是委托大法官根据国王的"公平正义"原则来审理；1349 年起，允许大法官根据原告人的申请对案件进行审理。15 世纪末又设立专门审理衡平案件的衡平法院。大法官和衡平法院在审理案件时，运用"遵循先例"的原则，其判例逐渐形成一整套独特的衡平法，弥补了普通法法院分配正义功能的偏差。[①] 因此，衡平法就是英美法渊源中独立于普通法的另一种形式的判例法，它通过大法官法院，即衡平法院的审判活动，以法官的"良心"和"正义"为基础发展起来。其程序简便、灵活，法官判案有很大的自由裁量权，因此，衡平法被称为"大法官的脚"，可大可小，具有很大的伸缩性。

自从英国中世纪形成普通法与衡平法相并立的法律体系以后，这两种法律体系的并立一直是英国法的重要特征。普通法是一种完整的法律制度，衡平法以普通法的存在为前提，是一种补偿性的制度，当二者的规则发生冲突时，衡平法优先。从实施领域看，普通法是全方位的，几乎涉及公法、私法的各个领域，衡平法只关注那些普通法调整不力的方面。从救济方法看，普通法的救济方法以损害赔偿为主，虽然单一，但其适用却极为普遍，只有在普通法的救济方法不足以弥补当事人的损失时，衡平法的救济方法才能充分发挥作用。1875 年以后，普通法院和衡平法院合二为一，所有法院都可适用英国法的全部规则。但是，衡平法并没有消失，它仍在英国法律体系中发挥着一定的作用。只不过它已不能独立发展，没有了单独适用的法院。

3. 制定法

英国是议会制度的发源地，议会是立法机关，并实行"议会主权"的原则，议会制定的所有法律都是最高的法律。因此，除了普通法和衡平法这两大判例法之外，也有大量

---

① 海静：《论英国衡平法兴起的理论基础》，载《社会科学动态》2017 年第 10 期。

的制定法存在。制定法的种类有欧洲联盟法、国会立法、委托立法。其中国会立法是英国近现代最重要的制定法，被称作"基本立法"。

英国制定法在法律渊源中的重要性不如普通法和衡平法两种判例法，但其效力和地位很高，可对判例法进行整理、修改，现代一些重要的法律部门如社会立法是在制定法的基础上发展起来的。

制定法和普通法及衡平法这两种判例法在形式上的区别是很明显的，而且其来源和创造者也截然不同。但它们之间的联系又十分密切，对英国法的发展所起的作用也各有千秋。从数量上看，大量的法令规则都包含在不计其数的判例之中，制定法在整个法律体系中所占的比例确实不如判例法。但从效力上看，制定法又高于判例法，因为制定法可以推翻、修改或补充判例法，可以对某一领域的判例法进行整理和编纂，从而将其吸纳为制定法。从社会和法律改革的角度看，制定法所起的作用更大一些，判例法的遵循先例原则使其很难快速改变以满足社会变革的需求。然而，制定法又不能脱离判例法而存在，许多制定法的内容需要由判例法加以补充完整，其解释也必须借助于相应的判例。

（三）日本的法律体系

日本移植西式法律实现法律现代化肇始于 1868 年明治维新，第一项主要立法是 1880 年的刑法典，接着是 1889 年立的大日本帝国宪法，1890 年立的商法，刑事诉讼法和民事诉讼法，以及 1896 年和 1898 年立的民法。现代的日本法既体现了大陆法系与英美法系的融合，也体现了与东西方法律文化的有机结合。[①] 日本所有的成文法律合称为"六法"。

1. 宪法

《日本国宪法》是 1947 年日本施行的宪法文件，确立了日本政府的议会制及保障了公民的一些基本权利。根据宪法，天皇是国家的象征，但只能扮演"纯粹仪式上的角色"。该宪法较著名的地方是其第九条"放弃发动战争的权利"。是在第二次世界大战后盟军占领时期制定的，寄希望以自由民主的模式取代大日本帝国制度。该宪法自生效以来，围绕着第九条的修改一直存在较大的争议。

2. 刑法

日本现行刑法典于 1907 年颁布，1908 年 10 月 1 日起施行。与效仿 1810 法国刑法典的旧刑法典不同，现行刑法典是以 1870 年德国刑法典为样板制定的，其最大特色是犯罪类型的概括性与法定刑的宽泛性。第一编总则，共 18 章，是关于刑法适用范围、刑种、缓刑、未遂罪、共犯等一般原则的规定。第二编罪，共 40 章。列述 40 多种罪及其应处的刑罚。1947 年作过较大修改，确认了"罪刑法定主义""法不溯既往""禁止酷刑和类推适用"等原则，取消了对天皇、皇室的"不敬罪"等特别规定。

3. 民法

日本于 1890 年制定了旧民法典；1898 年制定新民法典。其基本内容：总则；物权；债权。日本民法典属于大陆法系，注重结果而忽视判例法和程序法，在很大程度上继承了

---

① 何勤华：《外国法制史》（第二版），法律出版社 2006 年版，第 357 页。

罗马法，并且是以 1804 年《法国民法典》和 1896 年《德国民法典》为主要借鉴对象的基础上制定而成。

4. 商法

日本商法，有狭义和广义两层含义。狭义的商法是指明治时期法律《商法》，1899 年颁布施行，编号为"明治 32 年法律第 48 号"，又称《商法典》。此概念又称"形式意义"上的商法。广义的商法包括商法典、公司法、保险法、票据法、支票法等相关的法，是一个用以规范商事主体和商事行为的法律体系，别称"实质意义"上的商法。

5. 民事诉讼法

从 1890 年（明治二十三年）日本以德国 1877 年民事诉讼法为蓝本，第一次制定民事诉讼法（1891 年即明治二十四年 1 月 1 日开始实施）以来，日本的民事诉讼法在其发展过程中曾经历了多次修改。但是除 1926 年进行的全面修改之外，随后进行的多次修改基本上没有改变民事诉讼法的基本构造。

6. 刑事诉讼法

日本刑事诉讼法的发展史，大体可以分为三个时期：明治维新以前主要学习唐律，实行律令法制和武家法制，其刑事诉讼法也包含于其中；明治维新至第二次世界大战结束，主要以法国、德国为样板，制定自己的刑事诉讼法；第二次世界大战后，其刑事诉讼法又受到美国法的影响，大量吸收了当事人主义的因素，在大量移植英美法的诉讼构造的同时，又保留了职权主义的因素，而采取了以当事人主义为主，以职权主义为补充的诉讼构造。[①]

三、当代中国的法律体系

中国特色社会主义法律体系，立足中国实际、适应改革开放和社会主义法治建设需要，在宪法的基础上，以多个法律部门的法律为主干，由法律、行政法规、地方性法规与自治条例、单行条例等三个层次的法律规范构成。

（一）宪法及宪法相关法

中国特色社会主义法律体系中，宪法是根本法，处于法律体系根基的地位。宪法及宪法相关法是规定我国社会、政治、经济、文化领域的重要制度与公民基本权利和义务、国家机关的组织与活动原则等法律规范的总和。它不仅反映了我国社会主义法律的本质，还确立了各项法律的基本原则。其中的宪法就是指《中华人民共和国宪法》，1954 年第一届全国人民代表大会第一次全体会议制定，以后经过 1975 年、1978 年和 1982 年的三次全面修改，现行的是 1982 年全面修改以后，又分别于 1988 年、1993 年、1999 年、2004 年、2018 年进行了部分修改后的文本。宪法相关法还包括国家机构的组织方面的法律、民族区域自治方面的法律、特别行政区方面的基本法律、保障和规范公民政治权利方面的法律，以及有关国家领域、国家主权、国家象征等方面的法律。具体有：

---

① 塔娜：《当事人主义与职权主义的冲突与妥协——以日本刑事诉讼诉因制度为视角》，载《内蒙古农业大学学报（社会科学版）》2009 年第 6 期。

（1）国家机构方面的法律，主要有《全国人民代表大会组织法》《国务院组织法》《地方各级人民代表大会和地方各级人民政府组织法》《监察法》《人民法院组织法》《人民检察院组织法》《立法法》等。这些法律确立了国家权力机关、行政机关、监察机关、司法机关的基本体制、职责权限、运作方式、工作原则、议事程序等。

（2）民族区域自治方面的法律，主要有《民族区域自治法》。

（3）特别行政区基本法，目前主要有《香港特别行政区基本法》和《澳门特别行政区基本法》。

（4）保障公民民主权利和规范基层民主方面的法律，主要有《全国人民代表大会和地方各级人民代表大会选举法》《全国人民代表大会常务委员会关于县级以下人民代表大会代表直接选举的若干规定》《村民委员会组织法》《城市居民委员会组织法》《全国人民代表大会常务委员会关于批准中央军事委员会（关于授予军队离休干部中国人民解放军功勋荣誉章的规定）的决定》《集会游行示威法》《国家赔偿法》等。

（5）涉及国家主权、象征方面的法律，主要有《国防法》《国家安全法》《领海及毗连区法》《专属经济区和大陆架法》《国旗法》《国歌法》《国徽法》《国籍法》《戒严法》《香港特别行政区驻军法》《澳门特别行政区驻军法》《外交特权与豁免条例》《领事特权与豁免条例》《外国中央银行财产司法强制措施豁免法》《缔结条约程序法》《反分裂国家法》等。

（二）民商法

民商法是规范民事和商事活动的基础性法律。民法是调整平等主体的自然人、法人、非法人组织之间的财产关系和人身关系的法律规范的总和。我国现行的民法以 2020 年 5 月 28 日第十三届全国人民代表大会第三次会议通过的、2021 年 1 月 1 日实施的《民法典》为核心，辅之以一些未纳入《民法典》的单行民事法律，如《商标法》《专利法》《著作权法》《农村土地承包法》等。

商法是调整平等主体的自然人、法人和非法人组织之间商事关系和商事行为的法律规范的总和。商法和民法在调整对象和调整方法上比较接近，都是调整平等主体之间的关系。调整方法上主要都遵循自愿平等原则，法律规范中的任意性规范居多。最初，商法是包含在民法中的，后来随着商事交易的发展，调整商事关系的法律越来越多，而且商事关系的要求和传统民事关系也有所不同。例如，商事关系除了遵循平等自愿、诚实信用等传统民法原则之外，还要求便捷、迅速、安全。传统民法的调整方法不足以应对商事关系发展的需要，因而逐渐从民法中独立出来，在许多国家成为一个独立的法律部门。我国是在实行市场经济体制之后，才开始承认和逐渐发展商法的，目前仍然采取民商合一的立法模式，所以在法律部门划分时，将两者划分为一个法律部门。商法的主要法律规范有《公司法》、《合伙企业法》、《证券法》、《保险法》、《票据法》、《海商法》、《商业银行法》、《信托法》、《个人独资企业法》、《招标投标法》、《企业破产法》、《电子商务法》等。

我国在后民法典时代所应实行的民商合一不应以抹杀民商区别为标志的绝对民商合一或民商混同，而应以承认商法独立性为基础的相对民商合一或有限民商合一，其基本建构思路是："以民为宗，以商为本，分合有度，协调配合"，即在有效界分民商法不同作用方式和作用领域的条件下，以民法典作为整个私法理念和原则的供给基础，以商法作为市场经济的基本调整手段，通过对商事基本法和商事单行法的提炼和完善，实现对市场经济关系的精准调整。①

（三）行政法

行政法是调整国家行政管理活动与行政相对人之间关系的法律规范的总和，包括行政管理主体的行政行为、行政程序、行政监督以及国家公务员制度等方面的法律规范。由于现在的行政是服务行政，决定了行政法涉及的行政管理事项范围很广泛，包括国防、人事、民政、公安、国家安全、民族、宗教、侨务、教育、科学技术、文化体育卫生、城市建设、环境保护等方面。我国法律体系中现行有效的行政法律包括以下的种类：

（1）规范行政权力的方面，有《行政处罚法》《行政复议法》《行政许可法》《行政强制法》《公务员法》等。

（2）国防、外交方面，有《人民防空法》《国防教育法》《国防动员法》《驻外外交人员法》等。

（3）公安、国家安全、人事、民政等方面，有《人民警察法》《人民警察警衔条例》《人民武装警察法》《海关法》《海关关衔条例》《居民身份证法》《出境入境管理法》《护照法》《治安管理处罚法》《反间谍法》《反恐怖主义法》《国防交通法》《核安全法》《国家情报法》等。

（4）教育、科学技术、文化、体育、卫生等方面，有《教育法》《义务教育法》《职业教育法》《高等教育法》《教师法》《科学技术进步法》《科学技术普及法》《促进科技成果转化法》《国家通用语言文字法》《文物保护法》《非物质文化遗产法》《网络安全法》《电影产业促进法》《公共文化服务保障法》《公共图书馆法》《人口与计划生育法》《母婴保健法》《传染病防治法》《献血法》《体育法》等。

（5）司法行政方面有，《律师法》《公证法》《监狱法》等。

（6）城市土地、房地产管理方面，制定了《土地管理法》《城市房地产管理法》《城乡规划法》等。

（四）经济法

经济法是指调整国家从社会整体利益出发对经济活动实行干预、管理或调控而形成的社会经济关系的法律规范的总和，也就是调整现代国家进行宏观调控和市场规制过程中发生的社会关系的法律规范的总称。经济法主要包含两个部分：一是创造平等竞争环境、维护市场秩序方面的法律，主要是反垄断、反不正当竞争、反倾销和反补贴等法律；二是国家宏观调控和经济管理方面的法律，主要有关财政、税务、金融、审计、统计、物价、技术监督、工商管理、对外贸易和经济合作等方面的法律。我国法律体系中的经济法律有以下的种类：

---

① 赵万一：《民商合一体制之困境思考》，载《法学杂志》2020年第10期。

（1）加强宏观调控方面，有《预算法》《审计法》《会计法》《中国人民银行法》《银行业监督管理法》《价格法》《税收征收管理法》《企业所得税法》《个人所得税法》《烟叶税法》《船舶吨税法》等。

（2）规范市场秩序和竞争规则方面，有《反垄断法》《反不正当竞争法》《产品质量法》《广告法》《政府采购法》《烟草专卖法》《农产品质量安全法》《反洗钱法）等。

（3）扩大对外开放、促进对外经济贸易发展方面，有《对外贸易法》《台湾同胞投资保护法》等。

（4）促进重点产业振兴和发展方面，有《农业法》《渔业法》《畜牧法》《种子法》《铁路法》《民用航空法》《港口法》《公路法》《电力法》《煤炭法》《旅游法》《农业技术推广法》《农业机械化促进法》《循环经济促进法》等。

此外，还制定了作为国民经济发展基础制度的《标准化法》《计量法》《统计法》《资产评估法》《中小企业促进法》等。

（五）社会法

社会法是调整有关劳动关系、社会保障和社会福利关系，加强民生和社会建设的法律规范的总和，主要是保障劳动者、失业者、丧失劳动能力的人和其他需要扶助的人的权益。社会法的目的在于从社会整体利益出发，对上述各种人的权益进行必要的、切实的保障。它包括劳动用工、工资福利、职业安全卫生、社会保险、社会救济、特殊保障等方面的法律。

我国法律体系中现行有效的社会法律包括以下主要的法律文件和规范：《劳动法》《劳动合同法》《安全生产法》《残疾人保障法》《未成年人保护法》《预防未成年人犯罪法》《妇女权益保障法》《反家庭暴力法》《老年人权益保障法》《工会法》《红十字会法》《公益事业捐赠法》《归侨侨眷权益保护法》《就业促进法》《社会保险法》《军人保险法》《慈善法》等。

（六）环境资源法

环境资源法是关于保护、治理和合理开发自然资源，保护环境、防治污染和其他公害维护生态平衡的法律规范的总称。环境资源法对于合理利用自然资源，防止环境污染和生态破坏，推进生态文明建设，保护人民健康，建设美丽中国，促进经济持续发展和社会全面进步，具有重大的意义。

我国法律体系中现行有效的环境资源法包括以下主要的法律文件：

（1）有关环境保护和污染防治的法律，包括《环境保护法》《海洋环境保护法》《野生动物保护法》《水污染防治法》《大气污染防治法》《固体废物污染环境防治法》《环境噪声污染防治法》等。

（2）有关保护、治理和合理开发自然资源的法律，包括《矿产资源法》《森林法》《草原法》《渔业法》《土地管理法》《水法》《水土保持法》等。

（3）其他特别环境资源立法，包括《环境影响评价法》《清洁生产促进法》《可再生能源法》《循环经济促进法》《环境保护税法》《海域使用管理法》《石油天然气管道保护法》《深海海底区域资源勘探开发法》等。

（七）军事法

军事法是有关国防和军队建设的法律规范的总称。军事法律体系是中国特色社会主义法律体系的重要组成部分，根源于我国的军事权力独立设置军事机关来行使。军事法律部门的形成，对于构建系统完备、严密高效的军事法规制度体系和提高国防和军队建设法治化水平，推进依法治军、依法强军，推动国防管理的科学化、法治化有重要的作用。

我国法律体系中，现行有效的军事法包括以下主要法律文件和规范：《国防法》《兵役法》《现役军官法》《预备役军官法》《军官军衔条例》《军事设施保护法》，国务院和中央军委联合制定的军事行政法规，以及中央军委制定的军事法规等。

（八）刑法

刑法是规定犯罪、刑事责任和刑罚的法律规范的总和。刑法调整的是因犯罪而产生的社会关系。它在个人或单位的行为严重危害社会、触犯刑事法律的情况下给予其刑事处罚，是所有法律责任中最严厉的一种制裁措施，表明了犯罪行为对社会危害的严重程度。因此，刑法承担着惩治各种刑事犯罪，维护社会正常秩序，保护国家利益、集体利益以及公民各项合法权益的重要任务。

我国法律体系中刑法类的法律主要是以《中华人民共和国刑法》为轴心的法律规范，还有刑法修正案，以及《全国人民代表大会常务委员会关于惩治骗购外汇、逃汇和非法买卖外汇犯罪的决定》等。

（九）诉讼与非诉讼程序法

诉讼与非诉讼程序法是调整因诉讼活动和非诉讼活动而产生的社会关系的法律规范的总和。它包括民事诉讼、刑事诉讼、行政诉讼和仲裁等方面的法律。这些法律不仅是实体法内容的实现形式，也是个人权利受到侵犯的时候提供救济的最重要保障，其目的在于保证实体法的公正实施。

我国法律体系中诉讼与非诉讼程序法现行有效的法律包括：《刑事诉讼法》《民事诉讼法》《行政诉讼法》《海事诉讼特别程序法》《引渡法》《仲裁法》《劳动争议调解仲裁法》《农村土地承包经营纠纷调解仲裁法》《人民调解法》《全国人民代表大会常务委员会关于对中华人民共和国缔结或者参加的国际条约所规定的罪行行使刑事管辖权的决定》等。

（十）监察法

监察法是对监察机关行使监察权的权限、对象、方式、程序等内容予以规制的法律规范的总称。监察法调整监察机关与其他国家机关、监督对象、当事人及其他监察工作参与人之间的权利义务关系。我国监察法呈现分散化现象，[1] 现行生效的相关法律有《监察法》《公职人员政务处分法》《监察官法》。

此外，我国的法律体系中，还涉及国际法的方面，它主要表现为国际条约和国际惯

---

[1]　秦前红、张演锋：《论监察法的法典化》，载《江苏行政学院学报》2022 年第 4 期。

例。国际条约是国际法的主要渊源，但对签约国才有约束力，因而凡是我国政府签订的国际条约，也属于我国法律体系的组成部分。

根据第七届全国人大常委会第十七次会议于 1990 年通过的《缔结条约程序法》的规定，国际条约的缔结权限分别为：国务院同外国缔结条约和协定；全国人大常委会决定同外国缔结的条约和重要协定的批准和废除；中华人民共和国主席根据全国人大常委会的决定批准和废除同外国缔结的条约和重要协定。该程序法还规定：加入多边条约和协定，分别由全国人大或国务院决定；接受多边条约和协定，由国务院决定。

第二章 法的主要内容

第一节 法 与 人

一、法律中人的形态

（一）法律中人的含义

法律是规范社会关系的，而人是社会关系的主体，所有的社会关系在根本上都是人与人之间的关系，法律对社会关系的规范最终都要落实到对人的行为规范之上，法律要解决的问题，都应该是人的问题，由此可见，法律与人之间的关系多么密切，人在法律中的地位是多么重要。

人，英文表达为 Homo sapiens，是一种灵长目人科人属的物种。人类学上，人被定义为能够使用语言、能够制造和使用工具且具有复杂的社会组织的动物，尤其是他们能够建立团体与机构来达到互相支持与协助的目的。这种意义上的人，被作为一种生物看待，称之为生物意义上的人，以区别于其他的生物或生命体。生物意义上的人，其生命的孕育、出生及成长、死亡是一种自然现象和自然过程，因而又称之为自然人，指的是现实生活中实际存在、有血有肉、有自己意愿与志趣的生命体。

法律中的人区别于生物学意义上的自然人，这种区别不是通过改变人体的生物结构或特征，或者改变人的生理机能来实现的，而是以自然人具有的属性和机能为基础，赋予人在法律上具有某种资格和能力来达到，即法律对自然人赋予法律人格，使其能够作为法律关系的主体参与实际的法律活动，并享有权利、履行义务和承担责任。[1] 值得说明的是，所谓法律赋予自然人以法律人格，并不是说自然人的法律人格完全来自法律的规定，它必须以人本身具有的能力为基础，实质上是对自然人本身具有的能力的法律化，也就是法律对人本身具有的自然能力的承认与宣告。

法律中的人是自然性、社会性与法律性的统一。人的自然性是指人作为自然人由其生命体结构和机能决定而具有的本能；关于人的社会性有研究者认为是指法律规范规定什么人和社会组织能够成为法律中的人不是任意的，而是由一定物质生活条件决定的。[2] 这样的判断不是就人的社会性本身来讲的，而是指立法者在立法时，如何确定人在法律关系中享有权利和履行义务而言的。人的社会性应该是指人作为社会的动物，在社会交往中作为

---

[1] 胡玉鸿：《法律主体概念及其特性》，载《法学研究》2008 年第 3 期。

[2] 朱景文主编：《法理学》（第四版），中国人民大学出版社 2021 年版，第 332~333 页。

集体活动的个体，或作为社会一员而活动时所表现出的特性，实际上就是用社会规范来约束自己的自然本能的能力。人的法律性是指人作为法律关系的主体，其行为是法律规范的对象，在各种法律关系中享有什么权利、履行哪些义务，要依照法律的规定和要求，将法律作为自己行为的规范依据。

（二）法律中人的具体形态

1. 自然人

这里的"自然人"是在和"法人"相对的意义上讲的，是指具有生命的、个体意义上的人，是所有法律关系主体中最广泛、最基础的主体。就像我们的社会交往之中，同一个人在不同的社会交往关系中具有不同的身份角色一样，同样一个自然人在作为法律关系的主体出现时，所处的法律关系不同，其享有的权利和履行的义务也是有差别的。在这个意义上来看，根据不同的标准，自然人也可呈现出不同的具体形态。

在现实的社会生活中，每一个人都处在复杂的社会关系中，有着不同的角色身份，如当你在学校读书的时候，你的身份是学生；在家庭中的时候，你是父母的子女、或自己孩子的父母、妻子或丈夫；在国家机关工作时，你是公务员；到医院治病的时候，你是患者，等等。所处的关系不同，法律对你的要求就不会一样，你享有的权利、履行的义务也就存在差别。因此，法律中人的具体形态涉及的是人的多种面孔问题。下面介绍的是法律中涉及的具有较广普遍性、存在较为明显差别的人的不同形态，而不是人的不同形态的所有方面。

（1）本国人与外国人

这是按照是否具有国家的国籍而对自然人进行的区分。所谓本国人，是指具有所在国家的国籍，是该国的公民或国民，与所属国籍国之间存在身份上的关系。外国人是指本国公民或国民之外的人，即不具有该国国籍的人。

对自然人按照国籍进行区分的意义在于：本国人与国家之间存在身份关系，因而国家对其有保护义务，包括国内法的保护与国际法上的外交手段保护两个方面，无论其是否居住于所属的国籍国之内。一个国家对那些不居住或定居于其主权管辖范围内的外国人，不负保护义务；对定居或居住于国家主权管辖范围内的外国人，履行的只是国际法而不是国内法上的保护义务。

由于本国人与外国人与特定国家之间存在的联系不同，导致在基本权利的享有上也存在明显差别。有些基本权利，主要是政治权利，只有本国公民才能享有并受到国家的保障，外国人是不能享有的。有些基本权利，虽然不能因为是外国人而不让其享有，但在受保障的程度上与本国公民是不同的，如劳动权、受教育权、社会保障权等，就表现得非常明显。

（2）男人和女人

自然人因生理构造不同而在性别上区分为男人和女人，这种性别上的差异也是一种自然现象，但在人类社会发展过程中，长期存在着不合理对待的社会制度与法律制度，主要的表现就是，很多的社会制度有意或无意地按照男性主导的思路来设计，尤其是在法律制度上，规定歧视女性的内容是最普遍和广泛的。这种状况，即便是高举人权大旗、倡导人人平等的资产阶级建立了法治国家的制度以后，依然存在了很长的时间。

当今世界的国内法和国际法中，涉及性别的内容主要是男女平等问题，核心是消除对妇女的歧视，为此，联合国于 1979 年制定了《消除对妇女一切形式歧视公约》；各国的法律之中，也有很多禁止对妇女歧视的规定。

法律规定的男性与女性平等，并不是以实现男性与女性的完全无差别为目标。从基本的方面看，男人和女人都是独立的生命个体和法律关系主体，在享有人的尊严上不应该有差别对待，尤其不能将女性视为男性的附庸，或者在男性与女性的关系中，居于附属的地位。但也应该看到，由于生理构造不同而带来的生理机能和生理现象上，女性和男性之间又确实存在差别，不能够做完全相同的对待。因此，不能够认为历史上对女性的歧视建立在差别对待的基础之上，现在要加以消除，就应该在女性和男性之间实行完全的无差别对待。

从各国法律有关女性与男性平等的规定看，依然存在差别对待的情形，其基础是女性与男性之间客观上存在差别。与历史上差别对待造成对女性歧视（表现为扩大了女性与男性之间业已存在的差别）的结果不同，现代法律中对女性的差别对待则是为了缩小其与男性之间因自然或社会原因而导致的差别，提升女性的地位。主要的措施就是制定和实施专门用以保护女性的法律，如我国颁布的《妇女权益保障法》，通过对她们提供法律上的特别保护和救济，使她们不再处于受歧视的地位，并能够通过自己的努力，获得相应的社会地位与评价。

法律中涉及男性与女性的内容，除了基于人的生理性别这个决定性的因素之外，还与社会发展过程中出现的问题以及人们思想观念变化有很大的关系，例如，当今世界关于妇女堕胎、同性婚姻、生殖技术的运用等发生的争议，就是典型的体现。

（3）健全人与残疾人

这是按照人身体器官与生理机能是否完整对自然人作出的区分。健全人是指身体器官的完整与生理机能的健全，身体器官的完整是指构成人的身体的各种器官没有存在缺失的情形；生理机能的健全是指人的生命体应该具有的生理机能都存在，至于说人与人之间在生理机能上存在的实际作用大小的差别，不属于生理机能不健全。相应的，残疾人是指那些因先天或后天因素而导致的部分身体器官缺失或生理机能丧失的人。虽然人的本质不是由身体器官是否完整、生理机能是否健全决定的，人的尊严也不能由此而产生差别。但从现实看，由于某种身体器官的缺失或生理机能因遗传、疾病和伤害导致的丧失，对人的行动以及生存目标的实现，又确实存在不同程度的影响，使得残疾人与健全人之间事实上存在差别。完全不考虑这种差别，实行同样的对待，将使残疾人与健全人之间的差别无法缩小，甚至还会扩大，给残疾人在权利享有、社会生活的正常进行等方面带来不利的影响。为此，各国法律之中，在肯定残疾人与健全人享有同等尊严的同时，也规定了很多对残疾人提供特别照顾的内容，针对的是因为残疾而导致的与健全人的差别，而不是所有方面的差别。我国还制定了专门的《残疾人权益保障法》，对如何保障残疾人权益做出了系统的规定。

（4）成年人与未成年人

按照人的生命成长达到的年龄，可以将人划分为成年人和未成年人，也就是人在成长的过程中，要经历未成年人和成年人这两个阶段。达到了法律规定的年龄者为成年人，没有达到这个年龄，也就是低于一定的年龄者是未成年人。至于成年人的年龄标准，由各国的法律规定，不同国家因自然人的生理、智力发育、习惯和社会要求存在差别，成年人的年龄标准也就不同。如加拿大23周岁，澳大利亚、美国为22周岁，埃及、新加坡等国为21周岁，泰国为20周岁，中国、法国、英国、意大利为18周岁。国家法律关于成年人年龄的规定，也是会发生变化的。如日本，2018年之前，法律规定的成年人年龄是20岁。2018年6月13日，日本参议院全体会议通过新修订的《民法修正案》，将成年人的年龄标准由20岁降到18岁，于2022年4月1日生效。

为何要用法律将人在成长过程中达到的某个年龄确定为成年人的年龄，将人区分为成年人与未成年人，原因在于人的行为要受意志的支配。法律认可人有能力选择自己的行为，并因此而承担其责任，一定是建立在人的意志力具备的基础上，能够对行为的性质、产生的后果具有判断的能力，然后选择去从事还是不从事某种行为，以及如何去从事某种行为，实质就是对法律规定的人的行为模式能够清楚理解，知道哪些是允许的，哪些是不允许的；如果是允许的，允许到什么程度等。人是否具备意志力不是由身体结构和生理机能直接决定，而是通过生长发育过程中的逐步社会化获得的，以某个年龄作为成年人的标准，就意味着达到了这个年龄的自然人就具有了完全的意志力，法律上就是完全行为能力之人；没有达到该年龄的自然人，就是无行为能力或限制行为能力之人。即便是达到了成年人的年龄，也可以因为精神病或其他原因丧失意志力，成为无行为能力或限制行为能力人。

虽然人的身体结构和生理机能是相同的，但在成长和社会化的过程中，所处的环境、机遇、面临的问题等不可能完全一样，常常是有很大不同。同样达到了法律规定的成年人的年龄，但在对事物的理解、判断能力上，事实上也是存在差别的。因此，将一定的年龄作为认定人的意志力具备的标准，将人区分为成年人和未成年人，不是基于客观上每个人的实际，而是来自法律的推定，以方便对人的行为性质认定和法律后果判断而已。

在法律上，区分成年人与未成年人的意义在于：成年人是完全行为能力人，具有独立的理解力与判断力，因此，依法享有法律上所有权利的资格，对自己的行为后果就要承担完全的责任。未成年人又可区分为无行为能力、限制行为能力，享有的权利上也存在一定的差别。对未成年人实行特别保护，主要是因为未成年人智力还未发育完全，行为能力也有限，难以独立生存且易受到侵害，受到侵害后自我救济较困难。为此，我国的《宪法》第49条规定："婚姻、家庭、母亲和儿童受国家的保护"；"禁止虐待老人、妇女和儿童"。根据宪法制定的《未成年人保护法》专门对未成年人的权益保护进行系统规定，同时，还在《民法典》《刑法》等一系列法律中对未成年人权利提供特别保护。

我国民法典关于成年人与未成年人及其权利能力、行为能力的规定如下：

第十七条　十八周岁以上的自然人为成年人。不满十八周岁的自然人为未成年人。

第十八条　成年人为完全民事行为能力人，可以独立实施民事法律行为。

十六周岁以上的未成年人，以自己的劳动收入为主要生活来源的，视为完全民事行为能力人。

第十九条　八周岁以上的未成年人为限制民事行为能力人，实施民事法律行为由其法定代理人代理或者经其法定代理人同意、追认；但是，可以独立实施纯获利益的民事法律行为或者与其年龄、智力相适应的民事法律行为。

第二十条　不满八周岁的未成年人为无民事行为能力人，由其法定代理人代理实施民事法律行为。

第二十一条　不能辨认自己行为的成年人为无民事行为能力人，由其法定代理人代理实施民事法律行为。

八周岁以上的未成年人不能辨认自己行为的，适用前款规定。

第二十二条　不能完全辨认自己行为的成年人为限制民事行为能力人，实施民事法律行为由其法定代理人代理或者经其法定代理人同意、追认；但是，可以独立实施纯获利益的民事法律行为或者与其智力、精神健康状况相适应的民事法律行为。

第二十三条　无民事行为能力人、限制民事行为能力人的监护人是其法定代理人。

第二十四条　不能辨认或者不能完全辨认自己行为的成年人，其利害关系人或者有关组织，可以向人民法院申请认定该成年人为无民事行为能力人或者限制民事行为能力人。

在刑事法律方面，成年人是完全刑事责任年龄，我国《刑法》第十八条规定，精神病人在不能辨认或者不能控制自己行为的时候造成危害结果，经法定程序鉴定确认的，不负刑事责任。间歇性的精神病人在精神正常的时候犯罪，应当负刑事责任。尚未完全丧失辨认或者控制自己行为能力的精神病人犯罪的，应当负刑事责任，但是可以从轻或者减轻处罚。未成年人是否具有刑事责任，根据我国《刑法》第17条规定："已满16周岁的人犯罪，应当负刑事责任。已满14周岁不满16周岁的人，犯故意杀人，故意伤害致人重伤或死亡、强奸、抢劫、贩卖毒品、放火、爆炸、投放危险物质的，应当负刑事责任。已满14周岁不满18周岁的未成年人犯罪，应当从轻或减轻处罚。"据此，在中国，未满14周岁的未成年人犯罪不承担刑事责任，已满14周岁未满16周岁的未成年人只对八种较严重的犯罪承担刑事责任。2020年12月26日，十三届全国人大常委会第二十四次会议通过《中华人民共和国刑法修正案（十一）》规定，已满12周岁不满14周岁的人，犯故意杀人、故意伤害罪，致人死亡或者以特别残忍手段致人重伤造成严重残疾，情节恶劣，经最高人民检察院核准追诉的，应当负刑事责任。

（5）老年人与儿童

这同样是以自然人成长过程中所处的年龄阶段对人进行的划分。所谓老年人或老人，是指自然人中那些达到了一定的年龄，生理上表现出新陈代谢放缓、抵抗力和生理机能下降等特征，导致身体器官和机能开始进入衰退阶段的人。由于生命体的生命周期是一个渐变的过程，壮年到老年的分界线往往难以在一个时间节点上去确定，还会因人而存在差别，认定人在什么时候进入老年阶段成为老年人，不同时期和不同国家之间是有差异的。即便是按照年龄作为标准，也存在年代年龄、生理年龄、心理年龄、社会年龄等的不同。除此之外，还有其他判断的标准，如退休、成为祖父母或外祖父母等。世界卫生组织对老年人的定义为 60 周岁以上的人群，而西方一些发达国家则认为 65 岁是分界点；我国现阶段以 60 岁以上为划分老年人的通用标准。由此可见，老年人一定都是成年人，是对成年人群体的进一步区分。

儿童是未成年人群体的组成部分，联合国 1989 年 11 月 20 日大会通过了《儿童权利公约》，1991 年 12 月 29 日第七届全国人民代表大会常务委员会第 23 次会议决定批准中国加入《儿童权利公约》，其中将"儿童"界定为"18 岁以下的任何人"。也有将儿童界定为超过婴儿期但未满 18 岁的人；也有将 18 岁以下的人划分为婴儿、儿童、少年的。联合国曾于 1985 年在全球开展"国际青年年"活动，将"青年"定义为年龄介于 15 岁与 24 岁之间（含 15 岁和 24 岁）的那些人。根据这一定义，儿童是指那些年龄不足 14 岁的人。

老年人的身体器官和机能处在逐渐衰退的状态，儿童则处在心智逐渐向成熟发展的时期，行为能力等方面肯定会受到一定的影响，与其他人有所不同，需要加以必要的区别对待，以减弱由此而给他们带来的不利影响，缩小因此而造成的与其他群体之间的差别程度。

在法律中，对老年人的特别保护主要有：享有退休的权利，并且在退休以后的生活受到国家和社会的特别保障；社会保障权，主要是因为年老的原因，导致生存面临困难的时候，享有从国家和社会获得物质帮助的权利；被赡养的权利，即父母享有被成年子女赡养或经济扶助的权利；财产权，包括老年人对自己的财产享有所有权，对自己父母或配偶、子女的财产享有继承权，任何人不得侵犯。对儿童权利的保护主要有：受教育权，特别是接受国家和社会提供的义务教育的权利；被抚养权，儿童是未成年人，不能依靠自己的力量获得生存所需的生活资料，享有父母或其他法定监护人对其进行抚养的权利；劳动权，即参加与其体力和智力相适应的劳动的权利，但依照法律的规定，包括国家机关、社会团体、企业事业单位、民办非企业单位、个体工商户在内的用人单位，均不得招用不满 16 周岁的未成年人，也就是童工；同时禁止任何单位或个人为不满 16 周岁的未成年人介绍就业，禁止不满 16 周岁的未成年人开业从事个体经营活动。不满 16 周岁的未成年人的父母或其他监护人有义务保障其不被用人单位非法招用。

2. 法人

法人是法律拟制的法律关系主体，是以一定成员或财产为基础而成立的，具有法律权利能力与行为能力的组织。一般而言，法人的成立必须具备四个要件：（1）依法成立；自然人的生命是自然的造就，而不是法律的赋予，不能用合法与否去判断自然人的存在。法人是依法成立的一种社会组织，只有具备法定的条件，并得到法律认可或依法获得批准的社会组织，才能取得法人资格。（2）有必要的经费；拥有一定的财产或者经费，是法人能够作为独立主体存在，有能力独立地享有民事权利和承担民事义务的物质基础。（3）有自己的名称、组织机构和场所；这是法人存在的标识，法人借此而能够以自己的名义参加民事活动。这一特征是法人有自己独立财产的必然结果，也是法人的人格独立于其成员或创立人人格的明证。它让人们能够据此而将不同的法人区别开来，以便在民事活动中识别和选择交往的对象。（4）能够独立承担法律责任；法人独立承担法律责任建立在其拥有一定的财产或经费的基础上。这一点是法人与非法人组织存在的明显区别。非法人组织通常不能独立承担民事责任，其出资人或者设立人通常要对非法人组织的债务承担无限责任。

各国国家法律都有法人制度的规定，但对法人类型的划分上存在很大的不同。我国《民法典》根据法人存在的宗旨是否以营利为目的，将法人分为三类：

（1）营利法人，是以取得利润并分配给成员为目的而成立的法人，包括公司法人与其他企业法人。我国的民事立法中，企业法人有三种类别：一是根据所有制性质将企业法人分为全民所有制企业法人、集体所有制企业法人、私营企业法人以及混合所有制法人；二是依据是否有外国投资参与，将企业法人分为中资企业法人、外商投资企业法人；三是根据企业的组合形式，将企业分为单一企业法人、联营企业法人和公司法人。公司法人又包括有限责任公司、股份有限公司，其设立一般采准则设立主义，即符合相关法律规定的成立条件，仅须向公司登记机关申请设立登记，公司即可成立。但也有采许可设立主义的，如《公司法》第6条第2款规定："法律、行政法规规定设立公司必须报经批准的，应当在公司登记前依法办理批准手续。"

（2）非营利法人，指以增进社会福利而不是以营利为目的，提供各种社会服务的社会组织，主要包括事业单位、社会团体、基金会、社会服务机构等，在类型上可划分为事业单位法人、社会团体法人、捐助法人等。非营利法人的设立原则不一。如事业单位法人的设立通常采特许设立主义；社会团体法人的设立，有采特许设立主义，需依照相关法律、法规的规定设立，如妇女联合会、工会、共青团组织等；也有采许可设立主义的，即需经业务主管部门审查同意，再向登记机关申请登记才可成立，如各种协会、学会等。

（3）特别法人，特别法人主要是根据我国国情而设，包括机关法人、集体经济组织法人、合作经济组织法人、基层群众性自治组织法人。其中机关法人的设立，取决于宪法和相关国家机构设置法的特别规定，在设立原则上采特许设立主义。机关法人自成立之日起，即具有法人资格。

国家作为法人具有双重人格。一方面，国家作为国际法人享有国际法上的权利同时承担国际法上的义务和责任。另一方面，国家也是国内法上的法人，可以作为国家所有权关系、刑法关系等的主体。

3. 非法人组织

非法人组织不具有法人资格，而是能够以自己的名义从事法律活动的组织。如我国《民法典》规定的个人独资企业、合伙企业、不具有法人资格的专业服务机构等。

（三）法律中的人的权利能力与行为能力

法律中的人是法律关系的主体，具有权利能力和行为能力。权利能力，是指依法享有权利和承担义务的资格，是实际行使权利、承担义务的前提条件。行为能力是指能够通过自己的行为实际行使权利和履行义务的能力。

1. 自然人的权利能力与行为能力

自然人的权利能力始于出生，终于死亡。也就是说，自然人在出生以后，成为了一个可以独立存在的生命个体，就具有的享有权利、履行义务的资格，但有一般权利能力与特殊权利能力之分。一般权利能力是指自然人作为法律关系主体时从事一般法律活动普遍具有的法律资格，通常不会附加特别规定，更不得随意剥夺；特殊权利能力是指只有具备法律特别规定的条件时才能具有的权利能力，如选举的权利能力。但在特殊情形下，未出生的胎儿也依照法律的规定具有权利能力，如我国《民法典》第 16 条规定，涉及遗产继承、接受赠与等胎儿利益保护的，胎儿视为具有权利能力。自然人的行为能力是指自然人能够以自己的意志和行为去实际行使法律规定的权利、履行法律规定的义务的能力，它取决于自然人达到的年龄与健康状况，我国的《民法典》据此而将自然人分为无民事行为能力人、限制民事行为能力人、完全民事行为能力人。

2. 法人的权利能力与行为能力

法人的权利能力始于法人依法成立之时，自法人解散时消灭，并无一般权利能力与特殊权利能力之分。法人的行为能力是由法人依法成立时的宗旨业务范围决定的，并由有关法律和法人组织的章程加以具体规定。

二、法律中人的地位

法律中人的地位，就是法律应该如何对待人的问题。历史上的专制制度下，人被区分为不同的等级，享有权利和履行义务上因此而有差别。其不合理或不正当之处就在于，差别的产生不是基于人与人之间客观上存在的不同，而是依据人所处的等级，等级高者只享有权利，不履行或很好履行义务；等级低者，不被作为独立的个人对待，不是权利的主体，主要是履行义务，完全或很少享有权利。近代的资产阶级革命和社会主义革命就是要推翻建立在等级特权基础上的专制制度，因此而主张生而平等，天赋人权，以示所进行的革命具有正当性。革命胜利以后，建立了民主制度，每一个人都被作为享有尊严的独立个体，是民主的主体，法律上规定"人人平等"。但是，法律上人人平等并不意味着人与人之间没有任何差别的存在，无论什么情况下，所有人都应该受到完全相同的对待。实际的情形是，每个人作为独立的生命个体，享有作为人的尊严方面，应该是一样的，不应该存在差别对待的问题。但是，人与人之间因自然或社会的原因造成的差别也是客观存在的，法律在对人的行为进行规范时，也就不能完全无视这些差别的存在。如此一来，法律中人的地位，实际上就是法律如何对人进行相同或不同对待的问题。也就是在法律中，什么情形下，人具有相同的地位；什么情形下，人具有不同的地位。

1. 人在法律上应该受到的相同对待

人与人之间虽然存在诸多差别，但是绝对不可能达到没有任何共同点的程度，总能够在某一方面找到其相同之处，这是法律应该对人采取相同对待的基础，具体包括以下几个方面：

（1）法律应该把所有人都作为人对待。历史上的专制制度下，曾经存在过将人不作为人看待的情形，在奴隶制社会时期表现得尤为典型。奴隶虽然有人的器官和机能，但被作为会说话的工具，其生命都可以随时被剥夺。如美国从 1686—1786 年的 100 年间，约有 25 万非洲黑人被贩卖到英属北美殖民地成为奴隶，在北美殖民地的地位极其悲惨，在田间终日劳动的黑奴被当作"耕畜"使用。美利坚合众国成立后，制定了联邦宪法。但宪法保留了奴隶制，维护了奴隶贸易。1865 年、1861 年，美国南北战争爆发。1862 年，美国总统林肯发表《解放黑奴宣言》，宣布黑人奴隶获得自由。1865 年 1 月，美国国会通过了第十三条宪法修正案，规定奴隶制或强迫奴役制，不得在合众国境内和管辖范围内存在，从此，奴隶制才在美国被废除。

近代建立的民主、法治制度，以实现人权保障为根本目的，实现人权保障的前提应该是承认人的主体地位，每一个人都是一个独立的生命个体，都具有人的本质属性，与其身体器官是否完整、生理机能是否健全没有必然关系。因此，法律也就不能因此而做出人与非人的区分，应该无差别地对待每一个人。

（2）法律应该维护每一个人的尊严

人是一个生命体，与其他生命体的不同就在于有尊严，即应受尊敬或者不容侵犯的尊贵和威严，系对一切人的生命之固有价值的肯定。为此，无论是国家还是其他的人，在处理人与人之间的关系的时候都应该做到：不能将人类与其他物种相等同，尤其不能将人与其他动物相等同；每一个人都是一个独立的个体，即便是器官构造和生理机能相同，但都具有自己的独特性和唯一性，不能把一群人等同于另外一群人，也不能将一个人等同于另外一个人，更不能将他人作为实现自己目的的手段使用而导致人的唯一性丧失；按照康德的道德哲学，人的尊严建立在是道德自主的主体基础上，人因此而拥有理性，能进行思考并做出判断，任何人都应该对他人的选择加以尊重，否则就是将人视为了没有灵魂的躯壳。

人的尊严是人与其他动物相区别的根本所在，人的主体性地位不是仅仅体现在生命体的存在和延续，即活着，更核心的是有尊严地活着。无论个人在性别、身份、年龄方面是否存在差异，也不管其智力达到什么水平，都应该享有人的尊严，即受到他人的尊敬与尊重。

（3）所有人都是法律关系的主体

既然人都是对的生命个体，都享有尊严，因而在成为法律关系的主体上也就不应该存在差别，不能以任何理由将任何人，哪怕是少数人排除在法律关系的主体地位之外，使之不能与其他的人同样去享有权利或者履行义务。即便是同样的人在不同法律关系中享有的权利、履行的义务有不同，表明的只是主体地位具体内容的差别，而不是能否成为法律关系主体的问题。

（4）对相同法律关系主体应同样对待

人作为法律关系的主体，处在不同的法律关系中时，享有的权利和履行的义务不可能相同，法律自然不能采取相同对待的措施。但是，处于同一法律关系中的自然人，都应当享有基于该法律关系产生的权利；拥有同一身份的人，都应当享有基于该身份而产生的权利，法律则不能对其进行不同的对待。如所有的父母子女法律关系之中，不论处在哪个家庭之中的父母子女关系，父母享有的权利、履行的义务，子女享有的权利、履行的义务都是一样的。

前面三个方面的相同对待具有绝对性，法律在任何情况下都必须遵守，没有例外情形存在；相同法律关系主体应受到法律的相同对待则具有相对性，仅以相同法律关系中的主体享有权利义务而言的。

2. 人在法律上可能受到的不同对待

人之所以在法律上可能受到不同对待，在于人与人之间因为自然或社会的原因导致存在各种差别，对人在法律关系中享有权利或履行义务会产生一定的影响。如果不采取相应的差别对待措施，有可能造成人与人之间既有的差别不断扩大，影响法律的公平正义价值的实现。从各国法律的规定看，有可能造成法律对人进行不同对待的因素有：

（1）人种

也称种族，是指因为遗传的自然因素而具有形态和生理上的特点以及地域、语言习俗等历史文化因素影响而形成的具有区域性特点的群体。

人种是自然的造就，但在世界历史上长期存在某些人种，特别是少数族裔人种受到歧视的情形，如美国历史上对黑人的歧视，南非在废除种族歧视制度前白人对黑人的歧视。如何改变这种状况，早期各国采取的措施主要是消极性地排除少数人种受到的差别，即针对历史上存在的不同人种之间本不应有的差别加以取消。至于不同人种之间由于历史等方面的原因造成的差别，则不加干涉，也就是消极地不去扩大差别。20世纪以来，这种状况已经在发生改变，措施是积极地采取"优先保障措施"等手段，对特定人种给予特殊的保护，以缩小它们之间的差别。

我国的人口基本上属于黄种人，但有不同民族的区别。历史上存在的主要是民族歧视和压迫的问题。为改变这种状况，我国建立和实行民族区域自治制度，少数民族依照法律的规定，通过建立民族区域自治地方享有和行使自治权，来缩小与其他民族，特别是汉族之间的差别。

（2）性别

性别是依据生物体在其生命周期某段时间中能够执行的生殖功能而对生物体进行的划分。一般而言，人类的性别划分为男女两大类别。

性别的差异除了自然的造就以外，还有体态与心理、社会与文化等因素的影响。男女在身体、生理上的差别是先天的，具有实行差别对待的基础，如基于女性的特殊生理现象而享有生育假期、怀孕期间受到特殊保护、限制从事某种职业或工种等，由此而实行的差别对待具有一定的合理性。其他方面是否需要实行差别对待，则应根据具体情况斟酌决定而无法一概而论。

从现实情况看，各国法律基于性别而实行的差别对待主要针对的是女性。与历史上对女性实行差别对待导致女性受到歧视的结果不同，现在各国法律中对女性的差别对待则具有缩小女性与男性之间差别的效果，是一种合理性的差别待遇。我国《宪法》第48条规定："中华人民共和国妇女在政治的、经济的、文化的、社会的和家庭的生活等各方面享有同男子平等的权利。国家保护妇女的权利和利益，实行男女同工同酬，培养和选拔妇女干部。"根据宪法的这一规定，《妇女权益保障法》《民法典》等法律，具体规定了对妇女权利的特别保护内容，如规定妇女在经期、孕期、产期、哺乳期受特殊保护等。

（3）身份

广义上，身份是指人在社会中所获得的地位及评价。有些身份是由人的出生所决定，如出生地、基于血缘而产生的父母子女关系等，个人无法选择和改变。有些身份虽与先天性的出生因素有关，但可受后天因素影响而改变，如隶属的阶级或阶层、获得的社会评价等。身份可否作为差别对待的依据，关键要看所实行的差别对待是否会导致既有身份的固定化。如果那些经由自己的努力能够改变，或者主动去追求的社会地位，对所有人开放，而不是由先天性的出生因素所决定，则会为个人身份的改变，特别是社会身份的流动提供契机，就具有合理性或正当性，否则就是不合理的。

（4）国籍

国籍是自然人归属于某个国家需要满足的法律上的资格条件。因国家之间存在差别，国籍不同之个人间在享有权利和履行义务方面肯定会有不同。唯在国家之内，本国公民与外国人之间享有的权利与义务不同，如选举权与被选举权、组织政党之结社自由、担任公职等政治性权利只有本国公民才能享有，属于典型的公民权利，就属于差别对待。即便是具有同样国籍之公民之间，也并非完全不能差别对待，有些国家在选举权和被选举权的享有上，就对归化的公民设定了一些限制。如归化而取得美国国籍之公民，没有资格参加总统的竞选。另外，珍珠港事件发生以后，1942 年 2 月 19 日，罗斯福总统下达了 9066 号行政命令，授权美国陆军部部长确定国内某些地区为"战区"，基于此，美国政府对约 11 万居住在美国太平洋沿岸的日裔美国人进行了扣留、转移和囚禁，其中 62% 是美国公民。1944 年，最高法院维持原判表示 9066 号行政命令符合宪法，同时指出隔离日本血统的人的规定是诉讼范围之外的另一个问题。

（5）信仰

信仰是人类特有的心理现象，指人们对某种理论、学说、主义或超人间神灵的信服和尊崇，将其奉为行为准则和活动指南。

当人们基于某种信仰而试图采取行为以改变世界时，情况就有所不同了。且不说专制者会对反对专制而主张民主制度的人实施镇压，即便是实行民主制度的国家，对基于某种信仰而对现存制度提出挑战或质疑的人，也往往会采取压制或限制的措施。其中典型的是美国在 20 世纪 40 年代通过《外侨登记法》对共产主义思想传播的禁止与惩罚。在宗教信仰方面，欧洲中世纪罗马教廷通过宗教裁判所对所谓宗教异端的迫害，属于典型的因为信仰不同而受到的不公正对待。正是吸取了此种教训，才有了宗教改革运动以后对宗教信仰自由的规定与保障。然而，宗教信仰自由的保障，也并不是说完全不能以宗教为根据实行差别对待，如一些国家实行的"国教制"，就是对不同宗教实行差别对待。

（6）财产

财产是指个人拥有的金钱、物资、土地及房屋等物质财富，是财产权的客体，构成个人生存和发展的物质基础。

现今各国的宪法和法律不再存在根据财产多少对人实行差别对待的规定，每一个人获得了在权利享有上不受财产多少而影响的同等机会。然单纯保障人们在享有权利上的机会平等，又容易造成贫富差距加大，导致无产者或者财产不足以满足基本生存所需的人无法享有作为人的最低限度尊严，形成社会不公。为此而孕育出了国家对个人有"生存照顾"义务的理念，通过建立社会保障制度为陷入生存困境的人提供救济，就是基于人们的财产状况而对经济上的弱者实行的差别对待，目的是确保人的最低限度尊严不受财产多少的影响，因而具有合理性。

（7）语言

语言是一套共同采用的沟通符号、表达方式与处理规则。语言符号会以视觉、声音或者触觉方式来传递，目的是交流观念、意见、思想等。

语言是人与人之间进行交流的复合系统，不管它采取什么形式，只要能够表达人的意见、认识等，就不能因为人们使用语言的不同而给予差别对待。但是，不同语言之间除了采用的符号系统存在差别之外在表达的语义等方面也有不同。人们在交流的过程中使用的语言过多，必然会给对正常的交流造成不便，一些国家确定某种语言为官方语言就是有此原因。如果语言方面可实行差别对待的话，消极方面是不能对使用非官方或者非主流语言的人造成歧视，给其带来不利甚至是遭受不公正的对待，以保障各个人或者群体有使用自己语言的自由。积极的方面则是采取相关的措施，消除由于使用非官方或非主流语言而产生的不利或不便，以确保各种语言使用者思想观念交流的正常进行。

（8）年龄

年龄是指以年度为单位对自然人从出生时起算的生存时间长度，一个人出生以后，随着年龄的增长，身体机能在成长和变化，这是一个自然的过程，不可逆转与改变。不同的年龄阶段，人的身体机能决定了人的能力有所不同，正因为如此，法律上才将人区分为无行为能力人、限制行为能力人与完全行为能力人，而受到不同的对待。即便是具有完全行为能力的人，也会因为达到一定年龄后成为老年人，享有的权利上同样受到差别对待。除此之外，各国的法律中对担任某种职务，往往有比成年更高的年龄要求，如各国议会议员的选举上，候选人的年龄要比选民的年龄高；担任国家元首的人，年龄资格有明确的要求。我国的法律中也存在这种情形，都担任国家主席，要年满 45 周岁；担任特别行政区的行政长官，要年满 40 周岁等。

除了上述之外，现实中存在的有可能导致法律对人们实行差别对待的因素还有很多，无法加以穷尽。其中，除了一些可以预见的因素之外，还存在一些在社会发展过程中新出现的因素以及原有因素发生的变化，其是否会导致法律对人们进行差别对待，需要根据具体的情形进行判定。

三、法与人性

人性，是指人的本性。权威词典对"人性"的定义主要有以下几种：（1）《新编古今汉语大词典》将人性定义为人的本性，人所具有的正常的感情和理性。（2）《现代汉语词典》将人性定义为：在一定社会制度和一定的历史条件下形成的人的本性以及人所具有的正常的感情和理性。（3）《辞海》将人性定义为：人类的共性，同"神性""兽性""非人性""反人性"等概念相对。概括而言，所谓的人性，实质上就是指决定人之所以为人，而与其他动物相区别的本质属性，它是人的自然属性和社会属性的统一，由于不同的生活环境、文化教养、心理特征等原因，人性的表现会有不同，人们对人性的认识也存在差别。人的本质在其现实性上，是一切社会关系的总和。

（一）人性观

人的内在思想和外在行为呈现出丰富多彩的状态，不同人之间会有各种差别，同一个人在不同场景和时期也会有变化，但都是人性的展示与表象。如何从这些纷繁复杂的表现之中提炼抽象出所隐含的人的本性，以说明人和其他动物的根本区别所在，由此而产生的思想观点就是"人性观"。人类社会形成以来，很多思想家对此都有思考，提出的主张也很多，概括起来大致上可分为"性善论"和"性恶论"两大方面。

1. "性善论"

"性善论"的基本主张是认为，人性本善，也就是人性之中对"善"的向往和追求占据主导地位，它来自于人具有的道德良知。基于这种道德良知，每一个人都有能力去判断什么行为是"善"的、什么行为是"恶"的，然后基于人的社会性，也就是在社会交往中期望获得一个好的评价，努力去做"善"事，不做"恶"行，即"不因善小而不为，不因恶小而为之"，为自己能够更好地进行社会交往创造有利条件。孟子就明确指出："人之性善也，犹水之就下也，人无有不善，水无有不下。"他认为，人性之善就如水往下流一样，是很自然的事实。

2."性恶论"

与"性善论"不同，"性恶论"主张人性之中，"恶"的成分占据主导地位，是人的动物性的反映或体现，也是人的自利性、甚至是贪婪性的表现。关于"人性恶"，中外历史上的思想家中，都有主张。荀子及其学生韩非子便是中国历史上这一主张的代表。荀子指出："人之性恶，其善者伪也。"荀子认为："生之所以然者，谓之性""绳墨之起，为不直也。立君上，明礼义，为性恶也。"他认为礼仪的功能和圣人的出现都是为了应对人性中的恶。西方历史上的思想家中，代表性的人物有柏拉图和亚里士多德。柏拉图在谈到为什么需要法律时指出，"人们必须为他们自己制定法律并在生活中遵守它们，否则他们会无异于最野蛮的野兽。"①亚里士多德也指出，人类既有向善的德性，也有向恶的倾向。他在《政治学》中写道："人类由于志趋善良而有所成就，成为最优良的动物，如果不讲礼法、违背正义，他就堕落为最恶劣的动物。"②

西方"性恶论"的典型代表是《圣经》中记载的亚当与夏娃的故事，对后来的西方文化和人文观念产生了相当深远的影响。人类的始祖亚当和夏娃最初违背了神的旨意偷食禁果而被神逐出了伊甸园。他们的后代也因此生来背负原罪，每个人来到世上便要赎罪。神学家奥古斯丁甚至认为人无法依靠自己的力量避免罪恶，既然每个人都依然把亚当夏娃的原罪继承在体内，那么理当遭受一切神所赋予人的苦难。

人性观上的"性善论"和"性恶论"划分需要做相对性的理解，不能认为"性善论"主张人性都是善，没有恶，只是善占据主导地位，能够抑制住恶，确保人能够过上有道德的良善生活，进而能够建立和维持一个良善社会的存在与发展。同样的，"性恶论"不是说人性中都是恶，没有善，而是说恶占据主导地位，善抑制不住恶，因此而会导致人与人之间充满尔虞我诈，只考虑如何追求自己的利益最大化，由此而建立的社会必然是一个难以和谐共存的社会。

（二）不同人性观对法律的影响

法律是用以规范人的行为的，在如何进行规范上必然涉及以什么样的人性观为基础的问题。依据的人性观不同，会对认识法律的作用，选择什么样的统治制度产生巨大的影响。

1."性善论"对法律的影响

---

① ［古希腊］柏拉图：《法律篇》（第二版），张智仁、何勤华译，商务印书馆2016年版，第301页。

② ［古希腊］亚里士多德：《政治学》，吴寿彭译，商务印书馆1965年版，第9页。

"性善论"的人性观，认为人性中的"善"占据主导地位，可抑制人性中的"恶"发作，因而视法律仅发挥对道德的弥补作用。在国家的统治制度上，只能是依靠道德，实行人治。法律只是统治者为维护自己建立的人治制度的工具，并不具有最高权威。中国长期实行人治的制度与"性善论"的人性观是有极大关系的。按照儒家的观点，对于普通人而言，人性是善的，只要加以一定的修炼，就可以达到道德上的完善境界，人还会去做"恶"行吗？还有用法律去惩罚的必要吗，由此而生成了"德主刑辅"的法文化观。同样地基于性善论，一个人只要专心地修身养性，可以实现"内圣而后外王"，成为国家的统治者，即"修身""齐家""治国""平天下"。统治者自身道德修养达到了"圣人"的境界，还回去做出"恶"行吗？还需要用法律来规范其统治行为吗？不仅如此，统治者的德性达到了很高的境界，还会用言传身教引领万民，施行"仁政"，从而达到天下大治的最终目的。因此"性善论"人性观的必然结果是法律的作用次于道德，国家统治必然采用"人治"的制度。

2. "性恶论"对法律的影响

"性恶论"对人性充满了幽暗意识，无论如何去发扬光大人性中的"善"都不足以对"恶"产生抵抗力量，决定了人"向善"所能达到的程度是有限的，但"作恶"，也就是堕落确实具有无限的可能性。在此情形下，依靠人的道德良知来约束住人的自私自利本性，建立一个良好的社会秩序是不可能的。法律由此成为抑制人性之"恶"的最佳选择，即仰仗一种强有力的外在力量来约束人的行为。虽然法律作为行为规范不能约束人的思想，包括其中的"恶念"，但人的行为要受思想意识的支配，"恶念"既居于主导地位，"恶行"的出现就具有必然性，这对于任何人而言都是一样的，真的是人人无差别，人人都不值得信赖，唯有法律及法治制度，才能在人性本恶的人之间建立和维持起公平正义的社会秩序。尤其是对掌握和运用公权的人，公权力中的"恶"与人性中的"恶"相结合，导致腐败将是难以避免之事。因此，阿克顿认为："权力意味着腐败，绝对的权力就是绝对的腐败。"孟德斯鸠也指出："一切掌握权力的人都容易滥用权力，这是万古不变的一条经验。"法律应特别注重对掌握权力的人进行控制和监督。

因此，人性观对法律及其制度的影响，不是单方面的，人治制度与法治制度之中都少不了法律的存在及其作用发挥就说明了这一点。"性善论"与"性恶论"对人性的判断，都只是抓住了人性中的"善"或"恶"给予强调而已，根本无法证明"善"或"恶"在人性之中所占的比例究竟是多大。社会发展过程中，我们对人性"善"或"恶"的判断也处在发展变化之中，每一个人的"善"或"恶"表现也不具有绝对性。"性善论"主张者无法保证人德性修养达到很高境界的人永远不因"恶念"而做出"恶行"，更无法要求芸芸众生来做到如此。"性恶论"者也无法回答，为何满是"恶念"的人会自觉去遵守法律，使得法律的权威在一般情形下都是建立在人们的自觉遵守基础上，而不是完全依赖于国家的强制，如此普遍的"善行"恰恰是"人性善"的最有力证明。因此，不能在"性善论"与"人治制度"、"性恶论"与"法治制度"之间简单画上等号。最有力的证明是，中国文化的伦理性特征相当突出，"性善论"构成其核心内容，这一特征到今天依然没有改变，但我们却在此基础上实行依法治国，建设法治国家。这样来看，法律的存在，特别是法治制度的建设，根本原因是要根据人的行为表现，运用法律的力量去维护其中那些有利于个人及其共同体存在发展的行为，预防损害他人利益、共同体利益的行为发生，并在发生的时候给予制裁，而不管损害他人利益或共同体利益的行为是基于"善"的动机还是"恶"的念头做出的，既不会因为是"善"的动机而不给惩罚或减轻惩罚；也不会由于"恶"的念头而可以任意加重处罚。

第二节 法 与 权 利

一、权利与义务的内涵

权利和义务的概念既可在法律上，也可在道德、社会学的意义上使用。在法的形成过程中，其他意义的权利与义务常因得到国家的确认，转化为法律上的权利与义务；在法的实施过程中，特别是在一些没有明确法律依据的疑难案件中，道德、社会学意义等意义上的权利与义务有时也会成为法官判案的依据。[①] 作为法律关系内容的权利义务，则是专指法律意义上的。

（一）权利的内涵

关于什么是权利，学界主要存在以下的定义：（1）资格说，即认为权利是一种资格，如行动的资格、占有的资格；（2）主张说，即认为权利是具有正当性、合法性、可强制执行的主张；（3）自由说，该说认为权利是法律所允许的自由；（4）利益说，即认为权利是法律所承认和保障的利益；（5）法律上之力说，即认为权利是法律保障的行为的能力；（6）可能说，即认为权利是权利主体作出或要求他人作出一定行为的可能性；（7）规范说，即认为权利是法律所保障或允许的权利主体能够作出一定行为的尺度；（8）选择说，即认为权利是法律承认一个人比另一个人更优越的选择。综合各种学说观点，可以认为权利是为社会或法律所承认和支持的自主行为和要求他人行为的能力，表现为权利人可以为一定行为或要求他人作为、不作为，其目的是保障特定利益。[②] 相应地，法律权利是法律所确认和保障的，允许主体以相对自由的作为或不作为方式获得利益的一种手段。法律权利具有如下特点：[③]

第一，法律性。权利是由法律确认和保障的。一方面，权利的产生、变更与消灭都以法律为依据。另一方面，当权利被侵犯时，必须能够得到法律提供的相应救济与保障。但不能因此将权利的法律性理解为，权利来自法律的赋予，只有法律明确规定的才是权利，没有规定的就不是权利。这就将权利的根基建立在国家法律的一纸规定之上，而不是来自人自身的生存需要。

第二，自主性。权利主体对权利的行使本质是根据自己的意志进行的自主选择：首先，自主决定是否行使某项权利；其次，在法律权利的范围内，自主选择行使何种具体的权利；最后，自主选择行使权利的方式。

---

① 朱景文主编：《法理学》（第四版），中国人民大学出版社 2021 年版，第 336 页。
② 周永坤著：《法理学——全球视野》（第四版），法律出版社 2016 年版，第 204 页。
③ 付子堂主编：《法理学进阶》（第六版），法律出版社 2022 年版，第 28 页。

第三，利益性。法律权利的行使都与一定的利益密切相关，以追求某种利益为目的。权利主体通过行使法律权利，力图获得某种利益，尽管行使法律权利的最终结果不一定表现为这种利益，也不能就此否认法律权利的利益性。

（二）义务的内涵

义务概念的内涵，一般在下列几种意义上使用：第一，义务人必要行为的尺度（或范围）；第二，人们必须履行一定作为或不作为之约束；第三，人们实施某种行为的必要性。总的来看，义务强调"约束"。① 在基本含义上，可以将法律义务界定为：法律关系主体依照法律规定必须为或不为一定行为，以保障权利主体利益的获得或不被侵犯，或者为共同体的维持而承担一定的负担。法律义务具有如下特征：

第一，法定性。义务的内容和形式由法律明确规定，要求人们履行义务，必须有法律上的根据，无论该义务是来自于法律自身的创设还是对其他义务的承认，不能要求人们履行法律未规定的义务，因为义务涉及人民的负担。

第二，国家强制性。法律本身具有国家强制性，尤其是表现在义务的履行之上。权利是一个选择从事或不从事某种行为的资格能力问题，个人可以选择去实际享有某种权利，也可以选择不行使甚至是放弃，法律不能因为个人不选择行使或者选择放弃而加以惩罚。但对义务而言，则是必须履行的，能够履行而不履行，国家会动用公权力去强制个人履行。

第三，负担性。如果把权利的享有看作是权利主体基于其自由意志并依据法律就如何获取利益进行的权衡与选择的话，义务就是法律关系主体为保障权利的享有，或者是为维持国家、社会作为共同体存在而应当承受的合理负担。从另一个角度来看，法律权利体现的是人的个体性，法律义务则是人的社会性的要求。认识社会的动物，在社会中实现自己的生存目标时，不能只向社会索取，还应当向社会付出，法律义务就是对人提出的向社会付出的要求。

（三）权利与义务的关系

马克思指出，"没有无义务的权利，也没有无权利的义务"。② 我国宪法也规定，"任何公民享有宪法和法律规定的权利，同时必须履行宪法和法律规定的义务"。法学界据此而认为，权利与义务具有一致性。如果在普遍意义上将此理解为任何人既是权利主体，也是义务主体，不能只主张权利不履行义务，则是可以成立的。但具体到权利义务之间的实际关系，从主体和内容来看，存在着不同的情形。

1. 权利主体和义务主体的关系

在普遍的意义上讲，所有人既是权利主体，又是义务主体，但从不同法律部门及法律形式规定的权利义务主体来看，有以下基本的关系类型：

（1）主体的相对性。权利主体和义务主体呈现出相对的状态，一方是权利主体，另一方就是义务主体，这在民事法律关系中表现得最为普遍。即便如此，权利主体和义务主

---

① 付子堂主编：《法理学进阶》（第六版），法律出版社2022年版，第30页。
② 中共中央马克思恩格斯列宁斯大林著作编译局编译：《马克思恩格斯选集》（第2卷），人民出版社1972年版，第137页。

体之间的关系，既有对应的，如父母与子女之间的抚养与赡养关系；债权中的权利人和义务人的关系等。也存在不对应的，如物权的权利主体是特定的，义务主体则是不特定的其他人。

（2）主体的同一性。权利的享有者和义务的履行者是同一个主体，权利义务之间不具有相对性，主体在享有权利的时候，也就是在履行义务。这就情形，主要指的是我国宪法规定的"受教育权利和义务"与"劳动权利和义务"。但在实际上，这种同一也不是完全的。对个人来讲，接受教育和参加劳动都是在享受权利，但义务的履行，除了权利主体之外，还有其他的主体，如家长对子女（特别是未成年子女）接受教育而应尽的义务；国家在保障个人受教育权实现上应履行的教育设施建设、教育机构设立、教育效果评价等义务。国家通过实施各种政策，创造就业机会、提供就业保障，确保个人劳动权利得到实现的义务；现实劳动过程中企业、用人单位应履行的对劳动者提供福利、劳动保护、技能培训、权益保障的义务等。

（3）主体的分离性。义务主体履行义务不是基于享有权利，而是针对其他义务主体履行义务的行为，最典型的就是宪法规定的公民纳税和服兵役的义务。公民履行这些义务是对国家履行的保障个人基本权利义务的回报，国家要求公民履行纳税和服兵役的义务不是在享有权利，而是在行使权力，实质上就是在履行自己具有义务性质的职责。

2. 权利内容与义务内容的关系

性质上，权利是主体的自我选择，法律权利就是法律对主体的放任性、资格性规定，指向的是社会和主体的自由，是人类自由的法律界定；义务是主体在强制背景下的自律，法律义务就是法律对主体行为的限制性规定，指向的是社会秩序，是实现社会秩序的法律条件。二者之间无论在内容还是价值上，都存在明显的差异和对立性，[1] 而非一致性。正是因为这种差异性的存在，使得各自可以凭借自身的特性在权利和义务之间搭建起相互促进的关系。

（1）权利对义务的促进。人的生存需求存在明显的个体差异，但其满足又只能在社会中完成，由此决定了人的生存是个体生存与社会生存的统一。权利表征的是个体生存需求的内容，义务则构成维系社会关系形成和发展的纽带；伴随着社会的发展与人的认识能力提高，个体基于生存需求满足而孕育出的权利要求越多，必然对社会关系的巩固和稳定提出更高的要求，即对个人履行维系社会共同体存在方面提出更多的义务要求。

（2）义务对权利的促进作用。权利代表着人的生存需求内容，是人的根本性需求，但人对自己需求的追求具有无限扩张性，在能够满足人的生存需要的资源有限之情形下，相互之间都追求自己利益的最大化，必然导致每个人的生存需求都时刻面临着因受到侵犯而无法实现的危险。义务的设定，就是要求个人在享有自己权利的同时，不能从事侵犯他人权利的行为，实质上划定了他人不能侵入的权利范围，客观上为保障每个人的权利提供了依据。义务能够得到严格的履行，权利就能受到更好的保障；履行义务越充分，相应地权利受保障的程度就越高。

在权利义务的相互促进关系下，任何人都必须树立权利义务相互依存的理念，不能只

---

[1] 谢晖著：《法学范畴的矛盾思辨》，法律出版社 2017 年版，第 181 页。

将自己作为权利主体而将他人仅作为义务主体。任何人在享有权利的时候，履行其应该履行的义务；义务的履行，应与权利的享有相伴随。只有如此，才能使得权利义务相互促进的关系得以维持和发展。但是，权利义务的相互促进关系不能将其理解为权利义务数量上的相等或对应，也不能理解为权利的享有和义务的履行一定存在先权利后义务的顺序，只要是遵循了法律的规定，享有多个权利履行一个义务，或者履行多个义务享有一个权利；先享有权利后履行义务，或者先履行义务后享有权利，都是可以的。

二、权利的发展演变

（一）从自然权利到法律权利

权利是人生存条件的法律表达，只要有人存在，就有人的生存条件满足问题，这是人类社会形成以后在发展过程中始终面临的共同问题。但在人类社会的早期，特别是奴隶制、封建制国家时期，由于专制制度的存在，人们对自己生存条件的要求，还无法通过法律规范来规定，更多是蕴含于自然法的主张之中，也就是作为人生存的自然法则来看待。如古希腊时期的思想家就主张，无论是自然界还是人类社会，都应有一个原初性的整合秩序，即"自然法"。依据自然法，人应当理性地生活，人与人之间是平等的，法律要体现正义，维护人之为人的尊严与权利。古罗马人深受古希腊思想的影响，不仅规定了若干种权利，如家长权、地役权，还形成了一套理性化的权利观念系统。

从古希腊、古罗马直至 18 世纪，自然法学说一直是西方居主流地位的权利学说，尤其是中世纪末期到 18 世纪，在文艺复兴、宗教改革、思想启蒙等运动的不断孕育之下，自然权利概念正式形成，"人权"为造物主赋予人的资格的观念得到广泛认同和传播。自然权利源于自然法，自然法是理性的、正义的、道德的，相应地自然权利应该包含这些要素。"自然法""自然权利"的主张不仅成为众多启蒙思想家思想共同具有的底色，还是资产阶级反封斗争的战斗纲领，其典型代表就是美国 1776 年的《独立宣言》和法国 1789 年大革命中颁布的《人权宣言》。

资产阶级取得革命胜利以后，建立了民主、法治的制度，以巩固革命的成果，防止专制制度死灰复燃，而将民主、法治的制度扎根于人权保障的根基之上，曾经被自然权利理论和人权理论所强调的权利内容，大量地进入了宪法和法律性文件之中，实现了权利由"自然权利"向法律权利即实证法权利的转变。需要说明的是，作为观念形态的"自然权利"，其内容涵盖当下和未来人们应该享有的所有权利，是一个开放且随社会发展而变化的体系，宪法和法律对其的实证化，并不是对"自然权利"进行清单式的列举，更多是对特定社会发展阶段人们应该享有且能够得以实现的权利的规定。

（二）权利内容的演变

随着社会生产力的不断发展与时代背景的变换，法律权利也处在不断发展之中，主要表现为以下三点：从内容来看，法律权利由自由权发展到社会权；从享有主体来看，法律权利由个人权利发展到集体权利；从范围来看，法律权利由国内法发展到国际法。

近代资产阶级革命胜利后所形成的法律权利，深受个人主义思想和自由主义观念影响，强调公民的自由权利高于一切，主张最小的政府就是最好的政府，公民自由免受国家专横行为之侵害。因此，该时期的权利体系以自由权为核心，最为典型的权利是生命权、自由权与财产权。

随着资本主义的高度发展，西方进入了垄断资本主义阶段，对个人主义的偏重使得许多社会问题出现，如贫富悬殊、经济危机、环境污染等。于是，纠正极端个人主义的"社会连带主义"思想应运而生，该思想的主要内容为：人是社会动物，不能离开社会之中其他人而独立存活。所以人与人之间具有密切联系，进而"公共利益"尤为重要。在此社会背景之下，原有的以传统自由权为核心的权利体系遭遇了困境，宪法所确认的自由权于弱者而言难以实现，国家通过积极手段干预社会生活、为公民自由权的享有与实现提供保障便成为必要。最终，旨在保障国民实现个人生活的社会权利登上了历史的舞台。

20世纪发生的两次世界大战，法西斯政权对人权的严重践踏和侵犯引起了战后国际社会的深刻反思，人权问题开始由国内法发展到国际法，《联合国宪章》和《世界人权宣言》的颁布就是典型的体现；五六十年代殖民地和被压迫人民的解放运动中，法律权利突破了国内法的界限，个人权利扩展至国家和民族的集体权利，并随着经济全球化的发展趋势日益巩固。该时期的法律权利，以社会连带为基础，强调关注人类生存条件面临的各种重大问题，从而产生了发展权、环境权等跨越国家的集体权利。[①]

三、权利的基本内容[②]

（一）生存权

生存权，是指每个人享有的维持其生命能够在合理的状态下得以延续，不受任意干涉和限制的权利。广义的生存权包括生命权、延续生命的生活条件之权利以及相关方面的权利。其中，生命权是指个人享有的维持其生命的延续和健康发展的资格，国家应给予积极的保障；延续生命的生活条件之权利，主要是指吃饱穿暖的权利，当个人无力或能力不足以解决自己的温饱需求的时候，政府负有提供保障的义务；与生命延续权相关联的权利主要是指基本生存条件的保障权，如生存手段保障权、基本生活条件的社会保障权、谋生的权利和环境权等。狭义的生存权则是指社会弱者的请求权，即那些不能通过自己的劳动获得稳定生活来源而向政府提出物质帮助的请求，政府则有义务满足人们的请求从而保障其生存尊严的权利。

1. 生命权

生命是人之所以为人的根基，源于自然的造就而非国家或法律所赋予，国家和个人不能否认或者漠视他人的生命，也不能对其进行奴隶性质的束缚。具体包括：（1）出生权。人的生命开始于胚胎形成为胎儿的过程之中，并在母体之内生长到一定阶段以后才能出生成为独立的生命个体，因此，生命权的保障不能以出生作为起点，应从胚胎形成开始，不能任意地终止妊娠，以保障胚胎按照自身规律成长为胎儿并在达到合理的时间以后实现与母体的分离，以免成长中的胎儿始终面临不能出生的危险。（2）生命存在权，即胎儿脱离了母体成为可以自主成长的生命体后，无论其智力水平、健康状况如何，都应被视为独

---

① 焦洪昌、原新利：《人权保障的回归——论加强第一代人权的保障》，载《中国宪法年刊》2005年，法律出版社2006年版，第215页。

② 参见王广辉等著：《中国公民基本权利发展研究》，湖北人民出版社2015年版，第78～244页。

立的生命而存在，不能任意剥夺其生命。（3）生命自主权，即每个人都是自己生命的主人，有权自主地支配自己的生命，在此基础上谋求生命价值的实现；为此，个人维系生命存续、实现生命价值的方式，只要不违反法律和道德，国家和其他人都应该予以尊重，不能任意干涉和限制。（4）生命健康权，指每个人享有的维护自己的生命按照自身的规律成长以及在患病的时候寻求合理的救治、受到伤害时要求给予保护的权利。我国宪法文本虽然没有明确规定生命权，但其他权利的规定显然是以生命体的存在，能够去享有这些权利为前提的。

2. 人格尊严

人格是指人享有的要求社会和他人对自己的存在以及生命价值给予承认与尊重的资格。人格尊严则意味着无论是国家、社会还是个人，都应该尊重他人人格，不得侵犯。具体包括：（1）人人都享有作为人的尊严，不能将人的生命与其他动物的生命同样对待，不得把人作为谋取利益的工具。（2）不能对个人实行人身奴役和精神虐待。（3）不能对人实行非人道的待遇和酷刑。我国《宪法》第 38 条规定："中华人民共和国公民的人格尊严不受侵犯。禁止用任何方法对公民进行侮辱、诽谤和诬告陷害。"

3. 生存权的发展。伴随客观生存环境与其他生存条件的变化，以及人们主观上对生存质量要求的提高，生存权也处在不断发展变化之中，环境权、和平权等与人类生存密切相关的权利也成为生存权。在当代世界，生存权的实现与保障面临着新的巨大威胁：环境破坏导致自然资源枯竭与新型疾病产生，使人类面临可持续发展问题以及健康威胁；大规模杀伤性武器威胁着人类的生命甚至是地球生命，一旦其被用于战争，对整个人类生存将造成毁灭性的打击。因此，人们对环境、健康、和平的要求就构成了生存权的当代内容。它们已经超出了早期那种将生存权的主体限于个人的局限性，使生存权具有了集体权利的属性，个人的生存与整个人类的生存紧密结合在一起，具有了更加可靠的保障。

（二）平等权

平等权以宪法规定的"法律面前人人平等"为依据，其规范含义是："相同的相同对待""不同的不同对待"，也就是说对人是否相同对待，应取决于人与人之间是否存在相同的方面。就相同之处来讲，是指每个人的人格价值都是相同的，都具有人的属性，无论其身体器官是否完整、机能是否健全、智力水平如何，都是独立的个体，享有作为人的尊严，不得在人之间进行高低优劣的区分。就不同方面来看，人因为自然的造就或社会因素的影响，在很多方面存在着不同，如性别、宗教、种族、阶级、党派、职业、语言、社会出身等。这些差别的存在，对人在社会交往之中权利的享有或义务的履行会产生程度不同的影响，使得我们不能够完全无视这些差别的存在，对人实行完全相同的对待。否则便会造成因这些差别而处于不利地位的人更加不利，地位得到不合理提升的人获得的不合理待遇得不到纠正。因此，平等权之中"相同的相同对待"比较容易判断，"不同的不同对待"即差别对待则存在复杂的情形。从历史上看，所有的歧视都建立在差别对待的基础上，但不能因此认为凡是差别对待，就当然构成歧视。符合平等要求的差别对待必须以人与人之间客观上存在一定的差别为前提，采取的差别对待措施必须能够缩小人与人之间既有的差别，至少是能够减弱既有差别对一些人带来的不利影响，或者是纠正给另外一些人带来的不合理影响。

（三）自由权

自由权是一种"免于束缚"或者"从已有的束缚之中解脱出来"的权利。它要求国家不能积极地干预个人的自由，而应该消极不作为，以便能够让个人有更大的选择从事或不从事某种行为的空间。

1. 人身自由

人身自由有广义和狭义之分，狭义的人身自由是指每个人对自己举止行为控制的自由，即个人的人身不受非法限制、搜查、拘留和逮捕，侧重于为个人外在行为的自由提供保障。广义的人身自由是对外在行为与内在精神自由的保障，具体包括身体活动的自由以及由此衍生的人格尊严、住宅、通信自由和秘密不受侵犯的权利。将两个方面结合起来，人身自由权主要包括：（1）狭义的人身自由。指人身或身体不受非法限制与拘束的权利，一般表现为免受恣意的逮捕拘禁、免于非法定劳役、免于恣意的刑事处罚、行政处罚等。（2）住宅不受侵犯。指个人居住、生活和休息的场所不受非法的侵入和搜查，任何人或组织，非经法律许可，不得侵入、搜查和查封公民的住宅。（3）通信自由和通信秘密受法律保护。通信自由指公民享有的通过书信、电话、电子邮件等手段，进行信息沟通与交流而不受国家、组织和个人不当干涉的权利；通信秘密指公民享有的通信信息不为外人所知悉的权利。我国《宪法》第37条、第39条、第40条分别规定了公民的人身自由不受侵犯、住宅不受侵犯、通信自由和通信秘密受法律保护的权利。

2. 表达自由

表达自由指公民在法律不禁止的范围内，通过各种方式表明、传递和接受某种思想、意见、主张、情感、知识而不受任意的干涉、限制或惩罚的自主性状态。主要包括：（1）言论自由。公民享有以语言或其他足以表达其思想内容的媒介与象征性行为，公开和不公开地发表自己的思想和见解的自由。（2）出版自由。公民享有通过公开发行的出版物，表达自己的思想和见解的自由。（3）结社自由。公民有成立和参加社团的自由，并且社团及其成员有权按照法律规定进行活动的自由，不受国家的不当干涉。（4）集会、游行、示威的自由。指公民按照法律规定，享有通过集会、游行、示威等活动，表达意见、发表共同意愿的自由。集会、游行分别指聚集于露天公共场所、在公共道路、露天场所列队进行，表达共同意愿的活动；示威，是指在露天公共场所或者公共道路上以集会、游行、静坐等方式，表达要求、抗议或者支持、声援等共同意愿的活动。我国《宪法》第35条规定："中华人民共和国公民有言论、出版、集会、结社、游行、示威的自由。"

3. 宗教信仰自由

宗教信仰自由既涉及人的思想，也涉及人的行为，主要包含两个方面的自由：（1）有信仰宗教与不信仰宗教的自由；现在信教将来不信教，现在不信教将来信教的自由；信仰何种宗教的自由。（2）宗教活动自由，包括宗教结社自由、参加宗教仪式的自由、传教的自由等诸多自由。任何国家机关、社会团体和个人都不得随意限制公民的宗教信仰自由。我国《宪法》第36条第1款、第2款规定："中华人民共和国公民有宗教信仰自由。任何国家机关、社会团体和个人不得强制公民信仰宗教或者不信仰宗教，不得歧视信仰宗教的公民和不信仰宗教的公民。"

（四）参政权

参政权基于人民与国家之间的主动关系而产生，是指个人构成的国民整体拥有国家权力，因而享有的参与国家意志的形成和国家事务管理方面的权利。近代以后的国家实行的民主制度，都建立在"主权在民"的基础上，但在代议制民主制度下，国家事务并不是由作为主权者的人民直接管理，而是委托给选出的代表组成国家机关来进行。在此情形下，主权者的人民对委托出去的国家权力没有能力加以控制，其主人翁的地位就有被架空的危险。为此，需要人民拥有一些控制的手段，参政权的规定就是这一精神的体现，其内容包括选举权与被选举权、知情权、监督权。

1. 选举权与被选举权

选举权是公民享有的依照法律规定的条件和程序，采用投票或其他方式推选产生国家代表机关的代表和特定国家公职人员的权利，选举权还蕴含着确认权、推荐权、投票权、救济权等权利。被选举权则是公民享有的被推选为国家代表机关的代表和特定国家公职人员的权利，被选举权也蕴含着被推荐权以及救济权。我国《宪法》第34条规定："中华人民共和国年满十八周岁的公民，不分民族、种族、性别、职业、家庭出身、宗教信仰、教育程度、财产状况、居住期限，都有选举权和被选举权；但是依照法律被剥夺政治权利的人除外。"

选举权和被选举权是经由选举制度来落实的，为体现选举的民主性，各国选举制度普遍遵循如下的基本原则：选举权的普遍性、选举权的平等性、直接选举和间接选举并用、无记名投票。

2. 罢免权

罢免权是指经由选举产生的代表机关代表或公职人员不称职时，公民享有在他们任期届满之前依照法定条件和程序，撤销其代表或公职人员资格的权利。如果说选举权的行使是授予代表或公职人员以权力的话，罢免权实际上就是对授予其权力的撤销和收回，以此来防止代表或公职人员在行使人民授予的权力时不受人民的监督和控制。我国《宪法》第67条规定了全国人民代表大会有权罢免的人员，第77条规定："全国人民代表大会代表受原选举单位的监督。原选举单位有权依照法律规定的程序罢免本单位选出的代表。"这便体现了我国公民对代表机关代表和特定国家公职人员的罢免权。

3. 监督权

监督权是指公民基于国家权力所有者的身份，对接受人民委托行使国家权力的机关及其工作人员享有的监视、督察其工作的权利。具体包括：（1）批评、建议权。批评权是指公民享有的对国家机关及其工作人员在行使权力的过程中存在的缺点和错误，提出批评意见的权利。建议权是指公民享有的对国家机关及其工作人员的工作提出建设性意见的权利，它不以前者的工作存在缺点、错误和违法失职为前提。（2）申诉、控告、检举权。申诉权是指公民的合法权益因国家机关作出违法的决定或裁判而受到侵犯和损害，公民有向有关国家机关申述理由、要求重新处理的权利。控告权是指公民对任何国家机关和国家工作人员的违法失职行为，有向同家机关进行揭发和指控的权利。检举权是指公民对于违法失职的国家机关和国家工作人员，有向国家机关揭发违法犯罪、滥用职权、失职、渎职的事实，要求依法追究法律责任的权利。我国《宪法》第41条规定："中华人民共和国公民对于任何国家机关和国家工作人员，有提出批评和建议的权利；对于任何国家机关和国家工作人员的违法失职行为，有向有关国家机关提出申诉、控告或者检举的权利，但是不得捏造或者歪曲事实进行诬告陷害。"

（五）社会权

社会权指个人有从国家和社会获得基本生活条件保障的权利。最早使社会权作为基本权利进入宪法且加以详细规定的是 1919 年德国的《魏玛宪法》。

近代的社会革命高举人权旗帜，主张人人生而平等，以反对专制制度下的等级特权，让每一个人都能够有同等的机会去追求自己的生存目标。然而，现实的情况则是，人与人之间毕竟存在各种差别，起点就不一样，同等的机会反而会导致既有差别的扩大而不是缩小；再加上每个人面临的机遇及遭遇的各种风险不同，一些人会因此而陷入生存困境之中，致使人的最低限度尊严也难以得到保障。为解决这个形式平等掩盖下的实质不平等问题，在国家对社会经济生活进行干预的过程中孕育出了国家和社会对个人有"生存照顾义务"的理念，社会权就是基于这一理念而生成的，其实质是社会弱势群体要求国家积极作为以保障其最低限度生存需求满足的权利。因为国家和社会对个人的生存照顾必须通过积极的作为才能实现，因而与自由权的消极性相对应，社会权是一种积极权利，以国家和政府保障责任为基础的社会保障权、劳动权是社会权的核心内容。此外，财产权也具有社会权属性。

1. 财产权

财产是人们生存的物质基础，财产权就是保障人们对生存需求中的物质性需求享有的权利。传统"财产权"的核心是对物的排他性支配权，受此影响，近代以后很长时期内宪法上的财产权基本上是指的财产所有权，即对能够成为财产权客体的物的占有、使用、收益、处分的权利。20 世纪后随着经济权利的发展，法律保障的财产权内涵发生了变化，泛指一切具有财产价值的权利，除了物权之外，还包括债权、继承权、知识产权等。我国《宪法》第 13 条规定："公民的合法的私有财产不受侵犯。国家依照法律规定保护公民的私有财产权和继承权。国家为了公共利益的需要，可以依照法律规定对公民的私有财产实行征收或者征用并给予补偿。"

2. 劳动权

劳动是人的有意识的活动，意在将自己的主观意志对象化于外界中的物质使之发生变换，即改变自然物的形态或性质，以满足人的生产和生活需要。这是人与外界的关系上具有主体性的体现，也是人的劳动具有的社会意义之所在。人从动物完成进化以后，就与劳动活动相伴随，但在奴隶制和封建制社会，劳动还无法成为劳动者的权利，将劳动上升到权利层面给予保障是近代以后人权观念和制度发展的产物。

劳动权是指有劳动能力的个人享有的就业权、获得劳动报酬权以及在劳动过程中享受有关劳动保障等方面的权利。具体包括两大方面：一是个人选择与执行职业的自由，包括免于强制劳动的自由、职业选择自由、职位选择自由与职业执行自由；二是获得劳动机会与劳动条件保障的权利，包括职业介绍与培训权、劳动福利权、劳动保护权、失业保险权、组织工会权、劳动争议解决请求权等。

在人类社会的发展过程中，人们生存所需要的生活资料主要依靠劳动来获取，在此意义上，劳动仍然具有生存手段的性质，劳动权的保障与生存权的保障存在密切的联系。在此情形下，如果仅仅将劳动视为权利，就有可能出现有劳动能力的人放弃自己的权利，将个人的生存完全建立在国家与社会提供的"生存照顾"基础之上的不合理情形，所以，我国《宪法》第42条第1款规定："中华人民共和国公民有劳动的权利和义务。"

3. 社会保障权

"社会保障"（Social Security）一词意为"社会安全"，最早出现在1935年美国国会通过的《联邦社会保障法》中，1941年英国首相丘吉尔和美国总统罗斯福在共同签署的《大西洋宪章》中两次使用这个概念，1942年英国的贝弗里奇报告、1944年国际劳工组织第26届大会通过的《费城宣言》和1948年联合国《人权宣言》中也先后使用该词，1952年第35届国际劳工大会通过了《社会保障公约》，规定了社会保障的基本准则。从此，"社会保障"的概念为各国广泛使用。社会保障权的概念是在20世纪才被明确提出，最早将社会保障作为权利加以规定的是德国1919年的《魏玛宪法》。

社会保障制度的建立，是要借助于国家和社会的力量，对那些因自身或社会原因而暂时陷入生存困境的经济上的弱者给予扶助，使之能够摆脱面临的生存困境，回归到正常的生存状态上来。对个人而言，社会保障权本质上应该是国家和社会对弱者的一种帮助权，意在体现人具有的国家公民和社会成员的双重属性。正因为如此，我国宪法文本中规定的是"物质帮助权"，即"中华人民共和国公民在年老、疾病或者丧失劳动能力的情况下，有从国家和社会获得物质帮助的权利"。

社会保障权主要通过国家建立最低生活保障制度、社会保险制度、社会救助制度等来实现。这些制度的保障内容与水平与国家的社会经济发展状况息息相关，所以我国宪法明确规定，国家建立与社会经济发展水平相适应的社会保障制度。

（六）文化权

文化是一个内容宽泛、含义丰富的概念，可以将人类创造的一切物质和精神成果包含其中。如果在此意义上来理解文化权，将会使文化权与其他权利之间存在过多的重叠而难以区分。作为基本权利的文化权，可概括为享受文化成果的权利、参与文化活动的权利、开展文化创造的权利、个人进行文化艺术创造所产生的利益享受保护权利等，主要包括两大方面：

1. 受教育权

受教育权，是指个人达到一定年龄并具备可以接受教育的智力时，享有的进入各种教育机构学习科学文化知识的权利。具体包括：（1）受教育的机会权。指每个人都应当拥有平等的、恰当的接受教育的机会，包括入学机会、在学机会、选学机会以及升学机会等。（2）受教育条件权。主要指国家应当为公民个人提供受教育的条件，如建设学校与社会公共文化体育设施等，公民也可以利用这些条件获得教育。（3）受教育评价权。个人接受一定阶段或形式的教育以后，享有的对受教育的效果获得公正合理评价的权利。

2. 文化活动的自由

根据我国宪法的规定，文化活动的自由包括科研自由、文学艺术创作自由以及其他文化活动的自由等方面。科研自由包括是否从事科学研究的自由、从事科学研究时持有和发表学术观点的自由；文学艺术创作自由是指选择何种文学艺术形式进行创作的自由，以及如何采用特定的文学艺术表达其对世界、人生意义的理解与感悟的自由；其他文化活动的自由是指除了上述的科研、文学艺术创作之外的文化活动的选择行为。

四、法律对权利的规范

（一）法律对权利的保障

通常讲权利保障，有两个层面的含义：一是指权利实现时的无阻却性保障；二是权利实现出现障碍时的救济性保障。①

法律对权利的无阻却性保障，即法律应当为权利的无阻却（顺利）行使及实现提供保障，换言之就是，法律应该在客观条件允许的范围内，为权利达到其内在属性所要求的实现程度而排除现实或可能面临的障碍。一方面表现为法律保障权利主体的权利处于其合法意志的支配之下，有权根据其意愿在法律允许的范围内合理行使权利，包括国家在内的其他任何主体都不得阻止或干预，即其他主体负有消极不作为的义务；另一方面表现为法律要求国家以积极作为之方式为权利主体的权利实现提供帮助，如提供各种物质条件、社会保障服务等，即国家的积极作为义务。

法律对权利的救济性保障，是指法律应当保障权利受到侵害能够获得相应的救济。救济性保障既包括法律所提供的狭义司法救济、行政复议救济以及其他公权力救济，还包括允许权利主体在法律范围内展开的私力救济。

（二）法律对权利的约束

1. 法律约束权利的依据

作为权利主体的人不是孤立的，而是社会共同体中的一员，权利存在并实现于人与人之间、人与社会之间的相互交往之中。每一个人对权利所蕴含利益的追求都具有正当性，但资源的有限性决定了无法保证每一个人对自己利益的追求都能达到最大化的程度，这就难免出现权利主体在追求一定利益而实施某种行为时侵犯他人或社会利益的可能性，导致权利之间、权利与社会利益之间发生冲突。因此，法律对权利进行约束就是以权利实际上有内在的边界为基础的。具体而言：处在复杂社会关系网络中的人的权利是多元的，表现为权利本身的广泛性和权利主体的多样性，不同主体的权利往往又交织在一起，难免相互之间产生冲突，这种冲突有可能是双方合法行使权利而引发，也有可能是一方滥用权利侵犯他人权利而导致。为避免或减少权利冲突发生的可能性，确保合法权利的兼顾与均衡，法律为权利划定了边界，要求权利的行使不能超过该界限。还有，权利本身是追求利益的产物，人除了从权利的实现中获取利益外，还需要从秩序、安全、正义等社会价值的实现中获取自身的利益，这些社会价值往往代表着社会公共利益，即全体社会成员的共同利益，它是个人利益得以实现的社会基础，例如个人人身安全的实现，需要稳定、安全、和谐的社会秩序。不过，基于人的逐利性与社会资源的有限性，权利作为个人利益的追求，并不总是与公共利益的要求相一致的，其过度行使难免与秩序、安全、正义等社会价值相违背甚至相对立，进而对其造成侵犯。为避免权利的行使侵犯公共利益，也需要法律来划定权利与社会公共利益之间的界限，要求权利的行使应当符合公共利益，便成为一种行之

① 范进学：《论权利的制度保障》，载《法学杂志》1996 年第 6 期。

有效的方法。① 正因为如此，1948 年的《世界人权宣言》明确宣告了法律约束权利的理由，即"确认及尊重他人之权利与自由，并符合民主社会中道德、公共秩序及一般福利需要之公允条件"。

2. 法律约束权利的方法

法律对权利的约束，主要通过对权利的资格和行为自由两个要素的规定来实现。涉及权利资格要求的内容主要有：（1）身份要求，如一些特定政治权利的享有需要具有该国公民身份；（2）年龄要求，如选举权于被选举权的享有需要达到一定年龄；（3）其他要求，如职业要求，一些权利只能为特定的职业所享有。② 这些要求往往只能约束享有权利的主体范围，而不能约束权利本身，最终不能预防或消除权利之间、权利与社会利益之间的冲突。因为不是权利的资格要素导致是否享有某项权利的冲突，而是权利的行为自由要素所致的权利行使过程中的冲突。所以权利约束的关键是对主体行为自由的限制，主要有：

1. 时间上的时效制度

时效制度是指一定的事实状态在法定期间内持续存在，便产生一定法律后果的法律制度。法律设置时效制度，主要目的是使社会关系处于相对稳定状态，对权利主体而言，则有促进其及时行使权利的作用。最为典型的便是诉讼时效制度，依据该制度，权利主体在法律规定的期限内不行使权利，有可能丧失请求法院依诉讼程序保护其权利的资格，如在我国行政诉讼中，相对人超过起诉期限起诉的，人民法院将裁定不予立案，受理后发现超过起诉期限的，裁定驳回起诉，即丧失了起诉权。

2. 内容上的权利滥用禁止

所谓权利滥用，是指权利人行使权利的目的、限度、方式或后果有违法律规定权利的本意和精神，或者违反了公共利益、社会利益、公序良俗，妨碍了法律的社会功能和价值的实现。对此，我国《宪法》第 51 条规定："中华人民共和国公民在行使自由和权利的时候，不得损害国家的、社会的、集体的利益和其他公民的合法的自由和权利。"具体包括以下几个方面：（1）行为目的的限制，即应当以善意而非恶意为目的行使权利。如公民有宗教信仰的自由，但必须是出于善良动机，诸如追求一种精神寄托、弘扬宗教精神，而不能用以扰乱社会秩序、损害公民身体健康、妨碍国民教育和危害国家安全等。（2）行为尺度的限制，即权利的行使应当控制在适度的范围内，不能超过必要的限度，否则会侵犯他人合法权益或社会公共利益。如各国刑法都明确规定，公民的正当防卫和紧急避险都不能超过必要的限度、造成不应有的危害。（3）行为方式的限制，即行使权利的方式应适当，否则同样具有危害性。如为了实现自己的债权，采用拘禁债务人的方式索要债务，这种方式便不适当，侵害了债务人的人身权利。

除此之外，权利的行使还受到形式上的程序限制，权利主体应当按照法定程序行使权

---

① 参见汪太贤：《权利的代价——权利限制的根据、方式、宗旨和原则》，载《学习与探索》2000年第 4 期。

② 同上。

利。特别是诉讼权利的行使，应当遵循严格的法定程序。①

五、法律对权利的救济

法律对权利的救济，是指在权利遭受侵害时，由有关机关或个人在法律允许的范围内采取一定的方式去排除侵害，让受到侵犯的权利得到恢复、减损的利益得到赔偿的制度。

（一）权利救济的理论依据

权利为何需要救济？根本原因是权利存在被侵犯的可能性，主要分为两种情形：

一是权力对权利的侵犯。权力对权利的侵犯，根源于权力的特性。从目的上讲，权力主体行使权力的过程，本应是为权利提供保障的过程，其中即便是对权利进行的必要干预，也是为了保障权利更好地实现。但是，权力具有的强制性、天然扩张性等特性，使得权力极易异化，背离保障权利的基本目标，反而会产生侵犯权利的结果。权力对权利的侵犯，表现为两个方面：一是行使的权力缺乏宪法和法律的依据，违反"法无授权即无权"的法理，构成对人民保留的权利的侵犯；二是不遵循法律规定的条件和程序行使权力，违反"法有授权要依法"的要求，构成权力滥用，必然对人民的权利造成侵犯。

二是权利对权利的侵犯。权利对权利的侵犯，根源于权利所蕴含的利益之间存在冲突。任何一种现实的权利都是各种利益相互交织的有机统一体，不同权利之间的利益并不是处于泾渭分明的状态，权利主体追求利益的无限性与利益实现的有限性之间存在无法消除的紧张关系，使得权利所蕴含的利益之间的冲突难以避免。因此，某一主体的权利，有可能会因其他权利主体滥用权利而受到侵犯，如行使权利的目的、限度、方式或后果不当；也有可能是权利主体都超出合理的限度行使权利而使双方的权利都受到侵犯。

法律对权利的救济是维护法律秩序和社会秩序的必然要求。法律通过规定主体的权利与义务，让每个主体追求自己利益的行为之间能够保持协调，最大限度地避免社会矛盾和纠纷的产生，从而建立起和谐统一的法律与社会秩序。然而，权利受到侵犯打破了社会主体之间的平衡状态，法律规范设定的和谐一致的理想状态就会被破坏，如果不加以处理，势必产生连锁反应，严重者可致整个的规范体系瓦解，有序运转的权利义务系统全面瘫痪，法律秩序也不复存在，社会秩序因此将陷入混乱。因此，法律应当为权利提供救济，明确地规定权利纠纷解决的程序与机制，及时恢复因权利被侵犯而遭到破坏的法律和社会秩序。当然，法律提供的救济并非解决权利纠纷、维持秩序的唯一方法，但是这种方法是最为根本的方法，能从根源上防止事态恶化。

（二）权利救济的法定方式

法律为权利提供了多种救济方法，按行使救济的主体划分，可以分为私力救济、公力救济和社会型救济三类。

私力救济。指权利受到侵害者在法律允许的范围内，依靠自己或其他私人力量来救济自己的权利，主要体现为私权利主体间的直接对抗。法律允许的私力救济方式为自卫行为和自助行为。自卫行为，是指为了使自己或他人的财产或人身免受侵害或遇到紧急危险时，为防止损害的发生或扩大而采取的必要措施；自助行为，是权利主体为保护自身请求

---

① 参见付子堂主编：《法理学进阶》（第六版），法律出版社 2022 年版，第 29 页。

权的实现，在情势紧急又不能及时请求国家公权力予以救济的情况下，实施的扣押他人财产、拘束他人自由的合法措施。①

公力救济。指国家机关根据权利受到侵害者的请求，运用公权力对被侵害的权利实施的救济，包括司法救济和行政救济。司法救济主要指诉讼，包括刑事诉讼、民事诉讼、行政诉讼；行政救济主要就是指行政复议和行政信访。

社会型救济则是在权利争议双方自愿的前提之下，由特定组织或个人以中立的第三者身份介入，劝导争议双方消除纠纷，提出纠纷的解决方法，或对权利纠纷作出裁决的救济。社会型救济位于私力救济与公力救济之间，可以视为公力与私力之间的"第三领域"，主要包括调解、仲裁和其他代替性纠纷解决机制。

第三节　法 与 国 家

一、国家的构成要素

国家是一个可以从多方面进行定义的一个共同体。地理意义上的国家，是指由生活于特定地理空间内的人们组成的共同体；文化意义上的国家，是指拥有共同的语言、种族、历史，因而在思维方式、行为习惯上具有高度相似性的人们组成的共同体；政治法律意义上的国家，一般认为是由领土、居民和主权组成的共同体。② 其中，居民是指组成国家的自然人，是国家存在和活动的主体；领土是国家存在和发展的空间，也是国家行使排他性权利（主权）的空间，一个没有固定领土、漂泊不定的民族或部落是不能成为现代意义上的国家的。主权是国家独立的资格，一个国家具有不依赖他国、独立自主地处理对内和对外事务的能力，就是主权能力，表现为对内的最高权力和对外的独立地位。③ 它是区分国家与非国家组织的重要标志。主权的行使者是政府，它是执行国家职能的机构，代表国家对内实行管辖，对外进行国际交往。

政治法律意义上的国家又可区分为国际法和国内法两种含义：国际法意义上的国家，强调国家在国际交往中的独立自主能力，即在国际法范围内，独立自主地处理其对内对外事务而不受其他国家干涉和限制的能力。国内法意义上的国家，关注国家在对内事务管理上具有最高的决断能力，借此将分散的个人意愿整合为独立于个人但又高于个人的意志，国家因此成为在法律上代表公共利益的具有法人资格的特殊权利主体，国家被法律人格化为法人，同自然人一样有独立的人格和意思，享有权利并承担义务；可以拥有财产、从事各种经济活动、制裁违法犯罪等。

根据上述，可将国家定义为由国家机关、军队、警察、法庭、监狱等组成的政权和行

---

① 《民法学》编写组编：《民法学》，高等教育出版社 2019 年版，第 46 页。

② 关于国家的构成要素，有"三要素说"和"四要素说"，所谓"三要素说"，即认为具有居民、领土、主权者即为国家，"四要素说"则是在三要素说基础上增加"政府"这一个要素。

③ 参见任虎编：《国际公法》，华东理工大学出版社 2021 年版，第 51 页；《国际公法学》编写组编：《国际公法学》（第二版），高等教育出版社 2018 年版，第 115～116 页。

使政权的组织体系，是具有合法管理权力的特殊政治组织，拥有来自社会又凌驾于社会之上的特殊公共权力。①

二、国家对法的创制

（一）法的创制的特点

法的创制，又称法的制定（立法），是指有关国家机关在其法定的职权范围内，依照法定的程序，制定、修改和废止规范性法律文件以及认可法律规范的活动。② 法的创制作为一项国家活动，具有以下的特征：

1. 法的创制是由特定国家机关进行的专有活动

首先，法的创制只能由国家机关进行，其他任何社会组织、团体和个人非经国家机关授权，都不能进行这项活动。其次，法的创制不是所有国家机关都可以进行的活动，而是享有法的创制权的国家机关的专有活动。最后，享有法的创制权的国家机关，应当在其权限范围内进行法的创制，而不能超越特定的级别、种类等。

2. 法的创制是依据法定程序进行的活动

首先，民主、公正、公开、科学是对现代法的创制的基本要求，正是基于这些要求，才需要把法的创制纳入程序化、规范化的轨道。③ 因此，法的创制必须遵循法定程序，否则其效力会受到影响。其次，法的创制程序不仅包括对创制活动本身的规定，还包括对某些立法技术的规定。最后，法的创制程序的内容在不同历史时期和国家之间有较大差别，现代法的创制一般经过法的创制准备、由草案到法和法的完善诸阶段。其中由草案到法一般都经过法案提出、审议、表决和公布等程序。④

3. 法的创制是制定、修改、废止以及认可法律规范的活动

法的创制是一项包含多种形式的产生和变动法的综合性活动，它既包括直接产生新的法律，也包括对已有的法律进行补充、修改甚至废止，还包括对已有的判例、习惯、法理、政策、道德等进行法律上的认可，赋予其法律效力。

（二）法的创制的原则

法的创制（立法）原则，是指立法主体据以进行立法活动需要遵循的基本原理和准则。不能把立法原则完全等同于立法指导思想，两者存在一定区别与联系。两者的联系在于：立法原则根据立法指导思想确定，立法指导思想通过立法原则予以规范化和具体化。两者的主要区别在于：立法指导思想主要作用于立法者的思维方式，通过立法者的立法观念来影响立法活动；立法原则主要作用于立法者的立法行为，通常直接对立法活动发挥作用。⑤ 不同国家、不同时期的立法有不同的原则，关于立法原则的基本内容存在诸多不同的论述。根据我国《立法法》的规定，我国的立法原则包括依法立法原则、科学立法原

---

① 付子堂主编：《法理学进阶》（第六版），法律出版社 2022 年版，第 252 页。
② 孙国华、朱景文主编：《法理学》（第五版），中国人民大学出版社 2021 年版，第 89~90 页。
③ 舒国滢主编：《法理学导论》（第三版），北京大学出版社 2019 年版，第 180 页。
④ 周旺生著：《法理学》，北京大学出版社 2006 年版，第 167 页。
⑤ 参见张文显主编：《法理学》（第五版），高等教育出版社 2018 年版，第 229 页。

则、民主立法原则。

1. 依法立法原则

我国《立法法》第 3 条规定："立法应当遵循宪法的基本原则……"第 4 条规定："立法应当依照法定的权限和程序，从国家整体利益出发，维护社会主义法制的统一和尊严。"根据这些规定，依法立法原则应当包含三项内容：一是依宪立法，遵循宪法的基本原则和规定；二是依据法律体系立法，保持法律体系内部的和谐一致，维护法制统一；三是依权限、守程序立法。

2. 科学立法原则

科学立法的核心要义，是指合乎客观规律的立法，或者说，科学立法的核心在于尊重和体现客观规律，就是要从实际出发。立法的本质并不是立法者按照自己的主观想象来进行立法，而是运用人的理性去认识和把握事物的运行规律，然后来创制法律，以确保对人的行为规范建立在符合事物发展变化规律的基础之上，才能使得创制出来的法律具有最大的实现可能性。具体要求包括：从国家治理层面看，从人治到法治是国家治理发展的客观规律，立法的目的在于为人们的社会活动提供行为准则，实现国家治理。从法律体系层面看，科学立法要求立法要维护法律体系的统一性、完善性，确保法律之间的和谐。从法律内容层面看，科学立法要求每一项法律都应该符合其所规范对象的内在的本质、符合事物发展的客观规律。从法律实践层面看，科学立法要求法律必须是有约束力的、可执行的，必须随着实践的发展而发展。科学立法的这些要求，是对经验立法、政绩立法、主观立法、封闭立法的否定。为此，我国《立法法》第 6 条规定："立法应当从实际出发，适应经济社会发展和全面深化改革的要求，科学合理地规定公民、法人和其他组织的权利与义务、国家机关的权力与责任。"

3. 民主立法原则

民主立法的核心在于立法为了人民、立法依靠人民，它是现代民主原则在立法程序、形式上的具体体现，也是现代民主政治发展的必然要求。具体要求有两个方面：一是立法机关的立法活动应以最大限度反映人民的意愿为目标，并坚持民主的立法程序，以便为各方面意见的充分表达提供机会；二是在整个立法过程中，应建立充分反映民意、广泛集中民智的立法机制，使社会公众参与和监督立法的全过程，让法律真正体现和表达人民的意志，保护人民权利的良法。在代议制民主制度下，国家设置有专门的立法机关，负责行使立法权。但不能因此而认为立法事务专属于立法机关，而与作为主权者的人民没有任何的关系。倘若如此，立法具有的将人民意志转变为国家意志的本质属性就难以维持。因此，人民并不因为将立法权委托给立法机关行使而放弃对立法活动的参与及监督，反倒是应该建立广泛的参与渠道，确保立法中反映出来的民意具有坚实的基础。我国《立法法》第 5 条规定："立法应当体现人民的意志，发扬社会主义民主，坚持立法公开，保障人民通过多种途径参与立法活动。"

（三）法的创制的体制

法创制的体制（立法体制），是关于立法权配置方面的组织制度，核心是立法权的划分问题，即一国中哪些主体享有立法权力，如存在多个立法主体的情形下，不同立法主体之间的权力如何划分，以避免产生立法权力的冲突问题。

一个国家采用何种立法体制，受到很多因素的影响，其中与国家结构形式之间的关系最为明显。单一制国家一般采用一元立法体制，立法权集中于最高国家代表机关。联邦制国家的立法体制多是二元或多元的，至少是联邦和成员国各自拥有自己的立法权力，并在宪法中对联邦的专有立法权限和联邦与联邦成员共有的立法权限进行明确规定。如《美利坚合众国宪法》第10条修正案规定："本宪法所未授予中央或未禁止各州行使的权力，皆由各州或人民保存之。"

我国现行的立法体制是一元立法体制。现行《宪法》第58条规定："全国人民代表大会和全国人民代表大会常务委员会行使国家立法权。"其中，全国人民代表大会享有的国家立法权包括：制定和修改刑事的、民事的、国家机构和其他的基本法律。这一规定，将全国人大享有的立法权力限定在基本法律的创制和修改上。这里的基本法律，是相对于全国人大常委会行使立法权制定的基本法律之外的法律而言的，实际上是指的比较重要的法律，不再像过去那样，是国家唯一的立法机关，所有的法律都由其制定。这主要是考虑到全国人大每年只举行一次全体会议，会期中需要行使权力的事项有很多，不可能仅用于法律的创制和修改。国家工作重心转移到经济建设上来以后，立法的重心是要尽快改变无法可依的状态，全国人大的代表数量、会期制度等也难以胜任。全国人民代表大会常务委员会享有的国家立法权包括：制定和修改除应由全国人大制定的法律以外的其他法律；在全国人大闭会期间，对全国人大制定的基本法律进行部分的修改和补充，但不得同该法律的基本原则相抵触；撤销国务院制定的同宪法、法律相抵触的行政法规、决议和命令，撤销省、自治区、直辖市国家权力机关制定的同宪法、法律和行政法规相抵触的地方性法规和决议。赋予全国人大常委会享有国家的立法权力，主要是考虑到全国人大常委会的组成人员人数较少，每两个月举行一次全体会议，便于开展立法活动，能够有效弥补全国人大在立法权力行使上存在的不足。

我国虽是一元的立法体制，但在立法权限上又存在中央立法和地方立法的划分。《立法法》第8条、第65条、第80条规定了中央立法的事项，主要包括：国家主权的事项；各级人民代表大会、人民政府、人民法院和人民检察院的产生、组织和职权；民族区域自治制度、特别行政区制度、基层群众自治制度；犯罪和刑罚；对公民政治权利的剥夺、限制人身自由的强制措施和处罚；税种的设立、税率的确定和税收征收管理等税收基本制度；对非国有财产的征收、征用；民事基本制度；基本经济制度以及财政、海关、金融和外贸的基本制度；诉讼和仲裁制度；必须由全国人民代表大会及其常务委员会制定法律的其他事项；为执行法律的规定需要制定行政法规的事项；宪法第89条规定的国务院行政管理职权的事项；为执行法律或者国务院的行政法规、决定、命令而需要制定行政规章的事项。《立法法》第73条、第83条规定了地方立法事项，主要包括：为执行法律、行政法规的规定，需要根据本行政区域的实际情况作具体规定的事项；属于地方性事务需要制定地方性法规的事项；为执行法律、行政法规、地方性法规的规定需要制定规章的事项；属于本行政区域的具体行政管理事项。根据这些规定可以看出，虽然我国的立法权力在中央和地方之间进行了划分或分配，但是，法律的创制权力都属于中央，地方的立法权力来自中央的授予，本质上是为了实施中央的立法，即将中央立法中的普遍性规定与本地方的实际结合起来，使得中央立法的实施能够在一定限度内充分照顾到各地方的实际。

三、法对国家权力的分配

（一）国家权力分配的内涵

国家权力是指一定国家组织机构体系凭借和利用其所占有的社会资源，而得以控制一定社会生活状况的支配和影响能力系统。[①] 任何国家都必须构造一个权力运行系统，并把国家权力配置在系统中的各个组织之中，国家权力的这一配置状况就是国家权力的分配。广义的国家权力分配有四个层次的含义：（1）国家权力在人民与国家机关之间的分配。这个分配解决的是国家权力的归属问题，也即国体。基于人民主权原则，国家权力属于人民，国家机关代表人民行使国家权力。（2）国家权力在少数人和多数人之间的分配。这个分配在近现代国家是通过代议制来完成的。多数人通过代议制解决国家权力行使权授予给少数人的程序并始终保持监督和制约的权能。（3）国家权力的横向分配与纵向分配。国家权力的横向分配，指国家权力在同一层级的不同国家机关之间的分配，也就是政权组织形式。国家权力的纵向分配，指国家权力在中央与地方或国家整体与组成部分之间的分配，即国家结构形式。(4)国家权力在国家和社会之间的分配，国家权力来自组成社会的人们的委托，最终的发展方向是不断回归社会。我们通常所指的国家权力分配，是指第三层次含义范围内的国家权力分配。

国家权力为何需要分配？这是因为人民是一切权力的本源，人民有权通过行使权力管理自己的事务，但是由于近现代民族国家大都地域广阔，人口众多，国家管理事项繁杂，人民直接行使国家权力效率低、难度大、成本高，因而将权力委托给国家统一行使。同时，为了更好地行使国家权力、管理国家事项，需要将人民委托给国家的权力进行再分配，根据权力的性质和功能不同而划分为不同的部分、层级，然后设立不同性质和层级的机关来行使，以便能够做到各司其职、各负其责，避免权力过度集中或者职责不清而产生使用上的混乱。

（二）国家权力的横向分配

国家权力的横向分配，是指如何将人民委托给国家的权力按照其性质或功能划分为不同的部分，在同一层级设立相应的国家机关来行使，以及如何处理它们在行使权力过程中的相互关系。

西方国家基本上都是遵循"三权分立"学说来进行国家权力的横向分配的，将国家权力划分为立法权、行政权和司法权，分别设立议会、政府和法院来行使，并在立法、行政与司法机关之间建立起相互制衡的关系。但不同国家的立法、行政和司法权力之间的具体分配关系也存在程度不同的差异。

我国国家权力的横向分配在制度形态上表现为人民代表大会制。它的理论源泉是马克思主义国家学说中"巴黎公社"式的"议行合一"的代议制思想，直接根据是毛泽东人民民主专政理论中的人民代表大会制的主张，基本的出发点都是要消除资本主义议会制存在的"清谈馆"的弊端，让人民代表机关成为真正的"工作机关"。

人民代表大会制度下行使权力的国家机关，横向上划分为以下的部分：

---

① 朱景文主编：《法理学》（第四版），中国人民大学出版社 2021 年版，第 140 页。

1. 权力机关

即人民代表大会，由人民通过直接或间接方式选出的人大代表组成，行使的权力包括：（1）立法权，即制定、认可、修改、补充、解释或者废止法律、法规的权力。（2）重要事项决定权，包括国民经济和社会发展计划的审查批准权、国家预算的审查批准权、条约和重要协定的审查批准权、战争与和平问题的决定权、紧急状态的决定权、决定大赦的权力等。（3）组织权，即组织同级其他国家机关的权力，通过选举、决定和罢免同级其他国家机关的组成人员来体现。（4）监督权，人大对其组织的同级其他国家机关的工作进行监督，监督的方式有提出质询、提交工作报告、专项工作汇报、视察等。由此可以看出的是，我国的人民代表大会和西方国家的议会一样，也享有和行使立法权，但同时还行使其他的权力，这决定了人民代表大会性质上不是单纯的立法机关，而是权力机关。

2. 行政机关

即人民政府，行使的是行政权，即由国家宪法、法律赋予或认可的，国家行政机关执行法律规范，对国家事务和公共事务实施行政管理活动的权力。权力的内容包括国防权、外交权、治安权、经济管理权和社会文化管理权等；从权力的形式看，包括行政立法权、行政命令权、行政处理权、行政司法权、行政监督权、行政强制权、行政处罚权和行政指导权等。

3. 监察机关

即国家监察委员会，行使监察权，即对其他公权力机关及公职人员行使权力的廉洁性、合法性等进行监察监督的权力。监察权作为一项独立的国家权力，并设立独立的监察机关来行使，是我国 2018 年宪法修正案中新增加的内容。

4. 人民法院

我国《宪法》第 123 条规定"中华人民共和国人民法院是国家的审判机关"，明确了人民法院履行国家审判职能的性质。人民法院可以设刑事审判庭、民事审判庭、行政审判庭，中级以上人民法院还可以根据需要设立其他审判庭。各级人民法院设有执行机构，负责需要由人民法院执行的民事和经济案件判决和裁定的执行。人民法院的任务是审判刑事、民事和行政案件，并且通过审判活动，惩治犯罪分子，解决民事纠纷，保护公民合法权益，维护社会主义法制的统一和法律的权威。

5. 人民检察院

人民检察院是我国的法律监督机关，由最高人民检察院、地方各级人民检察院和军事检察院等专门人民检察院组成。人民检察院通过行使检察权，追诉犯罪，维护国家安全和社会秩序，维护个人和组织的合法权益，维护国家利益和社会公共利益，保障法律正确实施，维护社会公平正义，维护国家法制统一、尊严和权威，保障中国特色社会主义建设的顺利进行。

上述机关，都属于人民代表大会制度的组织系统，其中作为权力机关的人民代表大会居于高于其他机关的地位，其他机关要由同级的权力机关来组织，并受同级权力机关的监督。由此形成人大与其他国家机关之间的监督与被监督关系，而不是西方国家的分权制衡关系。

（三）国家权力的纵向分配

法律对国家权力的纵向分配解决的是不同层级国家机关之间的管理幅度大小而进行的权力划分问题。任何一个国家，除了设置全国性的机关管理全国性事务之外，还需要按照行政区域的划分设立多个层级的区域性机关，管理一定区域内的事务。由此便需要在全国性机关与区域性机关、层级高低不同的区域性机关之间进行权力的分配，使之都拥有管理相应事务的权力，作为凭借的手段。其中全国性机关与区域性机关之间权力分配的核心是主权权力和非主权权力。主权权力是决定一个政治共同体能否作为主权国家而存在的权力，实际就是指国家的最高统治权力，如外交权、国防权、宪法的制定与修改权等；非主权权力是指对有关事务的具体管理权。一般来说，在单一制国家，主权权力由全国性政府即中央政府行使，非主权权力由各地方政府行使；在联邦制国家，主权权力可以在联邦政府与成员国政府之间进行有限的分享，成员国之下的各级政府只能行使非主权权力。

在联邦制国家，联邦政府的权力来自组成联邦的各成员国的授权，成员国政府拥有独立于联邦政府的宪法地位，其权力是固有的。联邦政府与成员国政府、地方政府的关系并不是自上而下的隶属关系，它们在各自的权限范围由联邦宪法加以规定。因此，联邦制国家允许全国有不同的独立的权力中心，国家权力分散在全国不同层级的政府手中。

在单一制国家，中央政府的权力被认为是固有的，按照行政区域划分设立的各级地方政府享有的权力来源于中央政府的授予。因此，中央与地方之间的纵向权力分配，是在保证中央政府对地方政府有效控制的前提下进行的，中央在权力配置方面具有决定性作用，地方政府仅在宪法授权的范围内行使有关权力，成为中央政府在地方上的代表。

我国是单一制国家，中央与地方的纵向权力分配遵循"在中央的统一领导下，充分发挥地方的主动性、积极性"的原则进行。中央行使国家最高权力，管理全国性事务；地方根据中央的授权，享有管理地方性国家事务和地方公共事务的权力。由于民族和历史原因，我国的地方又分为普通行政地方、民族区域自治地方、特别行政区地方，享有的权力上存在不同程度的差别：

（1）中央与普通行政地方之间的权力分配。我国普通行政地方分为省、市、县、乡四个层级，宪法和组织法规定了不同层级国家机关各自享有的职权。普通行政地方管理的事务内容，与民族区域自治地方、特别行政区地方没有根本的区别，不同之处仅在于为管理这些事务而拥有或行使的权力是否属于自治权的性质。

（2）中央与民族区域自治地方之间的权力分配。主要表现为民族区域自治地方除了享有同级普通行政地方享有的权力外，还根据宪法和民族区域自治法的规定享有自治权。它是国家为了保障少数民族在其聚居区当家作主，自主地管理本民族内部的地方性事务，促进民族平等、团结和共同繁荣而特别赋予少数民族享有的。民族区域自治地方享有的自治权包括两个方面：一是只有民族区域自治地方才能享有的权力，包括制定自治条例和单行条例；变通执行国家的法律和上级国家机关的指示、命令、决定、决议；组织维持本地方社会治安的公安部队。二是非为民族区域自治地方独享，但与普通地方相比而拥有更大的自主权，主要包括自主管理地方财政、自主管理地方的经济建设事业、自主管理本地方的教育、科学、文化、卫生、体育事业，保护和整理民族的文化遗产，发展和繁荣民族文化等。

（3）中央与特别行政区之间的权力分配。特别行政区地方是指在中华人民共和国领域内设立的，具有特殊的法律地位，实行特别的政治、经济和法律制度的行政区域。中央与特别行政区之间的权力分配是：中央对特别行政区行使外交、国防、任命特别行政区重要官员、解释和修改特别行政区的基本法、宣布特别行政区进入紧急状态的权力，以及中央对特别行政区的全面管治权。特别行政区则根据宪法和特别行政区基本法的规定享有高度自治权，包括行政管理权、立法权、独立的司法权和终审权。具体而言，在立法方面，特别行政区立法会在基本法规定的高度自治权事项范围内，享有完全的立法权，制定的法律只需报全国人民代表大会常委会备案，备案不影响法律的生效。在行政管理方面，除国防、外交以及其他根据基本法应当由中央人民政府处理的行政事务外，特别行政区有权依照基本法的规定，自行处理有关经济、财政、金融、贸易、工商业、土地、教育、文化等方面的行政事务；如特别行政区的财政独立，财政收入无须上缴中央，中央不在特别行政区征税。在司法方面，特别行政区的司法机关享有司法独立权和司法终审权，特别行政区法院独立进行审判而不受任何干涉，特别行政区终审法院的判决为最终判决。在对外事务方面，特别行政区根据中央人民政府授权、依照基本法的规定，自行处理有关对外事务，可以以"中国香港"或"中国澳门"的名义设立经济、贸易、文化方面的驻外机构，签订有关的协议。

四、法对国家权力的规范

法律对国家权力的规范，包括两个方面的含义：一是对国家权力的保护；二是对国家权力的限制。之所以如此，根本的原因是国家权力具有两面性，既可以用于追求公共利益的实现，也可以被掌握者用来以权谋私。

（一）法律对国家权力的保护

法律对国家权力进行保护，是以国家权力能够用于追求公共利益的实现为前提的。人民为何委托给国家以权力，就是要让国家运用这些权力，去追求公共利益的实现，国家权力因此才被称之为"公权力"。国家权力所追求的公共利益，实质上是组成国家的人民需要实现的共同利益，即人民在实现生存利益方面需要满足的相同利益。让国家运用公权力去追求，就是让国家给人民提供公共产品和服务，避免每个人依靠自己的力量去追求而产生的资源浪费和过大的时间、人力、精力投入，出现不经济的问题。因此，在国家权力能够被用于追求公共利益的实现，为人民提供良好的公共产品和服务的时候，法律对国家权力会提供相应的保护，包括：

1. 法律授予国家以权力

人民通过宪法和法律授予国家以权力，就是承认国家能够合法地拥有这些权力，蕴含着对国家行使这些权力给予保护的意思。

2. 对国家权力进行分工

人民通过宪法和法律授予国家权力的时候，根据国家权力的性质与功能的不同，将国家权力进行合理的分配，使得不同种类、级别的国家机关能够各司其职，避免混乱行使，这是国家权力有效运行的前提条件。所有的国家机关在宪法和法律分配给自己的权力范围内行使权力，就是在履行宪法和法律规定的职责，当然会受到宪法和法律的保护。

3. 承认国家权力行使的结果

任何国家机关行使宪法和法律赋予的权力，都会产生一定的结果，如立法机关制定的法律能够成为人们的行为规范，可以据此而对违反法律的行为进行强制；行政机关的行政执法行为具有公定力，即行政行为一经成立，不论是否合法，都具有被推定为合法而要求所有机关、组织、个人予以尊重的法律效力；司法机关的裁判具有既判力，即法院作出的终局判决一旦生效，当事人和法院都应当受其拘束，当事人不得在以后的诉讼中主张与该判决相反的内容，法院也不得在以后的诉讼中作出与该判决冲突的判断。这样的结果，是宪法和法律赋予相应国家机关以权力所积极追求的，宪法和法律对这样的结果自然会加以保护。

（二）法律对国家权力的限制

法律对国家权力进行限制，是基于国家权力除了可以用以追求公共利益的实现之外，还可以被掌握者用来谋取个人私利。这种情况一旦发生，必然会导致追求公共利益实现的目的落空，进而产生侵犯人权的不良后果。具体而言，国家权力有被用来谋取私利的可能性是由其下列属性决定的：（1）国家权力具有腐蚀性。国家权力运行的过程实际上就是社会价值的分配过程，权力主体可以根据法律的规定，直接参与分配社会的政治、经济、文化等资源与利益。由于权力在运行过程中能够给权力主体带来地位、荣誉、利益，因而对权力主体具有本能的自发腐蚀作用，权力主体极有可能经不起这种诱惑，如果不加以限制，就会滋生各种腐败现象。① （2）国家权力具有强制性。权力主体往往掌握着暴力工具，包括警察、军队及监狱等，国家权力的行使以国家暴力工具为后盾，权力主体可以运用这种强制力对个人实施指挥、命令、支配，具有潜在的侵犯性，若不对国家权力加以规范限制，便会侵害国家、社会、人民的利益。（3）国家权力具有扩张性。国家权力具有天然的扩张性，即无限膨胀的可能性。权力主体总是希望行使权力的范围能扩大到其影响所及的每一个领域，使得越权和滥用职权成为难以避免的现象。鉴于权力的这种特性，应为国家权力的行使设置边界，使权力的扩张性得到有效遏制。因此，对国家权力进行限制，根本目的是防止国家权力的滥用。② 法律对国家权力的限制，表现在以下方面：

1. 设定国家权力的目的

所有国家权力的行使，都必须是为了追求公共利益，实现国家权力的"公权力"属性。对公共利益的追求，实质就是要保障人民所享有权利之中的共同利益的实现。此外，个人享有的权利之中，也蕴含着特殊性利益需求的内容，国家权力也应加以保护而不得侵犯。由此可知，国家权力存在的根本目的应该是尊重和保障人权。一旦国家权力的行使产生了侵犯人权的结果，便失去了存在的正当性，更失去了行使的合法性，就需要承担相应的责任。

2. 划定了国家权力的范围

宪法和法律对国家权力进行的分工，从正面来看是授予相应机关以权力的，但从另一

---

① 胡玉鸿：《习近平法治思想中权力运行制约和监督理论》，载《江淮论坛》2021年第5期。

② 申林、梁伟：《强化国家能力与规范国家权力：现代国家构建的双重使命》，载《云南行政学院学报》2015年第3期。

个角度看，则是要求国家机关只能在宪法和法律赋予的权力范围内行使权力，不能超范围行使权力，否则就构成越权，产生的结果不具有合法性，具有限制国家机关在法律规定的权限范围内行使权力的意思。

3. 国家权力要依法行使

任何国家机关对自己享有的权力，也要遵循法律规定的条件和程序来行使。条件不具备以及在条件具备的情形下不遵循法定程序来行使权力，均构成违法，应承担相应的法律责任。

五、法治国家建设

（一）法治的内涵

法治，即法律的统治，或者依照法律进行统治，基本的方面都是强调法律的最大权威，所有的个人和组织都必须遵守法律，违反法律都要承担相应的责任。对国家而言，任何国家机关行使的权力都必须有法律的根据，即"法无授权即无权"；对法律授予权力的行使，必须严格遵循法律规定的条件和程序，即"法有授权要依法"。对个人而言，遵守法律表现为"法不禁止即自由"，只有当个人从事了法律明文禁止的行为时，才能被认定为违法。然而，如果仅仅在法律被遵守的意义上来理解法治的内涵，还不能真正地把握法治的精髓，因为奴隶制、封建制国家的法律很多还是得到了严格遵守的，但我们从未将奴隶制、封建制的国家认定为法治国家，根本原因是其法律的内容维护等级特权，在普遍意义上不保障甚至是侵犯人权。近代以后的法治，包括两个方面的要求：一是形式上法律的权威最大；二是法律的内容必须保障人权，即所谓的"良法"。这一点，古希腊的思想家亚里士多德早已明确讲过："已成立的法律获得普遍的服从，而大家服从的法律又应该本身是制订得良好的法律。"[①] 为此，可将法治的含义概括为以下几个方面：第一，法治以民主为前提和基础；第二，法治奉行法律至上，法律是国家治理的主要手段；第三，法治意味着法律是各行为主体基本的行为准则；第四，法治蕴含着保障人权、制约权力的法律精神。这种意义上的法治，不仅是一种国家治理方式和社会治理机制，也是一种社会活动方式，还是一种社会秩序状态。

（二）法治国家的内涵

"法治国家"就是上述"法治"的要求在"国家"的落实。但对"国家"的理解存在两种情形：一是国家与社会不加区分，是指一个国家管辖的空间范围的所有组织和事务，不区分这些组织和事务的性质是国家的还是社会的；二是与社会相对应，指的是纯粹国家的组织和事务管理，不涉及社会的组织与事务管理。究竟在哪种意义上使用国家的含义，进而决定了"法治国家"内容的不同。

在国家与社会不加区分的意义上，法治国家与法治社会之间是无法区分开来的，指的是"法治"制度和精神在国家治理上的体现，即国家和社会治理奉行法治的精神与原则，将国家和社会的各项活动纳入法治轨道，形成"法治"的治理模式，与依靠掌权者的意志和能力来管理国家和治理社会的"人治"治理模式形成对立关系。

---

① ［古希腊］亚里士多德：《政治学》，吴寿彭译，商务印书馆1965年版，第199页。

我们这里讨论的法与国家之关系，与后面的"法与社会"之内容是并列的关系，显然是在对应于"社会"的意义上而言的"国家"，"法治国家"由此仅指法治的精神、制度对国家的组织和事务管理的要求。

（三）法治国家建设

法治国家建设就是指依照法治的精神和制度来设置国家组织和处理国家事务，使国家的所有活动都纳入法治的轨道运行，根本的目的是要用法律来规范国家权力的运用，解决国家形成以后如奴隶制、封建制国家那样，权力不受制约而形成专制。当下中国的法治国家建设则是对过去我们在国家治理上实行的人治制度的否定，让国家的治理依据不再像过去那样主要靠政策，而是依靠法律，实现规范化，不因政策的变化而变化，也不因领导人意志的改变而改变。

基于法治的精神和制度，法治国家的建设应从以下的方面进行：

1. 完备统一的法律体系

所有的法治建设，都以"有法可依"为前提，法治国家的建设也不能例外。完备统一的法律体系，就是要解决法治国家建设上国家的组织和事务管理如何才能做到有法可依的。其要求包括：所有国家权力的来源都有法律规范上的依据，使"法无授权不可为"成为现实；组成国家机构体系的各类国家机关的组织和人员构成，都应由法律来规定，以减少或避免机构设置与人员配备上的随意性；所有国家机关行使权力的条件和程序，都有法律做出规定，实现国家权力运行的规范化；涉及国家组织和国家权力运用的各种法律形式都已具备，且形成和谐的体系。

2. 良善性质的法律内容

法治国家建设上对法律内容的良善要求包括：赋予公民广泛的权利自由，以彰显其在国家中的主体性地位，确保每一个人都能够享有人的尊严，不被作为客体对待或被作为手段利用；法律关于国家组织和国家权力运用的规定，必须以保障人权为目的，即便是允许国家权力对个人权利进行干预，也只能是为了避免他人权利和公共利益受到侵犯，干预的程度以必要性、合理性为限度，具有保障各方利益都能最大限度实现的效果；对国家权力进行制约，防止国家权力无限或滥用而侵犯个人权利。

3. 严格公正的执法制度

无论法律的形式多么完备、内容上如何良善，如果不能得到严格的执行，法律自身的权威性无法实现，对国家组织和国家事务管理的规范化目标终究也只是纸上谈兵。因此，法治国家的建设必须通过严格公正的执法制度来落实。严格执法是指法律的规定得到不打折扣的执行，适用的范围、执行的程度、执行的方式都符合法律的要求；公正执法是指对法律的执行，应做到相同的相同对待，不同的不同对待；既包括实体的公正，也包括程序的公正，实现程序正义和实质正义的相统一。特别是国家机关和国家工作人员运用公权力，依据法律对人的行为进行惩罚的时候，一定要遵循过罚相当的原则，使之承担法律责任的轻重与违法行为的性质及危害程度相一致。

法律由国家的立法机关制定，行政机关和司法机关负责执行。行政机关的严格公正执法，需要遵循：合法性原则、合理性原则、正当程序原则、效率原则、诚实守信原则、责任原则；司法机关的严格公正执法，既要求法院的审判过程遵循平等和正当的原则，也要求法院的审判结果体现公平和正义的精神。

4. 专业素养的执法人员

法律是一种他律的社会规范，其对合法行为保护和对违法行为制裁的强制作用无法自动展示，需要借助于国家权力来实现，具体表现为国家公职人员行使法律赋予的职责去落实，这些行使法律赋予职责的公职人员就是执法人员。执法活动本身具有很强的专业性，并非是用法律条文与案件事实进行简单的对号入座，更不是对法律规定的机械、僵化套用，只有具备法律专业素养的人才能胜任。所谓的法律专业素养，不仅是指对法律知识的系统了解，更要求对法律精神的深刻的把握以及对法律方法的熟练运用，还包括严谨的法律思维，对面临的法律问题能够进行理性的分析。由此而论，在法律的形式完备、内容良善的前提下，执法人员的法律专业素养决定着严格公正执法能够达到的程度。从近代以来各国法治建设发展的历程来看，执法人员法律专业素养的问题是通过法律职业化制度来解决的。因此，在法治国家的建设上，不仅要在形式上建立统一的法律职业考试制度，还应该确保考试的内容真正检验的是应考人员对法律的理解和分析能力，更应该建立相应的职业培训制度，而不是一考定终身，才能让法律职业人员对法律的发展变化及其面临的问题随时有所了解，领悟法律具有的时代精神与特色，处理好法律的保守性与时代性之间的关系。

上述法治国家建设的内容，表面上看起来有点复杂，如果将其升华，根本的追求无非是用法律来规范国家，防止国家这个政治共同体变成脱缰的野马，成为凌驾于组成国家的人民之上的异化之物，从而实现国家的政治性与法律性的统一。具体的措施是：宪法和法律赋予国家权力的同时，又为国家权力的运用铺设了法治化的轨道，在此前提下，规定了国家权力应承担的责任，国家权力应追求的保障人权的目的，用权力与责任、权力与权利的理性化制度来驯服国家，使之成为法治制度的笼中之鸟。

第四节　法 与 社 会

一、社会的构成与自治

（一）社会的构成要素

马克思主义经典作家关于社会内涵的论述包含两个方面的内容：第一，社会是人们交互作用中产生的各种社会关系的总和。社会是由个人所组成的，相互交往的个人结成了各种各样的社会关系，正是这些社会关系的总和构成了社会。第二，社会的本质是生产关系。因为物质资料生产是社会赖以生存的基础，人们在生产过程中结成的生产关系就成了一切社会关系中最基本的关系，其他一切社会关系都是在生产关系的基础上产生和发展，受生产关系制约，并随着生产关系的变化而变化。①

社会的构成包括自然环境、人口因素、经济因素、政治因素以及思想文化等五大类基

---

① 吴增基、吴鹏森、苏振芳主编：《现代社会学》（第六版），上海人民出版社 2018 年版，第 48 页。

本要素。在一定的社会形态中，任何自然环境的相互联系、相互作用构成了一定的生产力，在生产力发展的基础上又产生了一定的经济基础以及与之相适应的上层建筑和思想文化。

自然环境与人口是一切社会共有的最基本要素，它们的状况对于其他社会要素有着重要的影响。其中，自然环境是指人类生存和发展所依赖的各种自然条件的总和，包括人类生存的一定地理条件、生物资源和地下资源等；自然环境提供了社会生产和生活资料的来源，人类社会生活也作用和改变着自然环境。人口是指在一定时空内，由一定社会关系联系起来的、一定数量和质量的有生命的个人组成的总体；人口是社会的主体，是社会构成的中心要素。[①]

（二）社会自治

1. 社会自治的内涵

自治是相对于他治的概念，意思是自我规范、自我管理，也就是自己管理自己、自己处理自己的事务，即以自己的意思、能力，利用自己的资源，建立自己的组织，依法办理自己的事务。

人类社会形成后的较长历史时期内是没有国家存在的，共同事务只能采取自我管理的方式进行。国家产生以后，形成了社会与国家两个领域共存的状态，个人同时具有了国家的臣民（公民）与社会成员这样两种身份，公共事务管理上，出现了国家强制与社会自治的分化。其中国家强制依赖于各种国家机关构成的政权系统，体现的是政权的统治；社会自治涉及非政权的一面，是指社会成员管理其自身事务，并对其行为和结果负责的活动，是社会共同体组成人员为实现自身权利或利益而进行的自我管理过程。因此，社会自治是介于国家和个人之间，不涉及国家公权力的一种自治形态。

社会自治的根基在于人具有理性与社会性。人的理性决定了人具有判断是非善恶的能力，据此认识到什么是对自己有利的，然后以趋利避害原则进行行为选择。由于人的基本生存需求具有相似性，决定了人的利益需求满足方面必然具有共同性，每个人在判断什么是对自己有利上也会具有一致性。人的社会性要求人的生存需求必须在社会交往关系中，依赖于相互的支持才能实现，作为社会成员的个人，追求自己利益实现的时候，不能侵犯他人的利益，在获得他人的帮助和支持的同时，也需要以自己的能力去帮助和支持其他的人。由此而内在地要求每一个人要具有自我管理的能力。

2. 社会自治组织

社会自治组织是社会自治的载体，是一定范围内的社会成员在自愿、平等基础之上依法对共同体内事务实行自我管理的组织形态。社会自治组织一般具有以下特征：第一，民间性。社会自治组织属非政府和非官方性质的，它们的活动限定在服务于该团体所保护的利益之上，凭借社会成员的自身能力及掌握的社会资源来实现对共同事务的管理，不需要借助于国家权力的力量。第二，组织性。社会自治的实现，并非由一定范围内的社会成员独自分散进行，也非临时性的集合在一起，而是结合为一定的组织，设立相应的机构，制

[①] 吴增基、吴鹏森、苏振芳主编：《现代社会学》（第六版），上海人民出版社 2018 年版，第 54 ~ 55 页。

定需要遵循的活动准则等来实现。第三，成员的同一性和自愿性。所有的个人都是社会成员，但在利益需求方面总是会存在这样或那样的差别，自治组织的建立和作用发挥，必然是以参加的成员具有共同的利益目标或需求为基础，才能将分散的个体连接在一起，并对自治组织产生高度的认同感。此外，社会成员加入哪个自治组织、参与自治活动都应该是出于自愿，而不能进行强制。第四，非营利性。自治组织的活动是为了追求和保护其成员的权益，而不是为了自身获得经济上的利益。第五，独立性。自治组织也要接受国家的管理，或者与其他社会组织存在协作关系，但与国家机关、其他社会组织不存在隶属关系；自治组织内部拥有实施自我规范，自我管理，在法律的框架内自由选择的权利。

我国存在着社区、社团、行业协会、公益基金会、居民委员会、村民委员会、特殊群体自救组织等多种社会自治组织。

3. 社会自治权

社会自治权是社会自治的核心，社会成员只有凭借对社会自治权的行使，才能现实地实现对相关事务的自我管理，社会自治权因而构成社会成员通过自治组织实现自治的权能。

与国家权力来自人民的委托不同，社会自治权源于人民自身的保留，即人民让渡给国家权力后的剩余，也就是没有让渡给国家的那部分公共事务的管理权，人民以社会成员的身份保留给自己行使，以避免完全丧失对相关事务进行自我管理的机会，沦落为纯粹的被管理对象。尤其是社会成员在进行社会生活的过程中，很多事务的处理除涉及他人或大家的共同利益外，更与自身的利益密切相关，倘若不能进行自我管理，人在社会中的主体性地位就难以维持和体现。进一步而言，社会自治权根本上建立在社会成员有能力解决共同生活中产生的各种问题的基础上，即便是国家出现以后，可以对社会事务进行管理和干预，但社会并不因此而丧失自我管理的能力，国家的管理和干预只不过是对社会自治能力在某些方面存在不足的弥补，而不能是完全取代。因此，享有社会自治权的主体为社会的成员，而非社会自治组织的管理机构。

社会自治权在性质上是"权利"还是"权力"？是否可称之为与个人权利相对应的社会权利？[1] 不能一概而论。

社会自治权本质上属于人民的"自己决定权"。自己决定权是就与他人无关的一定个人的事情，公权力不得干涉而由自己决定的权利。[2] 每一个社会成员都有属于个人私人领域的事务，同时也都有与其他人具有共同利益的事务，需要自己来决定和参与决定，基于此，每个人都有个人自治的权利，不同的是，对纯粹私人事务的处理属于绝对的个人自治，对与他人具有共同利益事务的处理，属于社会自治，是联合起来的个人自治，是个人自治的自然延伸，所以"自己决定权"作为个人自治的正当性基础，同样可以说明社会自治的正当性。自治组织的成员之所以拥有自治权，是因为该自治体内部事务与自治体成

---

[1] 关于社会自治权究竟是属于权利还是权力，学界目前存在争议，但是认为社会自治权属于权利性质的观点占主导地位。

[2] 参见周安平：《社会自治与国家公权》，载《法学》2002 年第 10 期。

员有关，与自治体之外的组织或个人没有关系。① 因此，在与国家相对的关系上讲，社会自治权是一种权利，国家应该给予尊重和保障；但在自治组织内部，这种自治权又可以用以约束甚至是强制自治组织中的成员，使之遵守自治规范的要求，因而又具有权力的属性。

社会自治权与国家公权力之间虽然性质不同，但绝不是水火不容的状态，而是良性的互动关系。国家公权力保障和监督社会自治权的行使，社会自治权制约着国家公权力的不法扩张。国家公权力是一把双刃剑，在为公众谋取利益的同时，又有可能异化为掌握国家公权力的集团或个人谋取私利的工具。解决这一难题的方法之一，便是以社会自治权制衡国家公权力。社会自治组织内部事项具有高度的自治性质，国家公权力必须尊重这种自治性，不得介入社会自治的空间领域，否则，社会自治组织可直接以其自治权对抗国家公权力，使国家公权力的干预在法律上归于无效。只有在自治权的行使受阻时，国家公权力才可以强行介入社会的自治领域，以排除自治权的变形与异化。

二、法的内容源自社会生活

法调整的是社会关系中人的行为，社会关系是在人与人之间交互行为过程中形成的，因此法对社会关系的调整，归根结底是对社会关系中人的行为的调整。法规定了人们的一般行为模式和法律后果，为人们的交互行为提供一个模型、标准或方向，以达到调整各种社会关系、塑造社会生活秩序的目的。需要特别指出的是，法调整的行为不是单个的人的行为，而是具有社会意义的行为，是人们的交互行为。但法不是调整所有具有社会意义的行为，而只是调整人类生活中重要的社会行为。相应地，法只对适合由法律进行规范的社会关系进行调整，这些社会关系包含经济、政治、文化以及家庭等诸多方面，它们都是人们在各种生产生活活动中相互交往、互动形成的。

法的内容源自社会关系中人们的利益需求，并随着利益需求关系的变化而变化。一方面，法的内容，主要是源自个体特殊利益之间的冲突、个体利益与由社会分工、交往形成的共同利益之间的矛盾。在原始社会，个体利益与社会共同利益基本混同合一，个体利益没有从群体利益中分化出来，习惯是调整人们相互关系的规范或准则。生产的发展和社会劳动分工的出现促使了产品的不平等分配，在社会中出现了私有制。私有制的巩固和发展又进一步促使社会成员的利益发生剧烈分化并演变形成了相互对立的阶级利益。为调控不可调和的阶级利益矛盾和阶级内部的利益冲突，把这种冲突控制在一定的秩序范围之内，不至于使人类社会在严重的利益冲突中走向毁灭，于是一种源于社会但表面上又凌驾于社会之上的力量，即国家和法便产生了。因此，根据人们的利益需要，法合理分配人们的利益，缓和人们之间的利益冲突，就构成了法的主要内容。另一方面，社会关系中人们的利益需求关系的变化影响着法的内容。从最根本的意义上说，法的内容变化是由物质生产方式或生产关系所导致的。社会的物质生产总是围绕满足人们的现实利益需求而进行，生产关系变革的最直接表现是人们利益关系的变化。因为生产关系中的所有制关系、交换关系、分配关系形式上是人与物质对象、劳动产品的关系，实质是人与人之间的利益占有、

---

① 参见周安平：《社会自治与国家公权》，载《法学》2002 年第 10 期。

交换和分配关系。所以，物质生产方式发展所引起的利益关系变动，必然最终要求法律对其予以确认和保障，从而导致法律内容或迟或早地发生变化。由此观之，社会主体利益格局的变动或者新的利益关系的产生，都会促进法律内容的变化发展。当然，法律内容的这种变化发展并不会立即、自行地发生，它还受到统治阶级的认识和统治阶级利益的深度制约。①

三、法对社会生活的规范化

法通过对社会关系中人们的利益的确认、分配、调整，要求人们在法所划定的边界与限度内追求利益，确保人们之间的利益关系趋于平衡与和谐，从而避免或减少利益冲突对社会关系的消极影响，实现社会关系的规范化，社会生活的安全、稳定与和谐。

首先，法对社会中人们的利益追求划定边界，规范人们追求利益的行为，实现社会生活的规范化。法并不创造或发明利益，而只是对社会中的利益关系加以规范，对特定的利益予以承认或拒绝，为利益主体的利益追求是否具有正当性划定了边界。另外，法在承认利益主体拥有某项利益的基础之上，也规定了利益主体追求利益的方式、目的、限度，也就是划定了不同利益之间，尤其是私人利益与公共利益之间的边界，超出该边界的利益追求不为法所保护，甚至还会受到法的否定性评价，使得人们追求利益的行为规范化，并基于此形成良好的社会关系。

其次，法通过协调各种利益关系，平衡利益冲突，维护社会关系的安定与有序，最终实现社会生活的规范化。所谓利益冲突，就是利益主体基于利益差别和利益矛盾而产生的利益纠纷和利益争夺。利益来源于对资源的控制，利益的大小取决于对资源控制的多少，社会中的能够满足人们利益需求的资源总是有限的，每个人都追逐着自身的利益，希望自己的利益最大化，由此诱发的利益冲突无法完全避免；利益冲突又是社会纠纷产生的根本原因，是影响人们社会生活规范化的重要因素。但是，我们不能因为利益冲突无法完全避免，就放弃对利益冲突进行化解的努力，法的创制和作用就是消解利益冲突对社会关系造成的扰乱乃至破坏等消极影响。法通过基本原则的规定和相应的制度设计，对各种利益进行衡量，平衡私人利益之间、私人利益和公共利益之间、短期利益和长远利益、物质利益和精神利益、整体利益和局部利益之间的关系，找到双方都能最大限度实现的结合点，就可以在一定程度上减少它们之间出现利益冲突的可能性，比如征收、征用制度就是平衡财产所有人的私人利益与公共利益的制度。通过这种方式，法能够将利益冲突引发的社会纠纷和争端控制在一定的程度内，确保社会关系与社会生活秩序的规范化。②

四、法与法治社会建设

（一）法治社会的含义

现实上，特定的国家和社会处在相同的时空之下，各种复杂关系交错在一起，但在理

---

① 参见孙国华：《论法与利益之间关系》，载《中国法学》1994 年第 4 期。
② 参见付子堂主编：《法理学进阶》（第六版），法律出版社 2022 年版，第 42 页。

论上，应该是存在一定差别的两个领域。对"法治社会"的理解，需要首先确定所谓的"社会"指的何种意义。如果是在与"自然"相对的意义上，"社会"是指的共同生活的个体通过各种各样关系联合起来的集合，其中"国家"也是社会的一种组织，那么，"法治社会"是比"法治国家"包含内容更广的概念，"法治国家"只是"法治社会"的一个组成部分。如果将"社会"作为与"国家"相对应的概念，各自具有不同的属性，分属两个领域，则"法治社会"就是指的法治原则和制度在社会领域的实现，即通过公民、社会组织等主体及其行为的法治化而达致社会治理的规范化状态。"法治国家、法治政府、法治社会一体建设"中的"法治社会"，就是在这种意义上讲的。它与"法治国家"之间的不同，可以概括为如下的方面：

1. 规范对象不同

无论是法治国家还是法治社会，虽然都必须遵循法律的要求而运行，但法律规范的对象存在明显的差别。国家是由各种国家机关在行使公权力过程中连结而成的系统，法治国家的核心是要解决公权力的来源、划分以及如何行使问题，强调国家权力来源上的有法可依和运行上遵循法律的条件和程序，从国家为政治共同体来讲，就是实现政治的法治化。诚如德国学者毛雷尔所言，"法治国家是公民之间、国家与公民之间以及国家内部领域的关系均受法律调整的国家，其标志就是所有国家权力及其行使均受法律的约束"。[①] 社会则是人与人之间在共同生活过程中结成的自组织体系，意在实现人的社会化生存。因此，法治社会的关键是要维持社会成员之间、社会成员与社会组织之间交往关系的规范有序，法律的主要作用就是为社会成员及社会组织追求自己利益确定边界，在此基础上，保障其利益追求行为的合法性。

2. 关注焦点不同

法治国家中，法律对国家权力及其运行进行规范的焦点是防止国家权力滥用，内容主要是规定国家权力行使应符合的条件和程序。因为国家与个人之间形成的是强制服从关系，国家可以凭借掌握的公权力，强制人们服从其意志。如果这种强制用于对公共利益的追求和个人权利的保障，当然具有正当性；倘若滥用，特别是用于谋取个人私利的时候，就会对公共利益和个人权利造成严重的侵犯。因此，对国家权力具有的强制性进行约束，是法治国家的核心要义。社会之中，人与人之间、个人与社会组织之间的交往以自治为基本原则，法律对社会关系的调整，重点是社会组织和个体社会成员的行为及交往过程，出发点是要保障社会成员和社会组织对自己事务管理上具有自主的能力，减少国家权力的不当干预或介入，尽量让社会发展过程中产生的问题能够依靠社会自身的力量去解决，最大限度地维护社会的自治性。

3. 秉承理念不同

国家事务的治理主要依赖于国家机关运用公权力而形成的命令服从关系，法治国家因而秉承的是国家治理的统一性理念，用法律来维护国家治理的统一性。社会治理秉持的是自治的理念，难以在多元化的社会成员之间形成命令服从的关系，法治社会就应当以维护社会自治的更好实现为目标，追求社会中的多元治理力量和治理方式充分发挥自治

---

① ［德］哈特穆特·毛雷尔：《行政法学总论》，高家伟译，法律出版社 2000 年版，第 105 页。

的效用。

（二）法治社会的基本构成

社会是一个复杂的组织系统，法治社会的基本构成可以从很多角度进行分析描述，难以建立一个统一的判断标准。但在基本的方面，可概括为：

1. 完善的规范系统

任何领域的法治都应该以有法可依为前提，法治社会也不例外。所谓完善的规范系统，从形式看，是指社会关系的各领域都有相应的调整规范存在，实现对社会关系主体行为的全覆盖。从构成上看，这个规范系统，除了国家的立法之外，还应该包括社会自身的自治规范以及社会交往过程中形成的以习惯形式存在的规范。从关系上看，这些规范之间相对独立，但又相互补充，成为和谐的整体，具有融贯性。从内容上看，这个规范系统的构成部分，虽然形式不同，但都遵循社会发展的规律，顺应社会发展的潮流，并在实质上落实为对人的正当利益需求的保护之上，具有良善的属性。

2. 良好的法治意识

良好的法治意识，首先表现为知法，即对规范系统的各部分内容有基本的了解，明确其对个人行为的要求究竟有哪些，作为社会交往过程中选择自己行为的依据，使得法律规范具有的指引作用得以体现。其次是对规范系统蕴含的理念与精神加以认同。构成法治社会基础的规范系统的各部分内容并非是杂乱地堆砌在一起，而是通过一定的理念和精神连接起来成为体系。因此，社会成员不仅应在表象层面了解规范系统对个人行为的要求是什么，还应该在深层上去领悟其理念和精神，对之加以接受、认可，避免或减少对规范理解上出现孤立、机械、断章取义的情形。最后是在行动上能够自觉践行，也就是对规范的遵守，不是因为担心受到强制，而是出自内心的自愿，特别是对法律权威性的真诚信仰，认识到法律不是外在于自己的存在，更不是对自己行为的限制，根本上是对每个人利益的保障，是保障人们自由的圣经。

3. 稳定的法治秩序

无论是个人利益的追求，还是社会组织的活动，都必须以社会秩序的稳定为前提。法治社会就是要将社会的运行纳入法治的轨道，使得各种社会关系都能够在法律的规范之下实现有序化、常态化，避免社会关系出现动荡而对社会的稳定造成冲击甚至是破坏。因此，法治社会就是由法治而塑造的社会，社会关系在法治秩序上运行的社会，且处于相对稳定的状态下，即在一个相对较长的时间之内，不发生大的变化，保持过程的连续性和内容的一致性。具体体现为：在完善的规范系统和良好的法治意识支撑之下，社会的自治性能够得到保障，为各种社会关系的自主运行奠定坚实的基础；社会组织、社会成员的利益能够得到有效的保障，各种社会主体的主体性地位在法律的保障下得到充分实现；社会自治与国家统治形成良性互动的关系，形成超越统治与自治的共治秩序。

综上所述，"法治社会是指具有法律秩序的社会形态，它要求社会成员成为法治的主体并能够以积极主动的姿态运用法律及各类社会规则维护私权利、监督公权力，而不是说公权力用法律来规制甚至控制社会"。换言之"就是指公民运用国家的立法和社会多元化的规则实行社会自治，并同时在法治范围内对国家公权力进行监督与制约，社会自治与权力制约构成了法治社会的完整面向"。①

（三）法治社会建设的基本路径

1. 加强社会规范的建设

法治社会建设的规范依据包括两个方面：国家的法律和社会的规范。其中社会规范形成于社会自治的过程之中，来自社会交往过程中维系正常的交往秩序的需要，反映的是人作为社会动物具有的社会属性，不是外部力量强加于社会的，而是自发的，不仅为社会成员所熟悉，更能够为大家所认同和接受，也能够更好地为大家所自愿遵守。因此，法治社会的建设，要充分重视居民公约、村规民约、行业规章、社会组织章程等社会规范的建设，彰显社会自治所蕴含的社会成员自我约束、自我管理、自我规范的要求。

社会规范是社会自治的规范基础，社会规范的健全才能为社会自治的实现提供充分的保障，并能够防御外部力量的不当干预。社会自治意味着社会能够依靠自己的力量来管理好社会事务，解决社会自身存在的问题。即便是允许国家对社会的干预，也只是为了弥补社会在自治上的不足。法治社会和法治国家的建设一样，都是遵循的法治主义原理，以规范的存在和权威性为前提。国家的法律在社会中也必须得到遵守，但也应是为了弥补社会规范之不足。倘若社会规范不健全，势必表明社会自治的程度不充分，或者是社会自治的规范依据有漏洞，会给外部力量的不当干预留下空间，从根本上危害社会自治的实现。

2. 促成全民守法的氛围

每个人既是国家的公民，也是社会的成员，全民守法就是指无论是作为国家公民还是社会成员，都应该遵守和维护法律的权威，将法律作为自己的行为准则。在法治社会建设的意义上，全民守法则侧重强调个人作为社会成员对法律的遵守，尤其是对社会规范的遵守。相较于国家法律有国家强制力作为后盾之不同，社会规范虽然也具有约束力，但从强制性上看，其内容和手段都要弱于国家的法律，更需要体现为所有社会成员的自觉遵守。它内在地要求社会成员具有良好的法治意识，也就是规则意识，将社会规范也作为规则的表现形式而加以遵守，不能将规则仅仅限定为国家的法律。

法律意识是人们对法律的认知、情感与评价而形成的观念，每个人都因具有理性而能够获得，但不会天生而来，也不会自动进入人的观念之中，需要后天的学习以及实践的铸造。为此，需要对社会成员进行系统的法律宣传，即进行全民普法教育；更需要将法律的权威落实于社会关系的各个领域，让每一个人切身感受到法律的规范性，守法的得到保护，违法的受到制裁，实现主观上对法律权威的认同与客观上对法律权威遵守的有机统一。

就法治社会建设中的法律宣传教育而言，除了宣讲国家法律的内容之外，还应该包括各种形式的社会规范在内。否则，容易给社会成员造成法治社会建设的规范依据就是国家法律的错误印象，导致法治社会建设的规范基础不能涵盖体现社会自治精神的社会规范，社会成员的守法意识就会出现偏差，全民守法的社会氛围发生偏转，据此而建设的不是真正的法治社会，不过是法治对国家的要求在社会中的延伸而已。

在法治实践上，法治社会建设要求的全民守法的社会氛围形成，除了体现于国家法律

---

① 刘旭东、庞正：《"法治社会"命题的理论澄清》，载《甘肃政法学院学报》2017 年第 4 期。

在社会生活中得到贯彻执行之外，更要重视和强调社会规范在社会自治上得到实现。为此，就要重视社会规范的实际约束力，不能将社会规范只看作是号召性的，内容上应该有必要的惩罚性规定，违反者一定要为此承担相应的不利后果，才能显示出社会规范的权威，对全民守法氛围的形成发挥助力的作用。

3. 发挥社会组织的作用

社会由具体的个人来组成，每个人都有自己正当的利益需求，法治社会的建设根本上就是建立和维持基本的社会秩序，保障每一个人对自己利益需求的追求，都能在法治的基础上得到实现。然而，人与人之间的利益需求除了存在差别之外，还在某些时候、某些方面存在一定的共同之处，这些人就可以依法组成社会组织，依靠共同的力量来追求共同利益需求的实现，既可以节约成本，又能够提高效率，无论对个人还是社会来讲，都具有积极的意义和作用。在民主制度下，无论是国家的法律还是社会规范的内容，本质上都应该是民意的体现，通过广泛存在于社会关系各领域的社会组织，可以更好地收集及凝聚民意，将之输送到国家法律和社会规范的制定过程之中，确保国家法律及社会规范的内容有坚实的民意基础，由此建设而成的法治社会才是建立在遵循民意的基础之上，体现社会自治属性的法治社会。再者，各种社会组织拥有很多的社会资源，能够联系和动员其成员从事与其性质相适应的社会活动，充分地展现社会自治的属性，据此可以更好地参与到社会事务的管理之中，而不需要国家动用公权力进行干预，既可以减少政府在社会管理上的负担，又能减少因公权力干预而诱发的寻租机会。

4. 收缩国家权力的干预

法治社会的出发点是用法律来保障社会自治的实现，但需要认识到的是，社会并不是完全能自足的，社会自治并不能解决社会中出现的所有问题，因而需要国家的干预，以弥补社会自治的不足。社会法治的建设因此而面临如何在法治轨道上处理社会自治与国家干预的关系问题。由于我国长期存在国家与社会不加区分的历史传统，过去的计划经济管理体制更是造成了国家公权力对社会的高度、全面控制，社会仅仅处在国家笼罩的空间之下来生存。尽管我们已经实行了市场经济的管理体制，政府的职能也发生了巨大的转变，但历史惯性造成的国家权力对社会生活的过度干预、社会自治发育不够成熟的状况依然存在。因此，法治社会的建设，就需要收缩国家权力干预的广度和深度，为社会自治释放更大的空间。就此而言，法治社会的建设应以保障社会自治的实现为基本目标，在国家干预与社会自治上寻找到最佳的结合点。

第五节 法律责任

"责任"一词通常在两个意义上使用：一是指分内应做之事，这种意义上的"责任"与"义务""职责"等是同义词，如应尽责任、岗位责任等。二是指没有做好分内之事，而应承担的不利后果或强制性义务，实际就是指违法者对违法行为应承担的强制性不利后果，最典型的就是因犯罪而承担刑事责任，它在法律上有明确具体的规定；以国家强制力为后盾来保证其执行，由一定的国家机关依照法律进行责任追究，实施法律制裁，其他组织和个人无权行使此项权力。通常所说的法律责任，就是指的这种含义，以避免把法律责任与法律义务混为一谈。

一、法律责任的性质

学术界关于法律责任的性质，在认识上主要有以下四种观点①：

一是惩罚说，认为法律责任是对责任主体实施的违法行为的"处罚""惩罚"或"制裁"，让其付出代价，来促使行为人不再实施违法的行为。但这样的定性并不能完全适用所有的法律责任，有些法律责任并不具有惩罚性，比如民事责任承担方式中的停止侵害、排除妨碍、消除危险等。

二是不利后果说，认为法律责任是责任主体必须承担的某种不利的法律后果，问题是不利的法律后果并非都是法律责任，比如在诉讼制度中，诉讼时效期间届满，权利人没有向法院提出起诉，将会承担因丧失起诉权而无法得到法院支持其诉讼请求的不利法律后果，但该不利法律后果并非法律责任。

三是否定评价说，认为法律责任是法律对责任主体的一种否定评价，如同"不利后果说"一样，法律上的否定性评价并非都是法律责任。比如无民事能力行为人实施的行为，会受到法律的否定性评价，在法律上被宣布为无效，但这一评价并非法律责任。

四是第二性义务说，认为法律责任是责任主体必须承担的因违反了第一性义务而引起的第二性义务。所谓的第一性义务，即通常所说的法律义务，包括法律规范所设定的各种义务以及行为人合法约定的义务。所谓第二性义务，即行为人因为不履行第一性义务而引起的新的义务。相对于惩罚说、不利后果说、否定评价说，第二性义务说对法律责任的解释更为合理，它既能全面涵盖各类法律责任，也准确地揭示了法律责任的强制性，还理清了法律责任与法律义务之间的联系和区别，具有较强的说服力，得到了学界的普遍认同。

依据不同的标准可将法律责任划分为不同的类别。比如根据法律责任承担主体的不同，法律责任可分为个人责任、组织责任和国家责任；根据行为人是否存在主观过错以及过错程度对法律责任的影响，可将法律责任分为过错责任、无过错责任和公平责任；根据承担责任的内容不同，法律责任可分为财产责任和非财产责任。但最常见的是，根据违法行为违反的法律的性质，法律责任可分为宪法责任、行政法责任、民法责任、刑法责任、国际法责任等。

二、宪法责任

（一）宪法责任的含义与特征

宪法责任是指宪法关系主体因其行为违反宪法而应当承担的法律责任，即违宪责任。通常指有关国家机关制定的规范性法律文件与宪法相抵触，或有关国家机关、社会组织的行为违反宪法而应承担的责任。

违宪责任的承担以违宪行为的存在为前提。所谓的违宪，字面上就是违反宪法的意

---

① 参见张文显主编：《法理学》（第五版），高等教育出版社 2018 年版，第 165 页；《法理学》编写组：《法理学》（第二版），人民出版社 2020 年版，第 159 页。

思，但对违宪主体的认识，却存在较大的分歧，焦点就是除了国家机关、担任宪法上规定的公职的人员、政党、社会组织这些主体之外，一般的公民是否能够成为违宪的主体。对此，可从两个方面进行理解：一是在我国，公民中的绝大多数人属于人民，是国家权力的所有者，但并不直接享有和行使宪法上规定的国家权力，无法因为公权力的行使而在行为上构成违宪；公民虽然是宪法规定的基本权利主体，但如何行使基本权利，遵循的是立法者对基本权利具体化而制定的普通法律，实际上违犯的是普通法律而不是宪法本身。二是从宪法责任的承担看，所有的责任形式都不能适用于一般的公民，宪法产生以来各国的宪法审查实践，也从未出现过追究一般公民违宪责任的情形。在此情形下，如果认为公民是违宪的主体，又无法追究其违宪的责任，岂不是承认有些违宪行为不需要承担相应的责任，宪法的权威何以能够得到维护？如果让违宪的公民承担普通法律上的责任，岂不是将宪法降到了普通法律的地位，同样是对宪法权威的损害，更违反法律面前人人平等的法治原则。

（二）违宪责任的形式

违宪责任的形式主要有弹劾、罢免、撤销、宣告无效、拒绝适用、取缔等。

1. 弹劾

弹劾主要是指代议机关依照法定程序和权限对担任重要公职的人员的违宪（法）失职行为进行控告，剥夺其担任的公职职务，甚至提起刑事追诉的一种责任追究制度。此制度起源于14世纪的英国，后来为许多西方国家所效仿。

受弹劾的对象一般为重要公职人员，具体对象在不同的国家存在差异。例如，日本宪法规定只能对法官的犯罪行为实施弹劾，美国宪法则规定，总统、副总统、联邦最高法院法官和一切政府文官都在弹劾的范围之内。但各国普遍都规定军官和议会议员不能成为弹劾的对象。被弹劾的行为一般是犯罪行为，但也有少数国家可包括严重失职的行为。

在美国，弹劾是一种政治审判而不是刑事审判，一般仅限于免职以及褫夺当事人担任有荣誉、有责任、有薪酬公职的资格。因此，弹劾案的处理不能替代刑事审判，但刑事审判应在弹劾之后进行。如果受弹劾审判者被认定无罪的，则不能交付进行刑事审判。弹劾审判和刑事审判分开的意义在于把政治和法律分开，以维护三权分立制度的运行。

2. 罢免

罢免，是指经由代议机关产生的公职人员因存在违法失职的情形，在其任期未届满之前由代议机关用投票的方式免除其担任的公职职务的制度。

在我国，有权提出罢免要求的主体是选民和人大代表，罢免的对象有两类，一是由选民和选举单位选出的人大代表，二是由人民代表大会及其常委会选举或任命的国家机关组成人员，若存在违法乱纪、严重失职、决策失误以及其他违反宪法和法律的行为，都会成为被罢免的对象。

3. 引咎辞职

引咎辞职是指通过民选产生或代议机关任命的国家公职人员，认为自身过失或者过错行为违反了特定的政治义务（宪法义务），从而主动向法定机构提出辞去现任职务的申请，并由后者依法作出处理决定的违宪责任追究形式。

4. 撤销、宣布无效、拒绝适用

是指特定国家机关制定的规范性法律文件因违反宪法而被有权机关撤销或者被宣布无效或被拒绝适用，从而使其失去法律约束力的责任形式。由于各国的宪法审查模式不同，宪法审查主体对违宪的法律法规等规范性文件的审查结果在形式上就有了撤销、宣布无效和拒绝适用的区别。

5. 取缔

作为宪法责任的取缔，主要是西方国家根据宪法对政党进行限制的一种方式。即违宪审查机关根据宪法和法律，对超越法律允许范围进行活动的政党加以解散或取缔，这是西方国家政党承担宪法责任的主要形式。

三、行政法责任

（一）行政法责任的特征

行政法责任是指因违反行政法律或行政法规定而应当承担的法律责任。

行政法责任具有如下特点：（1）行政法责任的产生原因是行为人的行为违反行政法律，或者行政法直接特别规定；（2）行政法责任是发生在行政主体之间或者行政主体与行政管理相对人之间的责任；（3）行政法责任主要是一种惩罚性责任。

（二）行政法责任的分类与形式

行政法责任可以分为两种：一是行政主体与其所属公务员之间的内部行政法责任，如上级国家行政机关工作人员对下级国家行政机关工作人员违法失职行为追究的责任；二是行政主体与行政相对人之间的外部行政法责任，如国家行政机关对公民、社会组织等行政管理相对人违反行政法的行为追究的责任。前者通常表现为行政处分，后者则为行政处罚。

1. 行政处分

行政处分是行政公务人员因违法行为、违纪行为而应当承担的法律责任，是行政主体对所属行政公务人员实施的行政制裁。行政处分具有以下特点：（1）行政处分的对象是行政系统内违法、违纪的行政公务人员；（2）行政处分是由受处分公务人员所在机关或上级机关作出的；（3）行政处分的救济途径较为特殊，只能向原处理机关提出复核或向上级机关提出申诉。

我国《公务员法》第59条规定了公务员不得从事的违法违纪行为的具体情形，若公务员违反该规定，根据不同情况会承担不同的责任，如《公务员法》第57条第2款、第3款规定："对公务员监督发现问题的，应当区分不同情况，予以谈话提醒、批评教育、责令检查、诫勉、组织调整、处分。对公务员涉嫌职务违法和职务犯罪的，应当依法移送监察机关处理。"第62条规定了行政处分的形式包括：警告、记过、记大过、降级、撤职和开除。

2. 行政处罚

行政处罚是行政机关依法对违反行政管理秩序的公民、法人或者其他组织，以减损权益或者增加义务的方式予以惩戒的行为。它具有以下的特征：（1）行政处罚由特定的行政主体作出，只有法律、法规明文规定拥有行政处罚权的行政主体才能在其职权范围内依法作出行政处罚；（2）行政处罚是针对违反行政法秩序、但尚未构成犯罪的行为所实施的制裁；（3）行政处罚的对象是外部行政相对人；（4）行政处罚的目的既是对违法者的惩戒和教育，促使其不再重犯，又是为了维护公共利益和社会秩序，保护公民、法人和其他组织的合法权益。

我国行政法学界在理论上一般将行政处罚分为以下四类：（1）申诫罚，亦称精神罚，是指行政主体通过对违法者的名誉、信誉等施加影响，发出警诫，使其不再重犯的处罚形式。申诫罚原则上适用于任何违法行为，但实践中，主要适用于情节比较轻微、对社会尚未造成严重危害的违法行为。（2）财产罚，是指行政主体剥夺违法者的某些财产所有权，以示惩戒的处罚形式，具体包括罚款、没收等。财产罚的适用范围非常广泛，既可适用于经济性行政违法行为，也可适用于非经济性行政违法行为。（3）行为罚。亦称能力罚，是指行政主体剥夺违法者特定的行为能力，以示惩戒的处罚形式。主要有责令停产停业、吊扣许可证件等。（4）人身自由罚。是指行政主体限制或剥夺违法者一定期限内的人身自由，以示惩戒的处罚形式，主要形式是行政拘留，属行政处罚中最严厉的处罚种类。

我国《行政处罚法》第9条规定，行政处罚的法定种类即承担行政处罚的形式有：（1）警告、通报批评；（2）罚款、没收违法所得、没收非法财物；（3）暂扣许可证件、降低资质等级、吊销许可证件；（4）限制开展生产经营活动、责令停产停业、责令关闭、限制从业；（5）行政拘留；（6）法律、行政法规规定的其他行政处罚。

四、民法责任

（一）民法责任的含义

民法责任，是行为人因为违反民事法律规定、违约或者由于民事法律的特别规定而应当承担的法律责任。它具有以下的特征：（1）承担民法责任的主体主要为自然人和法人，国家机关以民事主体参与民事法律关系时也可以成为民法责任的承担者。（2）民法责任产生的原因是违反民事法律规定、违反当事人之间的约定、出现民法规定的特定事由，部分刑事违法行为和行政违法行为也会承担附带民法责任。（3）民法责任具有一定程度的任意性，民法责任主要是当事人之间的责任，即一方当事人对另一方当事人的责任，在大多数情况下可以由双方当事人通过协商"私了"。（4）民法责任具有财产性，以财产责任为主、非财产责任为辅；（5）民法责任具有补偿性，以一方当事人补偿对另一方当事人的损害为主要目的。

（二）民法责任的分类

根据不同的标准，可将民法责任做如何的几种分类①：

1. 财产责任与非财产责任

这是以民事责任的承担方式进行的划分，财产责任是指以一定的财产给付为内容，由责任人承担财产上的不利后果，补偿受害方所受的损失，如返还财产、恢复原状、赔偿损失、支付违约金等。非财产责任是指责任人为补偿受害方的非财产利益损失而承担的不以财产给付为内容的民事责任，如停止侵害、排除妨碍、消除危险、消除影响、赔礼道歉、

---

① 参见《民法学》编写组编：《民法学》，高等教育出版社2019年版，第47~48页。

恢复名誉等。

2. 单独责任与共同责任

这是以承担民事责任的主体多寡为标准进行的划分。单独责任是由一个民事主体独立承担的民法责任；共同责任是两个以上具有共同民事法律关系的民事主体共同承担的民法责任。其中根据共同责任人之间的关系不同，可进一步划分为按份责任和连带责任。按份责任是指共同责任人各自按份额承担自己的责任，各共同责任人之间无连带关系，权利人若请求某一责任人承担的责任超出了其应承担的份额，该责任人有权拒绝。连带责任是指共同责任人中的任何人均有义务向权利主体承担全部的共同责任，即权利人有权要求某一连带人承担部分或者全部责任。连带责任人之间的责任分配，一般遵循有约从约或者根据各自责任大小确定；难以确定责任大小的，平均承担责任。实际承担责任超过自己责任份额的连带责任人，有权向其他连带责任人追偿。只有在法律有特别规定或当事人有特别约定时，共同责任人才承担连带责任。

3. 侵权责任与违约责任

这是依民法责任的产生原因进行的划分。侵权责任是指民事义务主体违反法定民事义务而损害他人权利所应承担的民事责任。违约责任是指义务主体不履行合同约定的义务而应承担的民事责任。违约责任的发生以合同关系的存在为前提，侵权责任则不以合同关系的存在为必要条件。

4. 过错责任、无过错责任。这是依民法责任的归责方法进行的划分。我国的民法责任规责原则主要有过错责任原则和无过错责任原则。根据过错责任原则，若行为人没有过错，虽然有损害结果发生，行为人也不承担民法责任，即过错责任是以行为人主观过错为责任要件的民法责任。根据无过错责任原则，行为人只要给他人造成损失，不问其主观是否存在过错均应承担责任，即无过错责任是指不以过错为要件的民法责任。我国侵权责任法上的侵权责任以过错责任为主，无过错责任为例外；我国合同法上的违约责任以无过错责任为主，只有特殊类型的合同采用过错责任。此外，还存在一种公平责任，是指双方当事人均无过错时，根据社会的公平观念，由人民法院依公平原则判定各方承担的民法责任。但是公平责任仅仅是一种损失分配方法，而不是一种归责原则。

（三）民法责任的形式

根据我国《民法典》第179条规定，承担民法责任的形式有：（1）停止侵害；（2）排除妨碍；（3）消除危险；（4）返还财产；（5）恢复原状；（6）修理、重作、更换；（7）继续履行；（8）赔偿损失；（9）支付违约金；（10）消除影响、恢复名誉；（11）赔礼道歉。

五、刑法责任

（一）刑法责任的含义

刑法责任，是指行为人因实施刑法所规定的犯罪行为而应当承担的法律责任。刑法责任的特点是：（1）责任主体既包括自然人，也包括法人（单位）；（2）行为人的行为必须符合刑法规定的犯罪构成要件，才应承担刑事责任；（3）刑法责任的形式为刑罚，具体涉及限制、剥夺行为人的人身自由甚至生命权，因而是一种最严厉的法律责任。

（二）刑法责任的构成要件

刑法责任的构成要件，通过犯罪构成要件来体现。犯罪构成，是指刑法规定的、决定某一行为的社会危害性及其程度，并为成立该犯罪所必须具备的客观要件和主观要件的总和，是行为人承担刑事责任的根据。

1. 四要件说

我国传统刑法理论的主流主张，认为犯罪构成要件分别包括犯罪主体、犯罪主观要件、犯罪客观要件和犯罪客体。

首先，犯罪主体是用以说明构成犯罪之人的基本特性的要件。它既考察行为人的形态，包括自然人和法人（单位），也考察自然人的刑事责任年龄和刑事责任能力，还在一定条件下考察自然人的特殊身份与地位。其次，犯罪主观要件是用于说明行为人实施危害行为时的主观心理状态的要件，分别包括犯罪故意、犯罪过失，以及某些特定的犯罪目的等，它是犯罪主观恶性的重要体现。再次，犯罪客体是用以说明危害行为侵犯的客体即法益的要件。最后，犯罪客观要件是用以说明我国刑法所保护的法益受到了怎样的侵害、侵害的形式是什么的要件，主要包括危害行为、危害结果等。上述犯罪主体、犯罪主观要件、犯罪客观要件、犯罪客体的有机结合，才能确定某种行为是否构成犯罪。需要说明的是，即便是满足了犯罪构成的四要件，并不一定会承担刑法责任，因为该责任可能会因违法性阻却事由，一般包括正当防卫、紧急避险、被害人承诺等。只有既满足了犯罪构成四要件，又不存在违法性阻却事由，行为人才会承担刑法责任。

2. 两阶层论

除犯罪构成四要件理论之外，我国还存在两阶层的犯罪构成学说，认为犯罪由客观违法阶层和主观责任阶层组成，它实质上是对四要件的优化。

客观违法阶层的任务是判断行为在客观上是否具有法益侵害性，它包括两个方面的内容：一是客观要件，主要是行为主体、危害行为、危害结果以及危害行为与危害结果之间的因果关系；二是客观违法阻却事由，主要是正当防卫、紧急避险、被害人承诺等。

只有当客观违法阶层所有要件满足后，才有必要继续判断是否满足主观责阶层的要件。主观责任阶层的任务是判断行为人对该法益侵害事实是否具有可谴责性，只有具有可谴责性，才能让其承担刑事责任。主观责任阶层包含两个方面的内容：一是主观要件，包括犯罪故意、犯罪过失、事实认识错误等；二是主观责任阻却事由，包括责任年龄、责任能力、违法认识可能性、期待可能性等。

（三）刑法责任的形式

刑法责任的形式为刑罚，即指刑法规定的、由国家审判机关依法对犯罪人适用的限制或剥夺其某种权益的最严厉强制制裁方法。它具有以下的特征：（1）刑罚具有法定性，表现为刑法的明文规定；（2）刑罚的适用主体为国家审判机关，除此之外的任何主体都不能适用刑罚；（3）刑罚的适用对象为犯罪人；（4）刑罚的内容是限制或剥夺犯罪人的某种权益。

我国《刑法》规定的刑罚由主刑和附加刑组成。

1. 主刑

主刑是对罪犯适用的主要的刑罚。它只能独立适用，不能附加适用；对于同一犯罪，不能适用两个以上主刑。分别包括：

（1）管制，即对罪犯不予关押，但限制其一定自由，并依法采取社区矫正的刑罚方法。执行管制时可以同时适用禁止令，禁止犯罪分子在执行管制期间从事特定活动，进入特定区域、场所，接触特定的人。管制的期限为 3 个月以上 2 年以下，数罪并罚时不得超过 3 年。

（2）拘役，即短期剥夺犯罪分子的人身自由，由公安机关就近在看守所执行的刑罚方法。拘役的期限为 1 个月以上 6 个月以下，数罪并罚时不得超过 1 年。

（3）有期徒刑，即剥夺犯罪分子一定期限的人身自由，并强制其在监狱这个特定场所进行劳动和接受教育改造的刑罚方法。有期徒刑的期限一般为 6 个月至 15 年；数罪并罚时总和刑期不满 35 年的，最终判处刑期不能超过 20 年；总和刑期在 35 年以上的，最终判处刑期不能超过 25 年。

（4）无期徒刑，即剥夺犯罪分子终身自由，强制其参加劳动并进行教育改造的刑罚方法。对判处无期徒刑的，应当附加剥夺政治权利终身。被判处无期徒刑的犯罪分子，可以依法获得减刑或假释。

（5）死刑，即剥夺犯罪分子生命的刑罚方法。死刑是最为严厉的刑罚种类，其对象受到严格限制：一方面，死刑只适用于罪行极其严重的犯罪分子；另一方面，对犯罪的时候不满 18 周岁的人和审判的时候怀孕的妇女也不适用死刑；审判的时候已满 75 周岁的人，不适用死刑，但以特别残忍手段致人死亡的除外。

2. 附加刑

附加刑是补充主刑适用的刑罚方法。其特点是既能独立适用，又能附加适用。附加刑包括以下四种：（1）罚金，即法院判处罪犯向国家缴纳一定数额金钱的刑罚方法；（2）没收财产，即将罪犯全部或者部分个人财产强制、无偿收归国家所有的刑罚方法；（3）剥夺政治权利，即剥夺罪犯参与国家管理和政治活动权利的刑罚方法；（4）驱逐出境，即强迫犯罪的外国人离开中国境内。

六、国际法责任

（一）国际法责任的含义

国际法责任是指国际法主体对其国家不法行为或损害行为所应当承担的法律责任。它具有以下特点：

1. 国际法责任的承担主体与国际法主体基本是相同的。现代国际法中，国际法责任的承担主体除基本主体国家之外，还有政府间国际组织和争取独立民族，另外个人能够成为特定领域的国家法责任的承担主体。但是国家法责任的承担主体主要是国家。

2. 国际法责任的根据是国际不法行为或损害行为。传统国际法主张国际不法行为是产生国际法责任的唯一根据，在现代，又确定了国际法不加禁止的行为所产生的损害性后果也应承担国际法责任，这种责任以赔偿为形式，因此国际法不加禁止但造成了损害结果的损害行为也成为国际法责任的根据之一。

3. 国际法责任的目的是要确定国际不法行为或损害行为所产生的法律后果，它的具体任务是要确定国际法责任主体及其责任的性质和范围，并使责任主体履行应承担的责任，从而维护国际法律秩序。①

（二）国际法责任的种类与形式

1. 国际不法行为责任

即国际法责任主体应实施国际不法行为而承担的责任。国际不法行为，是指国际法责任主体所作的违背其国际法义务的行为，它分为一般国际不法行为和严重国际不法行为，前者指违背一般国际义务的行为，如侵害了别国侨民的合法利益、侵犯了外交代表的特权和豁免等，后者指违反了国际强行法义务的行为，它违背的是对于整个国际社会具有根本重要性的义务，比如禁止侵略、禁止灭绝种族和种族隔离的义务等等。

国际不法行为责任的形式主要包括以下几种：限制主权、恢复原状、赔偿、道歉等。另外，还需要注意一种特殊的国际法责任形式，国家或者个人若实施了灭绝种族罪、战争罪和危害人类罪等国际犯罪行为，还应当承担国际刑法责任，主要由联合国通过国际刑事法院进行责任追究。

2. 国际损害行为责任

即国家法责任主体实施国际法不加禁止的行为时造成损害而应承担的责任。它具有以下特点：（1）该责任原则上适用于一国管辖或控制范围内从事的一切具有跨界损害的行为，包括个人和法人实体从事的活动；（2）引发该责任的行为是国际法不加禁止的，并非由于违反国际法义务的非法行为；（3）该责任是一种损害赔偿责任，即受害国有权要求加害方给予合理赔偿。

国际损害行为责任的形式主要是赔偿。在这类赔偿责任中，依据承担责任主体不同，可以分为国家单独承担的赔偿责任、国家与经营者共同承担的赔偿责任、经营者单独承担的赔偿责任。②

---

① 梁西原著主编、王献枢副主编、曾令良修订主编：《国际法》（第三版），武汉大学出版社 2011 年版，第 105 页。

② 参见《国际公法学》编写组编：《国际公法学》（第二版），高等教育出版社 2018 年版，第 349~358 页。

第三章 法　　学

第一节　法学的体系

一、法学的产生与发展

法学（又名法律学、法律科学），是研究法这一特定社会现象及其发展规律的科学。同其他社会科学的区别，主要在于它有特定的研究对象——法律现象及其发展规律。① 所谓研究对象，即法学研究些什么、研究的客体问题。法律现象是人们法律活动的现象。法律活动不是法律自身活动，需要通过活动主体"人"来实现，如立法、司法、执法、诉讼等法律活动。法律现象以"法"为中心，其他法律现象围绕这个中心展开。具体包括法的产生发展规律、性质特征、效力效果、价值作用。同时包括各种法现象内部联系、调整机制；法与其他社会现象的联系、区别及其相互作用。

法学的产生需要具备两个条件：第一，法律发展到一定的程度，整体上相当复杂、广泛。第二，出现了专门研究法律的人群，即职业法学家阶层。② 只有当人类社会出现了法律现象以后，法学才可能相应的产生。

从整体上看，法学的发展历史，首先是从社会科学中独立出来，古代法学多处于混沌合一状态，如我国古代"民刑不分，诸法合体"。直到当代，法学内部研究领域不断分工细化，发展出了部门法学，宪法、行政法、刑法、民法、诉讼法、国际法等学科。面向未来，新的部门法学与交叉学科出现，法学显示出综合的发展趋势。例如，经济法学就是民法学和行政法学的综合。法学与其他社会科学、自然科学综合，产生了法经济学、法政治学、法律与计算机科学等新兴交叉学科。法的起源经历了从习惯到习惯法，再发展到成文法的过程。法学在中国和西方都有着悠久的历史，但不同国家、不同历史阶段有不同表现形式，形成了不同的发展脉络。

1. 古代西方法学的萌芽与雏形

法学在西方的萌芽，可以回溯到作为西方文明源头的古希腊。古希腊文明发达的哲学体系，激发了知识分子认识和评价社会现象的能力，推动了政治学、伦理学、文学、美学

---

① 对法学有这样的认识误区：学习法学专业就是背诵法律条文。其实，法律条文只是法律现象之一种，学习法学专业绝非仅是背诵法律条文，更为重要的是应当掌握各种法律现象及其彼此之间的关系和发展规律。

② 《马克思恩格斯选集》第 3 卷，人民出版社 1995 年版，第 211 页。

等专门知识体系的产生。其中涉及许多法学现象，法学初见雏形。如法与权力、理性的关系，法与人、神、自然的关系，法与利益、正义，人治与法治，守法的道德基础与政治基础。苏格拉底、柏拉图、亚里士多德等古希腊先贤们，在这些问题上的论述都有很大的影响，甚至成为现代法学思想与理论的渊源。

古希腊哲学深刻影响了古罗马的思想家，古罗马的法律制度是古代西方世界法律制度发展的顶峰，形成了至今引以为豪的法学。从词源学的角度考察，西语中的"法学"源自古罗马拉丁文 jurisprudentia，德文、法文、英文以及西班牙文中的法学一词，都是在该词基础上发展出的各自描述"法学"的词汇。jurisprudentia 至少在公元前 3 世纪末，罗马共和国时代就已出现，可以拆分为 jus 和 providere 两部分。jus 意为"正义"，并可以进一步引申为法；providere 意指先见，可以引申为知识，两者合成后便意指系统的法律知识。通过学者们对"系统的法律知识"的讲授传播，其便发展成为一门学问。公元前 254 年，大祭司柯隆加尼乌斯（T. Coruncanius）开始在公开场合讲授法律条文。公元前 198 年罗马执政官阿埃利乌斯（Aelius）进一步以世俗官吏的身份讲授法律，著书立说，为法学成为一门学问作出富有成效的努力。这些讲授者被称为 Jurisconsultus（法学家）。随着社会关系的复杂化、随着调整这些关系的法律日益复杂，古罗马出现了以盖尤斯、乌尔比安、伯比尼安、保罗、莫迪斯蒂努斯五大法学家为代表的法学家阶层，系统编纂了《查士丁尼法典》以及《学说汇纂》《法学阶梯》等法学教科书。对其后的西方乃至世界法学和法律制度的发展都有重大影响。

2. 近现代西方法学的发展与分化

13、14 世纪文艺复兴和宗教改革运动兴起，西方社会步入近代时期，法学也随之朝着世俗化方向进行变革，最重要的标志是人文主义法学派的产生，法学思想要解决的核心问题就是"个体权利论"取代基督教的神学宇宙观。

自 17 世纪资产阶级革命开始，西方法学的发展进入近现代阶段。以 19 世纪中叶为标志，天赋人权、契约自由等观念的提出，西方法学的发展形成了影响深远的三大法学流派。第一，古典自然法学派，主题是自然权利说与社会契约论。代表性人物有：格劳秀斯是近代国际法的先驱、霍布斯提出主权国家的要求①、洛克提出了分权理论（三权分立），② 孟德斯鸠探讨了法与社会的关系③，卢梭是激进的民主主义者。④ 第二，历史法学派，主张用历史的方法来研究法律，代表性学者是萨维尼，他主张法律是"民族精神的产物"。⑤ 第三，分析实证法学，研究方法上不以先验假设为前提，注重实证分析，标

---

① ［英］霍布斯：《利维坦》，黎思复、黎廷弼译，商务印书馆 1985 年版，第 164～165 页、第 251 页。

② ［英］约翰·洛克：《政府论》（下篇），叶启芳、瞿菊农译，商务印书馆 1996 年版，第 86～87 页；《政府论》（上篇），瞿菊农、叶启芳译，商务印书馆 1982 年版，第 90 页。

③ ［法］孟德斯鸠：《论法的精神》（上、下册），许明龙译，商务印书馆 2012 年版，第 186 页。

④ ［法］卢梭：《社会契约论》，何兆武译，商务印书馆 2003 年版，第 3 页。

⑤ ［德］弗里德里希·卡尔·冯·萨维尼：《论立法与法学的当代使命》，许章润译，中国法制出版社 2001 年版，第 29 页。

志着法学研究摆脱了传统的形而上学模式。代表性学者有奥斯汀①、边沁②对法律解释和法律评论的区分。

进入 20 世纪，西方社会各种矛盾出现了加剧的趋势，包括福利、教育、劳资关系、经济在内的诸多社会立法相继出现，传统法学流派有了新的发展，形成了多元化的新格局。第一，分析实证法学发展为新分析法学。主要包括：凯尔森的法律规范理论和哈特的法律规则理论。第二，新自然法学派以美国法学家富勒（Lon Fuller）、罗尔斯（John Rawls）、③ 德沃金（Ronald Dworkin）④ 为代表。继承了古典自然法学派的基本信条，强调道德与法律的联系；将正义问题的研究重点转移到程序上，第三，社会学法学派，美国法学家庞德（Roscoe Pound）强调法律的作用是促进各种社会目的而不是制裁；法律是带来社会公正的手段或指南，而不是一成不变的模式。此外，20 世纪西方社会还出现女性主义法学、法律与文学运动、批判种族主义法学等，一般被称为后现代法学思潮，分别从不同的视角重新审视西方法律制度，提出了很多极富启发性的理论，在一定程度上影响了现代西方社会的发展。

3. 中国法学历史发展脉络

我国有着悠久的历史，拥有丰富的法律文化遗产，形成了与西方法学不同的发展脉络。中华人民共和国成立之前，法学始终被包围在封建主义的哲学、伦理学、政治学之中。从发展阶段来说，中国法学的历史大体上可以分为三个阶段，即先秦时期（夏、商、周、春秋战国），西汉至清代中期，清代末至中华民国。

中国古代关于法律问题的学问始于先秦，在夏、商、西周时代就已经出现了以天命和宗法制度为核心的法律思想。春秋战国时期诸子百家都对法学进行了研究，如儒家强调"德主刑辅"、"明德慎罚"，法家主张"君臣上下皆从于法""以法治国"，⑤ 为此就德治、礼治和法治的关系还进行过激烈的争论，其中法家的贡献尤为突出。但是这些有关法律性质和作用的观点只是他们的政治哲学的组成部分。

从西汉至清代中期（公元前 3 世纪到 19 世纪中叶）两千多年的封建社会中，中国法学以律学为正统，形成了以儒家礼法思想为核心的法律文化系统。秦时期，法学称为

---

① ［英］约翰·奥斯丁：《法理学的范围》，刘星译，中国法制出版社 2003 年版，第 7 页。

② ［英］边沁：《道德与立法原理导论》，时殷弘译，商务印书馆 2012 年版，第 6 页、第 59 页、第 61 页、第 56 页。

③ ［美］约翰·罗尔斯：《正义论》，何怀宏、何包钢、廖申自译，中国社会科学出版社 2001 年版，第 487 页。

④ ［美］罗纳德·德沃金：《认真对待权利》，信春鹰、吴玉章译，中国大百科全书出版社 2008 年版，第 7 页。

⑤ 此外，墨家"尚同"的秩序观墨家曾一度成为先秦时期的显学，在一定程度上代表了中下层民众的政治和法律观念，其代表人物是墨翟。墨子法哲学思想的独到之处在于：称天说鬼，主张法天而遵天法；提出"一同天下之义"的法律起源论和秩序观；倡导"兼相爱，交相利"，追求普天之下的人类大同，减缓等级差别。

道家的"法自然"论。道家的代表人物是老聃和庄周。主张帝王政治理应效法"至公"之"天道"，观天地之象以行人事，也就是所谓的"道法自然"，而"自然"是"无为"的。道家的"道法自然"与西方的"自然法"有着本质性的区别，它从根本上说是反理性的，"道"的不可言性决定了政治的不可规定性，政治不可能通过语言和逻辑建构起一套理性秩序。

"刑名法术之学"① 或 "刑名之学"。其内涵主要是讲究名辩，强调定分正名，着重对 "刑" "名" 进行辨析。到了汉代，汉武帝 "罢黜百家，独尊儒术"，法学开始成为儒学伦理学的附庸。儒学在思想领域居于统治地位，实行儒法合流，在德主刑辅的原则下实行礼法合一，也垄断了中国两千多年的法学领域。汉代开始有了律学② （亦称 "刑名律学" "注释律学"），其主要内容和研究方式，便是对现行律例予以注释。三国时期魏明帝设立了 "律博士"，"律学" 一词正式出现。秦汉以来，律学研究名家辈出，成果斐然，不仅出现了如郑玄、张斐、杜预等一大批杰出的律学家，而且产生了以《律注表》为代表的诸多律学经典著作。东晋以后，私人注释逐渐为官方注释所取代。公元 653 年颁行的《唐律疏议》就是官方注释的范本。据考证，我国古代 "法学" 一词最早出现于南北朝时代的《南齐书》中；③ 至唐代，白居易也曾向皇帝建议 "悬法学为上科" "升法直为清列"。④ 宋代以后，人们就不再使用 "法学" 和 "刑名之学" 等术语，而只用 "律学" 一词。

　　19 世纪中叶，西方列强入侵所导致的政治时局大动荡和西学东渐，包括法学思想在内的异域文化对传统的中国文化产生了极大冲击。在西方法学思想的冲击之下，中国的传统法学开始其异常艰辛的现代化历程。首先，以康有为、梁启超、严复等人为代表的资产阶级改良派，提出维新改良的政治法律主张，除了主张引进西方法律制度之外，还力图实现中国传统法律文化与西方法律文化的融合；其后，以孙中山为代表的资产阶级革命派的法律思想，主要内容为：抨击封建专制的政治制度和法律制度，创立 "五权宪法" 的学说⑤；推行 "民族、民权、民生" 之三民主义。国民党政权的统治下，官方的法学在承袭封建法律观点的同时又移植了西方资产阶级的法学，是封建阶级和资产阶级法律思想的大杂烩。中华人民共和国成立前夕，中共中央于 1949 年 2 月 22 日发布了《关于废除国民党的六法全书与确定解放区的司法原则的指示》，开始废除国民党建立在 "六法全书" 基础上的法统，开启了新中国的法学发展历史。

　　中华人民共和国成立以后，国民党建立在 "六法全书" 基础上的法统被废除，其中的 "法律面前人人平等" "既往不究"（实际上是 "法不溯及既往"） "司法独立" "犯罪未遂" "年轻年老"（实际上是 "刑事责任"） "推事主义" "不告不理" "无诉状不理" "证据不足不理" "当事人不适格不理" "管辖地区不合不理" "民事不管刑事" "刑事不管民事" "尊重诉讼程序' 等内容，都被定性为反动的、反人民的谬论，全部遭到否定。⑥ 与此同

---

① 司马迁：《史记·老子韩非列传》，中华书局 1982 年版，第 2154 页

② 律学，即根据儒学原则对以律为主的成文法进行讲习、注释的法学。对以律为主的成文法的说明和解释，在中国古代法制建构与完善的过程中始终扮演着重要的角色，它以注释法学为主体，主要研究以成文法典为代表的法律的编纂、解释及其相关理论。参见何勤华编：《律学考》，商务印书馆，2004。

③ ［梁］肖子显编《南齐书》，中华书局 1972 年版，第 837 页。《南齐书》中有 "寻古之名流，多有法学" 之语。

④ ［唐］白居易：《白居易集》（第四册）卷六五《策林四·论刑法之弊》，顾学颉校点，中华书局 1979 年版，第 1357 页。

⑤ 所谓 "五权"，指立法、行政、司法、罢免、考试五项权力，前三项权力仿照西方三权分立学说，后两项权力分别解决监督官员和选拔官员的问题。

⑥ 何勤华：《论新中国法和法学的起步——以 "废除国民党六法全书" 与 "司法改革运动" 为线索》，载《中国法学》2009 年第 4 期。

时，在当时全面学习苏联的历史背景下，社会主义法学的建立受到了苏联法学的极大影响，法学的研究对象和学科体系都限定为国家与法的方面；法学的知识来源上，对历史上的法律制度和法学研究成果一概归入旧法学的范围而加以否定；在法学的研究方法上，将阶级分析方法作为适用于一切社会所有法律问题的研究方法，否认其他研究方法的合理性。① 在此过程中，学术界也围绕着法的阶级性与继承性的问题展开过讨论。不仅如此，在法学教育上，除了选派人员到苏联学习之外，国内的法学教育使用的是翻译过来的苏联教材，1950 年 3 月开始，中国人民大学新组建的法律系，聘请了一大批苏联法学专家担任教师，承担授课任务。

进入改革开放时期以后，伴随着国家工作重心的转移，民主法制建设受到了重视，法学教育和研究因此而得到恢复和发展，苏联法学理论的影响力开始减弱，国外特别是英美国家的法学理论的影响力逐步增强。在此过程中，学术界围绕着"法治与人治""法究竟是权利本位还是义务本位""法学的研究对象""司法独立""法的移植与本土化"等普遍性问题展开了讨论，在各个部门法领域，也针对相关问题展开了争鸣，反映出了法学理论研究上思想的解放和观念的更新。与此同时，法学研究的方法也突破单一的阶级分析而变得多元和丰富，古今中外法学发展进步中所使用的各种方法，如比较法学、法律社会学、法律伦理学、法律经济学、分析实证主义法学、功利主义法学、批判法学、历史法学，甚至自然科学研究中的一些新方法如系统论、控制论、信息论、耗散结构论、协同论和突变论等，在法学研究中都得到了不同程度的运用。②

20 世纪 90 年代后期，市场经济体制的逐步建立和党的十五大提出"依法治国，建设社会主义法治国家"的方针以后，"市场经济就是法治经济""法治国家建设"等问题成为法学研究的热点；特别是 1999 年宪法修正案规定"依法治国，建设社会主义法治国家"，把国家的治理模式由"人治"转变为"法治"，过去普遍使用的"法制"一词为"法治"所取代，结束了以往长期存在的法学研究与官方文件及法律文本在词语使用上不统一的局面，为学术研究更好地服务法治制度建设提供了契机，也为实现对国外法学理论与法律制度的借鉴创造了可能。与此同时，一批以德国为代表的大陆法系国家的法学著作、法律文本被翻译为中文，留学德国的人员加入法学研究队伍的人数迅速增加，德国的法学理论对法学研究的话语体系变化产生了较大的影响，英美法系法学思潮对中国法学研究影响力上一家独大的局面开始发生改观。

二、法学的课程体系

法学课程体系是法学教育的实现方式。在我国，法律本科教育③属于普通高等教育之一，依据《高等教育法》第 5 条的规定，大学的任务是"培养具有创新精神和实践能力

---

① 王奇才、高戚昕峤：《中国法学的苏联渊源——以中国法学的学科性质和知识来源为主要考察对象》，载《法制与社会发展》2012 年第 5 期。

② 何勤华：《新中国法学发展规律考》，载《中国法学》2013 年第 3 期。

③ 法律本科教育。法律本科教育和法律专科教育同样是培养精通法学基础知识的、掌握法律职业技能的、专门从事法律实践性工作的应用型人才，两者最大的区别在于，法律本科教育一般为四年、法律专科教育相比法律本科教育时间短，一般为三年；法律专科更为强调知识和技能的提高，法律本科更为强调课程的整合、学科的完整和综合，注重跨学科知识的迁移，更为强调学生知识结构和理论体系的完整。

的高级专门人才,发展科学技术文化,促进社会主义现代化建设"。由此可见,为国家培养经济建设所需要的人才,促进社会主义现代化建设,德智体美劳全面发展是我国大学办学的主要任务,法学本科专业属于大学专业之一,任务也如此。培养具有创新精神和实践能力的高级专门人才是法学教育的题中应有之义。法学专业属于应用型专业之一,法学本科教育仍应以培养应用型法学高级专门人才为目标。我国法学本科教育在法学教育中应当是"以学术为基础,授予学生广博知识的同时,对学生进行道德情操、专业知识以及实践能力的教育",即应将培养学生道德情操、专业知识和实践能力这三项内容作为我国法律本科教育的主要目的。根据教育部关于法学本科课程的标准要求①与《法学类教学质量国家标准(2021年版)》,法学课程体系包含如下内容:

1. 总体框架

法学类专业课程包括理论教学课程和实践教学课程。理论教学课程体系包括思想政治理论课程、通识课程、专业课程;实践教学课程体系包括实践和实训课、专业实习、社会实践与毕业论文(设计)。

法学类专业培养方案总学分应控制在160学分左右,其中实践教学课程累计学分不少于总学分的15%。

2. 课程设置②(专业课程)

目前我国高等法学教育把法学学科分为核心课程和非核心课程,其中核心课程采取"1+10+X"的分类设置模式,"1"指"习近平法治思想概论","10"指法学专业学生必须完成的10门专业必修课,包括:法理学、宪法学、中国法律史、刑法、民法、刑事诉讼法、民事诉讼法、行政法与行政诉讼法、国际法和法律职业伦理。"X"指各院校根据办学特色开设的其他专业必修课,包括:经济法、知识产权法、商法、国际私法、国际经济法、环境资源法、劳动与社会保障法、证据法和财税法,"X"原则上不低于5门课程。

非核心课程以中国人民大学课程为例,包括企业公司法、破产法、税法、票据法、房地产法、金融法、保险法、证券法、竞争法、海商法、国际贸易法、中国法律思想史、西方法律思想史、外国法制史、物证技术学、婚姻继承法、外国宪法、外国民商法、外国刑法原理、立法学、中国律师学、证据调查、司法制度概论、比较法总论、法社会学等。

不包括在这个教材体系中的课程还有很多,比如法经济学、法政治学、法律与文学、军事法、特别行政区法,等等。我们按照理论法学与法律史学、基础法学与部门法学、本国法学与外国法学、国内法学与国际法学、传统法学与交叉学科的多重划分标准。各专业可根据自身培养目标与特色,设置专业必修课程学分。

① 高等学校法学本科教学指导委员会:《普通高等学校本科专业类教学质量国家标准(上)》,高等教育出版社2018年版,第33~38页。

② 课程设置中除专业课程外,还包括:理论教学课程:思想政治理论课程各专业应按照相关规定,全面实施思想政治理论课程方案。通识类课程:通识课程各专业应根据自身特点和社会实际需要,设置——定数量的通识课程学分。通识课程应当涵盖外语、体育、计算机课程以及逻辑学等课程,人文社会科学、自然科学课程的设置应当保持均衡。

专业选修课程应当与专业必修课程形成逻辑上的拓展和延续关系，以课程模块（课程组）的形式供学生选择性修读。各专业可以自主设置专业选修课程体系。鼓励开发跨学科、跨专业的新兴交叉课程与创新创业类课程。

3. 实践教学

各专业应注重强化实践教学。在理论教学课程中应设置实践教学环节，改革教学方法，强化案例教学，增加理论教学中模拟训练和法律方法训练环节，挖掘充实各类专业课程的创新创业教育资源。

实验、实训和专业实习：各专业应根据专业教学的实际需要，利用模拟法庭、法律诊所、专业实验室、实训基地和校外实习基地，独立设置实验、实训课程，组织专业实习，开展创新创业教育。社会实践：各专业应根据本专业实际需要，组织各种形式的法制宣传教育活动，让学生了解社会生活，培养其社会责任感，增强其社会活动能力。社会实践时长不得少于 4 周。

毕业论文（设计）：法学类专业可采取学术论文、案例分析、毕业设计、调研报告等多种体裁形式完成毕业论文（设计）。毕业论文（设计）选题应加强问题导向。鼓励学生根据自身兴趣，结合社会实践以及经济、社会现实的热点和难点问题，在指导教师的指导下进行毕业论文（设计）的撰写。

三、法学的专业体系

在我国，法学学科分为三个层次，即学科门类、一级学科（本科教育中称为"专业类"）和二级学科（本科专业目录中为"专业"下同），它们通过专业代码进行区分，专业代码一般为 6 位。前两位①：表示该专业所属学科门类。法学专业为 03。第三位：用来区分学硕和专硕。学硕为 0 或 1，专硕则是 5。后三位：则代表了该专业的排序。另外，部分专业代码里会有英文字母，表示该专业为高校的自设专业。自设专业是高校在某个一级学科上拿到博士点授权，才有资格申请自设特色专业，国家审查批准后，才能招生。自设专业，往往是该高校的传统特色专业，或强势专业，只是在国家的学科专业目录中没有设置，才进行自设专业。相比其他专业，要精专一些。

作为学科门类②的法学，即以 03 专设 6 个一级学科，即 0301 法学、0302 政治学、0303 社会学、0304 民族学、0305 马克思主义理论、0306 公安学。③ 作为一级学科的法学（0301）中，下设的传统二级学科有法理学、法律史学、宪法学与行政法学、经济法学、诉讼法学、民商法学、刑法学、环境与资源保护法学、国际法学等。此外，随着我国法学研究的发展，出现了新的自设专业。如：党内法规学（二级学科代码 0301Z4）、纪检监察

---

① 具体表示为：01 哲学、02 经济学、03 法学、04 教育学、05 文学、06 历史学、07 理学、08 工学、09 农学、10 医学、11 军事学、12 管理学、13 艺术学。

② 按照国家 2011 年颁布《学位授予和人才培养学科目录》，分为哲学、经济学、法学、教育学、文学、历史学、理学、工学、农学、医学、军事学、管理学和艺术学 13 大门类。

③ 根据教育部发布的《2021 年度普通高等学校本科专业备案和审批结果》，内蒙古大学申报的纪检监察专业，其专业代码为"030108TK"，学位授予门类为"法学"，修业年限为四年制。

学（二级学科代码0301Z8）。在我国，属于法学学科中的二级学科，只在研究生（硕士和博士）层次中开设独立的学科专业。

党内法规学（二级学科代码0301Z4）的研究内容系统全面，既包括党内法规的基础概念、性质、定位和作用等内在理念，又包括党内法规与其他社会现象的联系、区别和相互作用；既包括党内法规的历史由来，又包括党内法规的现状和发展；既包括静态的党内法规文本和规范，又包括动态的党内法规制度建设实施实践。具体来看，党内法规学的研究范围主要包括四个方面。

（1）党内法规的基本原理

纪检监察学（二级学科代码0301Z8），纪检监察学是以纪检监察基础理论、纪检监察法律制度和纪检监察运行实践为研究对象的学科，是关于纪检监察制度及其发展规律的系统知识体系，是对党和国家纪检监察活动实践经验的总结和概括。其研究对象具有独立性，研究方法具有独特性，研究任务具有紧迫性。

宪法学与行政法学（二级学科代码030103）。主要研究方向有中国宪法学、比较宪法学、中国行政法学、比较行政法学。其中中国宪法学方向主要研究中国宪法的基本理论、基本制度和在中国社会现实生活中发生的具体问题；比较宪法学方向主要研究西方国家和非西方国家的宪法基本理论、基本制度和宪法案例，既作国别性的研究，亦作比较性的研究；中国行政法学方向主要研究中国行政法的基本理论、基本制度和实践问题；比较行政法学方向主要研究西方国家和非西方国家的宪法基本理论、基本制度和重大案例，既作国别性的研究，亦作比较性的研究。主要培养宪法学与行政法学的理论研究人才、高校宪法学与行政法学教师及实际部门的高级研究人员。

我国的法学专业体系，研究内容、研究方向详见表3-1。

表 3-1

学科门类	一级学科（学科大类）	二 级 学 科
法学	0301 法学	030101 法学理论 030102 法律史 030103 宪法学与行政法学 030104 刑法学 030105 民商法学（含：劳动法学、社会保障法学） 030106 诉讼法学 030107 经济法学 030108 环境与资源保护法学 030109 国际法学（含：国际公法、国际私法、国际经济法） 030110 军事法学

法学分支学科是构成法学体系的基本单元，是在人们从事法学研究的过程逐步建构起来的。英国《牛津法律指南》把法学分为理论法学与应用法学两大类。日本《万有百科大辞典》将法学分为公法、私法、刑事法学和基础法学四大部类。由于人们研究法律现

象的目的、视角和方法等差异，法学分支学科可以按照不同的标准进行划分，并无固定标准的划分方法。当代法学界对法学分支学科的划分标准主要有：

（1）以特定的研究对象为标准，可将法学分支学科划分为法理学、法律史学、宪法学、民法学、刑法学、诉讼法学、行政法学、经济法学、军事法学和国际法学等学科。

（2）以一定的研究范围为标准，将法学分支学科划分为国内法学和国外法学。

（3）以一定的学科功能为标准，将法学分支学科划分为理论法学和应用法学。

（4）以一定的研究方法为标准，将法学分支学科划分为比较法学、注释法学、实证法学（含分析法学和社会学法学）和哲理法学等学科。

（5）以法律运作过程为标准，将法学分支学科划分为立法学、司法学、法律解释学、法律社会学和法律人类学等学科。

表 3-2　　　　　　　　　　　　　　我国的法学专业体系

专业代码	专业名称	研 究 内 容	研究方向*
030101	法学理论	本专业属法学学科中的基础理论专业，旨在追溯人类法律制度及法律思想从远古到现代的发展进化历程，认识中外法制进化的规律，总结过去数千年中外法制的利弊得失或经验教训，并综合运用法学以外各种社会科学的认识方法，对中外法律制度、法律思想发展史的成因进行科学、合理的解释，为当代法理学和其他部门法科学的进步提供历史素材与历史结论，为当代中国法律制度与法律思想的发展提供参考意见。	01 法理学 02 法社会学 03 法学方法论 04 立法学
030102	法律史	本专业研究生培养，旨在帮助学生较为系统、深入地掌握关于中外法律传统的基本知识与基本研究方法，熟悉中外法律史学的基本史料，并在此基础上培养学生对法理学与其他部门法学的领悟能力以及学术研究创新能力。本专业要求培养的学生具有理论与实践两方面的复合能力，尤其是理论研究能力。	01 中国法制史 02 外国法制史
030103	宪法学与行政法学	本专业硕士研究生通过规定课程的学习和研究，社会调查与实践，学位论文的撰写和答辩，应具备良好的人文科学素养和道德品质，系统掌握法学的基本原理与研究方法，具有扎实的宪法学与行政法学理论素养，能够以专业思维准确判断和分析宪法与行政法问题的较高层次专业人才。	01 中国宪法 02 行政法与行政诉讼法 03 地方制度 04 比较宪法与行政法
030104	刑法学	刑法学学科是法学专业二级学科之一，在法学学科体系中具有重要地位。刑法学专业主要研究犯罪和刑罚问题，包括刑法解释、刑法哲学、外国刑法、犯罪学、犯罪心理学、监狱学、刑事立法、刑事执行法、刑事政策、刑法史等内容。	01 中国刑法学 02 比较刑法学 03 犯罪与刑事政策学

续表

专业代码	专业名称	研 究 内 容	研究方向*
030105	民商法学（含：劳动法学、社会保障法学）	民商法学是研究民商法及其发展规律的法学二级学科，是以民事和商事法律及其发展规律为研究对象的科学。它主要包括民法学、商事法学、知识产权法学、婚姻家庭法学、劳动法学和社会保障法学。民商法学通过对民商法理论和各种民事商事法律制度的研究，为我国民商事立法、司法和律师实务提供法律理论指导，为改革开放、现代化建设、法治国家建设实践服务。	01 民法基础理论　包括民法总论（民法方法论） 02 财产法　包括物权法、合同法、侵权责任法、商法等 03 人身权法　包括人身权法、亲属法等
030106	诉讼法学	民诉法学研究民事纠纷的解决机制、民事诉讼的基本理论与制度、各种民事审判程序和执行程序以及民诉立法、实务等内容。刑诉法学研究刑事诉讼法律规范、刑事诉讼理论及刑事诉讼实践。从原理、制度和程序三维结合的角度深刻阐释刑事诉讼立法、国内外最新的理论研究成果、立法趋势以及司法实践动态。	01 民事诉讼法 02 刑事诉讼法
030107	经济法学	此学科在法学体系中是一门新兴的、独立的学科主要研究经济法及其发展规律。新中国的经济法学是改革开放的产物，是适应社会主义现代化建设事业的需要而产生和发展起来的。经济法学是一个旨在培养懂经济、知法律，能够在政府部门、公检法机关以及律师行业、企业单位发挥经济法、商法、社会法职能的高层次人才的法学专业。该专业下设三个方向：经济法学、商法学、社会法学。	01 经济法学 02 商法学 03 社会法学
030108	环境与资源保护法学	环境与资源保护法学是以研究环境法与自然资源法为主要对象的法学二级学科，同时又是与环境科学、自然资源科学、管理学、生态学、伦理学等有密切联系，用法学方法研究人与自然关系的边缘学科、交叉学科。环境资源法是我国法律体系的有机组成部分，是合理开发利用和保护环境与自然资源，实现可持续发展的法律保障。	01 中国环境法学 02 国际环境法与比较环境法学
030109	国际法学（含：国际公法、国际私法、国际经济法）	国际法学是对国家之间各种法律关系进行研究而形成的法学学科类别。其中：国际公法主要涉及与国家间政治、外交关系相关的法律问题。国际私法主要涉及跨国法律关系中的法律适用问题。国际经济法主要涉及与国家间经济关系相关的法律问题。	01 国际公法 02 国际私法 03 国际经济法

注1：以中南财经政法大学研究生培养方案为例。

第二节 法 的 分 类

法的分类泛指从一定角度或根据一定标准，将法划分为不同的类别。它是人们为了认识某一类法具有的共同属性所作的人为区分，因此，按照不同的分类标准，可以将法分为不同的类别。例如，按照法赖以存在的经济基础和阶级本质的不同，可将古往今来的一切法分为不同的历史类型，即奴隶制法、封建制法、资本主义法和社会主义法。清晰的分类是我们认识庞大法律体系的有效方式，借以形成体系化、系统化的认知，对法学研究和学习具有重要的理论意义与实用价值。在立法、司法、执法的过程中，法的分类可以提供价值取向、调整原则、适用方法上的指引。例如法律条款具体适用中，强行法与任意法、一般法与特别法的分类均可以为法律规范的选择提供方便。在法学中，常见的法的分类有下述几种：

一、公法与私法

公法（public law）与私法的区分基础，在于公民与国家两分的现实与观念。现实中存在两种不同性质的社会关系：一是命令与服从的关系，需要用集中、权威、由上而下的"管理"方法进行调整；二是双方地位平等的关系，需要用非集中的、自治的、由下而上的"指导"方法来调整。其中公法主要运用集中的方法、"管理"的方法；私法则主要运用非集中的方法、"指导"的方法。这种分类源于古罗马法，也是最传统的关于法的分类方法之一。

古罗马时期，以法所涉及的利益作为划分标准。"公法是有关罗马国家稳定的法，私法是涉及个人利益的法"①。作为古罗马五大法学家之一的乌尔比安（Domitius Ulpianus，约160—228年），最早按照利益标准提出了公法与私法的划分。在他看来，维持公共利益的法律是公法，维护私人利益的法律是私法。具体看，当时的公法是指关于宗教事务、宗教机构和国家管理机构的法，私法则包括自然法、万民法和市民法。这种分类在当时的主要目的在于集中力量研究私法，以回避对公法的研究，防止招致罗马统治者的不满。中世纪后期，随着资本主义的兴起，特别是17—19世纪资产阶级政权的普遍建立，公法与私法的划分从理论变成了现实，成为资产阶级国家法律的基本分类，是民法法系划分部门法的基础。

当代法学理论中的公法与私法划分，也存在角度不同的定义。从调整的法律关系主体上，公法适用的一方或双方为国家、公法人等行使公权力的主体，私法适用的主体是公民、法人等私主体。这种界分标准在学理上被称为"主体说"。从调整的法律关系上看，公法适用的是"国家—个人"的强制服从关系，② 是关于公权力的组织及其行使和对公

---

① ［意］桑德罗、斯德罗、斯奇巴尼选编：《民法大全选译·正义和法》，黄风译，中国政法大学出版社1992年版，第35页。

② 值得强调的是，作为一种学理观点的意志说，是国家对于公民绝对统治观念的产物，而在实践中，国家与公民间的关系并非完全是权力服从关系。

权力控制的法律，也是保护国家利益，调整国家与公民之间、国家机关之间的法律，主要目的控制公权力行使；主要包括宪法、行政法、刑法、社会保障法、税法、军事法、行政诉讼法、刑事诉讼法等。私法适用的是"个人—个人"之间关于财产关系和人身关系的法律，遵循当事人意思自治原则，主要表现为民法、商法等，包括人格权法、家庭法、合同法、侵权行为法、继承法、商事法、海商法、民事诉讼法，但也有将民事诉讼法归入公法者。

"二战"以来，随着社会的发展，国家对私人领域的干预以保障弱者的权利成为时代趋势，出现了"法律社会化"的现象，表现为公法私法化与私法公法化，形成了"非公非私"、"亦公亦私"，介于公法和私法之间的社会法，对传统的公私法两分方法形成了冲击，于是，理论界提出了"公法""私法""社会法"三分的分类方法，尝试对传统的公私两分法加以发展。在我国，被认为属于社会法的有：《劳动法》《劳动合同法》《工会法》《未成年人保护法》《老年人权益保护法》《妇女权益保障法》《残疾人保障法》等。尽管公法与私法的划分实际意义开始变小，但仍对认识法律发挥着一定的作用。

二、强行法与任意法

强行法与任意法，是依据法律效力的强弱对法作出的划分。强行法又称强制法或绝对法，是指必须绝对服从和执行的法律规范，即法律规定的事项，特别是对行为的要求有切实遵守的效力，无私人意思选择的余地。违反强行法或导致行为无效，或导致受行为受处罚，例如，刑法、行政法皆为强行法。任意法是指可以由法律关系的主体约定或选择排除适用的法律规范，即法律规定的事项，私人可以进行选择而不必一定遵守。民商法中的规范有很多就属于任意法，例如关于夫妻财产关系的规范，个人可以通过约定而加以遵守，不一定必须按照法律规定的方式、内容来实现。① 因此，任意法就是赋予当事人在法律允许的空间内自由选择自身行为，只有在当事人没有另外约定的情况下才适用的法律规范。相对而言，公法领域的法律规范更多是强行法，任意法更多地出现在私法领域，但并不意味着私法中的规范都是任意法，如民法典规定的"十八周岁以上的公民是成年人，具有完全民事行为能力，可以独立进行民事活动，是完全民事行为能力人"，或者"公民以他的户籍所在地的居住地为住所，经常居住地与住所不一致的，经常居住地视为住所"，这些都是强行性规范。由于意思自治是民法的重要原则，故民法中也有大量的任意性规范，如在《民法典·合同编》部分常见的"合同另有约定的除外"就是任意性规范。再如，劳动法领域，许多国家的劳动法都规定有保护工人的条款，工人受到雇佣后的某段期限内，禁止随意解雇；或赋予工人某些权利，诸如享有带薪休假的权利等等。劳动法明确规

① 《中华人民共和国民法典》第一千零六十五条男女双方可以约定婚姻关系存续期间所得的财产以及婚前财产归各自所有、共同所有或者部分各自所有、部分共同所有。约定应当采用书面形式。没有约定或者约定不明确的，适用本法第一千零六十二条、第一千零六十三条的规定。夫妻对婚姻关系存续期间所得的财产以及婚前财产的约定，对双方具有法律约束力。夫妻对婚姻关系存续期间所得的财产约定归各自所有，夫或者妻一方对外所负的债务，相对人知道该约定的，以夫或者妻一方的个人财产清偿。

定，如果雇主与雇员之间所订协议（劳动合同）剥夺前述权利应属无效，就属于强行法规规范。又如，许多国家的法律规定，铁路因对个人人身或财产造成损害或遗失所应负的责任，不可以通过当事人签订私人协议等方式来规避应承担的责任。

三、一般法与特别法

"一般"与"特殊"具有相对性，法学上的"一般法"与"特别法"的基本含义，应该是指对同一问题，位阶相同或不同的法律都有规定，但规定的内容不尽相同，从普遍意义上进行规定的就是一般法；在特殊意义上，或者针对一般法做出例外规定的就是特别法。

（一）以法的效力适用范围进行的区分

一般法与特别法的关系，实际是法的效力适用范围问题。由于法的效力适用范围涉及对人的效力、对时间的效力、对地域的效力、对事项的效力等，在一般法与特别法的区分上就不能泛泛而论，需要根据效力范围的不同进行判断。

1. 对人的效力

一般法是指适用于一般的人或所有的人的法，如民法、刑法、诉讼法；特别法则仅适用于具有特定身份的人，如公务员法、未成年人权益保护法、妇女权益保障法等。

2. 对事项的效力

即法律对什么事项或行为具有效力。一般法对某一领域的事项具有普遍效力，特别法仅对一般法规范的事项内的特定领域具有效力。如《教育法》普遍适用教育领域，包括小学、中学、大学以及其他领域的教育事项，属于一般法；《高等教育法》仅适用于高等教育领域，就属于特别法。

3. 对空间的效力

即法在一个国家管辖的哪些空间范围内有效力。通常情况下，国家立法机关制定的法律，适用于国家管辖的所有空间，如《中华人民共和国选举法》在全国范围内所有地方都有效力，是一般法；但也存在仅适用于特定空间或区域的情形，如《民族区域自治法》只在民族自治地方内生效，特别行政区基本法仅适用于香港、澳门特别行政区，就是特别法。

4. 对时间的效力

即法在什么时间范围内有效。凡是没有适用时间限制，也就是生效以后，没有规定什么时间失效的法律，就是一般法。如果规定在特定时间内有效，或严格限制其有效期的，如战时法只在战争期间生效，战争状态结束就失去效力，就是特别法。

（二）一般法与特别法的关系类型

从我国现有法律的规定看，一般法与特别法的关系，有这样几种类型：

（1）同一部门法中的一般法与特别法。同一机关在自己享有的权限之内进行立法，用相同的法律形式，如法律、行政法规、地方性法规等，对某一事项做出了一般性的规定，又在同一法律形式之中做出了特别的规定。前者是一般法，后者为特别法。

（2）同一个立法主体制定的法律分属不同的法律部门，其中适用范围较广的是一般法，在此范围内适用于特定事项的是特别法。如《产品质量法》《药品管理法》《食品卫生法》都是由全国人大常委会制定的，其中《产品质量法》适用于所有的产品，是一般法；《药品管理法》、《食品卫生法》仅适用于药品、食品这些特殊的产品，是特别法。

（3）为实施上位法而制定的下位法，上位法是一般法，下位法是特别法。

（4）下位法对上位法进行的变通，是为了执行上位法的规定，通过变通而做出与上位法不同的规定，上位法是一般法，变通以后的下位法就是特别法。如宪法、《民族区域自治法》规定，民族区域自治地方的自治机关享有的自治权中就包括对国家立法的变通权，只是需要有国家立法的授权为前提。《立法法》规定了经济特区的法规可以作出与法律、行政法规不一致的变通规定。

四、实体法与程序法

实体法与程序法是按照法律规定内容不同所做的分类。实体法是规定实体权利义务，即法律关系主体享有哪些权利、履行哪些义务或职权职责为主要内容的法的总称。程序法以保证权利和职权得以实现或行使，义务和责任得以履行的有关程序为主要内容的法律，也就是遵循什么样的程序来解决实体权利义务实现过程中产生的纠纷，或者是实体性权利义务受到侵犯以后如何能够得到救济的法律。实体法与程序法是对应的，是由司法审判活动中分化出来的法律类别，狭义上讲，实体法规定的是案件审判的具体内容，程序法规定的是审判程序。

法律对社会关系的调整是通过为社会关系主体设定权利义务来实现的，社会关系主体根据法律规定的权利义务来实现对自己利益的追求以及与其他人之间社会交往的规范化。由于每个人都处在复杂的社会关系网络之中，身处的社会关系不同，社会角色就不一样，享有的权利和应履行的义务必然会存在差别，法律对人们行为的规范，就必须对人在不同社会关系中享有权利、履行义乌的内容做出明确的规定，让每个人都能够据此而知道在不同的社会关系之中，自己究竟享有什么权利，履行何种义务，才能使法律具有的规范指引作用得以实现。因此，实体法是直接规定人们的权利和义务内容，即法律关系主体的权利和义务如何产生、变更、和消灭，其中最主要的是权利，主要包含两个方面①：一是"事前的权利"，即有权从事或不从事某种行为，或要求义务人从事或不从事某种行为的权利，学理中也常称为"第一性权利"；二是当事前的权利受到损害时，要求补偿、赔偿、补救的权利。学理中也常称为是"第二的或补救的权利"。

程序法是规定保证权利和义务得以实现的程序内容的法律。② 实体法规定的权利和义务只是一种可能性的要求，在实现的过程中会面临两个方面的问题：一是每个人对权利所蕴含利益的最大化追求，与能够满足所有人利益需求的资源有限性之间存在无法克服的紧张关系，引发权利之间的纠纷，甚至是对他人权利的侵犯。二是法律规定的义务是一种负担，存在着每个人都尽量去逃避履行的可能性。当权利之间发生纠纷、受到侵犯，义务得

---

① ［英］戴维·M. 沃克：《牛津法律大辞典》，北京社会与科技发展研究所组织翻译，光明日报出版社 1988 年版，第 865 页。

② 严格地说，程序法不等于诉讼法。程序法是指与实体法对应的程序规定，故指司法、审判程序。

不到履行的时候，法律上如果没有规定解决的办法，必然导致权利所蕴含的利益无法实现，义务不能实际产生对国家和社会共同体的维系作用，社会关系的规范化运行就要落空。古罗马时期，就产生了"有权利就应当有救济"的认识，就是因为意识到了所有的权利都有被侵犯的可能性。因此，程序法的直接对象不是人们的权利和义务，而是如何强制实现权利与义务，特别是在权利遭到损害时如何进行救济的法律。它是"使法律权利得以强制执行的程序形式，而不同于授予和规定权利的法律；它是法院通过程序来管理诉讼的法律，它是机器，而不是产品"。① 现代程序法主要包括三大部分：立法程序法、行政程序法、司法程序法。其中司法程序法以刑事诉讼法、民事诉讼法、行政诉讼法三大诉讼法为代表。

根据上述，实体法规定权利义务，程序法规定解决权利纠纷以及受到侵犯时的救济程序，二者关系密切，甚至不可分离。没有救济程序的实体权利，难以真正得到保障；不针对实体权利救济的法律程序，就是空洞的存在而没有意义。实体法与程序法的划分主要是法理上的，某一项法律规范对应的权利义务是实体的还是程序的，本身具有相对性，不能做绝对的理解。从法律形式上看，实体法与程序法不一定需要截然分开，实体法只规定实体权利义务，程序法仅规定法律程序。实际的情形是，有些法律主要规定实体权利，典型的如民法典；有些法律主要规定法律程序，如诉讼法、仲裁法、调解法等。所谓主要规定，就是不排除其中也会有程序性或实体权利义务的规范，如诉讼法中关于程序性权利的规定。还有一些法律之中，很难说实体权利义务规范还是程序性规范哪个为主，如行政法中实体法和程序法规范交织在一起，很难说行政法究竟是实体法还是程序法。

五、根本法与普通法

根本法与普通法，是根据法的效力等级对法进行的划分。法的效力等级有高低之不同，形成的原因是制定法律的机关存在层级上的高低，层级高者制定的法律效力等级就高，并按照"下位法不能违背上位法"的原则处理不同效力等级的法律之间的关系。所谓的根本法，并不是指所有效力等级高于下位法的那些法律，仅仅指的是具有最高效力的宪法，也就是成文宪法国家的宪法典，内容上规定的是国家的根本制度，个人享有的基本权利和义务，国家机关的设置、职权等重要问题；形式上多以"宪法""基本法""约法"等名称来命名。

所谓的普通法，也有不同的含义。如英国法中的普通法是相对于衡平法②而言的，都是指的判例法。在德国为代表的欧洲大陆国家内，普通法针对的是地方习惯，其中的"普通"相对于"特殊"而言，具有"共同""普遍""通行于全国"的意思，这种普通

---

① ［英］戴维·M. 沃克：《牛津法律大辞典》，北京社会与科技发展研究所组织翻译，光明日报出版社 1988 年版，第 725 页。

② 衡平法（equity），是英国自 14 世纪末开始与普通法平行发展的、适用于民事案件的一种法律，不是法的一般分类中与根本法相对应的普通法，而是指 11 世纪诺曼人入侵英国后逐步形成的普遍适用于英格兰的一种判例法。衡平法是英国法传统中与普通法相对称的一种法。它是 14 世纪后在英国产生和发展起来的，作为对普通法的修正和补充形式而存在并与普通法平行发展的一种判例法。

法实质是指的"共同法""普遍法"。相对于"根本法"的"普通法",则是指成文宪法国家,宪法典之外的所有法律,即所有效力等级在宪法典之下的法律。

在成文宪法国家,宪法典之所以具有最高的法律效力,成为根本法,并不是来自制宪者的主观赋予,而是因为宪法典是作为主权者的人民根本意志和最高利益的体现,调整的是国家权力与基本权利这个最重要的社会关系,规定的是国家最重要的制度,保障的是人享有的最重要权利,构成国家具有法律人格的规范依据,也是国家法律体系构建并维持其统一的基础。在代议制民主制度下,人民经由宪法,实现国家权力的规范运行,确保自己的主人翁地位不被架空。普通法仅调整某一领域的社会关系,在重要性上难以与宪法相比。

根本法就是指的宪法典这种法律形式,具有最高的法律效力,因此,所有的普通法都应该根据宪法制定,本质上是对宪法典规定的重要制度、原则的具体化,宪法典是普通法的效力源泉,普通法的内容无论在形式还是实质上都不能同宪法典相抵触,这种关系,法学界形象地比喻为"母与子"的关系,宪法典为"母法",普通法为"子法"。我国法律的第一条之中,多有"根据宪法,制定本法"的规定,就是这种关系的体现。既然要求普通法的立法必须以宪法典为依据而不能有所违反,宪法典就成为了判断普通法内容是否构成违反宪法的依据,被称之为"法律的法律"、"规范的规范",宪法审查制度就是为解决普通法是否构成对宪法典的违反而建立起来的。

第三节 法 的 理 论

一、法是什么

(一) 西方法学家观点

在法学史上,无数法学家乃至哲学家、思想家都曾基于自己的理论立场、研究方法、逻辑进路,尝试对法是什么这一命题给出的自己的答案。然而,时至今日仍未有精确而又统一的答案,可谓众说纷纭、莫衷一是,正如著名法学家哈特曾经借用古罗马神学家圣·奥古斯丁 (S.A) 有关时间的名言,来描述法定义的困难。奥古斯丁说:什么是时间?若无人问我,我便知道;若要我向询问者解释,我便不知道①。正是在这方面,即使最有经验的法学家也会感到,虽然他们知道很多法律,但却难以给法下个适当的定义。正像一个人,他能在一群动物中认出大象,却不能给大象下个准确的定义。早期文明社会普遍推崇的观点是,法律神定说,认为法律是神的命令,来源于神的创造与意志。古代东方成文法典代表《汉谟拉比法典》,其开篇洋洋洒洒数千字反复强调法典是国王受地神、天神、众神之王、水神、巴比伦守护神之命而发布的。《摩奴法论》声称摩奴法是自在神(梵天)之子摩奴制定的。《圣经》称摩西五经是摩西从上帝那里得来传与人类的②。中国有万物

---

① [英]哈特:《法律的概念》,张文显等译,中国大百科全书出版社 1996 年版,第 15 页。
② 摩西五经指《圣经》中的前五篇:创世记、出埃及记、利未记、民数记和申命记。它是基督徒特别是犹太教徒信奉的最重要的典籍,实际上是犹太社会的法律。

本乎天之说，《尚书》等古籍无不强调法是天子根据天的意志创造的。时至今日，在宗教色彩浓厚的法系（例如伊斯兰法系）仍然声称法律是神创造的，不可更改。

梳理各种学派关于法本质的探索，其中具有代表性和较强涵盖力的学说有如下数种：其一，命令说。边沁、奥斯丁从立法的权力来源和法律规范的内部结构出发，提出了法律命令说，认为法是主权者所发布的命令。其二，规则说，认为法本质是规则，包括以官方形式出现的某些历史事实或社会事实。哈特进而提出法本质是双重规则理论，包含义务观念、内在观点（由官员所表现）及承认规则（由官员所接受承认）等一系列的新概念。其三，卢梭从立法者意志和效力根据出发，提出了人民公意说。其四，判决说。这种观点认为法律本质上只不过一种判决，如其代表学者所言。格雷提出法官发表法律是什么的言辞，霍姆斯提出法是人们对法院判决作出预测等。

还有从其他角度出发的各种学说，如：庞德从法律产生的社会基础和法律产生后的社会效果出发，提出了社会控制说。富勒、罗尔斯（John Rawls）基于程序上的公正提出事业说，认为法律是使人们服从规则治理的事业等。萨维尼强调了人类经验的积累是法律的实质来源，认为法律是人类经验的系统化，法的强制力来自社会压力，而不是国家暴力。西塞罗、格劳秀斯、洛克、康德等自然法学派学者认为法律是理性的创造。此说对推动法律进化有重要影响，举世闻名的《拿破仑法典》就是在此说影响下制定出来的。

1. 法律命令说

这种学说从法律的来源和强制力的取得角度来认识法律，认为法律是一种命令，这种命令是社会的主权者为支配社会成员而发布的。法律是一种主权者的命令。这种命令意指法律表达制定者的意志。第一，某个主体颁布了一般性的命令；第二，背离命令规定的行为模式可能会受到惩罚；第三，行为者惧怕制裁。这意味着，法律义务的产生便是基于这三点。概言之，制定者的意愿明示同时必须为他人所接受，违反者将受到暴力式的制裁。而伴随人类社会的历史发展，主权者也在发生着相应的变化。

随着文明的进步，对制定者的认识从神到人的转变，被称为国家命令说或国家规范说，认为法律是国家的命令或国家创制的规范。这种观念来自两方面的对法律现象的思考。第一，将全部法律视为义务强制的规定，从而将其视为制定者的强制意愿的表现。第二，将任何法律规定的权利义务问题最终归结为刑事处罚问题。

在西方，该种学说有很大影响。命令，同与之相对应的义务、制裁。在边沁和奥斯丁的理论中，具有十分重要的意义。英国法学家约翰·奥斯丁的《法理学的范围》一书，为法律命令说奠定了坚实的基础。他在该书中写到：法律，是强制约束一个人或一些人的命令。[①] 主权者的命令是法律本质的核心. 这种命令包含做某事的要求和违背该要求而面临的恶果。也即法是在上位的人对处下位的人所下的命令，如果不服从，就要给予制裁。这种主权者是国家的统治者所发布的，与上帝发布命令、雇主对雇员发布命令有本质的区别。就法律一词最为普遍最为可理解的使用方式而言，可以将其视为握有控制他人的权力

---

① ［英］约翰·奥斯丁著，［英］罗伯特·坎贝尔修订编辑：《法理学的范围》（中译本第二版），刘星译，北京大学出版社 2013 年版，第 33 页。

的人为其目的而制定的规则。① 法律是一种责成个人或群体的命令，法律和其他命令被认为是优势者宣布的，并约束或责成劣势者②。奥斯丁的法律命令说围绕命令义务制裁的三要素展开的。命令这一术语是指如果主权者表明或发表要求事项，如果我们不履行或不遵守，会受到处罚或者说遇到不利后果。主权者的要求事项就是命令，作为意志的表现形式。奥斯丁以两个理性存在为前提（设定主权者为理性存在 A，政治劣势者为理性存在 B），基于人们对命令的理解总结出以下几点：首先 A 对 B 提出的要求或意愿，乙必须遵守或者服从，应当做什么或不做什么；其次，A 设定的不利后果或者惩罚，当 B 没有服从 A 的要求时，便会施加于 B；最后 A 提出的要求的表现形式可以是文字，也可以是其他。义务这一术语是指在乙不服从甲的意愿或者命令，会有不利后果，也就是说乙被甲的命令约束。其结果是，B 必须遵守服从 A 下达的命令要求，否则即被视为 B 没有履行命令中明示的义务。这样看来，A 的命令要求已然成为 B 的强制性义务。制裁这一术语则是指命令不被服从，义务不被履行产生的不利后果及处罚，则这一不利后果及处罚就是制裁。

我们可以将命令、义务和制裁之间的逻辑关系归纳如下：（1）某人设想他人应该行为或不为的愿望或意欲；（2）如果后者拒绝将会出现来自前者实施的恶果；（3）意志用语言或其他标记来表达或宣布。

此外，德国法学家黑克（PhilippHeck）说：作为一个整体，法律制度是由命令组成的。③ 英国思想家霍布斯（Thomas Hobbes）说：法是国家对人民的命令。④ 认为国法是国家对臣民的命令。边沁说：法律可以定义为，由一个国家内的主权者所创制的或者采纳的用以宣示其意志的符号的集合。⑤ 边沁说：可以将法律界定为一国主权者设想或采用的一系列意志宣告，其涉及某个人或某些人在一定情形下服从的行为。这些人是或应该是受制于主权者的权力……因此，对于法律来说，最为合适的词语是强制命令（mandate）。⑥

2. 规则说

以哈特为代表的现代西方法律实证主义者普遍认为法是一个社会为决定什么行动应被公共权力惩罚或强制执行而直接或间接地使用的一批特殊规则。

在《法律的概念》一书中，哈特从对以奥斯丁为代表的传统理论的批判展开分析，通过对奥斯丁传统命令理论的分析，哈特认为，以威胁为后盾的一般命令理论，固然可以解释刑法的科予义务性和强制性制裁。但是这一理论模型太过简单，无法阐释现代国家法体系的复杂性，即法律的多样性和法律的连续性、持续性。哈特将法律的最一般的特性义务性作为理论的起点，分析了一系列核心的概念，如习惯、规则、内在观点、外在观点、

---

① Jahn Austin, The Province of Juritprudence Deternined. ed. Wufrid E. Rumble, New York；Comhridge University Press, 1995, p. 18.

② Jahn Austin, The Province of Juritprudence Deternined. ed. Wufrid E. Rumble, New York；Comhridge University Press, 1995, p. 29.

③ ［德］菲利普·黑克：《利益法学》，傅广宇译，商务印书馆 2016 年版，第 13 页。

④ ［英］霍布斯：《利维坦》，黎思复、黎廷弼译，商务印书馆 1985 年版，第 251 页。

⑤ ［英］杰里米·边沁：《论一般法律》，毛国权译，上海三联书店 2008 年版，第 1 页。

⑥ Sereroy Bentbam, Of Lmws in General. ed. H. L. A. Hat, London：The Aithione Press University of London, 1970, p. 14.

承认规则、社会规则、法效力等，针对命令理论中制裁的批判，分析认为法律存在科予义务和授予权力的两种类型的规则，逐步建构起精致的社会规则理论（双重规则理论），以对现代法体系提供一个较优越的阐释，澄清人们对法的一般性质的疑惑。

哈特在对上述的分析批判中，同时也凸显了其新理论的起点：针对命令理论中服从习惯的批评，区分出习惯与规则之间的差异，哈特认为。虽然二者均涉及行为的一般性、非任意性和普遍的一致性，但习惯与规则的关键性二者存在关键差异是：习惯仅具有外在面向，规则还具有内在面向，即人们对规则的反思性批判态度。这是理解对规则接受之上的社会实践、阐释法律的连续性的起点。

进而引出了内在观点和社会规则的概念。内在观点（或称内在方面）是哈特理论的出发点。哈特以此作为治疗分析法学和现实主义法学共同弊病的首要良方。意念是规则的内在方面，行为的规律性是规则的外在方面。外在观点表达了法律规则与社会习惯之间的共性，是指由二者所共享、集中表现外在观察者所记录的、具有统一规律的行为的基本立场。没有自我反省性质的内在观点，行为模式便会成为诸如习惯等类的行为模式，或者成为仅有强暴要求逼迫的被迫行为模式。内部观点则是社会规则的独特要素，具体指在特定的语境下，以接受的态度来记录具体法律规则，以及预测和评价相应行为的基本观察视角。内在观点而非外在他人的要求，是规则存在的至关重要的本质特征。在任何规则存在的行为模式中，都可以发现这种内在观点。

哈特法律规则说理路的展开可以简单概括为：首先，从判断法律的基本要素出发，找出确认法律是什么的要素，哈特认为是一种生活经验；其次，追问法律因何种要素而被确认，哈特以次级规则尤其是承认规则作出回应；最后，在已经确认法律之下，重新回应人们应当如何对待法律的问题，哈特在此则坚持法律与道德相区分。当偏离行为实际出现或将要发生时，这些看法便在对他人的批评、对他人的要求和他人遇到批评和要求时对两者的承认中，表现出来。生活中有广泛的规范性语言，如我（你）不应这样做，我（你）必须这样做，这是正确的，那是错误的，被正面心态行为者用于这种批评、要求和承认的表述之中。① 任何社会规则的存在，包含着规则行为和对作为准则的规则行为的独特态度之间的相互结合。②

3. 人民公意说

法国启蒙思想家卢梭认为，法不过是意志的记录③。对近代以来资产阶级革命运动产生了积极影响，在古典自然法学说中占据了重要的地位。

人在自然状态下没有法则，也不需要法则。因为每个人都是孤单地生活，人们之间几乎没有任何现实的关系，因此也就没有什么关系法则需要遵循。人们通过社会公约结成国家，国家行为的最高依据是公意，而公意的形成和确定必须通过立法。为了获得超出个体之上的更强大力量，以便能更好更安全地生活下去，人们达成一种足以把人们联合起来的社会契约。主权无非是对人民公意的一种运用，而法律的对象永远都是普遍性的，法律乃

①　L. A. Hant：The Cocept of Law, Oxford, Clarendon Press, 1961, pp. 55-56.

②　L. A. Hant：The Cocept of Law, Oxford, Clarendon Press, 1961, p. 83.

③　［法］卢梭：《社会契约论》，何兆武译，商务印书馆 1980 年版，第 51 页。

是公意的行为①。有了这样的社会契约，人们才有真正的法则。由此可见，除了独一无二的社会契约以外，便没有也不可能有任何其他的所谓基本法则（fundamentallaw）了。②

人世间一切真正的法则都是普遍意志的结果，普遍意志是万法之源。卢梭区别了公意与众意，认为公意是着眼于公共利益的，唯有公意才能够按照国家创制的目的，即公共幸福，来指导国家的各种力量。而众意仅仅着眼于私人利益，后者只是个别意志的总和。③因此，公意排除私人意见、党派观点和集团利益。我们可以这样概括，首先，公意不是众意，其次，公意不会犯错误。最后，公意以公共利益为依归意志乃万法之源，颁布法则的不是理性，不是情感，也不是神。法则与意志终于被沟通了起来而有了内在的关联：具体来说：其一，公意是立法的最高标准，卢梭的立法思想是其社会契约思想的核心内容。其社会契约思想的主要脉络是：立法必须发现和确定公意。因而，公意既是立法的应然内容，也是立法的最高标准。其二，公意是立法的正义标准公意是卢梭立法的实体标准、最高标准，也是正义标准。公意之所以是立法的正义标准，在于它的公正性、效率性和功利性。其三，公意是一种客观标准，从字面上看，卢梭的公意或普遍意志应该是主观的，是组成共同体的人民的共通意志。

此外，德国法哲学家黑格尔认为法即意志的表现，法的基地一般说来是精神的东西，它的确定的地位和出发点是意志。意志是自由的，所以自由就构成法的实体和规定性。至于法的体系则是实现了的自由的王国。他又说：任何定在，只要是自由意志的定在，就叫做法。所以一般说来，法就是作为理念的自由。④

4. 判决说

在法律思想史上，美国法学家约翰·奇普曼·格雷（JohnChipmanGray）的名字常常与法律渊源理论相联系。格雷认为，法律是任何人类团体中司法机构（法院）为确定法律权利与法律义务而发布的一般性规则，⑤ 即裁决权利义务的依据。正如格雷颇为喜欢本杰明·侯德里主教（BishopBenijamninHoadly）1717 年曾经说过的一句话；无论是谁，只要他有绝对权威解释任何成文法或成言法（spokenlaws），那么，就是他而非先写先说的人，才是真正表达所有意图和目的的立法者。⑥

格雷向我们描绘的图景是，在法官进行司法裁判之前，法律并不存在，并不是由法律适用者所发现的，而是由其解释制定的。存在的只是制定法、先例、专家意见的法律渊源。不论是制定法还是判例法，均无法解释自身，其含义是由法院来宣布的，而且正是基于法院宣告的含义而非其他含义。为了实现保障和促进人类利益的目标，组织化的社会所采取的主要手段便是强迫个人作为或不为特定的事项，这种被强迫的作为和不作为便是法律义务；与此同时，当某个主体能够依照自己的意愿（motion）来实施这种法律义务，该

---

① ［法］卢梭：《社会契约论》，何兆武译，商务印书馆 1980 年版，第 37、50、51 页。
② ［法］卢梭：《爱弥儿》，李平沤译，商务印书馆 2001 年版，第 708 页。
③ ［法］卢梭：《社会契约论》，何兆武译，商务印书馆 1980 年版，第 39 页。
④ ［德］黑格尔：《法哲学原理》，范扬、张企泰译，商务印书馆 1961 年版，第 10、36 页。
⑤ John Chipman Gray：The Nature and Sources of the Law, Boston：Beacon Press, 1963, p.84.
⑥ John Chipman Gray：The Nature and Sources of the Law, Boston：Beacon Press, 1963, p.172.

主体就享有了以法律义务相对应的法律权利。① 社会成员的法律权利义务绝非一望即知，需要专门的机构或人员加以确定，这便是法官和法院。他们为确定法律权利义务而发布的一般性规则便是法律。制定法才作为法律强加给社会，法官处理制定法的权力是巨大的。

而只有在司法程序中，法官凭借这些法律渊源作出判决，他用来认定权利义务的一般规则才是法律。概言之，法只是指法院在其判决中所规定的东西，法规、判例、专家意见、习惯和道德只是法的渊源。法律适用者在形成大前提时的确考虑了前述了这些法的渊源，然而，形成过程结合了诸如政策、道德、原则之类的价值考虑和对白纸黑字规则的具体解释，解释结束时才会出现一个可适用于具体案件事实的法律规则。而当法院作出最终判决时，真正的法才被创造出来。②

应当进一步区分解释的是。首先，在格雷看来，法律并不等同于所谓裁判规范。法律适用者的推论模式是演绎的，是从大前提向案件事实这一小前提推进的，但是大前提的形成颇为复杂，而且其本身也不是分析法学所说的白纸黑字的规则。而依据另一规范学派学者凯尔森，法律总是裁判规范，所有的法律规范最终用某种方式改写为法官必须遵守的裁判规范。③ 举例来说，虽然存在禁止偷盗的法律条文，但其最终形式其实是禁止偷盗，如果偷盗，法官应该予以制裁。裁判规范的约束对象是法官，它为法官规定权利义务。但格雷将法官发布的一般性规则视为法律，这些法律依旧规定了当事人的权利义务，是当事人的行动规范，并不直接规定法官应如何判决，自然也就不属于此一意义上的裁判规范。制定法最终是由法官来解释的，法官所说与所解释的才是真正的法律。换言之，不论立法机关和司法机关的关系应当如何，也不论司法机关是否应当尊重立法机关，事实上恰是司法机关所表述的才是何为法律的最后语言。④

其次，个案司法判决不是法律，它作为这一过程的最终结果，确定了当事人权利义务的个别规范。举例说明：法官在审理某项侵权责任纠纷案件，他可以参考的是制定法、在先判决、法学专家意见等等，格雷将其成为非法律的法律渊源。而法官根据这些材料，通过自身推理，得出结论，将任何人必须因自身侵权行为而对承担违约责任作为认定该案当事人权利义务的规则，那么这条规则就是法律。但其判决中出现的类似被告作为侵权方，应该承担违约责任，原告作为受害方，有权获得赔偿之类的话语，仅仅是针对个人当事人的个别规范，并非法律。

最后，格雷认定的法概念与所谓活法（行动中的法）存在明显差异。活法是指法律不是写在纸面上的僵硬字词，而是在民众在社会生活中切实遵守的行为规则。⑤ 举例说明：倘若法院作出某项判决，其中规定了相关当事人权利义务，却由于种种原因，该判决没有被执行，权利义务并未付诸实践。即便如此，按照格雷的理论，法官用来裁决案件的一般规则也依然是法律。格雷强调，对判决实际上的强制执行力并非法院的本质特征，法

---

① John Chipman Gray：The Nature and Sources of the Law，Boston：Beacon Press，1963，p. 12.

② J. C. Gray，The Nature and Source of the Law，MacmilanCo. 1921，pp. 84-85.

③ ［奥］凯尔森：《法与国家的一般原理》，沈宗灵译，中国大百科出版社 1996 年版，第 67 页。

④ John Chipman Gray：The Nature and Sources of the Law，Boston：Beacon Press，p. 172.

⑤ ［德］埃利希：《法社会学原理》，舒国滢译，中国大百科出版社 2008 年版，第 537 页。

院常常借由其他机构执行自己的判决。①

5. 社会控制手段说

所谓社会控制，是指通过某种社会力量使人们遵从社会规范、维持社会秩序的过程。现代社会科学建立以后，文明与社会控制之间形成了一种相互配合的局面。美国社会学法学家庞德从社会学的角度出发，认为人类社会发展史证明，文明是人类力量的不断完善和发展，为了维持正常秩序，必须使人们的活动按照一定的社会行为规范进行，进而实现人类对外在物质自然界，对人类目前能加以控制的内在的或人类本性的最大限度地控制。庞德从历史的经验总结出人类历史上有三种重要的社会控制手段：宗教、道德和法律。近代以来，人们选择了法律作为社会控制的主要工具。

庞德指出，法律是发达的政治上组织起来的社会高度专门化的社会控制形式，它是一种通过有系统有秩序地适用社会强制力量的社会控制。在这种意义上，它是一种统治方式，我称之为法律程序的统治方式。② 作为一种通过政治组织社会的社会控制，通过法律的方式来行使，并以强力确保法律秩序的支配地位，实现法律救济适用的确定性。它能利用一种权威性技术将一些带有权威性的根据或指示应用到决定上，使司法和行政程序能在一种有秩序的、有系统的方式下运转。

从法律秩序意义上说，当国家成为压倒性的社会控制机构，保持着对强制力的垄断时，社会控制作为国家职能，法律就是政治组织社会有组织地运用强制力，实施一套权威性的规则来实现社会控制的一种制度。从社会功能的角度看，法律这种专门化的控制力量确实拥有着其他社会控制手段无可比拟的实效性。但庞德的实用主义触角并未停滞于此，而是进一步探寻实效背后的价值依据。他指出：经由国家所进行的社会控制应是谋求在理性的基础上并以人们所设想的正义作为目标来实现的社会控制。③

当然，社会制度的实现不能仅仅依靠法律作为唯一的途径，法律也不能单独完成社会控制的任务。而所有其他社会控制手段就从属于法律所设定的范围来行使纪律性权力。因此，庞德将法律描述为一种压力，施加这种压力是为了迫使每个人尽自己的本分来维护文明社会，并阻止从事反社会的行为，即不符合社会秩序规定的行为④。

6. 事业说

在 20 世纪中叶，美国新自然法学派的代表人物富勒（LonL. Fuller）提出：法是使人们的行为服从规则治理的事业。⑤ 由于在解决法律问题的具体方式、观察法律现象的出发点的不同立场，在对于法律概念的界定上得出了显著不同的结论，富勒与哈特展开了针锋相对的学术论战。焦点在于本体论意义上的法律与道德的关系，即法律是否应符合某种标准才能称之为法律？实然法和应然法是否可以分离？或者更确切地说，法律和道德有无概

---

① John Chipman Gray：The Nature and Sources of the Law，Boston：Beacon Press，1963，p. 115.

② Pound：My Philosophy of Law，from The Great Legal Philosophyers——Selected Readingsjurisprudence，edited by C. Moria，University of Pennaylvania Press，1971，p. 532.

③ 翟志勇：《罗斯科·庞德：法律与社会——生平、著述及思想》，广西师范大学出版社 2004 年版，第 11 页。

④ 张志铭：《法律解释操作分析》，中国政法大学出版社 1999 年版，第 58 页。

⑤ L Fuller：The Moraliry of Law（revisededition），Yale University Press 1969，p. 106.

念上或逻辑上的必然联系？

在富勒看来，道德是法律秩序的基础，法律本身含有内在的道德性，法律与道德、实然的法与应然的法在实际上是无法截然分开的。富勒认为，正是因为哈特教授将法律看作是自动投射到人类经验中的现成的事实资料，才导致他忽视了对法律的道德性要求进行分析。他强调，任何法律制度都必须符合一定的道德标准才有资格称之为法律，凡是违反道德标准的法律，只有法律之名，而无法律之实，因此应从法律家族中予以剔除。法律不是一成不变的既定的现实，而是通过人们的努力不断塑成的事业，进而强调不能将法律与道德分离，法律是具有一定目的性的运动状态。

富勒通过将法律道德性与实证法概念相比较，进而明确提出他所秉持的法律概念，即法律是使人的行为服从规则治理的事业。法律的作用是建立在规则治理之上的，并不是所有的被称为法律的东西都可以实现法律的作用，也就是说，发挥法的作用本身对法律有一定的要求。他认为法的程序道德是一项绝对命令，因为如果被称为法律的东西呈现为一系列散乱的、毫无章法地行使国家权力的行为，公民便无法根据法律来调整自己的行为。

在富勒看来，只有符合形式上的道德要求才能称作真正的法律。① 进而提出了良法的八项原则，即法律的一般性、公开性、不溯及既往，清晰性、不矛盾性、不要求不能为之事、连续性、一方行动与公布的规则之间的一致性。② 一个鲜明的例子便是纳粹德国一手炮制的纳粹法律体系，在整体上来说是反人道的，毫无道德可言，因此它们不是真正的法律。同时，在德国法律纳粹化过程中，法律技术所扮演的角色当永远记取③。纳粹德国法律秩序的嬗变绝大多数不是通过颁布法律达到的，法学和法院正是常常完全违背法律。并根据种族政策目标的思想以违背现行法的方式维护纳粹统治者的意志。并不是所有的法律方法都对法治有意义，如果一种法律方法内在地将法律当作实现其他目标的工具，追求外在于法律的统治意志、民意、功利、好结果等，则这种法律方法就会对法规范起到消解作用，成为法治的对立物。所谓法律是一项规则治理的事业，是要求法律方法运用上，法律统一的、平等地适用。

富勒阐述了隐含法律的概念。他认为，任何法律的明确表达形式（如制定法）都不会穷尽其中包含的法律内容，换言之，法律的条文和其中包含的法律内容是两个不同的概念。即使制定法并未针对实际情况写出更多的文字，但人们可以从中推出与此一致的法律内容。这类可推出的法律内容就是隐含法律。例如，关于遗嘱的效力，包括我国《民法典》在内也有类似的规定，遗嘱须在两名主体资格合格的证人面前签署方为有效。我们可以从中推导出这样的结论：遗嘱分别在两名合格主体面前签署同样有效。④ 这便是富勒所言的隐含法律。

---

① L Fuller：The Moraliry of Law，Yale University Press 1969，pp. 93-97.

② ［美］富勒：《法律的道德性》，郑戈译，商务印书馆 2005 年版，第 55 页以下。

③ 从法学技术上看，就是一个寻找法院所接受的、民族社会主义倡导的、新法律渊源的转义解释过程。也即寻找领袖意志、纳粹的政党纲领、由种族决定的新的来自血统与国籍的自然法过程。［德］魏德士：《法理学》，丁晓春、吴越译，法律出版社 2013 年版，第 214 页。

④ Lon L. Fulr，Anatomy of the Law，New York：Prmoger，1968，pp. 151-157.

归纳前述理论争议，争议焦点集中在如下两方面。

（1）法的基础是什么

关于法的基础，即法建立的根基是绝对精神、民族精神还是社会。

在西方，以民族精神中作为法律的基础，在孟德斯鸠、黑格尔和历史法学派的学说中有明显的表现。特别是黑格尔的学说中，按照客观唯心主义的体系认为，法是绝对精神的外化，即绝对精神自我发展的一个阶段。① 与之相类似，中国的儒家把法的基础看作道、礼和德，刑罚的实施必须以道、礼、德为指导。荀子在其著作《荀子·王霸》中强调：统治者运用国家权力不得道以持之，则大危也，大累也，有之不如无之。

以社会作为法的产生基础，是西方法社会学学派的学者观点。他们抛弃了绝对精神、民族精神和自然法之类的凌驾于实在法之上的形而上学，认为法律发展的重心从来不在国家活动，而在社会本身。为此，一些学者提出，在国家制定的法律之外还存在非国家的法，即不是来源于国家的社会规范，它们与国家法律有着紧密的联系，在发生上它们是国家法律的来源，在功能上它们与国家法律互动并调整着人们的行为。②

我国古达思想家也有类似认识，法律的根源在于社会本身，商鞅其著作《商君书·开塞》中解释春秋战国时期社会从德治向法治转变的原因时，特别着眼于社会结构本身的变迁。神农之世，小国寡民，男耕女织，行政不用而治，甲兵不起而王，因此德治能够奏效。而春秋以来，随着人口的增加、资源的短缺，出现了亲亲而爱私，强国事兼并，弱国务力守的局面，统治者不得不放弃德治，走向法治。

（2）恶法是不是法

对于恶法究竟是不是法的认识，或者说，法是不是反映公平、正义与之是否有必然联系。反映了不同学派学者对法是什么的认识。两种观点常被概括为恶法亦法与恶法非法，也是划分不同法学学派的基础。（有关法学学派的介绍，详见第四节法学流派）。

一种观点认为恶法亦法，法就是法律，与公正没有必然的联系。以中国春秋战国时期的法家和西方的分析实证主义法学为代表，韩非子在其著作《韩非子·难三》说：法者，编著之图籍，设之于官府，而布之于百姓者也。英国分析法学的创始人奥斯丁（J. Austin）说：法是政治优势者所制定的规则③主权者的命令，法是什么是一回事，法是否符合正义是另一回事。对法律规则的分析、分类和解释成为分析法学的主要使命。

另一种观点则相反，认为法与公平、正义有着必然的联系，以中国的儒家和西方的自然法学派为代表。中国的儒家历来认为法律所反映的公正具有永恒性和普遍性，即儒家的经典、三纲五常，到了汉代，春秋决狱，儒家的经典成了法上之法。《论语·子路》中记载孔子强调礼、乐对法律的指引和制约作用，礼乐不兴，则刑罚不中；刑罚不中，则民无所措手足。道家则认为道德是相对的，因人而异，如《庄子·胠箧》中记载老子的名言：

---

① 黑格尔认为，绝对精神是宇宙之源，万物之本。世界的运动变化乃是绝对精神自我发展的结果，整个自然的、历史的和精神的世界处于不断运动、变化、转化和发展中。参见［德］黑格尔：《法哲学原理》，商务印书馆 1961 年版，第 161 页。

② 朱景文：《现代西方法社会学》，法律出版社 1994 年版，第 24 页。

③ ［英］奥斯丁：《法理学的范围》，中国法制出版社 2002 年版，第 14 页。

彼窃钩者诛，窃国者为诸侯，诸侯之门而仁义存焉。

西方的自然法学派则主张自然法与实在法的二元论，认为在国家制定的实在法之上存在一种自然法，在古代表现为永恒的自然秩序，在中世纪表现为神法，在近代表现为人类理性，在当代则表现为可变内容的道德，它们是指引和制约着实在法的更高的法，实在法只有符合自然法才配称为真正的法。古希腊和古典的自然法学派都曾经主张永恒的自然法，而当代自然法学家则主张可变内容的自然法，以适应当代西方社会迅速的社会变迁和价值观念变迁。当代西方占主流的自由法学认为，虽然人们有着不同的利益要求和价值观念，但是在相互交往的过程中形成了社会共识，法就是建立在共识的基础之上的。而欧洲的法兰克福学派和美国的批判法学认为，法律是政治的，是一种意识形态，共识使社会上占统治地位的思想合法化，在这一过程中不占统治地位的思想则被边缘化。"法律就是对秩序瓦解的一种回应。"①

（二）马克思主义法学观点

马克思主义法学是马克思和恩格斯在 19 世纪 40 年代创立的无产阶级国家学说之中所包含的法学理论和学说。马克思主义法学吸收继承了人类社会发展过程中思想家关于法的理论与学说中的积极因素、合理成分，运用辩证唯物主义、历史唯物主义的世界观，揭示了法的本质与法律现象产生和发展的规律，增强了对法的性质认识的科学性。

马克思主义法学基于物质决定意识、经济基础决定上层建筑的哲学观，认为法是统治阶级意志的体现，但法的内容在根本上是由社会的经济基础决定的。把法看作意志的反映，并不是马克思主义的首创，马克思主义产生之前，很多思想家就曾经说过法反映的是"神的意志""民族意志""公共意志""主权者的意志"等，关键在于这些"意志"的内容是有什么决定的，否则，岂不是得出结论，统治者想怎么制定法律都是可以的了，法律则成为统治者的主观随意性的产物。马克思主义法学认为，法律体现的统治阶级意志归根结底是由物质生活条件，即经济基础决定并反过来为经济基础服务的。"法的关系正像国家的形式一样，既不能从它们本身来理解，也不能从所谓人类精神的一般发展来理解，相反，它们根源于物质的生活关系。"②

关于法的产生，马克思主义法学认为，法律是伴随着私有制、阶级和国家的出现而形成的，并不是超阶级、超国家的存在，因而必然随着阶级和国家的发展而变化。由于阶级和国家本身是一种历史的存在，将来会走向消亡，法也将随之而消亡。所谓法的消亡不是指法完全归于消失，而是指内容上不再是统治阶级意志的体现，实现上不需要以国家强制力为后盾了，而是回归到了纯粹社会规范的性质。

关于法的本质，马克思主义法学主张，法律并不是超阶级的全民意志的体现，而是统治阶级意志的反映。原因在于，国家本身就是阶级统治的工具，法律就是由社会上居于统治地位的阶级通过国家制定或认可的行为规范，必然是统治阶级意志的反映，为统治阶级的利益服务。马克思、恩格斯在《共产党宣言》中指出：资本主义社会中的"法律、道

---

① ［美］R. M 昂格尔著：《现代社会中的法律》，吴玉章等译，译林出版社 2002 年版，第 125 页。
② 《马克思恩格斯选集》第 2 卷，人民出版社 1995 年版，第 82 页。

德、宗教，在他们看来全都是掩盖资产阶级利益的资产阶级偏见"。① 需要注意的是，法所体现的是统治阶级的"公意"，而不是统治阶级的"众意"。正如马克思、恩格斯所指出的，统治者中的所有个人"通过法律形式来实现自己的意志，同时使其不受他们之中任何一个单个人的任性所左右，由他们的共同利益所决定的这种意志的表现，就是法律"。② 法具有阶级性，体现统治阶级的意志，并非意味着法完全不反映其他社会阶级的利益和愿望，因而也具有社会性，是阶级性和社会性的统一。正如恩格斯指出的，"政治统治到处都是以执行某种社会职能为基础，而且政治统治只有在它执行了它的这种社会职能时才能持续下去"。③ 只是在阶级划分存在的情形下，法的社会性在根本上要受到阶级性的决定，即法的社会性内容也必须符合统治阶级实现统治的需要。

马克思主义法学认为，受经济基础决定的统治阶级意志，并不等同于法，只有"被奉为法律"的统治阶级意志才具有法的性质。"奉为法律"，就是统治阶级经过国家机关把自己的意志上升为国家意志，并客观化为法律规定。因为意志作为一种心理状态和心理过程、一种精神力量，本身不能成为行为规范，只有经过国家机关制定成规范性文件后才是法，即给予这种意志"以国家意志即法律的一般表现形式"。④马克思和恩格斯说国家意志是法律的一般表现形式，是相对于决定法律内容的"现实的经济关系"而言的，并不是说国家意志是与法的本质相对应的一种法的现象。事实上，国家意志就是指法本身，说国家意志是法律的一般表现形式仅仅是指法律具有国家意志的属性。马克思和恩格斯在这些论述中使用的是"法律"。他们之所以用"法律"一词，是由于法律是法的"一般表现形式"。但通观法的历史，法的表现形式并不是只有法律这一种，还有最高统治者的决策、由国家认可的习惯、判例、权威性法理、法学家的注解等。所以，可以把马克思、恩格斯所用的"法律"普遍化为所有法的形式。这样就可以说，统治阶级的意志只有表现为国家有权机关制定的规范性文件，才具有法的效力。法是以国家政权意志形式存在的社会规范，而国家政权由统治阶级掌握，因此法首先和主要体现统治阶级的意志。

二、法律规则与法律原则的关系

（一）"法律规则"与"法律原则"的特性

以往的法学理论认为所有的法律规范都是法律规则，二者之间可以交互使用。美国著名的法学家德沃金 1967 年在《芝加哥大学法学评论》第 14 期上发表了《规则模式》（*The Model of Rules*）一文，提出了法律原则问题，然后相继于 1977 年、1985 年和 1986 年分别出版了《认真对待权利》（Taking Rights Seriously），《原则问题》（*A Matter of Principle*）和《法律帝国》（*Law's Empire*）三本著作，系统论证了法律原则与法律规则是两种类型的法律规范的观点，对以哈特为代表的法实证主义发起了挑战，在国际上引发了热烈的讨论，产生了巨大的影响。

---

① 《马克思恩格斯选集》第 1 卷，人民出版社 1995 年版，第 262 页。
② 《马克思恩格斯全集》第 3 卷，人民出版社 1960 年版，第 378 页。
③ 《马克思恩格斯选集》第 3 卷，人民出版社 1995 年版，第 523 页。
④ 《马克思恩格斯全集》第 3 卷，人民出版社 1960 年版，第 378 页。

　　法律规范由"法律原则"和"法律规则"构成，其中"法律规则"内容明确、肯定和具体，可直接适用。"规则在适用时，是以完全有效或者无效的方式。如果一条规则所规定的事实是既定的，那么或者这条规则是有效的，在这种情况下，必须接受该规则的解释办法。或者该规则是无效的，在这样的情况下，该规则对裁决不起任何作用。"① 即法律规则是要么遵守，要么不遵守的"全有全无"方式得到适用。"法律原则"仅对不特定事实进行评价或指示，缺乏明确的假定条件及固定的法律后果，只能引导我们进行思考，而不能直接告诉我们如何实现其要求。"当我们说某一条原则是我们法律制度的原则时，他的全部的含义是：在相关的情况下，官员们在考虑决定一种方向或另一种方向时，必须考虑这一原则。"②

　　（二）"法律规则"与"法律原则"的区别

　　规则：属于"应该做"的规范，明确具体，限制自由裁量，仅仅针对共性，冲突不能共存，全有全无适用。原则：属于"应该是"的规范，笼统模糊，赋予自由裁量，更能关注个性，冲突可以共存，无须全有全无。

　　1. 性质不同

　　规则是"应该做"的规范，直接针对人的行为，告诉有关主体应该做什么，具有事实要件和效果要件上的对称性；如果被适用，那么它规定的内容就能得到明确且具体的实现。因而两个冲突的规则不能存在于一个法律文件之中，因为法律不能要求人同时做出两个截然相反的行为，除非二者是一般和例外的关系。原则是"应该是"的规范，不具有规则具有的事实要件和效果要件的对称性。原因是原则针对是规则而不是人的行为，解决的是规则应该是什么的问题，基本的精神是要求规则应该符合原则，相互冲突的法律原则可以同时存在于一个法律文件之中。

　　2. 确定性程度不同

　　规则规定的行为模式是明确具体的，针对的是某个范围内所有人行为的共性，无法兼顾到个案中人的行为的个别性和特殊性，确定性的程度比较高。对于法律适用者而言，由此而产生的结果是，规则越是明确具体，适用者的选择余地，也就是自由裁量权就越弱。原则只是给人的行为指明了方向，为其大致设定了不能逾越的边界，相对于规则而言，笼统模糊，确定性的程度比较低，法律适用者对法律原则的运用有很大的自由裁量权，既可以针对某类法律问题的共性，也可以照顾到个案的特殊性和个别性，法律适用者因此而享有根据个案的特殊情况便宜行事的权利。

　　3. 适用方式不同

　　规则之间没有孰轻孰重的问题，在具体案件的裁判过程中，如果法官面临存在相互冲突或矛盾的规则时，需要判定哪一个规则适用于该案，而将其他规则排除在外，把法律规则规定的法律后果适用于该案，得出判决结论。也就是说，一个规则对一个行为而言，只有两种情况，要么百分之百地适用，要么完全不适用，不存在两个或两个以上同类性质的规则共同适用于一个行为的情况。比如，王某使用 10 万元假币在某钟表店购买劳力士手

---

　　① ［美］德沃金：《认真对待权利》，信春鹰等译，中国大百科全书出版社 1998 年版，第 43 页。

　　② ［美］德沃金：《认真对待权利》，信春鹰等译，中国大百科全书出版社 1998 年版，第 45 页。

表一块，按照《中华人民共和国刑法》该行为既构成了使用假币罪，又构成了诈骗罪，法官只能选择其中一个规则来定罪量刑，而不能同时定两个罪名。要么是诈骗罪，要么不是诈骗罪，不能说这个行为 30% 是诈骗罪，70% 是使用假币罪。规则的这种适用方式被称为"全有或全无"。原则就不同，"原则具有规则所没有的深度—分量和重要性的深度。"① 规则是根据原则制定的，一个规则背后，有多个原则。当多个原则可在同一个案件中适用，包括原则之间存在冲突时，不存在将哪个原则排除出去的问题，而是要在原则之间进行比较，看哪个原则在该案中更具有优先性，通过权衡他们的分量来确定适用哪个原则，而不会像对待规则冲突那样宣布其中一个原则无效。诚如德沃金所言："原则是理由。一个理由不会因为某一种情况下其他理由占上风，而不再是一个理由。"② 比如一个刑法的罪名规则至少同时体现三个原则：罪刑法定、罪刑相适应、刑事法律面前人人平等，所以适用一个刑法的罪名规则，就是在同时适用三个原则，也就是说不同的原则可以同时适用于同一个案件中。当多个原则同时适用于同一案件时，其强度可能是不一样的。比如有些刑事案件可能更关注罪刑法定一些，但是更关注罪刑法定并不意味着不受罪刑相适应原则和平等原则的约束。

（三）法律原则的适用

1. 法律原则的效力

作为法律规范的一种形态，法律原则的适用当然是以其具有效力为前提的，具体体现可概括为这样几个方面：（1）认定法律事实的效力，例如，违反正当程序原则、刑讯逼供取得的证据不得采用（毒树之果原则）。（2）评价法律规则正当性的效力，用以决定是否适用某项法律规则，如果评价是负面的，则可以排斥该法律规则的适用。例如，美国宪法中的言论自由原则曾经被用来否定诸多限制言论自由的法律的效力。（3）特殊情形下的直接适用效力，主要是指已有的法律规则失去了效力而又无其他规则可以替代的时候，可以直接适用法律原则。（4）法律解释的效力，主要运用于解决法律规则之间的冲突，协调不同规则之间的关系。（5）填补法律规则漏洞的效力。③

2. 法律原则的适用条件

法律原则是为法律规则提供指引的基本原理。原则是规则的上位规范，规则应当符合原则。法律原则确定性与可预测性的程度相对较低，不能直接用来对某个裁判进行证立，还需要进一步的规范性前提。

法律原则适用的第一个条件是："穷尽法律规则，方得适用法律原则。"原则指导规则，优先适用规则，原则填补规则空白，克服规则僵硬性。漏洞的作用。法律规则比法律原则更加明确，能够限制法官的自由裁量权，保障国民的预测可能性，因而，在司法实践中，应该优先适用法律规则。法律规则是会出现空白或漏洞的。当法律规则出现空白或者漏洞的时候，法官不能以此为由拒绝裁判案件。之所以不能拒绝裁判案件，原因在于司法

---

① ［美］德沃金著：《认真对待权利》，信春鹰等译，中国大百科全书出版社 1998 年版，第 46 页。

② 张文显：《二十世纪西方法哲学思潮研究》，法律出版社 1996 年版，第 385 页。

③ 谢晖：《法律原则的效力和适用条件》，载《苏州大学学报》（哲学社会科学版）2004 年第 6 期。

具有终局性，是社会纠纷的最后一道解决程序，如果法官拒绝裁判，社会纠纷就失去了合法的解决渠道，权利义务处于不确定的状态，不利于社会的和谐和稳定。所以，即使穷尽了法律规则，法官仍然有作出裁判的义务。但是法官裁判必须有法律依据，没有法律规则作为依据的时候，法官可以援引法律原则作出判决。此时，法律原则起到了填补法律规则空白或法律原则的第二个适用条件是："除非为了实现个案正义，法律原则不得直接适用。"不得舍弃法律规则而直接适用法律原则。法律规则针对的是某类行为的共性，因而在具体的司法实践中，它可能无法照顾案件的个别性或特殊性，因而导致个案的裁判结果虽然合法，但是不合理，即"个案不正义"。而正义是司法的灵魂，法官应该尽力在每一个案件中实现正义。如严格适用法律规则，会导致个案不公正时，如能证明适用于裁判案件的法律规则是一项"恶法"，此时法官就可以摈弃该规则，而选择适用导致正义判决的法律原则。此时，法律原则起到了克服法律规则僵硬性的作用。

法律原则的第三个适用条件是："没有更强理由，不得直接适用法律原则"。和规则相比较，原则毕竟赋予了法官更大的自由裁量的空间。自由裁量权越大，法官枉法裁判的可能性就越大。法官也是人，是人就有滥用权力的可能，所以，当有法律规则可以适用，但是法官却要舍弃规则而适用原则时，法官必须提供更强理由，进行充分的说理，来论证自己的选择是正当的。

三、法的实现

（一）法的实现的含义

法的实现，是指法的目的、宗旨和价值等要求通过实施（包括执法、司法、守法和法律监督的过程），在社会生活中产生了实效，表现为社会关系的主体基本上能够按照法律的规定享有权利和履行义务，社会关系的运行形成了秩序化的状态。具体是指：

1. 法律规范预设的结果得以实现

法律对人们行为进行规范，主要是解决人们"应当"如何行为的问题，通过确定权利和义务的方式来构建人们的行为模式，建立相应的行为预期，指引人们按照法律的要求来从事相应的行为，目的在于把人们的行为纳入统一的秩序，为社会交往提供规则，在维持社会关系规范化运行的同时，个人因为能够更好地享有法律权利，受到法律的保护，避免或防止因为违法而受到制裁。因此，法的规范性是以对社会关系主体的行为设定了一定的结果为基础的，即遵守法律的行为以及因此而获得的利益受到保护，违反法律的行为以及由此获得的利益，就要受到制裁。当这样的结果出现时，就意味着法律规范预设的目标与实际的结果达到了统一，即法律对人们行为提出的"应当"要求与现实中人们行为的"实际"结果之间达到了一致。

2. 形成了符合立法目的的法律秩序

法律对人们行为的规范，根本上是对人们的社会交往行为的规范。人的社会性决定了任何个人都必须与他人进行社会交往，形成各种的社会关系，才能真正地获得生存的能力，体现人的属性，马克思因此而认为，人是一切社会关系的总和。处在各种复杂社会关系中的个人，在追求自己利益的过程中，仅以追求自己利益最大化为动机而从事行为，不可避免会产生与他人利益、公共利益的冲突问题。任其存在和发展，人与人之间就只有利益的纠葛与纷争，难以形成合作与共存的关系，社会交往就只能在没有秩序的状态下进行，而在一个没有秩序的社会之中，任何人的利益都是无法得到保障的，也是实现不了的。法律的规范对象，看起来针对的是个人行为，实际上针对的是人的社会交往行为，目的是为人们的社会交往行为提供应当遵循的规范，让所有人的行为都能够在符合法律要求的前提下进行，最终达到让所有社会交往关系都能依照法律实现规范化运行的目的。国家的法律由很多的部门或形式构成，创制法律、对法律进行修改等的根本目的是要建立内部和谐、统一的法律秩序，避免因法律内部存在冲突而导致对社会关系的调整无法达到立法的目的，因此，社会关系的规范化运行实际就是按照统一的法律秩序运行，所有的社会关系按照法律的要求、通过主体的法律行为，成立、变更或消灭法律关系，最终达到社会生活呈现法律化的有序状态。这样的结果，是国家创制法律、实行法治制度所积极追求的，一旦出现，毫无疑问意味着法的实现。

（二）法的实现之条件

法的实现，以"有法可依"为前提，因为要实现的是法，如果法都不存在，法的实现也就失去了对象和依据，既无可能去追求法律规范预设的结果能够呈现，也无法形成符合立法目的的法律秩序，从而在根本上让社会关系在规范化的轨道上运行。

达到什么程度才能属于"有法可依"？首先是一个法律规范的范围问题，即法律对社会关系的规范是否达到了全覆盖的程度，在当下的人们认识水平和社会发展程度之下，需要且能够创制的立法是否已经完成，既有的法律是否及时根据社会的变化进行了修改完善，使得所有社会关系领域都能够有相应的法律可以遵循。为此，需要满足如下的要求：

1. 健全的法律规范

法律是由具体的规范组成的，法的实现最直接的表现就是法律规范的要求得到落实。因此，在法治制度的意义上，法的实现应该是指国家管辖的区域之内，需要或能够由法律调整的社会关系领域，都应该有相应的法律规范存在，用以对社会关系主体的行为进行规范。这种意义上的法的实现，显然是指的所有法律规范，而不是某些或一部分法律规范的要求得到了落实。如果法律规范覆盖的社会关系领域存在缺失或遗漏，即便是既有的法律规范得到了完全的落实，也不能构成真正意义上的法的实现。

2. 和谐的法律部门

法律部门，是以法律规范自身的不同性质、调整社会关系的不同领域和不同方法等为标准，划分出来的同类法律规范构成的体系。凡是调整相同社会关系的法律规范，整合在一起就是一个独立的法律部门。据此可知，法律部门的成立，是由调整相同社会关系的各种形式法律规范组成的，法律部门是否健全，除了考虑调整该领域社会关系的法律规范是否实现了全覆盖、各种应有的法律形式是否都具备这些因素之外，还应该考虑这些法律规范、法律形式之间是否达到了不冲突，也就是和谐的程度。

3. 统一的法律体系

法律体系是指一个国家全部现行法律规范分类组合为不同的法律部门，进而结合在一起形成的有机整体。也就是说，一个国家的法律体系之中，法律规范是基本的构成单元，调整相同社会关系的法律规范组成法律部门，不同法律部门再结合为法律体系。构成法律体系的法律规范、法律部门不是随意堆砌在一起的，而是遵循一定的原理、按照逻辑关系组合而成，呈现出门类齐全、结构严密、内在协调的状态，将之落实于社会关系的调整，才会对所有的社会关系实现全覆盖，做到既不存在遗漏，也不因为法律规范或法律部门的规定不一致，导致社会关系主体的行为选择无所适从，影响法律规范预设效果的实现。

"法的实现"之前提如果仅仅停留于"有法可依"的层面，则落实的可能是形式意义上的法，只关注法是否得到了遵守。实际上，任何国家和社会的法律，都有其价值追求，也就是法的实质内容，必须是为了实现公平、正义，产生保障人权的实际效果，即所谓的"良法"。因此，法的实现之前提应该建立在形式上"有法可依"与内容上的"良法"相统一之基础上。

（三）法的实现构成环节

法的实现由法的遵守、法的执行、法的适用等环节构成。

法的遵守即守法，是指一切国家机关和武装力量、各政党和各社会团体、各企业事业组织都遵守宪法和法律的规定来从事自己的行为，包括所有社会关系主体依法行使权利、认真履行义务、不违反法律的禁止性规定，将法律的"应当"要求转化为自己的"实际"行为，使法律规范预设的效果得以在实际的社会关系中能够真正落实。不能把守法简单地理解为社会关系主体对法的消极的被动的遵守。在现代社会，守法精神的核心是对法治的理解、支持与参与；运用法律手段维护自己的权利，依照法律要求履行自己的义务。

法的执行即执法，有广义和狭义之分。广义的执法包括法的适用。狭义的执法仅指国家行政机关及其公职人员和法律授权、委托的组织及其公职人员依法行使管理职权、履行职责和实施法律的活动，也就是通常所说的行政执法。法律由立法机关制定，但立法机关不会自己去执行法律，而是组织政府即行政机关来负责对法律的执行，将法律规定的国家管理责任通过行政机关的行政管理活动，来加以落实。由此决定了执法的基本内容，是指各级国家行政机关，根据宪法和法律的规定，通过制定、实施行政法规、行政规章等规范性文件，以及将法律的一般规定适用于行政相对人或事件，落实法律、法规要求的活动。特别是现代社会中的政府行政，是服务行政、给付行政，执法行为不仅是要落实法律的秩序价值，更与每一个人的日常生活息息相关，关系到法律对人们利益保障，尤其是在面临生存风险的时候，是否能够享受到政府提供的"生存照顾"，确保人的最低限度尊严不被突破能否得到实现。

法的适用即司法。是指司法机关依照法定职权和程序，解决法律上的争议，特别是为受到侵犯的权利提供救济的活动，也就是以法律为准绳，处理各种法律案件的活动。司法的特殊性就在于被动性、中立性，是在守法和执法的正常状态遭到破坏或无法继续时出现的法的实现形式，是法的实现中一种最终的制度性保证，是国家强制力终局性的直接介入。①

---

① 司法是正式制度化的法律实施的最后环节。在我国，由于中国共产党和全国人大与司法部门是领导与被领导的关系，所以，前两者也能通过法律监督机制促使司法决定的改变。但这种状况不属于正式的制度性的安排，而属于监督系统。因而，司法在我国法律制度中仍然处于法律实现的最终保障地位。

第四节　法学流派

所谓法学流派，是指法学家因研究方法、角度、视野等的不同，形成的关于法的认识的法学理论体系。在西方国家，近现代以来的主流法学流派包括：自然法学派、实证法学派、规范法学派、历史法学派、社会法学派等。

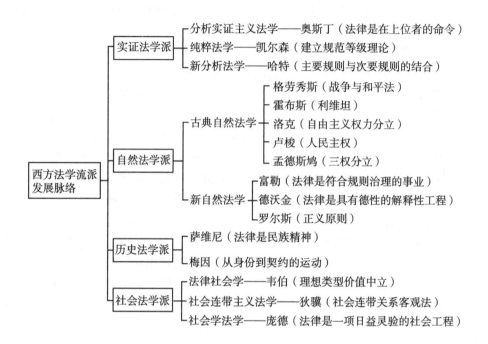

一、实证法学派

实证法学派，以法律实证主义（Legal Positivism）为思想基础与研究方法的法学流派。具体包含各种分析法学派，因此又称之为分析实证主义法学。它强调要以后验的（aposterriori）方法取代先验的（apriori）方法，像物理学那样把法律当作一个物质的实体——实际的法（Actual Law）或实在法（Positive Law），用可以度量、权衡轻重和精确计算的方式来研究和分析。19世纪，以英国法学家奥斯丁（John Austin）的分析法学为代表初见雏形。20世纪，在奥斯丁分析法学基础上形成了新分析法学派，主要包括奥地利法学家凯尔森（H. Kelsen）的纯粹法学理论和英国法学家哈特（H. LA. Hart）的法律规则理论。

实证法学派的核心思想可以归纳为三个方面：其一，对"应然法"与"实然法"的区分，将法区分为"应该是这样的法"和"实际是这样的法"。其二，对法律规范的分析。对法律规范的实证主义分析，是贯穿实证分析法学的重要特征。其三，对法本质的认识，认为法是主权者的命令。法是主权者的命令的主张，在霍布斯的理论中已被提出，实证分析法学对其进一步加以明确和完善，成为分析法学的鲜明特点，但不同学者的认识又有所差异，具体来看：

奥斯丁作为传统实证分析法学派的鼻祖，1832 年《法理学的范围》① 的发表，标志着实证法学派的诞生。奥斯丁的思想包含三个方面：①最早提出"应然法"与"实然法"的区分，他指出：法的存在是一回事，其功过是另一回事；法是否这样是一回事，是否符合一个假定的标准是另一回事。进而提出"恶法亦法"。因此，法理学的研究对象应该是实在法，即"法律实际上是什么"，由此将法理学从伦理学、政治学、哲学等学科中剥离出来，使法理学成为研究实在法的工具性学科，独立的"法律科学"至此得以建立。②对法律规范的分析。奥斯丁从经验归纳中得出，所有法律体系都有共同一致的概念和原则，较为成熟的法律体系是由许多在概念、结构上一致与类似的东西联系起来的，阐明这些东西是一般法学的目的。他认为，在所有法律体系中都发挥作用的基本概念，如法、权利、义务、损害的行为、制裁、自然人、物、行为、债务偿还延期，可以通过对少数成熟的法律体系的比较如英国法与罗马法的比较而得出。③对法本质的认识。奥斯丁认为，实在法最本质的特征是命令性，是主权者依据主权发布的、以强制制裁为保障的命令。主权是政治优势者对劣势者的关系，主权具有至高无上性，主权者是实在法的唯一和基本的渊源。"每个实在法则都是由一定统治者对隶属于其权力的那个国家的个人或人群所制定的。"②

哈特的新分析法学思想。哈特 1961 年出版的《法律的概念》③ 一书，是"二战"后法律实证主义衰落后的复兴时期的产物，被视为新分析法学产生的标志。其主要内容有：①对"应然法"与"实然法"的区分。哈特用狭义与广义两个角度对法进行区分，自己采用的是广义的法概念，"善法"和"恶法"④ 都包括在内，即"恶法亦法"。②对法律规范的分析。他把法律规则分为两类：第一类是主要规则，它"涉及个人必须从事或不从事的行为"；第二类是次要规则，即"关于主要规则的规则"。次要规则又分为承认规则、改正规则和审判规则；只有把主要规则与次要规则结合起来，才能形成完善的法律体系。③法的本质特征并不是命令，而是具有普遍效力的规则。为此，对奥斯丁的主权命令说进行了批判，在法与国家关系的问题上，不仅要看到法对国家的依赖性，而且要看到国家对法的依赖性，即国家机关及其工作人员的活动必须在法律规定的范围内进行。

凯尔森的规范法学思想，体现在《纯粹法理论》⑤《法与国家的一般理论》⑥ 等著作中，其核心是从结构上对法律进行分析，主要内容可概括为：①应该把价值判断的主观因素全部排除在法学研究之外，因此提出了区分法律的静态理论与动态理论。在法律的静态理论部分，他界定了法律的一系列专门概念；在法律的动态理论部分，凯尔森认为法律是由强制性的规范构成、以法律规范效力等级为标准的体系。②法律规范体系是由基本规

---

① ［英］约翰·奥斯丁：《法理学的范围》，刘星译，中国法制出版社 2003 年版，第 33 页。

② Jahn Austin, The Province of Juritprudence Deternined. ed. Wufrid E. Rumble, New York: Comhridge University Press, 1995, p. 201.

③ ［英］哈特：《法律的概念》，张文显等译，中国大百科全书出版社 1996 年版，第 15 页。

④ 所谓恶法，是一个在法定形式下制定的，但在道德上是不正义的、邪恶的法律。

⑤ ［奥］凯尔森：《纯粹法理论》，张书友译，中国法制出版社 2008 年版，第 204 页。

⑥ ［奥］凯尔森：《法与国家的一般理论》，沈宗灵译，中国大百科全书出版社 1996 年版，第 18～24 页。

范、一般规范和个别规范组成。基本规范是一种假设，它可以使其他一切规范发生效力；一般规范是我们平常所说的法律规范，它们按照发布的国家机关的权力等级组成一个金字塔形的体系；个别规范是指适用一般规范的文件，如契约、判决书等。凯尔森的规范体系，把法与经验事实相隔离，这种纯粹规范等级体系不依托现实而先验存在。③从国家与法的一元论出发，反对奥斯丁从威胁的角度论述人们服从法律的问题。他认为，应该区分法的实效和法的效力；前者属于社会学范畴，国家作为一种权力是法的后盾，奥斯丁论述的是这个问题；后者属于法学范畴，法学意义上的国家，"是一个国内的法律秩序创造出来的共同体，国家问题就是国内法律秩序问题"。

二、自然法学派

作为西方法学史上最为悠久的法学流派，自然法学派肇始于古希腊罗马，历经中世纪，兴盛于资产阶级革命。此学派中不同学者们共通的核心观点是：在实在法（即由国家制定的法律）之上存在着更高的"自然法"，故而得名自然法学派。自然法学派经历了不同的发展阶段。

（一）古典自然法学派

古典自然法学派，又称经典自然法学派，形成于近代文艺复兴到资产阶级革命时期，是近代西方影响最大的一个法学流派，也是近代资产阶级反封建和反天主教会的有力思想武器。这个时期的自然法学派认为，制约实在法的不是"自然"，也不是上帝，而是永恒的理性。"自然状态、自然权利、自然法和社会契约"等构成古典自然法学派思想的核心要素。该学派的形成包括这样三个发展阶段：

文艺复兴和宗教改革之后，荷兰法学家格劳秀斯（Hugo Grotius）所著的《战争与和平法》①，是近代国际法的先驱；英国的霍布斯（Thomas Hobbes）在其代表作《利维

---

① ［荷］格劳秀斯：《战争与和平法》，A. C. 坎贝尔英译、何勤华等译，上海人民出版社 2005 年版，第 608 页。

坦》① 中认为：人们在建立国家之前处于"自然状态"。由于人性是自私的，自然状态是"战争状态"，人与人之间是狼与狼的关系，每个人对一切事物都拥有"自然权利"。人类为了繁衍生存，在和平、自保和己所不欲、勿施于人等自然法箴规的指引下，订立契约，建立国家，把自己的全部自然权利交给一个人或一些人组成的会议，即统治者。统治者不是缔约的一方，不受契约的限制，拥有绝对的权力。如果人们反对统治者，只能意味着回到自然状态。这样的主张，表达了强烈的反天主教会和建立世俗主权国家的要求；和荷兰的斯宾诺沙（Benedict Spinoza）拥护君主的绝对权力，主张人民的生命和自由只有在统一的中央集权下才能得到保证，而对君主的权力是不能限制的。

英国 1688 年革命前后。伴随着自由资本主义经济和政治的发展，英国的约翰·洛克（John Locke），在其所著的《政府论》② 上篇中批驳了君权神授论和王位世袭论，下篇中提出了一套自由主义法哲学，主张政府通过分权以确保公民的自然权利。洛克认为：人性不是自私的，人天然具有过社会生活的倾向。自然状态不是战争状态，而是一种完美无缺的自由状态。在自然状态下的人们拥有生命、自由、财产等自然权利，自然法调整着人们之间的关系，由每个人执行。人们通过订立契约，把一部分权利即执行自然法的权利交给专门设置的立法机关，而保留生命、自由、财产的权利。君主也是契约的参加者，如果不服从契约，就与人民一样处于自然状态。立法权以公众福利为限，未经个人同意，不得取走任何人财产的任何部分。

法国大革命时期。这一时期资产阶级以彻底的反封建、反神权的面貌出现，法国的孟德斯鸠（Baronde Montesquieu）在其代表作《论法的精神》③ 中，对众多不同类型的政治法律制度进行了研究，以此为基础探讨了法与社会的关系，并继承了洛克的分权理论，完成了分权学说的创立，期望在权力之间建立其相互制衡的关系以确保政府个人权利的保障。

法国的卢梭（J. J. Rousseau），是古典自然法学派的集大成者，《论人类不平等的起源和基础》④、《社会契约论》⑤ 是其代表性著作。其自然法思想的特点不在于限制君主的权力，而是主张人民就是君主、主权属于人民。他认为：人性无所谓善恶，自然状态不是战争状态，而是人类的"黄金时代"。为了避免战争，人们订立契约，把自己的一切权利都交给社会，任何人从社会所获得的自由与他在自然状态的自由一样多，没有人拥有超越契约之上的权利。卢梭的法律政治思想最突出的特征就是激进的民主主义，法不是统治者个人的意志，也不是政府团体的意志，更不是乌合之众意志的总和，而是人民意志的共同一致部分，强调共同体中的法律应是"公意"的表现，任何人不得违反公意，服从公意就是服从自己的意志，卢梭的学说后来成为法国大革命直接的思想来源。

---

① ［英］霍布斯：《利维坦》，黎思复、黎廷弼译，商务印书馆 1985 年版，第 251 页。
② ［英］约翰·洛克：《政府论》（下篇），叶启芳、瞿菊农译，商务印书馆 1996 年版，第 86～87 页；《政府论》（上篇），瞿菊农、叶启芳译，商务印书馆 1982 年版，第 90 页。
③ ［法］孟德斯鸠：《论法的精神》（上、下册），许明龙译，商务印书馆 2012 年版，第 186 页。
④ ［法］卢梭：《论人类不平等的起源和基础》，李常山译，商务印书馆 1962 年版，第 1～46 页。
⑤ ［法］卢梭：《社会契约论》，何兆武译，商务印书馆 2003 年版，第 39 页。

　　概括而言，古典自然法学派思想的核心内容是人权和法治。古典自然法学派反对神权宣扬人权、反对专制宣扬自由、反对等级特权宣扬法律人格的平等。主张国家制定的法律应该保护个人自由和人权的思想（如洛克、卢梭、康德等人），是自然法发展的主线；主张个人的自由应该绝对服从主权者的命令（如霍布斯、斯宾诺莎等人）。而以孟德斯鸠为代表的自然法理论，把法的精神蕴含于法与一切事物的联系之中，强调民族风俗、自然条件、政治制度、经济状况对法的制约作用，后来成为 19 世纪分析法学派的思想渊源，进而成为 19 世纪后期社会法学派的理论基础之一。该学派在十七八世纪的发展不仅直接鼓励和推动了近代资产阶级革命的成功，对于现代资产阶级民主和法治国家的建立和维系也起到了论证和促进作用。

（孟德斯鸠，1689—1755，法国启蒙思想家、哲学家）

（让-雅克·卢梭，1712—1778，法国启蒙思想家、哲学家）

（约翰·洛克，1632—1704，英国哲学家）

（托马斯·霍布斯，1588—1679，英国政治家、哲学家）

（二）新自然法学派

进入 20 世纪，西方社会各种矛盾出现了加剧的趋势，旧的利益结构被打破，新的利益结构开始形成，包括福利、教育、劳资关系、经济在内的诸多领域的社会立法相继出现，新自然法学派强调当代资本主义的价值观，一方面，不是简单重复自然法学关于自然状态、自然法、社会契约和自然权利的主张，而是保留旧形式，赋予新内容，或者干脆放弃一切虚构，直接强调法对道德原则的依赖性。另一方面，在自然法学发展的历史上，历来强调法的内容的合理性，而对形式方面的特征有所忽视。新自然法学受其他法学流派的影响，重视法的形式因素，弥补了这种缺陷。代表性人物是美国的三位法学家：富勒、罗尔斯（John Rawls）、德沃金（Ronald Dworkin）。

富勒（Lon Fuller）提出"程序自然法"理论，代表作是《法律的道德性》①。真正的法律制度必须符合一定的内在道德（程序自然法）和外在道德（实体自然法），法律的内在道德事关调整人们行为的规则制度制定和执行的方式，法律的外在道德事关法律所要达到的实质目标，包括法律的一般性、公开性、非溯及既往、法律的明确性、避免法律中的矛盾、法律不应要求不可能实现的事情、法律的稳定性、官方行为与法律的一致性共 8 条准则。一个真正的法律制度包含着自己固有的道德性，即程序自然法，他认为缺少其中任何一项内容，并不单纯导致坏的法律制度，而是导致一个根本不宜称为法律制度的东西。②

美国学者罗尔斯（John Rawls）在 20 世纪 70 年代出版的著作《正义论》③ 中，以洛克、卢梭、康德的社会契约论为基础，对其加以改造，提出人们处在"原始地位"时，不知道自己的社会地位和阶级身份，即处在"无知之幕"的后面。反对英国传统的功利主义，论证西方民主社会的道德价值，认为正义是社会制度的主要美德。罗尔斯认为，应该区别对待制度的正义原则和个人的正义原则，然后着重探讨了制度的正义原则。罗尔斯提出制度的正义原则有两条：一是平等自由原则，每个人都具有这样一种平等权利，和所有人的同样自由相并存的最广泛平等的基本自由体系；二是机会平等原则和差别原则。第一，在与正义储存原则一致的情况下，适合于最少受惠者的最大利益；第二，在机会公平、平等的条件下，职务和地位对所有人开放。《正义论》被誉为 20 世纪 70 年代西方探讨正义问题的集大成者，为自由主义政治、法律思想的复兴提供了理论武器。

与罗尔斯同时期的美国学者德沃金（Ronald M. Dworkin），杰出的法哲学家，在其代表作《认真对待权利》④《法律帝国》⑤ 中，德沃金主张个人具有不可侵犯的权利，这些

---

① ［美］富勒：《法律的道德性》，郑戈译，商务印书馆 2005 年版，第 55 页。

② 在希特勒统治下的德国就是这样；他们制定溯及既往的法律，不公布法律，实行秘密法，在感到法律形式不方便时，就直接在街道上使用暴力，审判中甚至不顾他们自己制定的法律。对这些法律不必以违反"更高的法律"之类的理由为根据而宣布它们无效，而应注意它们如何违反法律的内在道德。

③ ［美］约翰·罗尔斯：《正义论》，何怀宏、何包钢、廖申白译，中国社会科学出版社 2001 年版，第 487 页。

④ ［美］罗纳德·德沃金：《认真对待权利》，信春鹰、吴玉章译，中国大百科全书出版社 1998 年版，第 46 页。

⑤ ［美］R. 德沃金：《法律帝国》，李常青译，中国大百科全书出版社 1996 年版，第 1～6 页。

权利不仅是法律规定的，而且是不限于法律规定而存在的，它们是个人政治手中的王牌，可以把集体的目标"毙掉"。每个人都具有获得平等的关怀和尊重的权利，政府必须"认真对待权利"。德沃金系统阐述了他的权利论法哲学思想，标志着一个新的法哲学时代的开始。他提出法的概念不仅包括规则，还应包括原则和政策，因而反对实证主义法学只局限于法律规则的观点，即"作为整体性的法"，根据政治道德的要求，基于原则以前后一致的方式对待社会中的所有成员。

总体而言，20 世纪法学理论与实践的发展，新自然法学派的主张呈现出以下两个特征：其一，不同程度地继承了古典自然法学派的基本信条，反对法律实证主义和功利主义，强调回归以个人权利为中心的自由主义，强调道德与法律的联系；其二，将正义问题的研究重点转移到程序上，尤为强调社会在总体上的制度建构和司法实践中的程序正义。

（约翰·罗尔斯，1921—2002，美国法学家）

（罗纳德·德沃金，1931—2013，美国法学家）

（朗·L. 富勒，1902—1978，美国法学家）

三、历史法学派

历史法学派重历史经验，重视法史的实证分析，认为法律是自然形成的，是民族精神的产物。历史法学派的研究方法是历史比较的方法，否定存在普遍的理性，因而，反对古典自然法学派对自然法和自然权利的假设。以德国法学家萨维尼、普赫塔等为主体，也包括英国的梅因（Maine）和日本的穗积陈重等人，以强调"历史实证"而自成体系。

历史法学派认为法律应该力图体现各民族特有的精神，法律是"民族精神的产物"。法律的发展是一个历史演变的渐进过程，且离不开一定民族的共同生活经验。各个民族的法律，与该民族的语言、习惯、制度设计一样，是与该民族经年累月的民族生活融为一体的，决定这种融合的是该民族人民特有的共同信念和内心意识，一个民族的法律只有符合该民族人民的共同信念和内心意识，才能适宜于该民族的生存和发展。

德国历史法学派的奠基人古斯塔夫·胡果（Gustav Hugo，1764—1844）最早开设"实在法哲学"的大学课程，1798 年他将讲稿整理出版，取名为《作为实在法，特别是私法哲学的自然法教程》，被看作是法哲学（法理学）确立学科地位的一个重要开端。书中使用"juristische Geschafte"来表示"法律行为"，并首创德文"法律行为人"（juristischer Geschaftsman）一语。

英国历史法学派的代表人物梅因（Sir Henry Maine），在其著作《古代法》中，将法律发展看作是一个"从身份到契约"的运动。梅因通过对古罗马父系氏族法律发展历史的研究，发现古代法所调整的单位是家族而不是独立的个人。随着社会的发展进步，"个人"不断地代替了"家族"，成为民事法律所考虑的单位。"我们可以说，所有进步社会的运动，迄今为止，是一个'从身份到契约'的运动。"[1] 具体来看：个人权利的获取和义务的承担以其在家族中的身份而定，身份各不相同的人享有的法律权利和承担的法律义务是极不相同的，甚至出现了法律权利义务在不同社会主体之间的分离。在古罗马之前的古希腊，以血统或以财产为标准，公民被分成了不同的等级，其法律权利义务也因此而显示出差异。古代的身份法是不平等的法。

德国法学家萨维尼（Fredrich Karlvon Savigny，1779—1861）是历史法学派的集大成者，同时，萨维尼也是马克思的罗马法老师。他于 1814 年提出了法律与民族精神相一致的历史主义法律观。他指出："有文字记载的历史初期，法律如同一个民族所特有的语言、生活方式和素质一样，都具有一种固定的性质"；"这些属性之所以能融为一体是由于民族的共同信念，一种民族内部所必需的同族意识所至"；"法律和语言一样，没有绝对中断的时候"。在他看来，国家如对本民族社会规范的自然演变不予重视，法典化就近乎不可能。萨维尼的主要贡献在于对罗马法史的开创性研究以及对现代民法理论的研究。其著作《论立法与法学的当代使命》[2]，宣告了历史法学派的正式诞生。经典文献《当代

---

①　[英] 梅因：《古代法》，沈景一译，商务印书馆 1959 年版，第 97 页。

②　[德] 弗里德里希·卡尔·冯·萨维尼：《论立法与法学的当代使命》，许章润译，中国法制出版社 2001 年版，第 29 页。

罗马法体系》① 将法律关系作为一个法学基本范畴。萨维尼在其巨著分 4 章分别讨论了"法律关系的本质和种类""人作为法律关系的承担者""法律关系的产生和消灭""法律关系的违反"等问题。萨维尼对法律关系有独到的研究,将法律关系定义为"法律规定的人与人之间的关系",② 并以法律关系的类别为逻辑线索,确定了德国现代民法的基本框架。

（萨姆那·梅因,1822—1888,英国历史法学家）　　　（冯·萨维尼,1779—1861,德国历史法学家）

四、社会法学派

社会法学派诞生于 19 世纪末 20 世纪初,以重视社会利益为特征,强调法律事实的陈述,即研究社会中的"活的法律"。①以社会学的观点和方法研究法,认为法是一种社会现象,强调法对社会生活的作用或效果以及各种社会因素对法的影响;②认为法或法学不应像 19 世纪那样仅强调个人权利和自由,而应强调社会利益和"法的社会化",可分为两大方向:一是法社会学,以德国社会学家韦伯(Max Weber)为代表。二是社会法学,以奥地利的埃利希(Eugen Ehrlich)、法国的狄骥(Leon Duguit)与美国的庞德(Roscoe Pound)、霍姆斯(Oliver W. Holmes)、列维林(Karl N. Llewellyn)、弗兰克(Jerome New Frank)等人为代表。

德国人马克斯·韦伯(Max Weber,1864—1920)创立的法律社会学直到今天都有相当影响,他的长达 115 万字的《经济与社会》使他不朽,成为社会学大师。

奥地利法学家欧根·埃利希(Eugen Ehrlich)的代表性著作是《法社会学原理》,③认为法的发展重心既不在于立法,也不在于法学或司法判决,而在于社会本身。他反对传

---

① ［德］萨维尼:《当代罗马法体系》第 2 册（1840 年版）,朱虎译,中国法制出版社 2010 年版。

② 何勤华:《西方法学史》,中国政法大学出版社 1996 年版,第 248 页。

③ ［奥］欧根·埃利希:《法社会学原理》,舒国滢译,中国大百科全书出版社 2009 年版,第 537 页。

统的法学研究方法，即法学家习惯于将国家制定的法律条文当作自己的主要研究对象，因为他们推定全部法律就在这种条文中。他不赞成成文法是唯一的法的渊源，主张研究法律首先是要收集各种成文法材料，并以自己的解释来确定这些材料的内容，然后在自己著作或判决中利用这种解释。他重视社会现实中的"活法"和"自由法"作用；主张扩大法官的自由裁量权，允许法官根据正义原则和习惯自由地创制法律规则。

法国人莱昂·狄骥（Leon Duguit，1859—1928）是社会连带主义法学的创始人，也是现代公法理论特别是行政法理论的奠基人。他认为社会连带关系是基本社会事实，在社会连带关系基础上人们形成道德规范、经济规范和法律规范（客观法），客观法先于实在法，实在法源自客观法，客观法高于实在法。

罗斯科·庞德（Roscoe Pound，1870—1964）是美国社会学法学的主要代表。他在其所著的《通过法律的社会控制》[1] 及五卷本《法理学》[2] 中创立的社会学法学，就是这一法学理论的代表。他认为法律是一项社会工程，是社会控制的工具，法律的目的是用最小的代价解决社会纠纷。应关注法律的运行机制而不是其抽象内容；强调法律促进的是各种社会目的而不是制裁；将法律更多地看作能带来社会公正的手段或指南，而不是一成不变的模式。庞德社会学法学的基本主张包括：法律是一种实施社会控制的工具，通过法律对社会进行控制是社会文明的标志。庞德将法律对社会的控制类比为一项社会工程，法理学也就成为一门社会工程学科，社会学法学因此将法律的发展分成了五个阶段：原始法阶段、严格法阶段、衡平法和自然法阶段、法律的成熟阶段以及法律社会化阶段，以此来说明法律的不同目的和作用。

（马克斯·韦伯，1864—1920，德国社会学家、法学家）

（罗斯科·庞德，1870—1964，美国法学家）

---

① ［美］罗斯科·庞德：《通过法律的社会控制》，沈宗灵译，商务印书馆 2010 年版。

② ［美］罗斯科·庞德：《法理学》《第 1 卷》，邓正来译，中国政法大学出版社 2004 年版，第 16 页。

（莱昂·狄骥，1859—1928，法国社会连带主义法学家）

尽管出现较晚，社会法学是个包容很广的流派，包括欧洲的利益法学、自由法学、法社会学、社会连带主义法学、美国的现实主义法学和社会学法等，在欧美以及东方均有很大影响。从广义上讲，当代西方特别是美国法学中的批判法律研究运动（批判法学）、法律与经济学运动（经济分析法学）、法律与发展运动、女权主义法学等都受到社会法学派影响。

此外，20世纪80年代以后西方社会还出现女性主义法学、法律与文学运动、批判种族主义法学等，各领风骚，形成强劲气势①一般被称为后现代法学思潮；还有存在主义法学、经济分析法学、综合法学、批判法学等等，呈现出百家争鸣的兴盛局面。它们分别从不同的视角重新审视西方法律制度，提出了很多极富启发性的理论，在一定程度上影响了现代西方社会的发展。②

第五节 法学教育

一、法学教育的历史发展

世界法学教育首先诞生于古希腊，成型于古罗马。古希腊时期的法学教育是百科全书式的，当时的著名学者苏格拉底、柏拉图、亚里士多德、芝诺等人在进行哲学、政治学、社会学等学科知识的传授与交流时，顺便将法学思想也教授给学生。到了古罗马时期，由于罗马法的创立和发展，正式的法学教育得以出现在世人面前。

（一）古希腊和古罗马的法学教育

作为西方文明的源头之一，古希腊诞生了一批通晓各学科知识的大家，其中以柏拉图和亚里士多德为代表。柏拉图眼中的"美丽新世界"是"哲学王"统治的"理想国"，同时希望通过教育培养出他的"理想国"所需要的人才——培养"至善"的人性，来实

---

① 张文显：《二十世纪西方法哲学思潮研究》，法律出版社1996年版，第124~125页。
② 朱景文：《当代西方后现代法学》，法律出版社2002年版，第51~56页。

现他的理想。有研究表明，柏拉图在其建立的学园里已经开始法律政令的教学。柏拉图的学生亚里士多德以他的"实践理性"学说，发展了柏拉图的"理论理性"的教育理念，继承了柏拉图的"自由教育"理念，在其《政治学》《伦理学》等著作中，最早提出自由教育思想。① 自由教育思想主张：高等教育以智育为主，为了发展青年的理性灵魂；教育的最高目的在于使人能够从事一种完全脱离现实的纯理论的探索活动，教育的目标是培养博雅之士；主张高等教育安排的课程有数学、几何、天文、音乐理论以及文法、文学、诗歌修辞、伦理学和政治学。在自由教育理念中，亚里士多德进一步加强了柏拉图时代的法学教育理念，重视维护共同体的立法以及实施相应的法律教育。② 美国学者认为，西方高等教育素有自由教育、通识教育的传统，而自由教育是通识教育的古典先驱。古希腊是包括法学在内的西方文明的发源地，学界对法学教育起源于古希腊的认识大致也没有疑义。

古罗马教育继承了古希腊的教育制度并对之加以改造和发展，进而影响后世欧洲社会。学界的主流观点是，正规的、学院式的法律教育和训练在古罗马时代才有相当的规模。公元前 449 年，西方第一部成文法《十二铜表法》在罗马颁布。为了让这一成文法典得以贯彻实施，罗马统治阶级中间就开始了法律知识的传授和教育活动。此后，被帝国皇帝最早授予法律解答权的法学家萨宾创办了最早的私人法律学校，打破了精英垄断法学教育的局面，平民也有机会接受法学教育。公元前 1 世纪以后的三百余年间，为罗马法律教育的黄金时代，罗马、君士坦丁堡、贝鲁特等城市已经成为远近闻名的法学教育中心，专门的教师队伍和系统的法律教材开始走进课堂。公元 425 年，东罗马帝国皇帝狄奥多西二世在君士坦丁堡建立了世界上第一所法律大学，第一次设置公开的法律讲座，由国家补助办学经费，君士坦丁堡议会把握选任教授的权力。由此可见，罗马的法学教育在当时是引领世界潮流的。

从《十二铜表法》到公元 6 世纪《查士丁尼法典》颁布的一千年时间里，罗马的法学教育逐渐成型：第一，法学教育师资队伍得以建立，并实行教师聘任制度；其二，比较系统的课程体系形成；其三，正式以教材为载体开展教育活动；其四，实行五年制的大学教育制度；其五，创立了若干的教育方法；其六，建立了一套综合管理制度，包括学生管理、考试和毕业生分配制度等。有学者认为，五年制的教育是本科教育和研究生教育的结合，上课的前三年属于本科教育，自学的后两年属于研究生教育。③ 罗马共和国和帝国时代，接受专门的高等法律教育的公民，才有资格担任司法官员。只有接受过五年以上的法律教育，才有资格申请担任律师和法官。这就在一定程度上保证了司法团队的专业性。

（二）中世纪神学教育下的法学教育

公元 476 年，西罗马帝国灭亡，标志着古典欧洲时代的落幕，欧洲开始进入"黑暗的中世纪"。这一时期，欧洲基督教快速发展，封建化迅速推进，几乎整个中欧和西欧的

---

① 刘良华：《柏拉图与亚里士多德教育哲学的差异》，载《教育研究》2012 年第 33 卷第 12 期。

② 连进军、解德渤：《作为概念体系的自由教育及其发展脉络——兼与博雅教育、通识教育辨析》，载《高等教育研究》2013 年第 34 卷第 1 期。

③ 何勤华著：《西方法学史》，中国政法大学出版社 2003 年版，第 34~36 页。

贵族和民众都皈依了基督教，使得教会逐渐取得物质和精神领域的统治权。在丕平献土教皇国成立后，罗马教廷在政治、经济、文化、教育和意识形态等领域对欧洲社会进行控制，一般的封建君主都难以与之抗衡。教会拥有立法权和司法权，并且设立了宗教裁判所作为教会专用法庭。从西罗马帝国灭亡至公元 11 世纪，上至贵族的宫廷教育，下至平民的基础教育，都是以基督教的知识体系为基础，开展何种教育或者传播何种知识的话语权都掌握在教会手中。"① 在中世纪的"宗教黑暗时代"里，修道院成为最重要的教育机构，法学教育统归到修道院的"七艺"教育中，为教会的神权统治服务。教会颁布了大量为教廷服务的法律，原来的罗马法体系支离破碎，仅仅残存于习惯法中。

公元 1088 年，世界上第一所大学——博洛尼亚大学创建于意大利的博洛尼亚，与巴黎大学、牛津大学和萨拉曼卡大学一同享有"欧洲四大名校"的美名。博洛尼亚大学被认为是世界上最早的以法律教育为中心的大学，其法学院凭借着罗马法复兴的势头而创立和发展起来，法学正式成为一门大学的独立科学。由于大多数学生在入学之前就已经接受了修道院学校或大教堂学校的文科教育，博洛尼亚大学的法学教育带有研究生教育的色彩，中世纪的经院哲学及其方法、形式逻辑与三段论推理的方法都开始在法学教育中运用，注释法学派也随之兴起。② 从此以后，意大利各地的法学教育，乃至后世欧洲大学的法学教育，都深受博洛尼亚大学的法学教育体制影响，后世的法学和历史学者们毫不吝惜自己对于博洛尼亚大学的溢美之词。

正如美国法学家伯尔曼所言："法律职业者……都在一种具有高级学问的独立机构中接受专门教育培训，这种学问被称为法律学问。"③ 现代大学普遍采用的学位制即学士、硕士和博士制度，就是起源于欧洲中世纪大学的学位制度。最早实行学位制度的是巴黎大学，后来其他国家的大学开始效仿，直到如今。巴黎大学设有文学院、法学院、神学院和医学院四大学院。文学院是其他三个学院的初级学院，主要进行基础教学，学生结业时授予学士学位，凭此可以从事教学工作或升入高级学院深造。法、神、医三院是大学中的高级学院，负责在文学院教学的基础上进行专业培养。巴黎大学这种四学院式的办学模式，为法国乃至欧洲许多国家的大学树立了办学榜样。随着欧洲经济的复苏和人口的增长，商人阶层和独立自治的新型城市出现，对法律人才的需求越来越多，因而大学的法学教育对商人阶层的扩大和城市的发展起到了重要的推动作用。

这段时期欧洲大学的法学教育主要呈现以下三个特点：第一，大学教育由教会控制和供给经费，经院哲学和神学仍是大学课堂的主要教学内容。大学法律课程以教会法为主，世俗法律体系（罗马法）依然依附于教会法体系。④ 第二，教会控制着司法系统，对法律职业者的需求大幅度增长。主要是因为经过中世纪罗马法复兴的洗礼后，教会法院全面

① 郑大好：《西方法学教育的缘起、发展与流变》，载《法大研究生》2017 年第 1 期，第 25～41 页。

② ［美］哈罗德·J. 伯尔曼著：《法律与革命——西方法律传统的形成》，贺卫方、高鸿钧等译，中国大百科全书出版社 1993 年版，第 151 页。

③ ［美］哈罗德·J. 伯尔曼著：《法律与革命——西方法律传统的形成》，贺卫方、高鸿钧等译，中国大百科全书出版社 1993 年版，第 9 页。

④ 何勤华著：《外国法律史研究》，中国政法大学出版社 2004 年版。

改革了诉讼程序和方式，需要大量具备文字书写能力和法律技巧的大学法科毕业生的参与。第三，大学法学教育的人才培养目标是专业的法律职业者。当时的大学与其说是高等学校，不如说更像社会上的培训机构，为城市建设提供受正规培训的神职人员、医生、政府官员和律师。①

（三）文艺复兴和宗教改革时期的法学教育

中世纪时期，作为教育机构的大学创立并发展，但总体上是教会控制教育的工具。14世纪开始，在文艺复兴运动的冲击下，各国大学的课程不再由教会垄断，而是诞生了许多以人为中心的新的学科，如希腊文学、修辞学、诗歌、历史和柏拉图哲学，逐渐与旧的经院主义课程有了平起平坐的地位，人的价值、人的个性解放、人与自然的关系等命题越来越成为大学研究和教育的重点。希腊、罗马古典文化在包括教育在内的文化领域得以回归和再生，进而导致了大学教学内容和教学方法的彻底变革。

16世纪初，德国维滕贝格大学教授马丁·路德提倡"因信称义"，发起了宗教改革运动。这场运动直接动摇了罗马教廷在欧洲世俗社会中的权威，尤其是对教会控制大学教育产生了巨大冲击。与此同时，欧洲工商业经济的发展、威尼斯等城市国家的兴起，进一步促进了大学教育的改革。各国政府得以从教会手中逐渐夺回对大学的控制权，使之成为世俗政权的工具，服务于国家的需要。② 在这样的情况下，世俗法律体系理所当然地逐渐取代教会法律体系，成为大学法律教育的主导课程。

这一时期，大学法学教育的模式就是在人文教育基础上的职业教育。与中世纪极具职业性的大学法学教育相比，文艺复兴和宗教改革时期的大学教育更注重人文学科的学习和通才的培养。③ 教会势力和神学逐渐衰落，世俗法逐渐取代教会法，成为大学法学教育的核心内容。

（四）近现代大学时期的法学教育

随着启蒙运动和工业革命的开展，包括法学教育在内的大学教育面临着新的改革课题。19世纪初，德国著名的思想家、教育家和外交家威廉·冯·洪堡创办了柏林大学，提出现代大学的基本原则：教学和学术研究自由原则与教学和学术研究统一原则。洪堡主张现代的大学应该是"知识的总合"，大学应同时进行教学与研究，完全以知识学术为最终目的，享有学术自由，而并非培养务实型人才的培训机构。德国古典哲学家伊曼努尔·康德说："神学、法学和医学必须置于理性之下，接受哲学系的公开检审，其真理性才有保障。由此，哲学系才是真正的高级学科，神学系、法学系和医学系是低级学科"。洪堡的办学方针深受康德这一思想影响，使得哲学和人文学科在大学里面获得了基础性的地位。④

---

① 袁广林：《中世纪大学：法律职业专业化分析》，载《国家教育行政学院学报》2012年第8期。

② 高鸿钧著：《新编外国法制史（上册）》，清华大学出版社2015年版，第53页。

③ 贺国庆：《中世纪大学向现代大学的过渡——文艺复兴与宗教改革时期欧洲大学的变迁》，载《教育研究》2003年第11期。

④ 叶赋桂、罗燕：《大学制度变革：洪堡及其意义》，载《清华大学教育研究》2015年第36卷第5期。

洪堡对大学的改革措施，以及由此建立的现代大学模式，对欧美国家乃至世界各国的大学制度都产生了深远影响。从此以后，德国法学教育实行所谓的双轨制——大学基础教育阶段和见习阶段。理论和实践相呼应，学术教育与职业教育相结合。

值得一提的是，洪堡的大学理念远渡重洋，吸引了大量美国学者赴德求学，学习先进的大学教育思路，进而开启了美国的通识教育。19世纪前，美国实行的是"学徒式"的法学教育，通过"师傅带徒弟"的方法培养专门的法律人才。在引入通识教育的理念后，美国这种"学徒式"的教育就让位于正规的大学法学教育，进而创建了独一无二的研究生院性质的法学院体制与配套的课程体系及考评方式。在美国，上法学院之前必须至少已经拥有一个政治学、历史学、商学等人文学科的学士学位，才能继续在法学院深造。① 这种方式明显带有中世纪时期西欧各国的法学教育色彩。

从内容上看，美国的法学教育模式是对中世纪大学时期以博洛尼亚大学为代表的"欧洲模式"的现代继承，并为后来的加拿大、澳大利亚、日本与韩国的法学教育改革所借鉴，甚至德国的汉堡法学院也是美式法学教育的试验田。尽管美国的法学教育目的是培养法律职业人，但是，并不仅仅停留于培养学生的法律分析能力与法律职业能力，对美国"核心价值观"的灌输和培养是其更重要的一环。

美国的法学教育被许多人称赞为世界法学教育的模板，引领世界潮流，但是并非是完美的。有中国学者认为美国的法学教育存在诸多问题：重逻辑推理，轻真实生活场景；缺少人文与科学知识的训练；重归纳方法，轻演绎方法；缺少法律职业伦理与职业操守的训练，等等。② 美国法学教育也并没有故步自封，而是在不断地吸取经验教训，进行自我改革。21世纪以来，以哈佛大学为首的法学院就掀起了一场教育改革，内容包括加强法学基础理论的教学，增设国际法与比较法课程，扩大诊所式教育的范围等。③

中国的法学教育和中国法学的产生紧密联系在一起。中华法系的建立伴随"律学"的产生，中国古代的法学教育属于律学教育，而非现代意义上的法学教育。法学教育并非一门独立学科，而是附属于中国古代的百科全书式的教育当中。中国现代意义上的法学起源于"清末新政"时期，法学理论和法学教育的模式都是从西方引进的，中华法系和传统的律学教育随着清朝灭亡而瓦解，因而中国的法学教育与西方法学教育具有较多的同质性。

总而言之，从古希腊罗马时期到近现代社会，西方法学教育最终发展为通识教育基础上的职业教育。法律事关人的社会生活的各个方面，法律工作繁杂难理，往往牵涉政治、经济、文化、宗教等诸多问题。所以法律职业与一般职业相比，对学历教育、综合素质、职业行为的要求相对更高。从西方法学教育传统形成的过程来看，法学教育更接近于精英教育，而非大众教育。

---

① 郑大好：《西方法学教育的缘起、发展与流变》，载《法大研究生》2017年第1期。

② 汪习根：《美国法学教育的最新改革及其启示——以哈佛大学法学院为样本》，载《法学杂志》2010年第31卷第1期。

③ 孔庆江：《大学法律教育、就业率与法律本科教育》，载《中国法学教育研究》2006年第4期。

二、法学教育的属性

法学教育属于高等教育，但相较于其他专业，究竟应该属于职业教育还是通识教育，或者是二者兼有，认识上一直存在争议或分歧。所谓通识教育，自英文"Liberal Arts Education"翻译而来，也有译为"普通教育""通才教育"的，指的是非职业性和非专业性的教育，目的是在现代多元化的社会中培养健全的个人和自由社会中健全的公民，为受教育者提供通行于不同人群之间的知识和价值观。职业教育是指对受教育者实施的从事某种职业所需的专业知识和技能的教育。现代化的社会中，社会分工越来越复杂、精细，对从事某种职业应掌握的专业知识和技能的要求越来越高，在此情形下，大学教育中的很多学科专业设置，应是为了满足社会对专业人才的需要，理应属于职业教育的性质。但是，人的社会生活及其交往不能仅局限于其从事的职业领域，而是丰富多彩的，需要具备相应的价值观与知识，由此决定了大学教育又不能完全是职业教育，也应该包括通识教育的内容。具体到法学教育，性质上应该是职业教育为主的职业教育与通识教育的结合。

法学教育应以职业教育为主，是因为法学教育同法律职业有着难以分割的密切联系。法律来自社会生活，又用于对社会关系进行调整，具有很强的实践性，内在需要法学教育应培养的是具有解决现实法律问题的职业知识和技能的法律人，不是传授形而上的法哲学理论。因此，在英美法系国家，法学教育是培养律师的职业教育。"最早，法律教育主要是在法律职业机构（比如律师事务所）或这些职业机构的'行会'开设的学校（比如英国的 Inns）中进行。而后来出现的大学法律院系在很大程度上仍然沿袭这种职业培训的风格和方式……美国的法学院以培养具有一定法律知识与技能，并能够将其有效地运用到实践中去的律师为教育目标。它强调知识的实践性以及对社会的实用性。"[1] 作为大陆法学代表国家的德国和日本，其法学教育的职业性主要体现为大学后的职业训练。如德国法律教育的职业性体现为大学学习四年+职业预备期两年半。法学院毕业生在第一次国家考试后，就进入了为期两年半的职业预备期，由州高等法院院长负责管理。日本法科大学的毕业生通过司法考试以后，要在司法研修所参加为期一年半的主要以法律实务实习为主的学习，成绩合格者才能获得从事法律职业，即法官、检察官和律师等的执业资格。[2]

法律职业毕竟只是众多社会职业中的一种，无法孤立存在和发展，法律本身内涵的公平正义价值的实现，也非单纯依赖法律本身的力量能够达成，需要其他社会因素的支持，因此，法学教育也要承担起培养健全人格的通识教育的责任。法理学家博登海默教授指出："研读法律的学生如果对本国的历史相当陌生，那么他就不可能理解该国法律制度的演变过程，也不可能理解该国法律制度对其周遭的历史条件的依赖关系。如果他对世界历史和文明的文化贡献不了解，他也就很难理解那些可能对法律产生影响的重大国际事件。如果他们不精通一般政治理论，不能洞见政府的结构与作用，那么他在领悟和处理宪法和

---

① 李功建：《中美法学教育比较研究与思考》，载《云南法学》2000 年第 3 期。

② 刘坤轮：《为什么法学教育是职业教育》，载《人民法治》2019 年第 24 期。

公法等问题时就会遇到障碍。如果他缺乏经济学方面的训练，那么他就无法认识在许多法律领域中都存在的法律问题与经济问题之间的紧密关系。如果他没有受到过哲学方面的基础训练，那么他在解决法理学和法学理论的一般问题时就会感到棘手，而这些问题往往会对司法和其他法律过程产生决定性的影响，上述这些都应作为法律教育和训练的任务和内容，而且这些任务必须放在法律工作者理论专业的非法律部分去完成。"①

三、美国的法学教育

一直以来，美国被称为世界法学教育的典范，世界上最好的法学院和最先进的法学教育方法都产生在美国。在美国，成立大学必须要设立法科，法学院为社会培养了大批的法律人才，使得法学教育在美国具有十分重要的地位。英国政治思想家埃德蒙·伯克所说："在这个世界上，恐怕没有一个国家使法律成为一门如此普通的学科。这种职业本身人数众多又握有实权，在大多数殖民地居领导地位。大多数进入国会的代表都是律师。"② 大部分公务人员都是或曾经是法律人，法律思维和习惯贯穿了他们执行公务活动的全过程。而陪审团制度的实行，进一步扩大了法学教育的影响。

（一）美国法学教育的历史

美国曾经是英国的殖民地，英国法和法学教育在美国的土地上实行了很长一段时间。但是美国独立后，法学教育方面博采众长，吸收了很多欧洲大陆的经验，逐渐形成了独特的法学教育模式。美国法学教育的历史大体可分三个阶段：第一阶段是殖民地时期（1607—1776 年），法学教育的主要形式是留学英国和在本地法律事务所进行"师傅带徒弟"的学徒式训练，任务是培训律师群体。第二阶段是美国建国初期（1776 年至 19 世纪中期），法学教育主要是仿照英国法学家布莱克斯通讲授普通法的教学方法创办法律学校。利奇菲尔德法学院的创办代表着美式法律教育进入正轨，在一定程度上确立了美国法学教育的基调，此后美国的法学教育大多遵循这条途径。第三阶段是南北战争之后（1864 年至今），法学教育制度的主要基础和方法得以奠定。此前全美大约只有 15 所法学院，且以职业培训为主。到了 20 世纪初，随着德国洪堡的大学理念的引进，法学院在大学中的地位大幅上升，成为法学教育的主要阵地。现今美国已经建立起 300 多所法学院，法学院教育成为进入法律职业的唯一途径。③

（二）美国法学教育的性质

从美国法学教育的历史来看，美国法学教育具有很强的职业性和专门性。美国法学教育培养最多的法律工作者是律师，就连法官、教授也多为律师出身。美国人的社会生活习惯于通过法律途径解决问题，对于律师的需求量非常旺盛，培养出了数量庞大的律师群体。1978 年 5 月 4 日，美国总统卡特在洛杉矶纪念美国律协成立一百周年午餐会上说：

---

① ［美］博登海默著：《法理学——法律哲学和法律方法论》，邓正来译，中国政法大学出版社1999 年版，第 506 页。

② 杨莉、王晓阳：《美国法学教育特征分析》，载《清华大学教育研究》2001 年第 2 期。

③ 廖天虎：《美国法学教育现状及其借鉴》，载《乐山师范学院学报》2020 年第 35 卷第 7 期。

"我们的律师高度密集，每五百名美国人中就有一名律师，比英国多三倍，比西德多四倍，比日本多二十一倍。"① 由此可见，无论从相对数量还是绝对数量上，美国律师都居世界首位。如果说北欧国家的民众从出生到死亡都生活在福利国家，那么美国民众从出生到死亡都生活在法律国度，所有的社会活动都要和法律打交道，因而律师是存在感最高的职业之一。在美国，律师是个相当重要和充满前途的职业，不仅历任总统中一半以上都是律师出身，国家司法机构的法官和检察官等也都必须从律师中挑选，法律教师和法律研究人员等也要求持有律师执照。许多法学院老师同时也是律师，一部分国家立法机构的议员和政府机构的官员也是来源于律师。

美国的法律职业一般包括私人开业律师、政府部门法律官员、公司法律顾问、法官、法学教师等。在美国取得律师资格的条件相当严格。尽管各州具体规定的条件不完全相同，但都要求申请律师资格的人必须是美国法学院毕业，具有法学学士学位。如果是非法学专业的毕业生，则必须进法学院获得法学学士学位，才能申请律师资格。

（三）美国法学教育的层次

美国把初级法学教育定位于研究生层次，置于大学本科教育之后。美国的法学院只招收已在大学学完政治学、经济学、历史学、文学等专业，获得文学学士学位或学习数学等自然科学、获得理学学士学位的大学毕业生。

美国法律教育主要分为三个层次：法律博士（J.D），法学硕士（L.L.M），法学研究博士（S.J.D）。法律博士，相当于我国的法学学士学位。J.D教育全日制为三年，在职兼读需 4 年。第一年为基础课程学习，第二年学生所修的课程是有关工商业活动所引起的基本法律问题。第三年则大部分为选修课。三年修满 80 个学分后由 ABA 授予学位即可参加律师考试。美国 90% 以上的法律专业的学生读的都是 J.D。

L.L.M 分为 General 和 Special 两种，分别培养法学教与研究型人才。L.L.M 要求申请人具备法学学位，学制为一年，修满 20 个左右的学分，毕业后可参加加州和纽约州的律师资格考试。S.J.D 申请该学位需完成 L.L.M 的学习阶段。S.J.D 的修业时间一般没有年限要求。法律博士 J.D. 是美国职业律师必须具备的基本学历。在美国，获得法学院的 J.D 学位不能马上从事律师职业，还必须通过律师资格考试。律师资格考试采用闭卷形式，考题包括多项选择题和论述题，其主旨是测试成为律师应具备的各种技能。②

20 世纪 80 年代后期，美国一些州开始在传统律师资格考试的基础上增加了一种"操作考试"。律师资格考试相当难，考试及格率很低。

（四）美国大学法学院的课程体系

美国的法学院课程设置较为复杂，开设的课程大约 100 门左右，分为一年级课程和高年级课程。前者为必修课，后者为选修课。各法学院的必修课程基本相同，以耶鲁大学为例：必修课为宪法、合同法、诉讼法、刑法、侵权法、法律写作、律师职业道德；选修课

---

① 朱立恒：《西方国家法学教育比较分析及其启示》，载《比较法研究》2009 年第 3 期，第 34~44 页。

② 朱立恒：《西方国家法学教育比较分析及其启示》，载《比较法研究》2009 年第 3 期，第 34~44 页。

为行政法、银行法、破产法、反垄断法、税法、商业组织、通信法、刑事诉讼法、环境法等上百门课程。学生还可参加社区法律服务、法律讲座、法律讨论研究课、伦理学、心理学等课程。

耶鲁法学院的学位要求里明确规定：每个学生在三年的学习中，必须完成律师职业道德方面的所有课程。哈佛大学法学院的课程设置如下：必修课为民事诉讼法、合同法、刑法、财产法、侵权法、律师写作、律师职业道德选修课为宪法、公司法、税法、联邦诉讼、国际法、律师、谈判、法律辩论的哲学分析、会计、公司、税收、行政法等数课程。除上述课程外，法学院还为高年级学生开设讨论研究课，如法律史、金融、伦理、心理、证据处理等。[1]

（五）美国法学教育的教学方法

美国的法学教育在教学方法上以教师讲授为主，教师在课堂上讲解教科书中的重点内容，然后考试。"布莱克斯通教学法"出现后，教师们将政治学、伦理学和管理学等理论融入法律中分析法律的原则。由于美国法律教育的职业性，教学更加重视综合职业能力的培养，传统的教学方式在这方面表现出了明显的不足。1870年哈佛大学法学院院长兰德尔教授对传统的教学方法进行了改革，大力推广"案例教学法"，主要是通过实际的判例分析讨论来理解法律理论和原则，整个的教学都是建立在提高综合职业能力的目标上。"学生首先必须阅读若干判例，在课堂上做报告，提出所意识到的问题，并论述该案件所涉及的各种利害关系等等。教授则以学生事先已预习教材，了解法律问题之所在为前提，在课堂上倾听学生的报告并随时提问，力图使学生能够在类似判例中发现类似问题之间的关联、并根据能够意识到有必要对以往的解决方法加以修正。""授课重心置于该法律是否发生实际作用、以何种方式、在什么范围内发生作用、以及产生该法律的社会现实是什么等方面。"[2]

经过一百多年的发展，经受实践考验的案例教学法已经广泛为美国法学院信服和普遍使用。案例教学法做到了不仅仅是要学生了解社会中被普遍接受的法律理念或法律原则，更是让学生去感受获得这些法律知识的过程，体验法律职业的思维方法和解决问题能力的具体运用，极大地调动了学生的探索精神。

20世纪初耶鲁大学的Frank教授将法律诊所的理想变为了现实，成立了类似法律诊所的组织，让学生在该组织中进行法律实践，并开展法律援助活动。20世纪70年代左右的民权运动推动了法律诊所的振兴，成为美国法学教育成功经验的典范，并逐步在欧洲和亚洲地区传播开来。"法律诊所教育"（Clinical Legal Education）又称"临床法学教育"（Clinical Program），是指借用医科教育中学生在诊所中进行必要实习的教育模式，通过让学生承办真实案件，面对真实的客户和真实的对方当事人，以及教师在学生办案过程中的具体指导，使学生掌握办理法律案件的技巧和技能，让学生了解什么是法律的责任心和敬业精神，学会怎样培养法律人的职业道德，为将来成为合格的法律职业人才打下基础。

---

[1] MCMORROW J A：《美国法学教育和法律职业养成》，载《法学家》2009年第6期。
[2] 廖天虎：《美国法学教育现状及其借鉴》，载《乐山师范学院学报》2020年第35卷第7期。

（六）美国的法学教育评估体系

美国的法学教育评估开始于 19 世纪中叶，形成于 20 世纪中叶。1878 年，律师自愿组成了全国性律师机构——美国律师协会（ABA）。美国律师协会非常重视法学院的教学质量，每过一段时间都要对各法学院的师资力量、学生质量、图书资料、教学设施等情况进行全面评估。成功通过其评估的法学院，即可列为美国律师协会"认可"的法学院。它的"认可"在美国的法律界具有很高的"含金量"。1900 年，由 32 个法学院作为创始会员在纽约州成立了美国法学院协会（AALS）也对各地法学院进行类似的评估和认可。这两个行业机构控制着法律职业的道德和专业训练的最低标准，是有效组织、协调和促进法律教育的两个重要机构。目前美国绝大多数的法学院是获得了 ABA 许可的，凡未经认可的学校，其办学的能力普遍得不到社会的承认。19 世纪 70 年代前，美国的法学院要分别接受美国律师协会和美国法学院协会的评估。1969 年开始，美国律师协会和美国法学院协会商议进行了联合评估，由美国律师协会主办，美国法学院协助，每 7 年进行一次。缺少其中一家或这两家许可的法学院在生源竞争方面都处于严重的劣势。①

美国的法学教育评估有着非常完备的评估准则、方案，始终离不开对法学院培养高素质法律职业人才能力的肯定以及对其财力、人力、物力进行严格的考察，包括学校的教学方案、教学设施、课程设置、教师水平、教学研究能力、图书馆及其他基础设施等。对于不符合要求的学校由美国法学院协会宣布为试用会员，必要时由代表团开除或暂停会员资格，对此决定不服的法学院可以上诉。

四、英国的法学教育

（一）英国法学教育的发展历史

英国是英美法系的代表国家，法学教育发展早在 13 世纪就已起步。当时牛津和剑桥两所大学开始设立法学院，但是在很长一段时间里，只教授一些民事法律和宗教法规。牛津大学和剑桥大学从办学之初就摒弃任何实用功利的理念，认为大学的责任在于提高民众的人文思想和提升国家的民族精神。维多利亚时代以前，法学院学生毕业后主要是在地方上担任教区牧师和在教会主持一些日常的行政工，只有小部分学生在获得法学博士学位以后会选择律师这一职业。

18 世纪下半叶到 19 世纪初，英国大学的法学教育曾经历过一段短暂的改革。1753 年，威廉·布莱克斯通博士在牛津大学首次开设英格兰法（English Law）这一门课。授课对象是来自英格兰各地的乡绅和牧师，讲课的内容是对英格兰的法律制度做一个全面的概述。后来，布莱克斯通 1765—1769 年的演讲稿被出版成册，成为法学院学生学习英格兰法的必读教材。② 另一位有影响的学者是安德鲁·艾莫斯。艾莫斯是一位出庭律师，于 1828 年接受新成立的伦敦大学的聘任，担任该校第一位英格兰法教授。当时听课的学生主要是一些在职的办事员和准备报考出庭律师资格的年轻人。因此，他的讲课安排在晚

---

① Judith A. McMorrow：《美国法学教育和法律职业养成》，载《法学家》2009 年第 6 期。
② 程汉大：《从学徒制到学院制——英国法律教育制度的历史演进》，载《清华法治论衡》2004 年第 1 期。

上，有点类似于我们现在的成人夜校。艾莫斯的成功之处在于他把法律条文和实际案例有机地结合起来，使得普通法由原来的零乱、庞杂开始变得系统、完整。从 1839 年起，伦敦大学开始授予普通法方面的学士学位。

然而，无论是牛津大学还是伦敦大学，它们当时的改革都与个别学者的努力分不开。由于缺少资金吸引更多有才华的学者到大学任教，从 19 世纪中期开始，英国大学的法学教育又回到了原先那种经验主义的教学模式。从 1850—1950 年一个世纪的时间里，英国最著名的出庭律师中，有些没有受过任何高等教育，有些虽然上过大学，但是读的也不是法学专业，英国各界对如何提高法学教育一直存有争议。多数人认为大学传授的应该是法律基础知识，法律协会应该侧重律师实务方面知识的培养。1849 年和 1850 年，剑桥大学和牛津大学先后设立了结合法理学和其他人文学科的文学学士学位（Bachelor of Arts）。1858 年，剑桥大学开始开设大法学课程（tripos）。学生进校以后，先不分具体的专业方向，读完两年的公共课程后，考试合格者可以根据自己的兴趣选择一个专业方向，第三年学完后，考试通过的学生可获得本科文凭，即荣誉学士学位（BA Hons）。如果再读一年，就可以获得一个硕士学位（Msci）。①

与此同时，各种尝试也在英格兰的其他地方开始进行。1850 年，伯明翰的女王学院成立了法律系（伯明翰大学法学院的前身）。1880 年和 1892 年，曼彻斯特的欧文斯学院（曼彻斯特大学法学院的前身）和利物浦的大学学院（利物浦大学法学院的前身），也先后成立了法律系。这些新兴学校的办学目标是把学生培养成精通某一领域知识的人才，培养出来的法律专业学生更适合担任事务律师。人们普遍认为出庭律师除了需要掌握辩护技巧以外，还需要具有广博的人文社科知识，而这种知识并不一定能从大学课堂上获得。事实上，这种办学理念至今还渗透在英国许多大学的法学教育之中。

（二）英国大学的法学教育

与中国大学的法学教学方式不同，英国各个大学法学院没有一套统一的教学大纲，没有指定的统编教材，也没有哪个行政部门规定开设的基础课程。因为英国是普通法国家，没有一部统一的民法典和刑法典，宪法的内容也是包含在好多部法案之中。普通法国家特别注重法庭审理这一过程，有关诉讼程序方面的法律规定也非常丰富。从诉状的撰写到证据的取得，人们对诉讼过程中的每一个环节都已经有了非常深入的研究，因此，在大学课堂上开设程序法这一课程要受到教学内容和授课时间的限制。正是由于这些原因，英国各大学法学院都非常强调自己的特色。

例如，像牛津、剑桥和爱丁堡等老牌学校比较注重公法的研究；沃里克大学和伦敦大学玛利女王学院则比较注重商法方面的研究；肯特大学法律系，其规模虽然无法与许多大学法学院（系）相比，但是，它在知识产权方面的研究却在英国处于领先地位。因此，学生在报考大学时，除了看重学校的名声外，还要考虑自己的兴趣爱好。学生进入大学以后，上课也是直奔主题。经过 3~4 年的专业训练（英格兰和威尔士大学的学制是 3 年，苏格兰是 4 年），毕业的学生虽然没有读过所有的法律基础课程，但是，他们对某一个领

---

① 程汉大：《从学徒制到学院制——英国法律教育制度的历史演进》，载《清华法治论衡》2004年第 1 期。

域已经有了比较深的了解，这为他们毕业后很快适应工作打下了坚实的基础。

英国 19 世纪中叶到 70 年代后期通过了大量关于大学改革的法令，这些改革对旧大学产生了重大影响，表现为将大学法律教育视为英国现代法学教育中不可或缺的部分，使得英国高等法学教育具有实践性和亲民性。到了 19 世纪末 20 世纪初，牛津和剑桥等几所大学在法学教育上不仅继承了传统，而且在新的社会情况下，持续创新、继往开来，因此三所旧大学无论是在生源规模上，还是教学内容上都呈现一种逐渐扩大的趋势。同时在法学家、教育家和思想家们的努力下，大学法律教育在英国法律教育体系中确立了重要位置，比如奥斯丁、戴雪、波洛克等，他们不仅仅是推动法律教育的思想家，而且还是从事实践的教育家。因为英国大学和学院的法律教育在 19 世纪下半叶深受这些著名教授的影响，"教授时代"便得名于此。①

（三）英国的法律实务人才培养机制

在英国，除了大学的法学教育外，基于学徒制发展起来的法律实务人才培养机制主要是对律师的培养。律师（lawyer）是指接受委托或者指定，为当事人提供诉讼代理或者辩护业务等法律服务的人员。一般而言，律师须通过法律职业资格考试并依法取得律师执业证书方可执业。按照工作性质划分，律师可分为专职律师与兼职律师；按照业务范围划分，律师可分为民事律师、刑事律师和行政律师；按照服务对象和工作身份划分，律师可分为社会律师、公司律师和公职律师。律师业务主要分为诉讼业务与非诉讼业务。

在英国，英国律师没有正式的执业许可，但必须获得出庭律师或事务律师的头衔。英国的律师职业可以分为两个分支：出庭律师（barrister）和事务律师（solicitor）。从传统意义上讲，事务律师的职责是充当当事人、出庭律师和第三者之间的联络人，处理日常法律事务，只能在基层法院代表当事人出庭；出庭律师则有资格享有在高等法院，包括高级法院、刑事法院、上诉法院及上议院出庭发言的权利。实际上随着律师业的专业化，虽然两者仍然有区别，但有相互融合的趋势。他们分属于不同的行业协会，事务律师属于事务律师协会（Law Society of England and Wales），出庭律师属于出庭律师协会（The Bar Council）。在英国成为执业律师的过程极为漫长和复杂，无论是事务律师还是出庭律师，除获得相应的法学学位外，还要经历一段时间的职业培训，相当于学徒训练。

1. 事务律师（solicitor）

（1）英国大学法学本科毕业（LLB）→LPC（Legal Practice Course）一年→TC（Traning Contract）两年→英国事务律师。

（2）英国大学法学硕士毕业（MALaw2 年制）→LPC 一年→TC 两年→英国事务律师。

（3）英国非法学本科或任何专业毕业→GDL（Graduate Diplomain Law）一年→LPC 一年→TC 两年→英国事务律师。

（4）英国大学法学硕士（LLM）或任何硕士专业毕业→GDL 一年→LPC 一年→TC 两年→英国事务律师。

（5）中国任何本科或硕士专业毕业→GDL 一年→LPC 一年→TC 两年→英国事务

---

① 韩慧：《英国近代法律教育转型研究》，山东大学 2010 年博士论文。

律师。

第一阶段：法律学术教育

这是成为英国律师必要的一步，学习法律基础知识。这可以通过英国法学 3 年本科（LLB）来完成。除此以外，无论是毕业于英国任何本科或硕士，中国任何本科或硕士专业都是不能直接进入下一阶段的学习，要先上一年的法律专业转换课程 GDL（Graduate Diplomain Law）来弥补法律基础知识。

第二阶段：法律实务教育。在此阶段需要完成一年的 LPC 课程（Legal Practice Course），学习商法，民事、刑事程序法，文书写作，律师职业道德等，选修课程可以根据日后的职业规划在广泛的实务领域内选择，比如融资、婚姻、继承、劳动合同、诉讼等方向。

第三阶段：律师事务所实习。需要与一家律师事务所签订实习合同 TC（Training Contract），完成两年的专业实践，两年中每半年要换一个岗，其中至少要涉及 3 个完全不相关领域。

依次完成上述三个阶段后，会被英国非出庭律师协会（Law Society）纳为正式成员，成为注册执业的事务律师。

工作职能：可以直接接受当事人委托，主要从事各类非诉讼业务，多以合伙制形式参与法律服务。传统的事务律师除了不能在高等法院以上的法院出庭，几乎可以提供其他的所有法律服务。可以直接面见客户，活动范围远大于出庭律师。同时他们还可以处理遗嘱、产权、商务咨询等事务。

性格特征：他们善于与人沟通，相比于在法庭上慷慨激昂的雄辩，他们更喜欢务实的工作。所有案件的前期准备都是由事务律师完成的，包括提交法庭的所有证据材料，也可以说他们是最了解案件的人，和当事人的关系也最密切，因为都是事务律师拿着案例去律师事务所指定出庭律师。他们一般在办公室工作，即使上庭也只是坐在出庭律师的后面为其提供帮助。

前景发展：事务律师的工作稳定，一旦执业，被律师事务所聘用，就能获得很可观的收入，无须为生活发愁。而且随着工作经验及业务水平的提高，工资会不断提高，成为合伙人后，亦会根据资历分享律师事务所的盈利。

五、日本的法学教育

"二战"结束后，日本颁布和实施"和平宪法"，在法学教育上做了重要改革。日本政府认识到法学教育的职业培训性和学术研究性存在二元对立的情况，因而对法律素质教育和法律职业教育进行了明确的分工。一方面，日本新制大学的法学教育以培养具有法律素养的市民阶层为目标，通过设置范围广泛的课程，讲授基本法律知识，培养市民基于公平与正义这一原则上的法律思考能力，以提高社会的整体法律意识和素养。另一方面，在最高裁判所（日本最高法院）下设司法研修所，对通过司法考试的人员进行职业培训，以使其获得相应的法律从业技能，完成面向实务的法律职业人才的培养。

（一）日本大学的法学教育

"二战"后一直到 20 世纪末，日本大学的法学教育主要包括两个层次：一是高中后的法律本科（法学部）教育，学制为四年，其性质为普及型、素质型教育，目标主要是为社会各行业输送具备法律素养的人才；二是研究生层次的法学研究科教育（包括法学硕士和博士教育），主要目标是培养法学专业研究人才。这一点与目前中国的高等教育制度有些类似，但不同的是，日本学生选择上大学的机会要多一些。因为日本大学包括国立大学、公立大学和私立大学三大类，大学招生考试分为不同的种类和时间，日本学生可选择法律院系进行多次报考。而日本大学的法学院不仅包括法学、政治学、行政学、国际关系学等学科，而且还为本科生设置了经济学等其他教养性科目。入学后，学生首先要在教养学部学习一至两年的人文科学、社会科学、自然科学和外语、计算机等公共基础知识，然后才能转入法学部学习法律专业知识。这种情况到20世纪90年代有所改变，即通过入学考试的学生可直接进入法学部进行学习，取消了在教养学院学习的阶段。①

从讲授的专业知识内容看，日本各大学法学院讲授的科目大同小异，主要有宪法、刑法、民法、行政法、诉讼法、商法、国际公法、国际私法、经济法、法哲学、法社会学、法制史、外国法（英美法、欧洲大陆法）等。

在授课方法上，由于日本学生数量比较多，主要以教师单方面的讲授为主，很少有课堂提问和讨论。但与每一门大课相对应，日本大学的法学院还为本科生开设了大量的研讨课，参加研讨课的学生通常控制在20人左右，研讨的内容根据教授的专业背景和风格而定，主要包括专题、典型案例或法学名著等。这对于提高学生的独立思考能力、口头表达能力、查阅资料的能力、理论联系实际的能力等具有积极的作用。另外，尽管日本的教授们不经常在课堂上采用案例教学法，但判例分析在日本法学教育和研究中一直占有重要地位。② 日本各大学法学院图书馆都藏有官方发行的日本各级法院的判例集，有的还藏有欧美国家的法院判例汇编，一些学术刊物还经常刊登许多由法学教授编写的带有评论的、分学科的法院历年重要判例汇编和当年判例汇编，为学生们的学习和研究提供了很大的便利。

（二）日本的司法考试制度和司法研修所制度

日本的法律职业人员主要包括法官、检察官和律师，他们具有很高的社会地位和可观的收入，被视为社会的精英阶层，选拔上也一贯施行严格的精英标准。日本大学的法律本科教育之所以具有浓厚的"教养色彩"，只有很少法学专业毕业生日后能从事法律工作，其中一个非常重要的原因就是日本具有世界上最严格的司法考试制度。在日本若想成为法官、检察官或律师，就必须通过全国统一的司法考试。到1997年为止，日本司法考试的合格人数固定为每年500人，与每年以十万计的参试者总数相比，通过率只有2%左右。③ 同期司法考试合格者的平均年龄为29岁，这意味着大学本科毕业后，大约要经过10年的

---

① 戴龙：《全球化时代的日本法学教育与发展》，载《南京航空航天大学学报（社会科学版）》2008年第2期。

② 陈炜恒：《日本法律职业人才教育制度评析》，载《法制与社会发展》1999年第3期。

③ 邹爱华：《日本法学教育和司法考试制度改革效果评介及其启示》，载《法学教育研究》2016年第15卷第2页。

应考，才能通过司法考试。

根据日本 1947 年颁布的《裁判所法》之规定，国家司法考试的合格者并不能马上获得法律职业的从业资格，其间还必须接受专门的法律职业培训——即由最高裁判所（日本最高法院）下设的司法研修所负责对司法考试的通过者（也被称为司法研修者）进行全国统一的职业教育，才能最终获得法律职业资格。司法研修所的学制一般为两年，学员可享受国家公务员的同等待遇，具体学习内容安排如下：前四个月，全体学员集中在一起进行基础培训，如程序如何进行，怎样制作判决书以及法庭技术方面的技巧训练等，接着是四个月民事审判业务的培训，四个月刑事审判业务的训练，四个月检察官业务的训练，四个月律师业务的训练，最后四个月全体集中起来接受全面培训，然后毕业。关于司法研修所毕业学生的去向，从统计资料看，大部分毕业学员进入律师业，以 1995 年为例，72% 的毕业学员成为律师，19% 成为法官，9% 成为国家检察官。①

（三）日本法科大学院教育改革概况

20 世纪 90 年代以来，日本经济陷入长期不景气的境地，促使日本改革本国的司法制度和法学教育体系。1999 年 7 月 27 日，日本司法制度改革审议会成立，并于 2001 年通过了《司法制度改革审议会意见书》（以下简称《意见书》），提出司法制度改革的三大目标：（1）构建国民期待的司法制度；（2）建设作为司法制度基础的"法曹"（法官、检察官、律师）队伍；（3）国民参与司法。为了建设符合社会需要的"法曹"队伍，日本主要采取了两项措施：一是改革司法考试制度，逐步扩大司法考试合格者人数，从最初的每年 500 人扩大到如今的每年 3000 人；二是改革日本的法学教育制度，建立法科大学院教育体系，即在日本各个水平较高的大学法学研究科和法学部基础上，建立专门的培养法律职业人员的高等法学教育机构，相应地缩短司法研修的学习时间——如司法研修所的学制从最初的两年改为一年半，又调整为现在的一年。②

为了保证改革的实施效果，日本对以上两种制度实行对接。2002 年，日本临时国会制定了《法科大学院教育与司法考试关系法》，并修改了《司法考试法》《法院法》和《教育法》等相关法律，于 2006 年开始实施新型的司法考试制度，赋予法科大学院毕业生参加司法考试的特权。③ 这与任何人都可以报考的旧司法考试模式有极大的差别。换言之，随着旧的司法考试模式完全退出历史舞台，法科大学院教育成为日本欲从事法律职业者的必经之路。

六、德国的法学教育

（一）德国大学法学教育的课程体系

欧洲中世纪法学教育由大学开启，德国法律人才培养便是始于大学教育。德国大学法

---

① 夏静宜：《日本法学教育中的研讨课制度及其对我国的启示》，载《法学教育研究》2020 年第 28 卷第 1 期。

② 储陈城：《日本法科大学院教育模式及其镜鉴》，载《东南法学》2018 年第 1 期。

③ 邹爱华：《日本法学教育和司法考试制度改革效果评介及其启示》，载《法学教育研究》2016 年第 15 卷第 2 期。

学教育阶段大概有五年的在校学习时间，又可细分为基础教育和重点教育两个阶段。在前一阶段，学生主要围绕民法、刑法、公法方向基础必修课以及法制史等基础理论课展开研修，并且必须通过所谓的"中期考试"。在后一阶段，学生在继续复习和深化此前所学课程的同时需要选择自己的"重点研究方向"并在该领域内选修特定学分的课程。大多数学生在最后两个学期已经完成所有必修课程，并在最后一个学期全力备战第一次国家考试。① 德国之所以如此重视基础部门法课程，是其认为法律职业中最常用的就是这些部门法的内容，法律的方法和技能亦集中体现于此。深入学习方能扎实掌握未来开展实务所需的知识和技能，甚至基本的法学学术训练也须由此打下坚实基础。

经过最近一次法学教育改革，德国大学法学院均设置了重点学科阶段，课程设置模式亦随之趋于一致，一般由讲授课、案例分析课以及研讨课组成。讲授课由教授围绕该课程涉及的基础制度和原理进行概要式讲解，比较偏重理论知识的传授。此类课程与中国大学传统授课形式近似。主讲者通常由具有丰富实务经验和扎实学术功底的教授担纲，并一律用自己的个性化讲义作为教材，讲授过程中穿插若干生动的实例，授课内容极具个人特色。课堂随时有学生提问打断，教授们均予以耐心作答。这种以课堂对话引导思维的教学方法不仅要求教师具备渊博的知识与超凡的底气，还要求学生有沉着的应对与充分的准备。尽管如此，学生的独立思考能力和探索积极性仍很难在讲授课上得到充分培养，大量案例分析课与研讨课的配合仍然必不可少，学生在讲授课上收获的理论知识也能在后两类课程中切实转化为处理实际问题的能力。②

德国法学教育将法律思维的培育视为启蒙阶段的核心环节，作为大学法学教育最大特色的案例练习课的大量配置，正是服务于此。案例练习课围绕前述讲授课的教学纲领展开，形成如齿轮咬合般的紧密配合。③ 此类课程通常由主讲教授的学术助手或博士生主持，旨在训练学生逐渐熟悉鉴定式案例研习模式，在格式、结构与思维三方面打下扎实的"案例分析法律意见书"的写作基本功；此外，"请求权基础分析法"亦是需要借助此类课程的训练才能逐渐掌握的法科生必备技能。④ 法律人的思维模式和文字功力就是在这样持续系统的锤炼下最终形成的，"法律意见书"的完善程度亦随着个人法学素养的积累而日益提高。案例练习课的另一个重点训练科目是上述请求权基础分析法，学生在课程主持人的引领下通读案例事实后从法律规范中寻找应予适用的法条，具体操作是将案件事实与法律规范中的构成要件逐一比对，运用三段论方式讨论请求权能否成立。其间学生还需要思考不同学说可能对分析结论产生怎样的影响及其原因。

理论与实务兼容、专业方向明确的研讨课是德国大学阶段法学教育又一不可或缺的课程形式。此类课程大多为具备相当理论基础的较高年级学生而设，由教授选取近期存在争议和讨论价值较宏大的热点问题并拆分为若干小题目予以公布，由学生按个人兴趣自选题

---

① 蒋志如：《试论法学教育中教师应当教授的基本内容》，载《河北法学》2017 年第 35 卷第 2 期。

② 张陈果：《德国法学教育的特色与新动向》，载《人民法治》2018 年第 18 期。

③ 杨大可：《法学教育的德国经验：发展、革新与启示》，载《中德法学论坛》2020 年第 2 期。

④ 夏昊晗：《鉴定式案例研习：德国法学教育皇冠上的明珠》，载《人民法治》2018 年第 18 期。

目，在广泛收集相关资料的基础上展开深入研究，最终形成论文体的研究报告并在课堂上口头汇报。随后，全体学生针对报告内容及争议问题进行自由讨论，最后由教师和学生一起对报告优缺点进行评议、打分。这类课程有效训练学生的口头和文字表达及思辨能力，有助于培养独立、自由的研究精神，为今后从事学术研究或具体实务工作打下坚实基础。① 讲授课、案例分析课与研讨课"三位一体"，共同构建起德国独具特色的大学法学教育基础培训体系。

（二）从学校到实践：第一次和第二次国家考试

德国的司法考试分为第一次和第二次国家考试。虽有"国家考试"之名，但实际是由各州组织举行，考试时间、内容以及报考要求均由各州自行规定。考试由各州司法部下属的法律考试局主持，考官多为法官或行政官员。但自 2003 年起，经过改革，大学法学院也将在第一次国家考试中承担一定的考试任务。第一次国家考试由此形成新的格局：占总成绩的 70% 的州级国家统一必修科目考核和占总成绩的 30% 的由大学组织的重点研究方向考试。两次考试的综合成绩合格者方被授予学位证书。考试内容以民法、刑法、公法及诉讼法的基础知识为主，以笔试和口试的方式进行。②

宽进严出作为德国高等教育的突出特点在法学教育中体现得淋漓尽致。基础教育阶段的考试通过率大多低于 50%，重点教育阶段通过率稍高，但也仅限于 60% 左右。③ 这样的高校毕业率尊重了人才发展的规律，保证了法学人才的质量。与此同时，法学专业毕业考试以统一考试为考核标准，有效避免了因各大学毕业考试难易程度的差异而导致的毕业生水平参差不齐的状况，提高了法学毕业生的整体素质。

合格的法律职业从业者应当具备深厚的学术理论功底并将之运用到解决具体问题的实践中。德国要求在校法学专业学生完成二到三个月的各类实习活动，并在两次国家考试之间强制加入了不少于两年的"见习期"（又称"准备期实习"），学生必须在法律规定范围内自主选择实习单位，这样一来学生有机会以准法律人的身份在多个司法、行政机关或律师事务所等广泛接触法律实务。实习期间，学生由州高等法院统一组织管理并由院长根据学生各阶段实习成绩给出综合评价。见习期考核合格的学生方可参加第二次国家考试。此次考试仍主要以考察学生的法律适用能力为主，同样采取口试和笔试形式。考试的通过率维持在 85% 左右，考试通过后即获得从事法官、行政人员及律师的资格，成为完全法律人。④

可见，德国法学教育的每一阶段均极其重视学生与法律实务的紧密结合，通过硬性要求学生在不同法律实务领域完成特定时长的工作训练，使之全面掌握应对各类实际问题的

---

① 葛晓莹：《德国大学"统一化法律人"培养模式及教学特点》，载《中国大学教学》2008 年第 11 期。

② 杨大可：《法学教育的德国经验：发展、革新与启示》，载《中德法学论坛》2020 年第 2 期。

③ 李婧嵘：《德国法学教育改革发展的经验与借鉴》，载《法学教育研究》2018 年第 22 卷第 3 期。

④ 杨大可：《法学教育的德国经验：发展、革新与启示》，载《中德法学论坛》2020 年第 2 期。

程序和方法。① 而学生亦由此增进了对法律职业的理解，培养了职业责任感。

七、中国的法学教育

中华人民共和国成立以后，不仅废除了国民党旧的法律体系，也彻底抛弃了旧有的法学理论，开始建立具有中国特色的社会主义法学体系，法学教育的发展经历了五个阶段：形成初创期，停滞期、全面恢复期、快速发展期和成熟发展期。

（一）法学教育的形成初创期（1949—1966 年）

中华人民共和国成立初期，中国社会主义法学理论主要移植和学习苏联的法学知识。这一阶段法学教育的发展主要表现在以下几个方面：

1. 确立马克思列宁主义为法学教育的指导思想

在马克思主义的政法教育方针指导下，在废除旧法统的同时，也对旧的法学教育机构进行了改造。法学教育在意识形态层面发生了重大变化，确立马克思列宁主义、毛泽东思想的国家观和法律观。

2. 法学教育和人才培养体系形成"五院四系"格局

1950 年，在北京创办的中国人民大学法律系是新中国第一所高等法学教育机构，培养模式、专业设置和课程体系基本上承袭苏联模式，除了培养本科生和研究生外，还举办了多期法学教师培训班。1951 年 4 月，在北京创办了新法学研究院，并为新政权培训司法干部。1952—1953 年前后，对民国时期留下的法律教育机构进行了大规模的院系调整，除了中国人民大学法律系和武汉大学法律系不变外，在原东北行政学院基础上，设立东北人民大学法律系（现吉林大学法学院）。在西北大学设立司法专修科（1954 年设立法律系）。1953 年院系调整后，形成了全国法科布局的新格局，即当时的北京、华东、西南、中南四所政法学院和东北人民大学法律系、中国人民大学法律系、武汉大学法律系、西北大学司法专修科（1954 年改为法律系）。② 1963 年 10 月，教育部和最高人民法院召开全国政法教育工作会议，将我国法学教育体系调整为新"五院四系"格局，即北京、西南、华东、西北、中南五所政法院校和北京大学、人民大学、吉林大学、武汉大学四个法律系。③

3. 译介和推出了一大批马克思主义法学的经典著作和研究成果。自 20 世纪 50 年代初，大量翻译出版了马克思、恩格斯、列宁、斯大林的法学著作，选编了马克思、恩格斯等马克思主义经典作家关于国家和法的论述，如复旦大学法律系选编的《马克思恩格斯论国家和法》（1958），译介了苏联法学家的法学论著和全面引进了苏联的法学教材，如维辛斯基的《国家与法的理论问题》（1955）。这一阶段，在马克思主义法学理论研究方面推出了一大批卓越的研究成果，如老一辈法学家孙国华的《我国人民民主法制在社会

---

① 申卫星：《时代发展呼唤"临床法学"——兼谈中国法学教育的三大转变》，载《比较法研究》2008 年第 3 期。

② 王健：《论中国的法律教育》，载《比较法研究》1994 年第 2 期。

③ 霍宪丹著：《法律教育：从社会人到法律人的中国实践》，中国政法大学出版社 2010 年版，第 9 页。

主义建设中的作用）（1955）、张思之《什么是法律》（1955）、张友渔、王叔文合著《法学基本知识讲话》（1963）、杨兆龙关于"法律继承论""及时立法论"和"无罪推定论"等著作和系列论文，为推进马克思主义法学中国化奠定了理论基础。

（二）法学教育的停滞期（1966—1977年）

这一阶段，法律制度建设完全停顿并遭到严重破坏，法学教育也随之走向停滞。中国法学教育出现了长达十年之久的"停滞期"。"文革"给社会主义法治建设选择什么道路提供了多方面的、深刻的教训。①

（三）法学教育的恢复期（1978—1992年）

1978年宪法颁布后，全国逐步恢复高等法学教育。之前开办过法律院系的大学，此时基本上恢复了法学专业的设置。从1985年开始，中华人民共和国国家教育委员会组织了一批知名大学法学教师，编写了许多高水平的法学教材，如《法学基础理论》《中国宪法学》《中国刑法学》《中国法制史》《中国法律思想史》等，为法学教育的恢复和发展起到了巨大的推动作用。② 1988年的统计结果显示，本科生有28325名，硕士3847人；从1979—1988年，恢复重建80多个法学院，"五院四系"的格局也得以延续，这80多所学校奠定了中国法学教育的基础。③ 目前来看，这80多所法学院校是中国法学教育的核心力量和教研重镇。

1985年《中共中央关于教育体制改革的决定》颁布，促进了法学教育在80年代中后期的大发展，到1991年年底，法学院系已达116所，在校生达40741人，在全国高校在校生人数中占1.7%左右。全国只有青海和西藏的高校尚未设置法学专业。自1988年，以中国政法大学为首的五大政法院系开始试办法律函授、夜大学、"专升本"教育。④ 1988年司法部会同高等教育自学考试指导委员会面向全社会开考法律专业。

（四）法学教育的快速发展期（1993—2011年）

随着社会主义市场经济体制的建立，1997年党的十五大提出"依法治国，建设社会主义法治国家"的治国方略，中国法学教育进入一个快速发展的阶段。1999年教育部推出"扩招"政策之后，法学教育办学规模急剧扩张；各类院校几乎都开始兴办法学学科，几乎有条件的院校都办了法学专业。法学院校从几十所增加到两百所，激增至现在的620多所。截至2011年，我国法学专业本科在校生达到了296551人。《法学教育"九五"发展规划和2010年发展设想》强调，要逐步调整法学教育层次结构，指出"在层次结构上调整专科、本科、研究生教育及复合型、外向型法律人才的发展的侧重点"。⑤ 五所政法

---

① 李其瑞、冯飞飞：《中国法学教育70年：发展历程、问题反思和未来展望》，载《法学教育研究》2020年第29卷第2期。

② 中国法学会法学教育研究会编著：《改革开放40年与中国法学教育发展》，法律出版社2019年版，第105页。

③ 中国法学会法学教育研究会编著：《改革开放40年与中国法学教育发展》，法律出版社2019年版，第104页。

④ 李其瑞、冯飞飞：《中国法学教育70年：发展历程、问题反思和未来展望》，载《法学教育研究》2020年第29卷第2期。

⑤ 曾宪义：《中国的法学教育体制及改革》，载《法学家》1998年第5期。

院校在 20 世纪 90 年代逐步取消了专科教育，并开始招收第二学士学位生。从 1996 年起开始招收和培养"法律硕士专业学位研究生"，2011 年招收法律硕士的高校已经达到 118 所。法律硕士招生规模普遍较大，五所政法类院校和北京大学、清华大学等法学院招生人数每年都在 200 人以上。① 在学术类法学研究生培养方面，规模和增速也是前所未有的。

这一阶段还有一个重大成果，中国法学会得以成立，并在中国法学会的指导下成立了各专业的研究会，如宪法学研究会等。②

（五）法学教育的成熟发展期（2012 年至今）

2012 年，党的十八大召开，中国的法学教育随之出现新的局面。这主要体现在，明确划分了法学硕士与法律硕士的培养目标及标准，同时对全日制博士和在职博士的培养数量进行了规范和控制。2017 年，教育部公布了法学硕士和博士学位授权点的评审结果，目前全国一级学科法学硕士点总计 216 个（含 19 所 1~2 个法学二级硕士点）；全国法律硕士点 243 个；全国法学一级学科博士点 52 个（含 2012 年教育部批准的西北政法大学"服务国家特殊需求"法学一级学科博士点，福州大学二级学科博士点 1 个）。据教育部《2012 年全国教育事业发展统计公报》和全国普通高校法学类专业研究生情况表的统计，2012 年，全国普通高校法学类专业硕士研究生共招生 36654 人，在校生 104434 人，毕业生 37430 人。2012 年，全国普通高校共招收法学类专业博士研究生 3455 人，在校生 14362 人，毕业生 2663 人。全国招收法学类专业博士研究生的院校共有 39 所，与 2011 年的 33 所相比，增加了 6 所。③ 中国的法学教育与之前的快速发展相比这一阶段进入了相对的平稳期。

这一时期的办学以提高质量为核心的内涵发展成为法学院追求的目标。2011 年 12 月，教育部、中央政法委联合发布《关于实施卓越法律人才教育培养计划的若干意见》，2018 年 9 月再次发布《关于坚持德法兼修实施卓越法治人才教育培养计划 2.0 的意见》，2018 年 12 月，教育部高等学校法学类专业教育指导委员会通过《2018—2022 年教育部高等学校法学类专业教学指导委员会五年工作计划》，进一步要求法学教育应与国家法治建设新任务新要求相适应，强化法学实践教育，构建法治人才培养。2019 年 10 月，教育部发布《关于深化本科教育教学改革全面提高人才培养质量的意见》，进一步明确了我国法学教育要坚持内涵式高质量的发展之路。2022 年 10 月 16 日，中国共产党第二十次全国代表大会报告中也强调了开展法治宣传教育，在全社会形成尊法学法守法用法之风气的举措，虽未明言法学教育内容，但无疑蕴含了加强法学教育改革发展力度的含义。

---

① 李其瑞、冯飞飞：《中国法学教育 70 年：发展历程、问题反思和未来展望》，载《法学教育研究》2020 年第 29 卷第 2 期。

② 中国法学会法学教育研究会编著：《改革开放 40 年与中国法学教育发展》，法律出版社 2019 年版，第 107 页。

③ 李其瑞、冯飞飞：《中国法学教育 70 年：发展历程、问题反思和未来展望》，载《法学教育研究》2020 年第 29 卷第 2 期。

第四章　法律职业共同体

　　传统上，法律职业被等同于人们所从事的与法律相关的各种工作；但在现代意义上，法律职业是指受过专门的法律理论训练，具有娴熟的法律技能和高尚法律职业伦理的人从事的工作，被称之为"法律人"（lawyer）。他们是一群受过良好法律专业训练、精通法律专门知识、具有高尚职业伦理、能实际操作和运用法律的人。由法律人所构成的团体被称为法律职业共同体，这是一个特殊的群体，如同科学家或医生，他们受过专门的职业训练，拥有共同的知识、语言、思维、精神信仰和价值追求。①

　　法律职业化是实现法律形式合理性的条件。法律的形式合理性是法律现代化的基本要求之一，是与法律实质合理性相对应的概念，可以将其简单地理解为一整套完善的法律制度、规范的法律操作方式和合格的职业规范操作者，三者缺一不可，共同构成法律形式合理性。而只有通过法律职业化，形成法律职业共同体，才能产生合格的法律人。

　　法律职业化是维护法律的自治性、实现法律正义的前提。法律职业共同体的同质性决定了其组成成员因为具有共同的受教育背景而拥有共同的知识、语言、思维，除此之外，尤为重要的是，他们有共同的精神信仰和价值追求，这使法律人对法律有虔诚的信仰．以实现法律正义为使命。法律职业共同体的缺失，会使法律从业者缺乏必要的职业知识、职业能力、职业信仰和职业伦理，法律从业人会仅仅将其从事的职业作为谋生的手段而非可以为之献身的事业，变得唯利是从。

　　法律职业化是民主法治实现的推进力量和保障。② 法律的权威是法治社会的根本标志，职业法律人的威信是法律权威的真正基础。民众对法律的认识在很大程度上是在与法律人打交道的过程中形成的，法律职业者给人什么印象，法律在人们心目中就是什么形象。

---

　　① 德国法学家莱因斯坦语，转引自［日］大木雅夫：《比较法》，范愉译，法律出版社1999年版，第264页。法国思想家托克维尔曾指出："法学家在研究法律当中获得的专门知识，使他们在社会中独辟一个行业，在知识界中形成个特权阶级……他们还自然而然地形成一个团体。这不是说他们彼此已经相互了解和打算同心协力奔向同一目标，而是说犹如利益能把他们的意愿联合起来一样，他们的专业相同和方法一致使他们在思想上互相结合起来。"［法］托克维尔：《论美国的民主》（上卷），董果良译，商务印书馆1989年版，第303页。

　　② ［德］马克斯·韦伯：《经济与社会》（下卷），林荣远译商务印书馆1997年版，第140页。

　　韦伯在《经济与社会》一书中有这样的论述："倚仗虔敬支撑的权威的权力，神权政治也好，世袭王公也好，尤其往往会创造无形式的法……因为特殊的法的形式主义会使法的机构像一台技术上合理的机器那样运作……它把法律过程看作是和平解决利益斗争的一种特殊形式，它让利益斗争受固定的信守不渝的'游戏规则'的约束。"因此，专制权威们"都感觉到在他们的道路上，存在法逻辑的抽象的形式主义和通过法来满足实质要求的需要之间无法避免的矛盾"。

第一节　法律职业的构成

一、法律职业人员的素养

法治职业共同体的形成过程，是法律职业素养统一、法治理念和法治信念统一的过程。现代法律职业共同体的形成，意味着法律职业素养的统一。法律职业素养包括职业信仰、职业道德、职业语言、职业知识、职业思维、职业技术等六个方面。这六个方面的统一，能够推动统一的法治职业共同体的形成。其中，前两个方面构成法律职业的伦理，即通常所谓的"德"；后四个方面构成法律职业的技能，即通常所说的"才"。法律职业伦理与技能的统一主要依靠高水平的法学教育和长期的法治工作实践。可以归纳为：法律职业思维、法律职业技能和法律职业伦理。

（一）法律职业思维

思维是客观事物在人脑中间接的和概括的反映，是借助语言所体现的理性认识过程。思维是职业技能中的决定性因素，法律人的职业思维是其最重要的职业技能。法律人素质之高下，与法治实现的程度有实质性的联系。而衡量法律人素质高下之标准，并不仅仅在于其法律知识的多寡，更在于法律人独特的思维方式与优良的思维品质。

1. 法律职业思维的要求

其包含的内容有：（1）运用法律术语进行观察、思考和判断，对术语概念采取法律方法进行解释和推理。（2）以权利为中心进行思考。法律施行时，总是以权利和权利保障为圭臬，以法定的权利作为诉讼请求的依据，因此民事或行政审判均以请求权作为思维的逻辑起点。（3）遵循向过去看的习惯，表现得较为稳妥，甚至保守。法官对待法律与事实的态度，只承认既定的规则和过去的事实。判例法国家遵循先例原则被视为尊重传统、传承经验的好的方式。（4）通过程序进行思考。法律人总是以程序为优先，在程序内进行思考和判断。程序的设置是为了排斥权力的任意性，从而促进理性选择，形成公正、客观、稳妥的结论。现代社会价值多元，实体问题往往转化为程序争议，程序法标志着人类在从事一种制度安排时面对的局限性困境，在调整社会关系时不得不做出的难以完美的选择。在正义标准多元的情况下，必须维护程序本身的严格性。例如，超过诉讼时效的权利主张只能驳回，执法人员通过非法手段获取的证据不具有证明效力，等等。正是程序法的重要性决定了法律人思维的这一特点。（5）注重缜密的逻辑，谨慎地对待情感因素。法律人强调推理的逻辑性，使当事者和全社会看到这个结论是出自理性的，即具有了说服力。虽然法律思维并不绝对排斥情感因素，但它与道德思维、宗教思维的情感倾向有着严格的界限。道德思维是一种以善恶评价为中心的思维活动，而法律判断是以事实与规则认定为中心的思维活动，因此法律思维首先是服从规则而不是听从情感。法律人思维的理性特征由法律应该具有人为理性所决定。法律人对正义的追求只能通过法律的途径，运用合乎法律程序的方式去实现。例如，法官在审理案件时，必须理性地保持客观立场，充分听取参与诉讼的各方当事人的意见，不能受任何情绪或主观判断的影响；给出司法判决时，在充分考虑社会现实需求的基础上，应当对判决结果做出逻辑论证。可以说，法律推理是一个合格法律人所不可缺少的基本功。（6）以追求法律"真"为终极目标。法律思维追求程序中的"真"，而不是科学意义上的"真"。法律意义上的真实或真相其实只是程序意义上的，并不是现实中的真实和真相，它们之间可能存在较大距离。法律的"真"是逻辑"真"而非本体"真"，本体"真"也是法律人的追求之一，但当它与法律"真"相冲突时，法律人只能选择法律"真"。例如，法官在审理案件时应当注重自然事实与法律事实的区分，只有具有证明效力的证据证明的事实才能够成为判决的依据。反之，即使法官可以凭借其他方式知晓案情真相，例如由于证据获取的方式违法而导致其证明力的丧失，法官也不能够改变根据合法证据进行逻辑推理获得的结果。①

　　2. 法律职业思维的特征

　　从法律人在法律认知活动中的指向性特征来看，典型的法律人的思维方式具有三个特征：

　　（1）独立性。这是法律职业的内在属性所决定的。法律人思维的独立性，意味着法律人在法律活动中应当服从宪法与法律，相对独立于其他社会机构和成员，自觉抵制其他个体或机关、社会团体的非法干预。法律职业的内在属性是"判断"，无论是法官的有"执行力"的职业行为还是律师只具有"辩解力"的职业行为，都是判断。法官不独立，司法就不是"判断"，而是一种"执行"或者是"复述"。因此，失去了独立性就失去了法律职业的本真。从这个意义上讲，法律人主体自觉的独立性，直接影响着其法律认知活动的科学性，因为法律是一种人为理性，只有经过长期训练的法律人，才能够从事法律职业活动以确保法律得到正确的适用。因此，法律人思维的独立性是法律自治所必需，亦为法律公平之必要。法律职业的独立性表现在两个方面：一是职业行为的独立。无论是法官、检察官还是律师，他们都是以独立的主体从事职业，不受其他社会主体的干预。作为"在朝"的法官、检察官，独立从业是他们区别于立法者与行政官僚的主要职业特征。作为"在野"的律师，更是要独立处理法律案件，不受其他主体的干预。当然，律师同行之间的沟通与协商是另一回事。二是法律职业有独立的自治团体，法官有法官自治团体，检察官有检察官自治团体，律师更有律师自治团体，这些团体通常有权处理自治范围内的事务，包括处罚不守职业伦理、侵犯行业利益的同行。

　　（2）保守性。它是指法律人在变革法律时不能过于激烈，而应采取适应社会发展进程的渐变方式；法律人在分析处理法律问题时应当尽可能地依照遵循先例的原则解释和适用法律，以保证法律的稳定性和可预见性，而不能任意改变法律规则与法律原则。虽然法律人思维的保守性在某些时候可能会阻碍社会制度的变革，但民众和其他学者对此应保持一种理解乃至尊重的态度。原因在于：法律是人类秩序的象征，也是古今各国社会治理与国家治理经验的结晶，崇尚经验、崇尚传统而排斥标新立异的思维方式，已经成为法律人的传统。在法律活动中，"同案同判"也符合人们的公平正义观念。特别是在绝对的法律正义不可能实现时，保守地遵循先例则代表着一种相对的公平。

　　（3）崇法性，具体体现为法律人在法律认知活动过程中唯法是从的"法律权威意识"，包括如下的内涵：首先，法律对于法律人而言具有至高无上的威严，它不仅是法律

---

　　①　最为典型的是 1995 年发生在美国的橄榄球明星辛普森涉嫌杀人案，具体案情参见〔美〕托马斯·帕克主编：《开庭——改变人类进程的 115 件世纪大案》，海潮出版社 2000 年版，第 485 页。

人判断一切个人、社会团体与国家机关的行为合法与否的准则，也是他们评价一切个人、社会团体与国家机关的行为的价值标准。其次，在法律人看来，法律居于神圣不可侵犯的地位，任何个人或组织的任何违反法律的行为都应当承担相应的法律责任。再次，在法律人看来，法律是不可替代、至关重要的社会控制手段，是维系现代社会正常运作的纽带，法律相对于其他社会控制手段，如道德、宗教而言具有更为重要的作用。最后，法律人对法律的真诚信仰。法律是人类理性的升华，是人类文明的结晶。尽管任何具体的法律制度都不可避免地具有一定缺陷，但法律本身代表着正义与公平。

（二）法律职业技能

技能是指人们通过练习而形成的某种动作方式、动作系统或智力活动方式，包括技术和能力。一定的技能是以相关的知识为基础的，如没有相应的法律知识，法律技能的形成便无从谈起。对技术的掌握通常比能力的发展要更迅速一些，而得到良好发展的能力比掌握一定范围内的知识技术具有更广泛的迁移作用。一定的知识技术只能解决具体的相关问题，而能力则可把对知识技术的运用迁移到其他的相关问题上，从而解决未遇到过的新问题。知识、技术、能力三者之间的关系是：一定的能力是掌握知识、技术的必要条件，而掌握知识、技术的过程又是能力得以形成和发展的过程，不通过对具体知识、技术的掌握就不能提高能力。

法律职业的知识是一种专业知识，它主要由两部分构成；一部分是制定法中的关于规则的知识，另一部分是法律学问中关于原理的知识。我们以往总是要求法官学法、懂法，这是局限于制定法中的规则知识，是一种基本层次的要求。事实上，关于规则的知识是暂时的，立法者大笔一挥就会改变这种知识，更何况关于规则的知识是机械的、有缺陷的，这就需要法官和律师们运用法理来处理规则与事实不对称所产生的问题。

专业是"专门的学问"，法律职业的专业性是指法律职业凭"专门的学问"从事的职业。一般来说，从事某项职业都应当具备一定的"专业知识"，但是，不同职业所需要的"专业知识"含量是不同的。据此可以将职业分为"专业性职业"和"非专业性职业"。① 与此不同，法律职业是一项专业性很强的职业。这是因为法律职业所依据的规范——现代法律通常是一个复杂的系统，由一定的概念按照严密的逻辑体系构成，理解与适用法律、为当事人争取权利有一整套先在的程序，这些都需要专门的学习与训练才能获得。理想的法律人都应当有良好的专业素养。事实上，不同社会里从业者的专业素养存在很大差异。② 因此，中国人称裁决者为"法官"，西方人称他们是"决断者"或者干脆就是"正

---

① 例如，清扫街道、翻地除草（手工）等职业就不需要太多的知识，这是凭借体力的职业；人治社会的官僚办事只要有权力就行了，也不需要有太多的专门知识，这是凭借权力的职业；它们都是"非专业性职业"。

② 在法治原则得到严格遵守的国度里，法律人的素养通常都很高，尤其是法官，他们或者经过特别严格的学习和考试程序脱颖而出，或者从最优秀的律师中遴选出来。在专政的国度，法律职业从业者的法律素养要差得多。通常在法治程度提高的同时，法律从业者的专业素养也在提高。有必要说明的是，法官（检察官）在大型社会里都有，但在人治社会里，它是依仗权力而生存的，是官僚体系中的一员。在社会法治化过程中，法官的职业会发生质的变化：从"非专业化"的"职业官僚"到法律职业共同体一员。

义"，都是正确的。这也可以理解，为什么在马克思和黑格尔那里，司法权不是政治的，而是社会的，而在中国为什么会一再强调司法的政治性。

1. 普通技能

普通技能是从事包括法律职业在内的各类现代社会职业普遍需要掌握的基础性技能，包括运用本国语、外国语进行表达及交流的能力，计算机操作能力，社会交往、社会适应及协作的能力，自我提高及创新的能力，组织管理能力，信息处理能力等。无论从事何种法律职业，通过口头或文字形式清晰准确地表达自己的主张、思想，并说服他人，都是必备的素质；检察官、律师甚至还须具备雄辩的口才，诸如法律文书写作、交谈、沟通、谈判、审讯、辩论等的能力，都是从事法律职业的必备语言能力。在世界经济日益全球化的今天，特别是我国经济的日益开放，各类涉外案件的迅速增加，使法律职业者运用外语进行表达、交流及利用外语获取域外知识信息的能力日显重要。法律职业者要与社会上各色人等打交道，因此，必须具有丰富的社会知识及很强的社会适应能力和社会交际能力。同时，由于法律牵涉方方面面的社会关系，因此，还需要法律职业者具备良好的协作能力。在法律工作中，运用电脑及互联网获取并处理各类信息，进行通讯、办公及管理等，也正在成为普遍的途径。熟练的计算机操作技能已成为现代社会各类职业都应具备的应用技能。

2. 专业技能

在法律职业技能中，处于核心地位的是专业技能，主要包括：法律识别技能（包括对法律规则的识别技能和对案件事实、证据的识别技能）、法律解释技能（对法律文本的意思进行理解和说明的技能）、法律推理技能（从一个或几个已知的法律前提，如法律事实或法律规范、法律原则、判例等法律资料，推导出某种法律结论的技能）、证据操作技能（包括调查证据、审查认定证据和运用证据等相互关联的几项技能）、法律程序技能（法律程序的组织、展开和运用的技能）、法律论辩技能（法官、律师等在职业活动中，运用专业理论知识、职业语言和思维，根据案件事实进行论证、辩驳以说服相对方的技能）、法律文本制作技能（法律职业者制作裁判文书、代理词、辩护词、诉状及其他各类法律文书的技能）、驾驭运用法律资源的技能（查找和运用所需法律资料、信息的技能）等。

法律是一种专门的技术知识，法律术语是这种专门知识中最基本的要素。法律语言具有交流与转化两大功能。其中的交流功能，是指法律语言能够准确、简约地传递信息，在法律职业共同体内的同行之间使用相同的术语进行交流，不会产生大众语言所带来的繁琐与不一致。所谓转化功能，是指所有的社会问题，不论它们来自民间还是官方，不论具体还是抽象，不论是春秋大义还是鸡毛蒜皮，一概可以运用法言法语转化为法律问题进行分析判断。甚至连不容易转化的政治问题，也完全可能被转化为法律问题而提交法院解决。法国思想家托克维尔（AlexisdeTocqueville）说，美国几乎所有的政治问题都迟早要变成法律问题。所有的党派在它们的日常活动中都要借助法律语言，大部分公职人员都是或曾经是法律家。[1] 如果一个社会崇尚法治，那么法律语言将会成为广受推崇的语言。

---

① ［法］托克维尔：《论美国的民主》（上卷），董果良译，商务印书馆1988年版，第310页。

任何职业均拥有自己的职业话语体系。这些话语由专业词汇构成，形成专业领域、进而形成专业屏障。法律职业语言是一种特殊的语言，其中的术语由两部分组成：一是来自法律规定的法定术语；二是来自法学理论的法学术语。大众话语具有直观性、理想化的特点，而职业话语则具有理性化、专业化的特点。法律职业的语言特征决定了只有法律人才能够娴熟运用法律术语和法学术语进行观察、思考和判断。

（三）法律职业伦理

1. 法律职业伦理释义

自古以来，伦理道德就是社会文明的主要内容。在中国古代，"伦"是指人们之间有条理的关系，"理"是指道理和规则，"伦理"即处理人们之间相互关系应当遵循的道理和规则。在西方，所谓"伦理"，就是指一个民族特有的生活惯例、风尚、习俗、品格、德性等，伦理学（Ethics）即研究人们德行的科学，以道德为研究对象，分为元伦理学和规范伦理学。

职业伦理是与大众伦理相对应的概念，它同人们的职业活动紧密相连，是一种具有自身职业特征的道德准则和规范的总和，是社会生产力及社会分工发展的结果。与古代社会以大众伦理为主不同，现代社会分工的高度发达及各专业之间的相对隔离，决定了各种职业伦理成为社会伦理的中心，职业成为个体与社会联结的切入点。职业伦理就其本质而言是一种责任伦理。正如迪尔凯姆（也译涂尔干）所说："……这类道德要比以往的道德显露出更加奇特的性质：我们从中看到了中心化的趋势。舆论是共同道德的基础，它散布于社会各处，用不着我们去甄别它究竟处于何方，而职业伦理则不同，每一种职业伦理都落于一个被限定的区域。所以说，道德生活的核心尽管是统合起来的，却也各自有别，功能的分化与道德的多态性是相应的。"尽管现代社会职业伦理成为社会伦理的中心，但并非每一种一般意义上的职业，都有其职业伦理。

根据职业伦理的理论，法律职业伦理（legalethics）也是一种责任伦理，它是指从事法律职业的人在法律活动中必须遵循的伦理规范和伦理原则。由其职业特征所决定，法律职业所遵循的伦理是法律内的伦理，与大众所崇尚的伦理有所区别，正因如此，法律人的某些合乎其职业伦理的行为不能为大众所理解，甚至会受到社会舆论的谴责，例如，律师为从事严重危害社会行为的罪犯的辩护，法官对违反程序收集到的有利于被害方的证据不予采信等。加强法律职业伦理建设，是推进法治进程的道德基础。因为法律权威建立在职业法律人的威信基础之上，先有法律职业的威严，然后才有法制的威严，而法律人的社会声誉与其职业伦理道德品质紧密相关，因此，现代法治社会要求法律职业主体必须具有良好的职业道德品质，建立良好的职业道德规范，养成良好的职业道德习惯。①

2. 法律职业伦理的基本要求

（1）以公正为根本的价值追求。这就决定了法律职业的根本价值取向是正义。法律职业的这一本质属性决定了整个法律职业共同体都必须以追求和实现社会正义为共同、根

---

① 近年来，我国法律职业伦理越来越受到重视，教育部 2018 年发布《普通高校法学本科专业教学质量国家标准》，其中规定：法学专业核心课程采取"10+X"分类设置，法律职业伦理成为十门专业必修课之一。

本的使命。法官、检察官、律师都是为着追求和实现正义而存在的，只不过他们的角度和方式有所不同：双方律师之间或律师与检察官之间竭力对抗、充分交涉，使法官兼听则明；法官则站在中立的立场上，做出理性、公正的裁断。公正，是整个法律职业伦理规范体系的基石，是确立一切法律职业伦理规范的根本依据。正是这一伦理要求，律师的活动尽管具有商业营利性质，但必须在追求个人私利与追求社会正义之间保持适当的张力，追求个人私利只能在社会正义与法律许可的范围内进行。例如，律师不能教唆当事人钻法律漏洞，不能帮助当事人串供；检察官尽管承担着维护国家和政府利益的职能，但在向法庭进行控诉时，应当同时提供自己所掌握的有利于被告的情况及证据，等等。

（2）忠于法律。法律职业所追求的公正，是通过法律职业者严格遵循和实施法律的专业活动实现的。法律职业者的基本使命就是准确贯彻法律，因此，忠诚于法律、忠实地理解和实施法律就成为所有法律职业者都应遵循的基本伦理准则。法律职业者的职业行为必须合乎法律并且必须是为了有效地实施法律。

3. 维护声誉。

构筑一个合格的法律职业共同体，是法治的内在要求，是法治的主体条件和保障。因此，每一个法律职业者都负有维护法律职业共同体团结和声誉的不可推卸的道德义务。对内，法律职业者彼此之间应当相互理解和尊重，在分工的基础上进行良好的功能性协作；对外，应严格依照法律和职业伦理的要求进行活动，不做有损于法律职业形象的行为。

二、法律职业人员的构成

汉语"法律职业"概念源自西方。要界定"法律职业"，首先必须了解"职业"的特定含义。职业指个人服务社会并作为主要生活来源的工作。法律职业是指以提供法律服务为业并作为主要生活来源的工作。在传统社会，"职业"（profession）与"工作"（occupation）并未有太大区分，但随着现代社会分工的细化和深化，这两个语词却在内涵上逐步产生了明显差异。"职业"更多指偏重需要接受高深教育及特殊训练的专门工作，例如法律、建筑、医学、会计；而"工作"则指某种营业、买卖等，永久的或作为嗜好而占据某人时间的谋生手段。现代社会通常所说的职业化就是指对从事某种特殊工作的人进行专业教育和训练，从而完成该职业从传统向现代的转型。

法治的形成很大程度上取决于法律职业共同体的努力，不同法系的国家对于法律职业组成的理解是不尽相同的，正如科特威尔所指出的："法律专业集团对社会整体化以及法治观念和司法方式的培养，始终扮演着一名举足轻重的角色。"[1] 明确法律职业的内涵是研究法律职业共同体的一个基本前提。法律职业具体范围在各国不尽一致，概括起来，有广义和狭义之分。在广义上，从事法律职业的人一般有三种：应用型，主要指法官、律师和检察官，有的国家还包括仲裁人员和公证员；学术型，主要指法律教师和法学研究人员；法律辅助技术型，主要职责是辅助法官、律师、检察官和其他法律人工作，如法律书记员、律师助理、法律文秘、司法警察等。在狭义上，法律职业主要指法官、律师和检察官。

---

① 科特威尔：《法律社会学导论》，潘大松译，华夏出版社1989年版，第9页。

在一个国家，是否形成法律职业有如下标准：（1）规范法律教育机制的建立。接受规范的法律教育是成为法律人的前提条件。（2）法律职业人具有相当大的独立自主性。（3）具有统一的职业伦理，并以此维系这一共同体成员及共同体的社会地位和声誉。（4）法律职业具有严格的准入标准、完善的考核制度。

近年来，我国传统的法律职业有了实质性的突破。2016年，中共中央出台的"选拔办法"足以显示党中央依法治国和优化司法队伍的决心和行动；司法机关的员额制改革使法官、检察官的专业素养更上一层楼；律师队伍的数量和质量都发生了巨大变化；2018年实施的"八法"① 更为法官、检察官、律师、仲裁员等职业做了明确的法律定位，我国的法官、检察官、律师、仲裁员等职业拥有了一个共同的名称，即法律职业。我国"正规化、专业化、职业化"标准建设的法治队伍正在形成，高质量法律职业队伍建设的春天已经到来。因此，依照法律规定，凡是需要通过法定渠道获得国家统一法律职业资格为基础条件方可从事的职业，都叫做法律职业。

进入新时代以后，在全面推进依法治国、建设社会主义法治体系和法治国家的背景下，习近平提出了"法治工作者""法治队伍"等概念，用以取代"法律工作者"和"法律工作队伍"等概念，凸显了法治职业的广泛性、时代性。"法治工作者队伍"涵盖的范围比较广泛，举凡在党政军机关、司法机关、人民团体、社会各领域专职从事涉法工作和法治工作的人员，都可称为法治工作者，都隶属于法治队伍和法治职业共同体。法治工作队伍是法治运行和操作的专门力量，对推进全面依法治国至关重要。党的十八大以来，按照建设一支忠于党、忠于国家、忠于人民、忠于法律的社会主义法治工作队伍的总要求，坚持不懈建设德才兼备的高素质法治工作队伍，不断提高法治工作队伍思想政治素质、业务工作能力、职业道德水准，法治工作队伍规模、结构和素质更加优化。具体而言，包括这样几个群体：

第一个群体，也可以说是最核心的队伍，是法治专门队伍。法治专门队伍主要包括从事立法、执法、司法工作的队伍。习近平指出："我国专门的法治队伍主要包括在人大和政府从事立法工作的人员，在行政机关从事执法工作的人员，在司法机关从事司法工作的人员。全面推进依法治国，首先要把这几支队伍建设好。"十年来，坚持不懈加强革命化、正规化、专业化、职业化建设，不断完善法律职业的资格考试、遴选、管理、保障制度，法治专门队伍政治素质、专业能力、道德水准不断提升，立法、执法、司法工作质量明显提高"立法、执法、司法这三支队伍既有共性又有个性，都十分重要。要按照政治过硬、业务过硬、责任过硬、纪律过硬、作风过硬的要求，教育和引导立法、执法、司法工作者牢固树立社会主义法治理念，恪守职业道德，做到忠于党、忠于国家、忠于人民、

---

① 新时代中国特色社会主义法治建设、社会治理更需要法律人才。国家司法考试制度日趋完善，2015年12月，中共中央办公厅、国务院办公厅发布关于《完善国家统一法律职业资格制度>的意见》（简称《统一资格意见》）；2016年6月中共中央办公厅发布《从律师和法学专家中公开选拔立法工作者、法官、检察官办法》（（简称《选拔办法》）；2017年9月全国人大常委会通过《关于修改〈法官法〉〈检察官法〉〈公务员法〉〈律师法〉〈公证法〉〈仲裁法〉〈行政复议法〉〈行政处罚法〉八部法律的决定》（简称《八法》）。

忠于法律"。① 以政法队伍为例，在党中央统一领导下，从 2020 年 7 月至 2021 年 12 月集中开展了政法队伍教育整顿，既严肃查处了一大批害群之马，又大力弘扬了新时代政法英模精神，有力地推动了政治生态进一步优化、纪律作风进一步好转、素质能力进一步增强、执法司法公信力进一步提升。

第二个群体，是法律服务队伍。由律师、公证员、司法鉴定人员、仲裁员、人民调解员、基层法律服务工作者、法律服务志愿者等构成的法律服务队伍，在保障当事人合法权益、维护社会公平正义、开展法治宣传教育、化解社会矛盾纠纷、促进社会和谐稳定等方面发挥着重要作用。其中，律师队伍是依法治国的一支重要力量，在保障法律正确实施、维护当事人合法权益、维护社会公平正义、支持司法机关定分止争、提高司法公信力中能够发挥十分重要的作用。，党的十八大以来，全面深化律师制度改革，稳步增加公证员、法律援助人员、仲裁员数量，加快发展政府法律顾问队伍，适应需要发展司法鉴定人员队伍，积极发展专职人民调解员队伍，增加有专业背景的人民调解员数量，规范发展基层法律服务工作者队伍，法律服务队伍结构持续优化，公共法律服务质量和水平明显提升。

第三个群体，是通晓国际法律规则、善于处理涉外法律事务的涉外法治人才队伍，即联合国及其所属组织的国际立法、国际执法、国际司法和其他国际法律事务。在越来越多的中国法学家在国际上发表出版研究成果，到国外进行学术合作交流，给世界法学带来了新面孔、新声音、新元素，正在成为改变世界法学格局的新力量。

第四个群体，是法学专家队伍。与我国哲学社会科学的总体构架相适应，我国已形成了以高等法学院校教师队伍为主体，包括社会科学智库机构、党校行政学院、党政部门研究机构、军队院校中从事法学法律研究人员在内的法学研究队伍。法学专家队伍对于探索和形成中国特色社会主义法学理论体系、法治理论体系和法治话语体系，用马克思主义法学思想统领法治意识形态阵地，培养高素质法治人才，具有不可替代的重要作用。这支队伍中，既有一批马克思主义法学造诣深厚、对法学学科作出奠基性贡献的老一辈法学家，又有一大批马克思主义法学功底扎实、引领本学科不断开拓创新的中青年法学家，更有一大批年富力强、锐意进取的青年法学骨干，已形成了政治立场坚定、专业门类齐全、梯队结构合理的法学专家人才体系。习近平指出要"重点打造一支政治立场坚定、理论功底深厚、熟悉中国国情的高水平法学家和专家团队，建设高素质学术带头人、骨干教师、专兼职教师队伍"②。在西方法律职业共同体发达的国家，完善的法律职业规范体系保障了法律职业共同体的健康运行。恩格斯指出："实际上，每一个阶级甚至每一个行业都各有各的道德。"

西方法律职业共同体得以形成和发展的根本条件和深厚基础，可以归纳为六个要素：法律教育体系；资格考试制度；职业培训机制；职业自治机构；法律职业道德。

法律职业共同体主要由法官、检察官、律师以及法学学者这四类人所构成的——这是

---

① 习近平：《加快建设社会主义法治国家》（2014 年 10 月 23 日），载《十八大以来重要文献选编》（中），中央文献出版社 2016 年版，第 190 页。

② 《中共中央关于全面推进依法治国若干重大问题的决定》（2014 年 10 月 23 日），载《十八大以来重要文献选编》（中），中央文献出版社 2016 年版，第 176 页。

因为在一个法治国家中，他们在法律的运作和循环中具有重要的地位，也是法治理念以及法律精神的主要载体，并且这四类职业也普遍存在于各个国家。就西方法传统而言，法律职业共同体的发展模式可以归纳为如下两种：大陆法系模式和英美法系模式。

在大陆法系模式的国家中，法律职业培训体现出一体化。一般认为法律职业主要包括法官、检察官、私人开业律师、法律顾问和法学教师等，法学教育是通识教育，统一的国家考试产生了律师、法官和检察官，法律职业各分层间是不流动的，法学家处于法律职业共同体的最顶层。

在大陆法系的国家中，法律职业者在通过职业资格考试后，就职前必须经过一段时期的司法研修阶段，主要任务是对通过司法考试准备进入法律职业的准职业者开展上岗前的实务训练，使他们初步掌握从事法律职业的基本技能。在具体制度上有德国和日本的律师，法官和检察官不分行业种类统一进行培训的一元化培训制度和法国所采取的分行业进行培训的多元化培训制度。

在英美法系模式的国家，对"法律职业"这个概念的理解大体相同，有着较为成熟的法律职业转换机制，为法律职业间的交流沟通提供了有效的平台。法学教育以培养律师为目标，法官从优秀律师中选任，法律职业各分层间有着充分的流动性，法官处于法律职业共同体的最顶层。英美法系一直都特别注重对律师的培养，法学教育有明显的倾向性，一般情况下律师经过法规规定的律师职业生涯就可能成为法官，律师以成为法官为荣。美国的法学教育在生源方面面向本科生而非高中生，攻读法律学位必须拥有正规的非法学学士学位。在学校经过系统的法律学习后通过考试就可以从事律师行业，如在美国法律实践中，一般提及的法律职业包括私人开业律师、政府部门法律官员、公司法律顾问、法官，法律教师。

三、法律职业人员的选拔

法律职业是一个特殊的行业，必须建立特殊的职业资格取得制度。法律职业不仅是国家政治生活中的一个重要领域，是一支重要的政权和社会力量，而且，它还是一个特殊的政治权力领域，是贯彻和执行国家法律的重要力量，其特殊性就在于这种职业根本上是围绕法律发挥作用的政治与社会力量。所以，法律职业从业人员不仅应该具备一定的文化素质、道德品质和政治觉悟，而且，他们同时必须具备相应的法律专业知识、经验和职业道德。故，对法律职业人员从业资格进行特殊要求，严格考核从业人员的业务能力和职业道德判断能力，是极其必要的。

法律职业又是一个统一的行业，应该建立统一的职业资格取得制度。法律职业内部尽管有法官、检察官、律师、企业法律顾问等具体分工，但是，这些分工的目的最终是为了贯彻落实国家法律，在对从业人员的业务能力和职业道德的要求上是统一的，因此，应该建立一个统一的资格考核制度，使各种各类法律职业人员都能够高标准地要求自己，高水平地履行自己的职责；取得法律职业从业资格的最有效的方式是统一考试。中外各国法律实践中几乎都采用考试方法选拔法律人才。可以说，考试是最有效、相对最科学、最公正的法律职业从业资格的取得方式。下文将具体介绍世界各国法律职业人员选拔制度。

（一）法律职业资格考试制度

法律职业资格考试是对职业资质的检验和认定，通过资格考试这一门槛者方能取得法律职业资格。这个资格考试制度是限制性职业的典型象征，因此法律职业资格考试具有职业统一、资质准入、伦理达标、职业养成四个特点。

职业统一，是指职业素养资质标准的统一，因此在全国范围内实行统一组织、统一命题，统一标准、统一阅卷、统一招录。无论将来从事法官、检察官、律师、立法者、执法者等何种法律职业，只要经过这种考试，其门槛就达到了统一，所谓"不进一个门，不是一家人"，因而法官、检察官、律师、立法者、执法者等形成了法律职业共同体。

资质准入，是指以法律实务工作为内容导向的资质合格的准入门槛。其以对法官、检察官、律师、立法者、执法者等法律职业候选人的资质考查合格为目标。因此，除了法律综合试题之外，还应包括对论述分析的基本技能、职业能力等内容的考查。资质认定性考试与水平选拔性考试不同。水平选拔性考试强调考出水平的高低，而资质认定性考试则强调考出统一的资质，因此对法律职业资格考试应试者应在统一标准尺度下进行资质认定。

伦理达标，即不仅要求具有某种学识与技能，还要考查是否具有特殊伦理与责任感。如前所述，法律职业是由受过系统的法律专业训练、具有特殊伦理和法律技能的人士构成的具有自治性的职业共同体。因此，多数国家的法律职业资格考试都不仅对应试者进行资格综合考试，还要考查其法律职业伦理与责任。

职业养成，是指这种资格考试仅仅是职业养成的过程之一，而非最终结果。在许多国家，法科生并不是通过一次资格考试就可获得任职资格，通过考试后还要复加职前培训，有的进行两次考试，在任职前还要考核。经过这样反复的精挑细选，才进入法律职业，这就是法律职业养成过程的复杂性。一般而言，法律培训内容的针对性、实用性都很强。

在我国，专门从事立法、执法、司法、法律服务和法律教育研究等工作的职业人员，必须具备法律职业资格。担任法官、检察官、律师、公证员、法律顾问、法律类仲裁员及政府部门中从事行政处罚决定审核、行政复议、行政裁决的人员，均应当取得国家统一法律职业资格。国家还鼓励从事法律法规起草的立法工作者、其他行政执法人员、法学教育与法学研究工作者等，参加国家统一法律职业资格考试，取得职业资格。我国从 2002 年起实行法官、检察官和律师资格考试的统一化，称为"国家司法考试"，体现了法律人门槛与素养的统一化，这是我国法律职业制度发展史上的重大进步。截至 2017 年，司法部共组织实施了 16 次司法考试，有 513 万余人次参加，96 万余人通过司法考试并取得法律职业资格，还有 2 万多人待申请法律职业资格。2015 年 1 月，中共中央办公厅、国务院办公厅发布《关于完善国家统一法律职业资格制度的意见》，将原来的"国家司法考试"制度改为"国家统一法律职业资格考试"制度，是把法官、检察官和律师、立法者、执法者统一称为"法律职业"的一次制度变革，明确提出"法律职业资格考试制度是国家统一组织的选拔合格法律职业人才的国家考试制度"。2018 年 4 月 28 日．司法部发布《国家统一法律职业资格考试实施办法》，至此，这项万众关注的法律职业资格考试制度改革尘埃落定。改革后的法律职业资格考试内容呈现出诸多新的特点：第一，高度重视中国特色社会主义法治理论；第二，加大法律职业伦理的考查力度，使法律职业道德成为法律职业人员入职的重要条件；第三，突出宪法与法律知识的系统性；第四，考试以案例分析和法律方法运用题为主，借此考查实践中的法治思维和法治能力。

考试科目。法考通常分两次组织进行，一次为客观题考试，顺利通过后可参加后续主观题考试，其中客观题考试分试卷一与试卷二。①

命题范围。法考实施全国统一命题，命题范围以中华人民共和国司法部制定并公布的《国家统一法律职业资格考试大纲》为准考试方式。国家统一法律职业资格考试客观题考试模拟答题系统。客观题采取闭卷、计算机化考试方式。计算机化考试试题、答题要求和答题界面均在计算机显示屏上显示，应试人员应当使用计算机鼠标或键盘在计算机答题界面上直接作答。主观题考试以计算机化考试为原则，配备电子版法律法规汇编。应试人员因身体、年龄等原因使用计算机考试确有困难的，可在确认报名参加主观题考试时申请使用纸笔答题方式，试题、答题要求均在计算机显示屏上显示，应试人员在答题纸上作答。

国家统一法律职业资格考试主观题考试模拟答题系统②

分值设置。客观题考试共两卷。分为试卷一、试卷二，每张试卷100道试题，分值为150分，其中单项选择题50题、每题1分，多项选择题和不定项选择题共50题、每题2分，两张试卷总分为300分。主观题考试为一卷，包括案例分析题、法律文书题、论述题

① 测试科目分别为：试卷一：中国特色社会主义法治理论、法理学、宪法、中国法律史、国际法、司法制度和法律职业道德、刑法、刑事诉讼法、行政法与行政诉讼法；试卷二：民法、知识产权法、商法、经济法、环境资源法、劳动与社会保障法、国际私法、国际经济法、民事诉讼法（含仲裁制度）。主观题考试为一卷，主要科目为：中国特色社会主义法治理论、法理学、宪法、刑法、刑事诉讼法、民法、商法、民事诉讼法（含仲裁制度）、行政法与行政诉讼法、司法制度和法律职业道德。

② 注：图中计算机化考试系统模拟界面为司法部提供，与实际考试系统略有出入但差别不大。

等题型，分值为 180 分。

注：具体报考条件须结合当年法考公告予以明确。

《国家统一法律职业资格考试实施办法》（以下简称"《法考办法》"）第九条、第十条对此规定：

1. 符合以下条件的人员，可以报名参加国家统一法律职业资格考试：

（1）具有中华人民共和国国籍；

（2）拥护中华人民共和国宪法，享有选举权和被选举权；

（3）具有良好的政治、业务素质和道德品行；

（4）具有完全民事行为能力；

（5）具备全日制普通高等学校法学类本科学历并获得学士及以上学位；全日制普通高等学校非法学类本科及以上学历，并获得法律硕士、法学硕士及以上学位；全日制普通高等学校非法学类本科及以上学历并获得相应学位且从事法律工作满三年。

根据教育部印发的《普通高等学校本科专业目录（2020 年）》，"法学类"本科专业是指普通高等学校本科专业法学门类下的"法学类"，其学科代码为 0301，具体包括：法学、知识产权、监狱学、信用风险管理与法律防控、国际经贸规则、司法警察学、社区矫正 7 个专业。此外，对于非法学类本科及以上学历学位的人员，如获得法学类第二学士学位、法律硕士、法学硕士、法学博士或者从事法律工作满三年，可以报考法律职业资格考试。

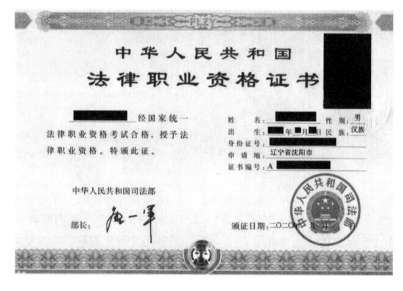

在德国，拥有一套和"司法考试"类似的考试制度。只有通过了考试，才能拥有从事法律职业的资格。国家考试是法律系的学生在大学经过 4 年或者更长时间的学习取得了必要的学分以后，只有经过考试才能够法律职业的资格。这就是国家考试，不同于学校中的毕业考试。这种考试是由大学所在州的法官、高级行政官员以及大学教师主持和参加的。

国家考试的组织者。顾名思义，国家考试就是国家统一组织的考试。但在联邦制的德国，联邦只能制定一些框架性的法律规定，国家考试实际上是由各个州组织进行的。各州根据联邦框架性的原则，制定专门的法律对国家考试做具体规定。一般来说，各州在州司法行政机关内部设立州法律考试局，该局的主席和副主席由职业法官和高级行政官员担任，其他成员包括法官、检察官、律师、公证人和大学教师等。

国家考试的考试形式。各州具体采用国家考试的形式略有不同，一般来说分笔试和口试两种形式。笔试又分为当场闭卷考试和家庭论文，其中家庭论文可以带回家去在规定时间内写完。只有笔试及格后才能申请参加口试。口试当场进行，旨在考查学生的应变能力、口头表达能力和理解能力。在权重方面笔试占70%，口试占30%。综合分数及格即可获得州法律考试局颁发的第一次国家考试合格证书，也就获得了从事法律职业的资格。

国家考试的难度。国家考试的通过率比较低，有三分之一的人无法通过考试。德国的国家考试原则上只能重考一次。如果两次都没有通过，那就永远失去了从事法律职业的机会。为了保证自己能够通过考试，很多学生在结束大学基础阶段的学习后，并不立即报名考试，而是全力准备考试。为了缓解学生的畏考情绪，鼓励学生及时参加考试，巴伐利亚首创了"免费射击"制度，后来各州纷纷效仿。《德国法官法》以及各州的高等教育法规定，大学法律专业的正常学习时间为4年8个学期。学生在第8个学期结束后立即申请参加国家考试，若此次考试未通过则视为该学生未参加此次考试。

在法国，对各类法律职业采取细分化的准入和培养制度，分别进行考试与培训。1908年2月13日的法令颁布后，法国开始组织全国法官会考。① 1958年12月22日颁布的条例规定，每年举行一次法官会考。现在法官的选拔也有着严格的准入制度。在法国，要成为法官，必须参加"法国国家司法官学院"（ENM）组织的年度会考。针对不同类型的候选人存在三种类型的会考：第一种会考针对在大学接受法学专业教育的年轻学生，前提是完成至少四年的专业法学教育、31周岁以下。这是法国选拔法官最主要的渠道，每年通过这类会考录取的人数约占总录取人数的三分之二。第二类会考面向48周岁以下、拥有4年工作经验的公务员。第三类则向拥有8年私人领域工作经验、40周岁以下的法律工作者开放。三类会考总平均录取率仅为10∶1，通过者将获得"准司法官资格"，进入国家司法官学院进行培训。②

准司法官们进入国家司法官学院后，将进行为期31个月的带薪培训，培训费用和准司法官们的工资均由国家负担（准司法官月净收入约1600欧元，基本相当于法国人均月工资水平）。培训内容包括在校理论学习和校外实习两部分，其中实习约占整个岗前培训70%的比重。岗前培训在时间上分两阶段进行：前期以熟悉司法事务为主要内容的一般培训和后期以特定岗位为内容的专门培训。第一阶段的一般培训为期25个月，包括到司法

---

① 法国大革命以前，法官是可以捐纳和世袭的，例如孟德斯鸠就曾经继承了法官的职位，在任职10年后又转卖给他人。1789年制宪会议取消了这种做法，而代之以遴选制度选定法官。

② 国家司法官学院每年根据前一年法国全国司法官的缺岗数、退休数确定当年的招收名额，基本在200至300人之间。以2011年至2014年为例，司法官学院录取总人数分别为180、270、214和205人；在2014年招收的205人中，通过第一、二、三类会考录取的人数分别为157、37和11人。

机构之外的部门实习、回到司法官学院的理论学习、司法系统内部实习三个部分。① 在约两年的学习期间，学员要定期接受司法官学院和实习单位的考核，实施淘汰制。完成第一阶段培训后，准司法官重新回到司法官学院参加毕业考试。考试成绩对其至关重要。司法部每年汇总当年需要法官的地区和具体岗位供学员选择；而考试成绩排名直接关系到毕业生对其心仪的法官种类和工作地域的选择权的大小。在确定好选择的职位后（如民事法官、预审法官、刑事法官、儿童法官等），学员需要进行 6 个月的特定岗位培训。前两个月在司法官学院进行理论学习，之后再次前往实践部门针对即将履职的法官岗位进行 4 个月的实习。值得指出的是，经过如此反复交错的学习与实习，大视野与专业化紧密结合，准司法官们在毕业时，已基本能够达到独立办案的水平。此外，尽管竞争激烈，但因为录取名额与岗位需求基本一致，准司法官绝大多数可进入法官系统。

在日本，采取统一司法考试制度，将法官、检察官和律师资格考试统一起来。司法考试是日本各种考试中最难的一种，每年都有数万人报考，但仅有 1200 人左右被录取。在日本，要想取得检察官资格，必须通过国家司法考试。日本国家司法考试分两次进行。第一次考试在资格上没有严格的限制，任何人均可申请参加。在政令规定的大学毕业并取得学士学位者可免于参加第一次考试。第二次考试分为笔试和口试，笔试合格才能进入口试。日本的司法考试被称为"鬼门关"，其通过率极低。除了在 1951 年以前有超过 7% 的通过率以外，从 1905 年起，通过率为 4% 以下，到 1974 年起更跌至 2% 以下。1964 年至 1983 年，日本每年通过司法考试的人数大约 500 名。近几年由于报考人数逐渐增加，通过人数亦有所增加，但通过率仍然非常低。日本第二次司法考试中的口试形式类似于我国公务员招录考试中的面试，主要考察的是应试者对法律原理和争议问题的理解以及应变能力，进而判断应试者是否具备能言善辩这一司法官基本的职业素质，并对其形象气质进行检视。

在美国，没有全国的统一的法律职业资格考试制度，律师资格的授予和管理主要是各州的事。有相应执业经验的优秀律师才可能成为法官。检察官和律师实际上没有差别，只是工作方式和服务对象不同。各州的律师资格考试员会负责组织本州的律师资格考试。考试一般在 2 月和 7 月以闭卷形式进行，每次考试两天，第一天是综合法律考试，形式为选择判断题，第二天为本州法律考试，形式一般为问答和案例分析题。很多州都比较重视对业务技能的测试，从业技能测试要求应试者在考试中把自己当成真正的律师，去证明其对法规及其从业技能的精通程度。大多数考生都能在第一次考试中通过，第一次没通过的，在第二次考试中一般也就通过了。通过律师资格考试后，州律师协会要对申请人的精神状况和道德品质进行审查。审查合格后，申请人即由州最高法院发给律师执业证书，即可执业。

在英国，虽然也是有律师考试而无法官或检察官的考试，但与美国相比又有自己的特

---

① 准司法官将首先在企业、协会、行政机关等非司法机构实习两个半月，目的在于使学员增进对社会的认识、能够站在社会角度重新审视法官职业。其后，回到司法官学院进行 7 个月的法学理论学习，主要学习各部门法以及各类法官的司法技能、职业纪律等内容。理论课程注重"原理性思维训练"，训练准司法官们从整体上把握法律原则去处理案件。最后，准司法官们还需在司法系统内部实习 16 个月。该阶段实习内容非常丰富，学员要到不同的法官岗位实习，每个岗位都会有一名带教法官指导。学员在指导法官的监督下从事开庭、制作法律文书等工作。其中也包括到律师事务所、警察局、司法送达官处、监狱等地进行观瞻学习。

点。它将考试分为第一次考试（基础法学阶段）和第二次考试（职业适合性阶段）两个阶段，第一次考试也适用于欲充当事务律师者，在大学取得法学学位的可以免除。第二次考试则是所有考生都必须参加。英国的法官共分七类，除作为非职业法官的治安法官外，其他六类法官基本上都来源于律师，且不同等级的法官有不同律师资历的要求。英国的检察官也主要来源于律师，而且只能在治安法院出庭，在刑事法院出庭和支持控诉则必须聘请大律师进行。

（二）法官选任制度

法官是指依照法律规定的程序产生，在司法机关（一般指法院）中依法行使国家审判权的审判人员，是司法权的执行者。在不同法系的国家中法官的角色不尽相同，但基本要求都是不偏不倚、不受他人影响或掣肘、刚正无私地根据法律判案。不应受任何行政机关、社会团体、企事业单位及个人的干扰。法官应当是独立的、中立的享有法定的裁判权，具有当然的裁判权威的第三方。

在我国，依据 2019 年 4 月 23 日，十三届全国人大常委会第十次会议表决通过了新修订的《法官法》（以下简称新《法官法》）第 2 条："法官是依法行使国家审判权的审判人员，包括最高人民法院、地方各级人民法院和军事法院等专门人民法院的院长、副院长、审判委员会委员、庭长、副庭长和审判员。"同时，根据《法官法》第 26 条，法官实行单独职务序列管理。法官等级分为十二级，依次为首席大法官、一级大法官、二级大法官、一级高级法官、二级高级法官、三级高级法官、四级高级法官、一级法官、二级法官、三级法官、四级法官、五级法官。

我国的初任法官的选拔仍然实行考试选拔制度，法官被纳入公务员队伍进入国家编制。即首次担任法官必须通过公务员考试，成绩合格并经过考察和录用审批成为国家公务员之后，经过法定程序才能被任命为法官。中国法官选任制度包括选任资格和选任程序两部分。下文将针对初任法官任职资格条件、法官的选任程序展开具体介绍。

1. 法官的任职资格条件

在我国，对法官选任资格的法律依据是《中华人民共和国法官法》。法官选任制度是该次修法重点关注的内容，重新确认法官准入的资格条件。其中新《法官法》第 12 条①

① 《法官法》第十二条：

担任法官必须具备下列条件：

（一）具有中华人民共和国国籍；

（二）拥护中华人民共和国宪法，拥护中国共产党领导和社会主义制度；

（三）具有良好的政治、业务素质和道德品行；

（四）具有正常履行职责的身体条件；

（五）具备普通高等学校法学类本科学历并获得学士及以上学位；或者普通高等学校非法学类本科及以上学历并获得法律硕士、法学硕士及以上学位；或者普通高等学校非法学类本科及以上学历，获得其他相应学位，并具有法律专业知识；

（六）从事法律工作满五年。其中获得法律硕士、法学硕士学位，或者获得法学博士学位的，从事法律工作的年限可以分别放宽至四年、三年；

（七）初任法官应当通过国家统一法律职业资格考试取得法律职业资格。

适用前款第五项规定的学历条件确有困难的地方，经最高人民法院审核确定，在一定期限内，可以将担任法官的学历条件放宽为高等学校本科毕业。

集中体现了修改后的法官准入资格条件。

分析梳理法律条文的变迁，可以从中归纳出法官准入资格条件的新要求。

其一，年龄资格方面，现行《法官法》取消了原有法律对法官最低任职年龄为 23 周岁的要求。不再对法官任职的最低年龄作出具体要求。

其二，学历条件，特别是法律专业学习方面，提高了对法官的法律专业学习经历条件、学历层次要求；随着我国法学教育不断发展，具备大学本科学历的学生，尤其是政法院校毕业生不断增加，提高初任法官学历条件已经具备较好基础。同时，对于经济欠发达地区应当因地制宜，不能以过低放宽招录条件为代价，担任法官应当获得学位，但并不要求必须是法律、法学类学位，特别提高了对于适用规定的学历条件确有困难的放宽地区的学历层次要求，将"高等院校法律专业专科毕业"修改为"高等学校本科毕业"。提高法官符合法官队伍职业化、专业化建设需要，

其三，加大从事法律工作年限要求，将法律工作年限统一规定为"从事法律工作满 5年"。司法审判工作是对案件事实、法律规范的适用判断权和裁决权，优秀的法官不仅只具备较高的学历背景、良好的法律知识，只能保证其在学校经过了系统的法律专业知识的学习和训练。法律的生命在于运用，实际参与法律实践工作中来，还要有丰富的社会阅历和实践经验以应对实践中千变万化的复杂情况。此外。新《法官法》则对法学类硕士、博士毕业从事法律工作的年限适当放宽，分别可以放宽至 4 年、3 年，修改后的规定更有利于人民法院吸引高层次人才。需要说明的是，何为"法律工作经历"，目前主要适用全国人大常委会法制工作委员会的解释。①。

其四，任职资格条件增加；将初任法官应当通过国家统一法律职业资格考试取得法律职业资格作为任职资格条件统一规定；

从世界范围看，法官的任职资格条件是由各国和地区的情况和司法传统决定的。年龄方面，由于法律传统不同，大陆法系初任法官的任职年龄普遍低于英美法系。例如，巴西规定为年满 23 岁以上，委内瑞拉规定为 25 岁以上，比利时、墨西哥规定为 30 岁以上，我国香港地区规定为 30 岁以上。

在美国，关于法官的准入条件，法律虽然没有明确规定法官的任职资格，但是根据惯例有三个基本原则；拥有美国国籍；美国法学院毕业并取得 JD 学位（美国无法学本科，只有研究生才有法学专业）；取得律师资格，拥有多年的律师职业经验。

在德国，关于法官任职资格条件。法官必须通过两次权威的国家司法考试。首先，在大学里学习法律并通过第一次国家司法考试，这一阶段通常需要 5 年。然后，经过在下列机构进行的 2 年预备培训；普通民事法院、刑事法院或者检察院、行政机关、律师事务所，然后被培训人可选择在上述机构或者联邦（州）立法机关、公证机关、行政法院、财税法院、劳动法院或者社会法院等机构继续培训，最后必须通过第二次国家司法考试。

2. 法官的任职程序机制

---

① 全国人大常委会法制工作委员会对《法官法》第 9 条第一款第六项规定的"从事法律工作"解释为：主要包括从事国家或地方的立法工作，审判、检察工作，公安、国家安全、监狱管理、劳动教养管理工作，律师，法律教学和研究工作，党的政法委员会以及政府部门中的法制工作等。

由于世界各国国家性质、政权组织形式等方面的差异，根据层级的不同，所设计的法官的选任程序也各不相同，但总体上可以归纳为三种，（民主）选举制、（行政）任命制、二者兼具的混合制。所谓选任制，又称选举制，是指由法定选举人投票，经多数通过，来决定职务的任免。例如：行政领导者由被领导者或被领导者的代表选举产生，选举出的领导人要接受国家权力、上级政府的领导和监督，接受广大人民的监督。所谓委任制，又称任命制，与选举制相对应，是指由立法机关或其他任免机关经过考察而直接任命产生行政领导者的制度。二者的区别在于，选举制可以最大程度上体现了法官选任程序上的民主性，以及司法对公众负责的精神，而任命制则可以规制其缺陷，即候选法官为了能当选不可避免地会出现迎合选民的倾向，由此而损害司法的独立性。

具体到法官选任程序的运作方面，任命制则是世界范围内的大多数国家所采用，如英美法系国家的英国采用任命制，大陆法系国家中的联邦法官采用任命制，各州法官由州司法部长同法官遴选委员会共同决定。而纯粹的选举制只存在于美国的部分州一级的法官、欧洲的瑞士和东欧国家（如罗马尼亚）等国家。

关于我国法官选任程序，最高人民法院以及地方法院的法官选任制度是通过选举制与任命制度相结合的方式进行的。即根据《法官法》第18条：各级人民法院院长由同级人民代表大会选举和罢免，各级人民法院院长任期与本级人民代表大会每届任期相同，副院长、审判委员会委员、庭长、副庭长和审判员由本院院长提请同级人民代表大会常务委员会任免。助理审判员由本院院长任免。专门人民法院的法官由全国人民代表大会常务委员会另行规定任免办法。而在不断深入推进的司法体制改革背景下，根据《最高人民法院深化司法体制改革第五个五年改革纲要（2019—2023）》第53条，选任制度包括"初任法官遴选""逐级遴选"为主，以"从律师或者法学教学、研究人员中选拔法官"为辅的两大方面。

根据《法官法》第17条规定，"初任法官一般到基层人民法院任职。上级人民法院法官一般逐级遴选；最高人民法院和高级人民法院法官可以从下两级人民法院遴选。参加上级人民法院遴选的法官应当在下级人民法院担任法官一定年限，并具有遴选职位相关工作经历。"所谓"遴选"。是指在具备法官身份的人员中择优选任确定为法官，即优中选优。相对应的员额制度，就是通过选拔的方式将法院内部的人员分门别类，具体分为三个类别：审判人员、审判辅助人员、司法行政人员。只有审判人员才属于员额制内的法官，其他两个类别的人员则属于员额制度之外的工作人员。

初任法官遴选，主要适用于院长以下的法官选任，在原有参照普通公务员的选任制度上突出了法官的专业能力审查。以《上海市高级人民法院司法体制改革试点工作实施方案》（下称《上海试点方案》）为例，上海法院系统在法官遴选制度方面，在法院党组的领导下，法院的司法改革部门牵头进行。首先，法院接受符合资格的报名，通过法院党委对报名人员进行资格审查，经过法官遴选工作办公室组织考试，最终由法官遴选委员会进行面试，并根据审查结果提交推荐信给法院，最终由法院院长交由同级人大进行审议通过。

以上海为例，上海作为司法改革试点省份的先行者，成立了国内首个省级法官遴选委员会，委员会委员共计15名，其中8位为专家委员，主要来自上海各大法律院校的教授学者；另外的 8 位委员来自上海市的相关职能部门。详见下表：

表 1　　　　上海市首届法官、检察官遴选（惩戒）委员会委员人选名单

委员类别	委员构成
专门委员 （7人）	市委政法委副书记 市委组织部务委员 市纪委驻市委政法委纪检组组长 市人大内司委主任委员 市高级人民法院党组副书记、副院长 市人民检察院党组副书记、副检察长 市公务员局副局长
专家委员 （8人）	市社会科学界联合会党组书记、专职副主席 上海社会科学院副院长、法学研究所所长 华东政法大学校长 上海政法学院副院长 上海交通大学人文社科学术委员会主任 同济大学法学院院长 复旦大学司法研究中心主任 市律师协会会长

逐级遴选是指上级人民法院从下级人民法院已经具备法官身份的人员中选任法官。逐级遴选作为初任法官遴选的重要补充，是我国补充法官的重要途径。上级法院的法官主要从下级法院遴选，然后再逐级向上级法院流动。

从律师或者法学教学、研究人员中选拔法官与前述三种法官遴选机制不同，不再是从法院系统内部遴选，而是从法院系统外部选拔法官的一种选任方式。《法官法》第 15 条规定，"人民法院可以根据审判工作需要，从律师或者法学教学、研究人员等从事法律职业的人员中公开选拔法官。除应当具备法官任职条件外，参加公开选拔的律师应当实际执业不少于五年，执业经验丰富，从业声誉良好，参加公开选拔的法学教学、研究人员应当具有中级以上职称，从事教学、研究工作五年以上，有突出研究能力和相应研究成果"。从律师或者法学教学、研究人员中招录法官，选任范围的广泛、来源的多元，有利于司法队伍结构优化，也有利于畅通法律职业间的互换，既增加了法律人才间的竞争，又提升了法官队伍的质量。

世界各国法官制度各有特色，不论英美法系国家，还是大陆法系国家，各国法律对法官员额的编制、选拔法官的程序都有严格的规定。大部分法官放在基层法院。纵观各国法官选任的程序，一般都是按照"提名—审查—任命"三环节的流程进行。这一环环相扣

的横向流程中，主要涉及由什么样的主体实施什么样的活动。不论最初的提名者与最后的任命者是否同一，中间的审查者一定是不同一的。提名权与审查权一般都分属不同的人或机构。

在法官编制、级别体系方面。对法官人数一般都有限制。各国依宪法或其他法律规定了各级、各类法院法官的职数。具体来看：

在英国法官不论专职法官或业余法官，一律经任命而不由选举产生。法官等级森严，由低级到高级共有 7 类：①治安法官（magistrate 或 justiceofpeace），是业余法官；②支薪治安法官（stipendiarymagistrate）；③记录法官，即由律师兼任的法官；④巡回法官；⑤高等法院法官；⑥上诉法官；⑦常设上诉议员，是由上议院议员兼任的法官。全国 4 名最高级的司法官员是：大法官、高等法院首席法官、档案长和家事庭长。

在美国，法官的选拔程序呈现出"双轨制"特点。美国属于联邦制国家，其治理体系也分为联邦政府与州政府，美国法院也随之划分为联邦法院与州法院两大系统。因此，法官员额之确定也并非由联邦层面统一划定，而是联邦司法与州司法层面分别负责各自法院体系的法官员额。美国的法院可以分为联邦法院与州法院两种类型，其法官遴选也根据不同的法院而有着不同的遴选制度。

美国的联邦法官都是由总统任命的；联邦法院的法官遴选。根据《联邦宪法》和1989 年《司法法令》的规定，联邦法院系统的法官，包括地区法院的三级法院、上诉法院和最高法院的法官，首先由总统提名，经过附属律师协会的联邦法官评审委员会评议，再获得参议院的咨询和同意，最后由总统任命。各州的法官多经选举产生，但也有些是由地方行政长官（如州长或市长）或地方立法机关（如州议会或市议会）任命的。州法院法官的遴选，在不同的州所采取的制度也是不同的。公开选举制（32 个州，包括党派选举以及无党派选举）；由立法机关选举（弗吉尼亚等 3 个州）；行政机关任命制（新泽西、加利福尼亚等州）；州民审查制（密苏里州）。所谓州民审查制，主要是由律师协会的代表、州长选出的普通市民以及法官代表组成的法官提名委员会制作候选人名册，由政府首长（州长）从名册上记载的候选人之中任命，任期届满连任时由市民进行信任投票。一般来说，联邦和州最高法院的法官称为大法官（Justice），上诉法院和审判法院的法官则称为法官（Judge）。此外，有些基层法院的审判人员还称为治安法官（Justice of the Peace）或司法官（Magistrate）。

在美国，法官晋升并非通过逐级遴选的方式，初任法官可以进入任何级别的法院；同时，即使初任法官对法庭工作已有相当程度的了解，仍需要进行培训，以更好地胜任法官工作。美国的法官虽然没有职称级别之分，但人们有时也会看到"副"（Associate，或译"助理"）法官的称谓。例如，美国联邦最高法院的 9 名大法官中，除首席大法官（Chief Justice）外，其他 8 人均可称为副（或助理）大法官（Associate Justice）；而一些州审判法院的巡回法官（Circuit Judge）之下也设有副（或助理）法官（Associate Judge）。在美国，一审案件一般由一名法官独立审判，上诉案件则由若干名法官组成合议庭（Collegiate Panelor Collegiate Bench）共同审判。

德国。德国作为典型的大陆法系国家，其法律传统致力于对法官的标准化教育。联邦法院的法官遴选：德国联邦法院的法官遴选需要考虑更多的政治因素，将籍贯与党派考虑在内，由法官遴选委员会进行初步筛选后将名单提交司法部部长，司法部部长无异议的再提交联邦总统进行批准和任命。而联邦宪法法院的 16 名法官则由众议院和参议院各选出 8 名，并经议会的 2/3 通过。联邦法院的法官几乎都是从州法院法官晋升而来。州法院法官的选任：大部分的州由司法部部长任命，有些州由司法部与由议员、司法部官员和律师组成的法官遴选委员会联合任命。候选人被任命后，被分派到地区法院（初审法院），经过 3 年的试用期后，由其所在法院的院长出具证明，证实其具备合格的法官素质，才能被任命为终身法官。

日本最高法院法官人选皆由内阁产生，虽然在法律上这是内阁单独权限，但按照惯例要先征求最高法院大法官会议和最高法院院长的意见；而下级法院法官则由最高法院（大法官会议）产生提名名单，不过最高法院事务总局在此前的审查作用相当大。他方制约的审查程序。任命制具有的最大缺陷是司法人事安排可能会受到行政机关意志的肆意左右。日本最高法院提名下级法院法官人选后，报经内阁审查后任命。

（三）检察官选任制度

检察制度是国家司法制度的重要组成部分，在世界各国检察发展史上，检察机关所承担的侦查、起诉、法律监督等职能对于恢复国家与社会秩序、保障人权、维护法律统一实施等都发挥了重要作用。作为具体履行检察职能的检察官对检察职能设置初衷的实现及运行效果无疑具有关键意义。检察官制可追溯到法国中古时期封建贵族的家臣 procureur，直到 1789 年法国大革命，彻底改造刑事诉讼制度后，具有现代雏形的检察官制度才相应而生。1808 年，拿破仑制定《拿破仑治罪法典》（Coded' Instruction Criminelle）将检察官制度定型。在不同法律制度之下，检察官之任务也随之不同，主要包括下列数种：实施侦查①、提起公诉②、实行公诉、③ 担当自诉④、提起救济。⑤

在我国，2019 年 4 月 23 日，第十三届全国人大常委会第十次会议审议通过了《中华人民共和国检察官法》修订草案（以下简称《检察官法》）。对检察官定义与范围；职责、权利和义务；任职条件、选任方式和程序；检察官员额制；考核与奖惩；职业保障作了全面修改完善。

---

① 检察官通常是侦查程序的主导者，在经过侦查后检察官可以依法决定是否起诉、缓起诉（并非每个法制均有此制度）或是不起诉。因此检察官具有筛漏功能，是案件进入刑事审判程序的守门人。而由于侦查系居于刑事审判程序之源头，因此侦查之结果将影响审判之正确性，检察官对此也有重大责任。

② 由于刑事诉讼多采取无诉即无裁判之控诉原则，因此倘无检察官提起公诉则案件即无法开展，而有罪判决必然来自检察官之起诉，经过两层门槛更可确保判决的正确性与慎重。

③ 检察官须在审判期日上到庭论告，并须提出诉状及证据，透过辩论，促使法官相信被告确有足够的犯罪嫌疑。在调查证据时，检察官亦负有辅助法院发现真实的协力证明义务。

④ 检察官之任务除了提起公诉及实行公诉外，在采行公诉、自诉双轨制的法制之下，检察官在自诉案件中亦可出庭陈述意见，或在自诉人丧失行为能力或死亡，又无人承受自诉时，可以担当自诉人之地位。

⑤ 由于检察官是控诉制度下的当事人之一，因此可以对于裁判提出救济，对于违法或不当裁判可以抗告或上诉，对于已确定之裁判则可提出再审或非常上诉。指挥执行。检察官通常也是指挥刑事裁判执行的机关。

检察官是依法行使国家检察权的检察人员。包括"最高人民检察院、地方各级人民检察院和军事检察院等专门人民检察院的检察长、副检察长、检察委员会委员和检察员",取消了原检察官法中"助理检察员"的规定。

检察官职务等级方面,依据新修订的检察官法第二十七条至第三十条规定检察官实行单独职务序列管理,与行政职级脱钩,分为四等十二级。最高人民检察院检察长为首席大检察官,二至十二级检察官分为中华人民共和国大检察官、高级检察官、检察官。检察官的等级的确定,以检察官所任职务、德才表现、业务水平、检察工作实绩和工作年限为依据。

检察官应当履行的五项职责具体包括:对法律规定由检察机关直接受理的刑事案件进行侦查;对刑事案件进行审查逮捕、审查起诉,代表国家进行公诉;开展公益诉讼工作;开展对刑事、民事、行政诉讼活动的监督工作;法律规定的其他职责。第二款规定,检察官对其职权范围内就案件作出的决定负责。检察官义务具体包括:严格遵守宪法和法律;履行职责必须以事实为根据,以法律为准绳,秉公执法,不得徇私枉法;维护国家利益、公共利益,维护自然人、法人和其他组织的合法权益;清正廉明,忠于职守,遵守纪律,恪守职业道德;保守国家秘密和检察工作秘密;接受法律监督和人民群众监督。检察官权利具体包括:履行检察官职责应当具有的职权和工作条件;依法履行检察职责不受行政机关、社会团体和个人的干涉;非因法定事由、非经法定程序,不被免职、降职、辞退或者处分;获得劳动报酬,享受保险、福利待遇;人身、财产和住所安全受法律保护;参加培训;提出申诉或者控告;辞职。

1. 检察官任职资格条件

关于初任检察官的任职资格条件,新修订的《检察官法》第十二条①作出了详细规定。

通过对《检察官法》的条文的规范分析,我们可以从中归纳出关于检察官任职条件的要素。应当指出的是,下述条件限定为初任检察官,即第一次担任检察官,曾经被任命过检察官职务的人员不属于初任,不受此条件限制。关于初任检察官的遴选。修订后的《人民检察院组织法》规定"初任检察官应当由检察官遴选委员会进行专业能力审核"。这是吸收了本轮司法体制改革的成果。根据中央有关文件规定,最高人民检察院设立检察

---

① 担任检察官必须具备下列条件:

(一)具有中华人民共和国国籍;

(二)拥护中华人民共和国宪法,拥护中国共产党领导和社会主义制度;

(三)具有良好的政治、业务素质和道德品行;

(四)具有正常履行职责的身体条件;

(五)具备普通高等学校法学类本科学历并获得学士及以上学位;或者普通高等学校非法学类本科及以上学历并获得法律硕士、法学硕士及以上学位;或者普通高等学校非法学类本科及以上学历,获得其他相应学位,并具有法律专业知识。

(六)从事法律工作满五年。其中获得法律硕士、法学硕士学位,或者获得法学博士学位的,从事法律工作的年限可以分别放宽至四年、三年;

(七)初任检察官应当通过国家统一法律职业资格考试取得法律职业资格。

官遴选委员会，在省一级设立法官、检察官遴选委员会，负责初任检察官人选专业能力的审核。

其一，业务能力、政治素养要素。第（一）项至第（三）项分别对检察官的国籍、政治立场、政治业务素质条件作出规定。增加"拥护中国共产党领导和社会主义制度"，与公务员法表述保持一致。这也是加强检察官"革命化"建设的重要内容和表现。

其二，体能要素。第（四）项将修订前比较原则笼统的"身体健康"修改为"具有正常履行职责的身体条件"。与公务员的条件保持一致，也与新修订的《党政领导干部选拔任用工作条例》规定的提拔任用党政领导干部的基本资格表述一致。

其三，学历要素。第（五）项明确了担任检察官需要具备的学历要求，针对三种不同情况分别作出规定：具备普通高等学校法学类本科学历并获得学士及以上学位；或者普通高等学校非法学类本科及以上学历并获得法律硕士、法学硕士及以上学位；或者普通高等学校非法学类本科及以上学历，获得其他相应学位，并具有法律专业知识。需要注意的是，这里将检察官任职的最低学历要求从之前的"高等院校本科毕业"提高为"普通高等学校本科学历"，即要求具备全日制本科学历，获得普通高等学校本科毕业证书。同时，第十二条第二款规定对于适用学历条件确有困难的地方，经最高人民检察院审核确定，在一定期限内，可以将担任检察官的学历条件放宽为高等学校本科毕业。

其四，经历要素。第（六）项专门对检察官从事法律工作年限作出规定，将本科学历从事法律工作的年限从之前的"二年、三年"提高到了"五年"，同时对法学类硕士、博士毕业从事法律工作的年限适当放宽，分别规定为"四年、三年"。需要注意的是，这里的从事法律工作满五年和第五项"具有法律专业知识"在实践中要求从事法律工作满三年的时间不能叠加计算，是两个单独的条件，即对于普通高等学校非法学类本科及以上学历，获得其他相应学位，从事法律工作满三年才能视为具有法律专业知识，在此基础上还要另外从事法律工作满五年才能符合这里的法律工作年限要求。

其五，法律职业资格条件。第（七）项规定初任检察官应当通过国家统一法律职业资格考试取得法律职业资格。进一步体现了党的十八大以来司法体制改革推进检察官队伍专业化建设的要求，也与人民检察院组织法、公务员法等的规定保持了衔接。

此外，修订后的《人民检察院组织法》还在初任检察官之外，对检察长、副检察长和检察委员会委员三种情况，对任职条件分别作出了规定。首先，检察长的任职条件。考虑到检察长为选举制检察官，不仅仅是检察官，还是检察院的行政负责人，统一领导检察院的工作，因此，不仅应具备相应的专业素能，也应具备综合管理和组织领导能力。其次，副检察长、检察委员会委员的任职条件。"副检察长、检察委员会委员应当从检察官、法官或者其他具备检察官、法官条件的人员中产生。"根据这一规定，经组织决定，副检察长、检察委员会委员除了从法官、检察官中产生外，还可以从检察系统内、外具备检察官、法官条件的人员中产生。"具备检察官、法官条件"，应当按照检察官法、法官法中的相关条款规定来准确理解和把握。

域外国家对检察官任职资格条件中最为核心的要求便是基础理论素能，主要是从各国和地区的司法考试中显现出来的。司法考试人员的要求均比较严苛，体现了对于检察官基础理论素能具有较高的要求。

在英国，成为检察官的基本条件是首先具备执业律师资格，英国的法律规定了检察官的分级分类遴选培训考核机制。总检察长是英国检察系统的首脑，从下院议员中提名产生。皇家检控署署长是由总检察长在有 10 年以上律师执业实践的人员中任命；检察官必须由具有律师资格的人员担任，特别是到皇家法院和高等法院出庭的检察官，还必须有大律师的资格。而其他助理人员都必须是经过法律专业训练，经考试合格的人员，而要实际成为助理检察官或皇家检察官，必须具备 7 年以上大律师或律师资格。

在德国，检察官的选任要求欲成为检察官的人通过两次司法考试，但不是每个人都有资格报考德国的司法考试的，它要求报考司法考试的人必须是法学院的"本科生"。这样的规则从基础上决定了检察官的基本素能，这从学历上保证了检察官队伍的团体素能。

在法国，检察官的选任途径之一是从法律院校毕业的大学生中选拔，大学毕业生通过专门的竞争考试并经职业培训而被录用的。依据法国的法律规定，司法官学校每年组织一次选拔考试，经此招收新学员，这样就使每年的选拔考试充当了法国的司法考试，而这种考试仅为选拔司法官员而使用，不适用于律师的资格认定。这种司法官学校的制度体现出法国对检察官和律师的素能标准是不一样，检察官团体素能的系统化是这一制度的鲜明特点。

在日本，检察官选任渠道主要是经国家司法考试合格，再通过为期一年半的司法修习，才有资格成为修习检事。这和法国的选任制度极为相似，但是法国所谓的司法官学校考试不选拔律师，而日本的司法考试既选拔法官、检察官，也选拔律师。这样统一性质的司法考试将法律从业人员的素能普遍化，从而为检察官素能标准奠定了基础。

2. 检察官的选任方式与程序

对于符合检察官资格条件的遴选程序，具体的选任方式与程序与法官较为相似，也根据不同层级、类型的检察官而有所不同。

在我国，《人民检察院组织法》第 42 条规定："检察官从取得法律职业资格并具备法律规定的其他条件的人员中选任。初任检察官应当由检察官遴选委员会进行专业能力审核。上级人民检察院的检察官一般从下级人民检察院的检察官中择优遴选。"从遴选程序来看，在具体实践中，一些地方的检察官遴选采取差异化的遴选方式。举例来说，根据部分地区司法改革的实证研究表明，地方性遴选实践采取的不是统一化的遴选程序。具体而言，在特定区域的改革实践中，拟入额人员被分为四类：检察长；副检察长和检察委员会委员；其他检察委员会委员和检察员；助理检察员。

对第一、第二类人员主要测查组织领导办案能力，对第三类人员侧重于业务能力考查，对第四类人员侧重业务能力和理论素养考察。决定是否入额的选任方式包括考试与考核，且权重比例上以"考核为主，考试为辅"。第一类人员只接受考核，第二类、第三类人员采取"考核+笔试"的测评方式，第四类人员的遴选机制为"考核+笔试+面试"。[1]考虑到人事组织制度的独特性与现实性，实践中的这种区分有其合理之处。

初任检察官必须经过遴选委员会的专业审核。第一，要保证遴选委员会发挥专业把关

---

[1]　孙皓：《论反科层的科层制——基于 S 市检察员额选任的实证分析》，载《政法论坛》2018 年第 5 期。

作用。遴选委员会通过考试、考核等方式，对入额检察官人选的专业能力进行把关，对入额资格提出疑义的，检察院未说明或说明未获认可的，经遴选委员会 2/3 以上委员表决通过，可以否决相关人选的入额资格。第二，遴选委员会的职责是专业能力审核，不能代替组织决定程序。党管干部是我国人事管理的基本原则。遴选委员会作为遴选检察官的专业审核把关机构，并不具有决定人选入额的职责和权力。入额检察官人选由党委按照权限审批，本级人大依照法律程序任命。

关于检察官逐级遴选。实行检察官逐级遴选，符合检察官队伍建设和发展的规律。在具体实施中，根据修订后的检察官法和中央关于建立检察官逐级遴选制度的规定，初任检察官一般到基层人民检察院任职。上级人民检察院检察官一般逐级遴选。最高人民检察院和省级人民检察院可以从下两级人民检察院范围内择优遴选检察官。参加上级人民检察院逐级遴选的检察官应当在下级人民检察院担任检察官一定年限，并具有遴选职位相关工作经历。建立检察官逐级遴选制度，常态化地将具有较高专业能力水平的检察官逐级遴选上来，有利于提高上级检察院检察官直接办案和指导下级检察院办案工作的规范性和权威性，有利于提高办案质量、效率和司法公信力。

在美国，与法官选任程序相类似，检察官的选任因类型不同而有所不同。分为联邦检察官、州检察官两个层次。

联邦检察官的选任。与联邦法官最大的差别在于联邦检察官并非终身任职。联邦政府将全美划分为 93 个司法区，并设立了 93 个联邦检察官办公室。每个检察官办公室的负责人被称为联邦检察官（U. S. Attorney）。他们在美国联邦检察总长（U. S. Attorney General，由司法部部长兼任）的监督下开展工作。作为每个司法区检察工作和法律执行部门的负责人，检察官办公室的其他工作人员的任命由联邦检察官决定。

从相关法条来看①，我们可以发现，因此美国联邦检察官的任命过程也大致遵循"提名"+"确认"的过程。联邦检察官任期四年，在任期届满后、继任者选任之前需要继续任职。联邦总统可以免除联邦检察官的职务。美国联邦检察官的选任有鲜明的"党派任命"（patronage appointment）的意味，总统新上任之后通常会任命自己党派的联邦检察官。与联邦法官的任命一样，法律只是规定了笼统的原则，具体程序是在司法与政治实践中逐步形成的。通常，总统会将联邦检察官人选的提名工作交由参议院与总统属于同一政党的参议员们负责。

美国州检察官的选任。由于各州检察制度的多样性，对于州检察官选任机制的描述较为困难。从现有的资料来看，各州检察官办公室首席检察官/检察长有两种方式产生：选举和任命，并且选举占据了绝大多数的比例。

根据美国司法部司法数据局 2005 年进行了一次全美各州检察系统的普查，全美只有阿拉斯加、康涅狄格、哥伦比亚特区和新泽西四个州规定所有首席检察官由任命产生，剩

---

① 《美国联邦宪法》第 2 条第 2 款规定："总统应提出人选，并于取得参议院的意见和同意后，任命大使、公使及领事、最高法院的法官，以及一切其他在本宪法中未经明定、但以后将依法律的规定而设置之合众国官员。"此后，国会通过立法将联邦检察官纳入"其他在本宪法中未经明定、但以后将依法律的规定而设置之合众国官员"的范畴之内。

余所有州都规定首席检察官由选举产生。

在日本，检察官的产生，不论检察官的级别，一律采用任命式。日本《检察厅法》规定了检察官①的遴选程序。首先，通过检察官遴选资格考试取得资格后，即被录取到设在东京的司法研修所，以法律研修生的身份进行为期两年的司法实务研修。入所之后，先是所内4个月的初始训练，然后，16个月的实务研修，其中在地区法院8个月，地区检察厅和地区律师协会分别4个月。实务研修后，回到研修所，再进行4个月后期研修。研修生最后还必须参加严格的结业考试。考试合格者，获得二级检事任命资格。需要特别指出的是，任副检事3年以上并通过检察官特别考试者可以获得二级检事的任命资格。检察官特别考试由法务事务次官、法务省刑事局长、次长检事、最高法院事务总长、日本律师联合会会长推荐的律师共5人主持，每年至少举行一次。通过该考试而被任命为检事者称为"特任检事"。日本检察厅法规定，检事总长、次长检事、检事长由内阁任命，并需由天皇作认证。检事长、检事和副检事的职务可由法务大臣委派。

在法国，检察官的选任是分为三个阶段的。第一阶段为非专业实习，时间为两个半月。主要目的是使初任司法官了解社会，积累工作经验。这是对检察官素能的特别规定，检察官不仅要熟悉本领域内的实务，同时也要谙熟其他领域的工作流程。第二阶段为专业学习，时间为8个月。学习所有与司法官工作相关的知识技能以及职业操守。第三阶段为司法实践，时间为14个月。所有初任司法官将被分别指派到不同的初审法院或检察院，亲身体验并参与所有司法官工作。第四阶段为职业培训。工作岗位明确之后，初任司法官需再回到司法官学校接受为期6个月的岗前培训。

这样的培训规则，能够具体体现法国对检察官素能的要求，理论知识素能、工作能力素能、适应环境素能等都在其考察范围之内，这样全面系统的培训，使初任的检察官能够尽快地投身于检察事业之中。

在德国，检察官②在检察官序列之内行使检察权的官员，包括州检察院检察长、副检察长、主任检察官和普通检察官，他们才是涉及检察官晋升素能的主体，而其他广义上的检察人员在则是存在层次间的晋升问题。选任、职务晋升的主要方式为考核，无须面试。具体程序：先由本人向提出申请，由其直接上级检察官审查档案并附加评审意见，提交州检察院检察长审核。其中，申请人所在检察院的工作鉴定，对于检察官晋升具有非常重要的作用。工作鉴定的内容以检察长的意见为主，但不是完全由检察长一个人写。申请人的同事以及原来的指导检察官都要写出书面评价。这些意见汇总到一起，报司法部进行考核。工作鉴定作为对检察官职业成绩和职业能力的评价，不仅直接影响人事部门的决策，而且存入检察官的个人终身档案。检察官一般要到55岁左右才能晋升

---

① 依日本检察厅法第3条的规定，检察官分为检事总氏、次氏检事、检事氏、检事和副检事5类。这些都是官职名，检察官是这5类官职名的总称。日本的检事分为一级检事和二级检事。

② （1）职务检察官从司法辅助人员或法律实习生中任命，不属于检察官序列，无须通过国家司法考试，但也要经过强化的刑法方面的辅助培训才能被任命。

（2）司法辅助人员，主要是履行行政事务以及负责刑罚的执行。其任命主要针对在专门的司法辅助人员专业学校接受3年相关教育的人员。（3）书记官，每个检察院都设有书记官处，由若干书记官接受检察官领导，统一为所有检察官提供服务。

主任检察官。为了确保检察官晋升的公正性，司法部公布初步结果以后，每个报名者都有权提出异议。

英、德两国分别是英美法系、大陆法系法律制度的典型代表，也是法律服务业较为发达的国家，在法治理念、司法制度和律师服务制度等方面各具传统和特点。通过访问，代表团对近年来两国律师、公证和法律援助制度为适应其形势发展需要所做的改革，特别在相关立法、监管体制、发展模式、法律服务业国际化等方面的改革和最新发展情况有了比较充分的了解，达到了预期目的，取得积极成果。

（四）律师的执业准入制度

律师（lawyer）是指接受委托或者指定，为当事人提供诉讼代理或者辩护业务等法律服务的人员。一般而言，律师须通过法律职业资格考试并依法取得律师执业证书方可执业。按照工作性质划分，律师可分为专职律师与兼职律师；按照业务范围划分，律师可分为民事律师、刑事律师和行政律师；按照服务对象和工作身份划分，律师可分为社会律师、公司律师和公职律师。律师业务主要分为诉讼业务与非诉讼业务。

在我国，律师是指通过国家法律职业资格考试并依法取得律师执业证书，接受委托或者指定，为当事人提供法律服务的执业人员。律师的性质就是为社会提供法律服务为职业的法律服务工作者。截至2022年6月，全国共有律师60.5万人，律师事务所3.7万余家。现行《律师法》第二十八条规定了①律师可以从事的业务；此外，2021年8月20日，十三届全国人大常委会第三十次会议表决通过《中华人民共和国法律援助法》，基层法律服务所负有依法提供法律援助的义务。

我国的律师准入制度，包含律师资格取得和律师执业资格取得两个方面。

1. 律师资格取得条件

在我国，就"律师"的任职资质而言，《中华人民共和国律师法》（以下简称《律师法》）第5条规定了4项律师申请执业的条件，第一，拥护中华人民共和国宪法；第二，通过国家统一司法考试；第三，在律师事务所实习满一年；第四，品行良好。与此同时，我国司法行政机关②，依照《律师法》对律师执业进行监督、指导。领导和管理律师工

---

① 《律师法》第二十八条

（一）接受自然人、法人或者其他组织的委托，担任法律顾问；

（二）接受民事案件、行政案件当事人的委托，担任代理人，参加诉讼；

（三）接受刑事案件犯罪嫌疑人、被告人的委托或者依法接受法律援助机构的指派，担任辩护人，接受自诉案件自诉人、公诉案件被害人或者其近亲属的委托，担任代理人，参加诉讼；

（四）接受委托，代理各类诉讼案件的申诉；

（五）接受委托，参加调解、仲裁活动；

（六）接受委托，提供非诉讼法律服务；

（七）解答有关法律的询问、代写诉讼文书和有关法律事务的其他文书。

② 司法部主管全国的司法行政工作，根据国家法律和国务院的行政法规、决定、命令，发布司法行政方面的命令、指示、规章，指导地方各级司法厅、局的工作。县级以上地方各级人民政府设司法厅、局、处，管理本行政区的司法行政工作，乡、镇人民政府和街道办事处设司法助理员。

作由司法部来具体执行，司法部《律师执业管理办法》① 对律师执业条件做进一步细化。此外，律师协会依照《律师法》、协会章程和行业规范对律师执业实行行业自律。对于律师资格任职资质条件，可以做如下理解。

其一，学历条件。没有明确的学历要求，但是国家司法考试报名条件中要求报名者具有本科以上学历。可见，我国申请律师执业原则上要求最低学历为本科，没有专业限制，法律专业和非法律专业均可。例外情况为国务院确定的国家贫困地区和西藏地区，这些地区学历要求可以放宽到专科学历，有专业限制，必须为法律专业。

其二，通过国家统一法律职业资格考试。2002 年我国进行了第一次国家统一司法考试，结束了以前律师资格考试、法官资格考试和检察官资格考试并存的格局。2018 年改革为国家统一法律职业资格考试。（详见上节内容）。应当指出的是，实行国家统一司法考试前取得的律师资格证仍然有效，在申请律师执业时，与国家统一司法考试资格证具有同等法律效力。2019 年以来，随着统一法律职业资格考核改革的深入推进，对参加法学考试主体的资格提出了更高的要求。

其三，在律师事务所实习。《申请律师执业人员实习管理规则》规定申请律师执业人员的实习期为一年。实习分为两个阶段，第一阶段为集中培训，第二阶段为实务训练。集中培训由省级律师协会或者设区的市级律师协会组织，培训内容主要是从理论上学习和认识我国的律师制度。实务训练由实习人员所在律师事务所按照中华全国律师协会制定的实务训练指南设定实习内容，并指派本所优秀的、经验丰富的律师为指导老师，指导实习人员进行实务训练，实习人员作为指导律师的助手参与案件的全过程。

实习期满后，实习人员应当撰写实习报告和实习总结，由指导老师出具考评意见，所在律师事务所根据实习报告和指导老师的考评意见出具《实习鉴定书》等，上述材料报实习所在地设区的市级律师协会审查考核。经考核合格的，作为准予律师执业的条件之一。

其四，品行良好。目前我国对律师执业准入的品行考核通常是进行排除性审查，以

---

① 《律师执业管理办法》

第六条　申请律师执业，应当具备下列条件：

（一）拥护中华人民共和国宪法；

（二）通过国家统一司法考试取得法律职业资格证书；

（三）在律师事务所实习满一年；

（四）品行良好。

实行国家统一司法考试前取得的律师资格证书，在申请律师执业时，与法律职业资格证书具有同等效力。

享受国家统一司法考试有关报名条件、考试合格优惠措施，取得法律职业资格证书的，其申请律师执业的地域限制，按照有关规定办理。

申请律师执业的人员，应当按照规定参加律师协会组织的实习活动，并经律师协会考核合格。

第七条　申请兼职律师执业，除符合本办法第六条规定的条件外，还应当具备下列条件：

（一）在高等院校、科研机构中从事法学教育、研究工作；

（二）经所在单位同意。

第八条　申请特许律师执业，应当符合《律师法》和国务院有关条例规定的条件。

《律师法》第 7 条、司法部部门规章《律师执业管理办法》第 9 条为①标准，即该实习人员是否受过刑事处罚，但过失犯罪的除外；实习人员是否被开除公职或者被吊销律师执业证书。如果存在上述情形属于品行不端，不能录入律师执业。实际执行中，通常是由实习人员去户口所在地的派出所出具无犯罪记录的证明作为品行良好的证明。

2. 实习律师考核程序

《中华全国律师协会申请律师执业人员实习管理规则》（以下简称《实习管理规则》）第 3 条、第 30 条、第 31 条、第 33 条对实习律师的实习时间、考核方式等做了较为细致的要求和程序性规定。具体来看：

考核时长。"申请律师执业人员的实习期为一年。实习人员在实习期间应当参加律师协会组织的集中培训和律师事务所安排的实务训练，遵守实习管理规定，实习期满接受律师协会的考核。"

考核主体。律师协会应当设立申请律师执业人员实习考核委员会，具体组织实施对实习人员的考核工作。实习考核委员会由律师协会工作人员、司法行政机关工作人员和执业律师代表组成。具体人员构成比例由省、自治区、直辖市律师协会根据本地实际情况规定"。

考核内容，律师协会对实习人员进行考核，应当坚持依法、客观、公正的原则，实行材料审查与素质测评相结合的方法，对实习人员的政治素质、道德品行、业务素质以及完成实习项目的情况及遵守律师职业道德、实习纪律的情况进行全面考核，据实出具考核意见"。

考核结果。经考核，实习人员符合下列条件的，律师协会应当为其出具考核合格意见：（1）完成集中培训项目并取得《实习人员集中培训结业证书》；（2）完成实务训练项目并被实习指导律师和律师事务所考评、鉴定合格；（3）通过综合素质测评被评定为具备律师执业基本素质；（4）遵守律师职业道德和实习纪律，没有发生违反本规则规定的违法违规行为。第三十四条规定，"经考核，实习人员不符合本规则第三十三条规定条件的，律师协会应当对其出具考核不合格的意见，并区别下列情况给予相应的处理：……有不符合本规则第三十三条第一款第一项至第三项规定条件情形之一的，应当区别情况要求实习人员补足或者完成相关实习项目，待其完成实习项目后重新进行考核，所需时间不计入实习时间"。

3. 律师执业资格取得程序

在满足前述条件后，便取得律师资格而成为了"实习律师"。作为仅取得律师资格或法律职业资格证书者，以刚毕业的法学学生为主，没有律师执业经历，可以领取实习律师证后，在律师事务所实习的人员。获得律师执业证后才能以律师名义接受委托从事律师职业。司法部《律师执业管理办法》第三章第 10 条、第 11 条、对律师执业许可程序作出

---

① 　第九条　有下列情形之一的人员，不予颁发律师执业证书：

（一）无民事行为能力或者限制民事行为能力的；

（二）受过刑事处罚的，但过失犯罪的除外；

（三）被开除公职或者被吊销律师执业证书的。

了详尽的规定：

首先，律师执业许可初审。由设区的市级或者直辖市的区（县）司法行政机关受理执业申请并进行初审，报省、自治区、直辖市司法行政机关审核，作出是否准予执业的决定。

其次，执业许可申请材料提交。实习律师申请律师执业，应当向设区的市级或者直辖市的区（县）司法行政机关提交下列材料：（1）执业申请书；（2）法律职业资格证书或者律师资格证书；（3）律师协会出具的申请人实习考核合格的材料；（4）申请人的身份证明；（5）律师事务所出具的同意接收申请人的证明。申请执业许可时，申请人应当如实填报《律师执业申请登记表》。此外，申请兼职律师①执业，除按照本办法第十一条的规定提交有关材料外，还应当提交下列材料：（1）在高等院校、科研机构从事法学教育、研究工作的经历及证明材料；（2）所在单位同意申请人兼职律师执业的证明。

随后，执业许可申请材料审查。对于实习律师所提出的律师执业申请，由设区的市级或者直辖市的区（县）司法行政机关，应当根据相应情况分别作出处理：（1）申请材料齐全、符合法定形式的，应当受理。（2）申请材料不齐全或者不符合法定形式的，应当当场或者自收到申请材料之日起五日内一次告知申请人需要补正的全部内容。申请人按要求补正的，予以受理；逾期不告知的，自收到申请材料之日起即为受理。（3）申请事项明显不符合法定条件或者申请人拒绝补正、无法补正有关材料的，不予受理，并向申请人书面说明理由。

最后，作出准予执业的决定。受理申请的司法行政机关应当自决定受理之日起二十日内完成对申请材料的审查。在审查过程中，可以征求申请执业地的县级司法行政机关的意见；对于需要调查核实有关情况的，可以要求申请人提供有关的证明材料，也可以委托县级司法行政机关进行核实。经审查，应当对申请人是否符合法定条件、提交的材料是否真实齐全出具审查意见，并将审查意见和全部申请材料报送省、自治区、直辖市司法行政机关。第十五条　省、自治区、直辖市司法行政机关应当自收到受理申请机关报送的审查意见和全部申请材料之日起十日内予以审核，作出是否准予执业的决定。准予执业的，应当自决定之日起十日内向申请人颁发律师执业证书。不准予执业的，应当向申请人书面说明理由。

律师执业证书是律师依法获准执业的有效证件。律师执业证书应当载明的内容、制作的规格、证号编制办法，由司法部规定。执业证书由司法部统一制作。

4. 域外律师执业准入制度

英、德两国分别是英美法系、大陆法系法律制度的典型代表，也是法律服务业较为发达的国家，在法治理念、司法制度和律师服务制度等方面各具传统和特点。美国的律师制度渊源于英国，但它并未继承英国律师制度中的分级制度、业务垄断等传统做法，而是伴随美国政治、经济和社会的发展，开辟了一条独特的发展模式。美国的律师不像英国那样

---

① 兼职律师，是指取得律师执业证书，不脱离本职工作兼职从事律师执业的人员。高等院校、科研机构中从事法学教育、研究工作的人员，符合《律师法》第5条规定条件的，经所在单位同意，依照相关程序，可以申请兼职律师执业。

实行二元制，而是"一元制"，"LAWYER"是律师的统称。

德国是典型的大陆法系国家，在司法制度、律师制度等方面与英国有很大不同。保留着大陆法系的传统和特点。① 律师制度法典化。德国有多部关于律师职业的成文法律和行业规范，主要包括《德国联邦律师法》《专业律师法》《德国律师执业规范》《联邦律师收费条例》等法律法规和行业规范，形成了较完备的法律规范体系。其中仅《德国联邦律师法》就有230多条，6万多字，相当于我国《律师法》的7倍，规定十分具体详尽。

在律师准入条件方面。法律规定只有获得法官职业资格的人或者通过司法考试的人，才能被准许成为律师。取得律师资格要通过两次国家司法考试，总的要求是，在大学至少学习3年半的法律，完成各项课程后报考第一次司法考试，考试合格者获得"候补文官"资格，进入为期2年的预备期，参加统一司法研修，研修合格者可以参加第二次司法考试，通过考试者在德国称之为"完全法律人"，即可申请担任法官、检察官和高级行政官员，也可以申请律师执业。德国虽是联邦制国家，但对律师执业没有地域限制，在一个联邦州获得资格即可在任何一个州申请执业。

在律师执业许可程序方面，随着社会和司法体制的变化发展，德国近年对其管理体制进行了改革，废止了律师出庭许可，将律师执业许可、律师事务所设立许可赋予律师协会②，强化律师协会的管理职权。由其所属的律师公会授予专业律师职衔。德国制定了专门的《专业律师法》来推动并规范这一制度。2003年起，德国逐渐增加了授予专业律师的领域，目前已有23个专业可授予专业律师职衔，但每一名律师最多只能获得3个领域的职衔。司法行政部门仅对律师协会行使国家监督职能，范围限于法律和章程的遵守情况，特别是协会对被委托职责的履行情况。

---

① 熊选国、陈明国、杨向斌、曹阳、王杰华、郭恒亮. 英国德国法律服务制度考察报告，载《中国司法》，2017年第10期。

② 根据法律规定，律师协会经司法行政部门批准后设立，无须进行工商、社团登记，目前德国有28个地方性律师协会。律师行业组织受司法部指导和监督，律师协会主席团每年必须向司法部长书面报告工作。

在英国，2007 年 10 月，英国制定公布了《法律服务法》。这部法律的实施对英国的律师制度及法律服务业带来了深远影响，从根本上改变了英国法律服务业格局。英国律师没有正式的执业许可，但必须获得出庭律师或事务律师的头衔。英国的律师职业可以分为两个分支：出庭律师（barrister）和事务律师（solicitor）。从传统意义上讲，事务律师的职责是充当当事人、出庭律师和第三者之间的联络人，处理日常法律事务，只能在基层法院代表当事人出庭；出庭律师则有资格享有在高等法院，包括高级法院、刑事法院、上诉法院及上议院出庭发言的权利。实际上随着律师业的专业化，虽然两者仍然有区别，但有相互融合的趋势。他们分属于不同的行业协会，事务律师属于事务律师协会（Law Society of England and Wales），出庭律师属于出庭律师协会（The Bar Council）。在英国成为执业律师的过程极为漫长和复杂，无论是事务律师还是出庭律师，除获得相应的法学学位外，还要经历一段时间的职业培训，相当于学徒训练。

（1）事务律师（solicitor）。成为注册执业的事务律师，需要依次完成下述三个阶段后，会被英国非出庭律师协会（Law Society）纳为正式成员，第一阶段：法律学术教育。这是成为英国律师必要的一步，学习法律基础知识。这可以通过英国法学 3 年本科（LLB）来完成。第二阶段：法律实务教育。在此阶段需要完成一年的 LPC 课程（Legal Practice Course），学习商法，民事、刑事程序法，文书写作，律师职业道德等，选修课程可以根据日后的职业规划在广泛的实务领域内选择，比如融资、婚姻、继承、劳动合同、诉讼等方向。第三阶段：律师事务所实习。需要与一家律师事务所签订实习合同 TC（Training Contract），完成两年的专业实践，两年中每半年要换一个岗，其中至少要涉及 3 个完全不相关领域。

（2）出庭律师（barrister）。成为注册执业的出庭律师，依次完成上述三个阶段后，会被英国出庭律师公会（Bar Council）接纳为正式成员，第一阶段：法律学术教育。和成为事务律师一样的，该阶段除了完成英国法学本科（LLB）和部分两年制的法学硕士（MALaw）外，还要读一年 GDL 来弥补缺漏的法律基础知识。第二阶段：法律实务教育。与事务律师不同，出庭律师需要完成一年的 BPTC（Bar Professional Training Course），学习逻辑、辩论技巧、提升法律研究能力等。第三阶段：律师事务所实习。需要在律所进行一年实习，由有经验的出庭律师对实习律师在执业经验与技巧方面进行传授。其中前六个月会形影不离地跟在导师后面学习，而后六个月实习律师就有权代理当事人出庭。

在美国，律师资格考试是由各州最高法院任命的主考人组成的考试委员会负责主持，主考人一般是本州具有权威的法官或律师，应考者必须是美国法学院毕业，具有法学学士学位。考试内容包括联邦法律和州法律。考试通过后，由考试委员会发给律师资格证书。在一个州取得律师资格，并不等于可以在其他州法律。如果在另一州从事律师工作，还需要通过另一州的律师资格考试。取得律师资格的人并不都从事律师职业，如有的人到政府部门工作，有的到司法部门工作，还有的到法学院当教授。如要开业当"挂牌律师"，则需要州最高法院批准。在联邦法院办案，还需向联邦法院申请，经批准后方可。

美国律师开业执照的核准与颁发，是由各州掌握的。一个律师只许在一个州开业，只有极少数律师被允许在一个以上的州开业。各州法律关于申请开业律师资格条件的规定有所不同，但一般都要求申请人必须具有良好的道德品质，至少受过两年专业法律教育，或者是法律院校的毕业生，并必须通过州的律师考试且成绩合格。

美国律师开业有三种形式。其一是个人开业，大约有三分之一以上的人属于这种情况。个人经营的律师事务所是一个受理全部案件，遇到重大或特殊案件，可以委托专家。其二是联合经营事务所。这些事务所，共同雇佣办事员，但在财务上是各自相互区分的，每个律师向其各自的委托人负责。其三是合伙经营律师事务所。参加这类律师事务所的律师也占三分之一以上。这种事务所通常由 4 至 5 名律师组成，多的可以达到百人以上。另外，在必要时还雇佣其他律师和一般工作人员。这些律师事务所业务范围广泛，一般具有国际性质。

第二节　法律职业共同体的形成

一、法律职业共同体形成的条件

任何一种职业共同体的形成都不是偶然性的产物，而是社会发展到一定阶段后相关因素共同作用的结果，法律职业共同体也不例外。从现象上看，法律职业共同体的形成应以法律职业的存在为基础，但不能因此而认为有了法律职业就当然会形成法律职业共同体，无论是从西方还是中国的历史来看，二者之间都存在着一定的时间差，由此可以表明，法律职业到法律职业共同体还有其他因素的决定和影响，是多种因素共同作用下的产物。

（一）法律职业共同体形成的经济条件

按照马列主义的经济基础决定上层建筑理论，法律职业共同体既是一种政治现象，也是一种文化现象，都属于上层建筑，其产生和发展需要一定的经济前提，受经济基础的决定。

小农经济时期，没有法律职业共同体产生的经济基础。一方面，由于生产关系所限，熟人社会中纠纷的种类和数量较少，由家族家长依据常识和道德进行裁判的纠纷解决机制便足以应对。另一方面，小农经济时期生产力水平低下，很难维持一个庞大的脱离物质生产的法律职业群体。

计划经济时期，一切经济事务都由政府按照计划进行安排，计划的固定性降低了复杂多样的纠纷出现的可能性，社会运行对法律的需求极小，法律职业只零星存在于某些领域之中，自然难以产生法律职业共同体。

商品经济时期，随着工商业的发展，生产力的提高使得不直接从事物质生产活动的行业和群体的存在成为可能，法律职业便是其中之一。交易的发展必须依靠一个稳定有序的市场，而稳定有序的市场以自由公平的市场规则为前提，传统调整社会纠纷的家族家长制模式已经无法应对陌生人社会产生的复杂多样的纠纷，更无法能动地建立商品经济发展所需的法律制度和法律机构，专门而系统的法律制度和法律机构、专业化的法律职业应商品经济的发展需求而产生并发展。不同的法律职业彼此交流发展，逐渐形成共同的知识体系、职业伦理，法律职业共同体进而产生。

（二）法律职业共同体形成的政治条件

法律职业共同体的存在必然以民主法治为前提。只有在法治社会中，一切事务的运行和纠纷的处理都以法律为依据，法律职业才有生存的空间。法治的核心在于所有人和组织都必须依法办事，特别是公权力的行使必须于法有据。法治产生于民主的前提之下，没有民主就没有法治。在君主专制时代，法律就是君主意志，存在着拥有法外特权和法定特权的人以及大量于法无据的事，法律最多只是君主的统治工具，法治无从谈起。近代以来，国家的权力逐渐归于人民，人民以民主的方式建立各种法律制度，实现了民主之下的法治，法律排除了君主意志而成了唯一的行为规范。在法治社会中，没有了人治时代的依据道德和个人感觉而治理社会和处理纠纷的官员和乡绅之治，社会发展需要专业化的将法律制度予以实施的法律职业群体，这便催生了法律职业共同体的产生。

独立司法权的存在和运行使法律职业共同体作用的发挥有了适宜的舞台。在古代中国，"法"并不是一种积极建构秩序的正面因素，而是对破坏秩序的犯规者进行惩罚的威胁性手段。[1] 因此，并没有现代意义上所说的法律的适用需要，法主要是维护社会秩序的惩恶作用，扮演着统治者礼教治国的辅助手段的角色，形成了"行政兼理司法"的现象，即地方行政长官就是本地的司法官员，在主持本地的行政、教化等工作的同时也负责本地的司法审判工作。古代西方，司法活动也是君主为了维护其统治而采取的手段，司法依附行政。启蒙时期的思想家，倡导以分权制衡的方式达到对公民权利的保障。司法权具有保障民权的天然属性，是遏制行政权膨胀、立法权专横的平衡器。[2] 司法权、立法权、行政权相分离是保证公民权利的必然要求。司法权独立对于法律职业共同体的形成发挥了关键作用：其一，与强势的行政权不同，司法权具有天生的软弱性，为了维护司法活动的权威，必须由一个具有专业法律知识、秉持正义的法官、检察官和律师群体主持和参与司法活动，通过法律职业群体的职业行为和内部的自治，有效地排除了外部权力对司法活动的非法干预，在此过程中，法律职业共同体逐渐形成；其二，为了保障司法公正，需要尽可能地排斥法官、检察官和律师的个人主观臆断，而法律职业化所形成的共识性法律知识、法律思维、法律方法和法律伦理迎合了这个需求对法律的适用提供了客观约束；其三，司法活动为法律职业群体提供了重要的实践和交流平台。

（三）法律职业共同体形成的职业支持机制

法律职业共同体是具有同质性的法律职业人员组成的观念上的共同体，其同质性的原因就在于法律职业具有独特的职业教育机制、职业准入机制以及职业伦理和职业信仰。

法律教育为法律职业共同体的形成提供知识前提。法学作为最早的大学学科之一，法学教育和研究逐渐成为法律理解、法律传播和法律进化的主要途径，从事法律工作的人员中几乎都直接或间接地接受过大学的法律教育，掌握了从事法律工作所必需的法学理论和法律方法，并培养了法律精神，从而走向专业化的法律工作岗位，成为一名法官、检察官、律师等。由于广大从事法律工作的专业人才所接受的法律教育具有共同性，共识性的法律知识、统一的专业话语体系、共通的法律思维方法等为法律职业共同体的形成提供了知识基础。

---

① 喻中：《从"行政兼理司法"到"司法兼理行政"——我国"司法——行政"关系模式的变迁》，载《清华法学》2012年第5期。

② 参见韩红兴：《论法治社会中法律职业共同体的养成》，载《河南社会科学》2013年第6期。

法律职业准入制度是法律职业共同体形成的准入前提。法律职业共同体之所以作为观念上而非实体上的共同体而存在，其关键原因就是职业准入制度的保障。虽然职业准入制度并无法直接促成法律职业共同体的形成，但却为法律职业的形成提供了必要的前提。在我国，法律职业准入制度的最基本表现形式即为"国家统一法律职业资格考试"，参加法律职业的必要前提就是通过此考试。除此之外，若想成为一名法官、检察官以及执业律师，都需要通过各种具体的选拔方式。

法律职业伦理为法律职业共同体的形成提供伦理保障。法律职业共同体当然需要有共同遵守的职业伦理，同时也应注意到，法律职业共同体毕竟由不同的法律职业组成，每个法律职业具有各自特殊的职业伦理，如法官要秉持中立、检察官要维护国家利益、律师要保守当事人秘密等。法律职业共同体在各法律职业之上又具有一般性的伦理规则，如坚守正义、坚信法律等。法律职业伦理对法律职业共同体的形成和维系起着重要的保障作用：一方面，法律职业伦理规范法律人的执业和履职行为，以职业自律的方式便可以保障大多数情况下法律人行为的公正性，进而维护法律权威和法律职业共同体的公信力；另一方面，法律职业伦理对外界起到一种良好的宣示作用，使得法律职业共同体的内部和外部都可以以法律职业伦理为标准对法律人的行为进行评价，及时监督和净化法律职业共同体。

二、法律职业共同体的特征

法律职业共同体并不是确定的实体性或组织化的共同体，其本质是由各法律职业所组成的观念上的共同体。在此，以学界对法律职业共同体讨论中的共识性成果为依据，对法律职业共同体的主要特征进行讨论。

（一）法律职业共同体是观念上的共同体

法律职业共同体，不是某个人或者组织依据确定的章程而建立的实体上的共同体，是一种不同于血缘共同体、地缘共同体的基于共同信仰、共同价值、共同理念、共同思维、共同气质的超越时空的"想象性存在"，[①] 是不同法律职业有机组成的观念上的共同体。虽然法律职业共同体没有自己的组织、章程甚至是固定的成员，但是并不能说法律职业共同体是虚假的存在。在这个共同体中，每个成员都具有相同的标签，即拥有专业的法律知识和技能，以共通的法律概念和逻辑进行交流，以共守的职业伦理和法律价值评判事实，以法律职业作为自己的生计和事业，以实现公平正义作为自己的职业追求[②]，对法律职业共同体具有强烈的归属感和荣誉感。

（二）法律职业共同体是知识共同体

法学是一门高度专业化的知识体系，需要扎实的知识储备和长期的实践积累。法律职业共同体成员在从事法律职业之前，需要接受专门的法律知识教育和技能培训，某些法律职业还需要专门的资格考试，有了系统的法律知识积累以及大量的法律实践之后，法律人之思维逻辑、表达形式和价值观念皆与其他职业人员表现出明显的区别，继而形成法律职

---

① 公丕潜、杜宴林：《法治中国视域下法律职业共同体的建构》，载《北方论丛》2015 年第 6 期。

② 参见韩红兴：《论法治社会中法律职业共同体的养成》，载《河南社会科学》2013 年第 6 期。

业共同体的独立性及自治性。由于知识背景相同，法律人之间具有天然的亲和力①，这是法律职业共同体存在的重要体现。在法律知识共同体之上所形成的法律信仰共同体作为一个精神性的特征也彰显着法律职业共同体的存在。

（三）法律职业共同体是价值共同体

公平与正义是法律职业共同体从事职业活动共同的价值追求。法律职业是一个笼统的称谓，内部可以进一步划分出多种职业，各个职业内部从事法律职业活动的范围、内容及所代表的群体利益并不统一，工作方法也不尽相同。② 检察官为了维护国家利益，依法履行审查起诉和公诉职能；法官在庭审过程中坚持中立审判，维护各方合法权益；律师依法维护当事人合法权益，积极辩护；法学学者研究学术理论，分析法律实践并发展法学理论，及时回应实践需要和学术争议，为法治的发展提出自己的见解。尽管法律职业者在法治实践中所扮演的角色不一，但追求的终极目标却是一致的，就是实现社会公平正义。

（四）法律职业共同体是利益共同体

法律职业人员作为理性人，其行为也受利益的影响。不同的法律职业人员组成法律职业共同体的根本动力在于利益驱使，这种利益既包括法律职业共同体形成之前法律人在法律工作中因职业优势而获得的利益，也包括法律职业共同体形成之后由整体功能而给法律人带来的利益，前一种利益促进法律人积极靠拢职业群体并进一步形成法律职业共同体，后一种利益推动法律人对法律职业共同体的依赖感和使命感的不断提高。随着经济的发展，社会对法治的需求呈现数量和质量双扩大的趋势，需求的增加要求法律工作效率的提高，而效率的背后正是法律职业化加强和法律职业共同体的巩固。法治社会中，法律的供给几乎成了人们生存和发展必要条件，公民和社会组织的重要行为都会先打好法律方面的基础，法律职业因此有了稳定的利益预期和回报，共同的利益促使法律职业共同体内部成员相互支持和信任，一起维护正义的事业，从而一起进步和发展。

现代法律职业化的发展进程表明，法律职业共同体成员受其职业活动的专业性所带来的利益性影响，使其必然以求利作为其自身活动的目标之一。社会对法律的重视程度与其运作的技术含量及专业化要求成正比；法律越受重视，其中的技术性因素等作用越强大，法律运作的专业化要求也就随之提高；社会对法律的需求越强烈，越容易形成人们对法律制度的依赖，法律职业有了现实的物质价值，进而促进了法律职业的繁荣。在依法治国的当代社会，共同的利益使得他们在面对内部分歧时求同存异，相互支持及信任，以促进共同进步与发展。

三、法律职业共同体的维系

法律职业共同体既是一种有着共同法律认识的抽象团结体，又是一个有着实在表现形式的职业者群体，它的形成是社会制度演进的结果，而其持续存在又有赖于国家制度的保

---

①　李洪杰：《法律职业共同体诠释》，载《人民论坛》2010 年第 20 期。

②　李尧君、温丽萍：《法律职业共同体的探索与实践》，载《辽宁公安司法管理干部学院学报》2020 年第 3 期。

障、法律职业共同体的自我规范以及其他社会成员的尊重与监督。①

（一）国家制度的保障

法律是由国家制定或认可的，体现的是国家的意志，要由国家强制力作为后盾来保障其实施，执法者是国家机关及其公职人员，这些方面决定了法律职业及其共同体与国家的存在和国家建立的制度之间存在着不可分割的关系。这种关系表现在两个方面，一是法律职业的存在和作用发挥能够促进国家相关制度的落实和完善；二是国家也要为法律职业的存在和发展提供制度上的保障。

国家对法律职业提供的保障，根本上应为实行法治的制度。法治制度的实行，才能树立起法律的权威，法律蕴含的公平正义价值才能得到彰显，法律职业共同体作为价值共同体的作用才能有用武之地；法治制度的存在，才产生对法律职业人才的需求，才能促进法律职业共同体的形成，为法律职业从业人员发挥其作用营造出适宜的环境。

由于法治制度对法律职业人才的需求，相应地需要国家建立法律职业准入与教育制度来维系法律职业共同体的专业性。一方面，要坚持严格的、统一的法律职业准入制度，严格把控获取法律职业资格的条件；另一方面，要形成体系化的法律职业教育制度，将法学教育与法律职业教育相结合，法学教育、法律职业岗前培训、法律职业继续教育相衔接，法学专业理论、法律职业技能与法律职业伦理教育相贯通。通过这种方式，可以不断提高法律职业者的职业素养，从而维持法律职业共同体最基本的专业性。

要让法律职业者忠实于法律的前提条件是其自身的自由和独立，为此需要国家建立对他们的身份、职务、收入以及人身等方面的保障制度，以维系法律职业共同体的健康发展。

1. 法官的职业保障制度

国外对法官的职业保障制度内容包括：（1）不可更换制，是指法官在任期届满前，非经弹劾或依法定条件与程序，不得免去、撤销其职务或令其提前退休。原因就在于："因司法部门的软弱必然招致其他两方的侵犯、威胁或影响；是故除使司法人员任职固定之外，别无他法以增强其坚定性与独立性。"②（2）法官的专职制。法官在被任命以后，履行法官职责期间不得兼任行政职务或担任议员，不得兼任其他的盈利或有报酬的职务。（3）高薪制。即赋予法官优厚丰裕的薪俸，确保其生活的稳定，不虞其境况的变化而影响其任务的执行，也可使其有种优越感和自豪感，免生贪赃枉法之心。（4）退休制。法官达到一定年龄也要退休，以维护法官队伍正常的新陈代谢，保证法官的判断力不致因年老而受到影响，危及司法的客观、公正。③

我国的《法官法》中，也规定了法官职业保障的内容，包括：（1）非依法定情形，不得将法官调离审判岗位。（2）任何单位或者个人不得要求法官从事超出法定职责范围的事务。（3）法官因依法履行职责遭受不实举报、诬告陷害、侮辱诽谤，致使名誉受到

---

① 参见卢学英著：《法律职业共同体引论》，法律出版社 2010 年版，第 232 页。

② ［美］汉密尔顿、杰伊、麦迪逊：《联邦党人文集》，程逢如等译，商务印书馆 1980 年版，第 391~395 页。

③ 王广辉等编著：《比较宪法学》（第二版），武汉大学出版社 2020 年版，第 274~277 页。

损害的，人民法院应当会同有关部门及时澄清事实，消除不良影响，并依法追究相关单位或者个人的责任。（4）法官的工资制度，根据审判工作特点，由国家另行规定，并实行定期增资制度。（5）享受国家规定的津贴、补贴、奖金、保险和福利待遇。（6）法官因公致残的，享受国家规定的伤残待遇。法官因公牺牲、因公死亡或者病故的，其亲属享受国家规定的抚恤和优待。

我国的《检察官法》对检察官的职业保障也规定了与上述法官职业保障大体相同的内容。

2. 律师的职业保障制度

在法律职业共同体中，律师不像法官、检察官那样掌握和运用着国家的公权力，是社会的法律工作者，即自由职业者，在从事法律职业的过程中，更需要受到国家相关制度的保障，集中体现为对律师在执业过程中依法享有的权利的保障，主要包括：（1）调查取证权。（2）查阅案卷材料的权利。（3）同被限制人身自由的人会见和通信的权利。（4）辩护权。（5）出席法庭，参与诉讼和享有诉讼法规定的权利。

（二）法律职业共同体的自我规范

一方面，法律职业共同体的任何成员都要严格自律。任何法律职业者都要不断主动提升自己的职业素养，严格遵守职业准则，认真履行法律职责，从而获得其他法律职业者的尊重，避免因自身不当言行破坏各方法律职业者之间的信任与尊重。

另一方面，要不断提高法律职业共同体的自治水平，对共同体成员进行管理、保护与监督，强化共同体意识，维护共同体秩序。共同体自治是指共同体成员自行制定内部规则和管理团体公共事务。法律职业共同体作为一种抽象共同体，其自治主要是通过行业协会实现的，表现为设立行业自治规则，为法律职业者提供各种服务，对其活动进行监督，必要时实施惩处；同时，共同体自治排斥其他主体对共同体事务的不当干预，也积极保护法律职业者的合法权益。

第三节　中国的法律职业化历程

一、近代中国的法律职业化进程

近代以后，我国逐渐开始产生现代意义上的法律职业群体，具有共同法治理念及价值取向的职业共同体逐渐发展起来，虽然近代法律职业及法律职业共同体与当代存在一定的差距，仍然存在许多问题，但是法律职业的出现，为中国法律职业阶层的出现奠定了基础，为促进我国法治化的进程作出了贡献。

（一）清末民初中国法律职业化进程

清末民初，专业法律人才的出现标志着近代意义的法律职业在中国的诞生。主要体现为：

1. 重视对裁判者的培养

首先，开设各类学堂或研究机构，对潜在法官人群进行培育。（1）清政府于1905年开办京师法律学堂，为"养成裁判人才"。地方上则有广西政法学堂，云南省政法学堂等的设立①。（2）设立审判研究所，作为培养审判人才的专门教育机构，各地相继成立的司法研究所，成员主要包括系统学习过近代法律知识的法政优等举人、日本法政毕业生以及经验丰富的刑名幕友。（3）设立临时法官养成所，以弥补法政学堂和司法研究所的不足，满足国家对审判人员的需求。其次，对法官任用做出相应的规定。早期，地方法官的任用适用《拟定各省城商埠各级审判厅筹办事宜》的规定②，但因该规定存在诸多弊端，导致出现任人唯亲、行政官兼任司法人员的情形，对司法独立产生不利影响③。因而新颁布《法院编制法》《法官考试任用暂行章程》《法官考试任用暂行章程试行细则》等，对法官任用作出了新的要求，避免以权谋私，同时还建立了法官的规避制度，促进法官对案件的审理保持公平④。清末的司法官考试制度尽管存在诸多弊端，但因遵循了"法官非依考试不得任用"的原则，开创了司法官考试制度的先河⑤。

2. 律师职业的发展

司法改革也促使律师在社会生活中的作用日益显著国家开始重视对律师的教育培养。1910 年，法部通咨各省预备律师人才，设辩护士研究所。地方上如广东省专开律师研究班，培养律师的能力；湖北省设辩护士养成所；江苏省在政法课堂内加添律师课课程⑥。清末的律师制度经历了一个从初步设想到制度建构的过程。

清末民初出现法律职业化的原因，主要有：第一，法律文化的传播对法律职业化产生了催化作用。首先是域外法律文化的传播对中国自给自足的经济体制、地缘关系以及政治制度产生了一定的冲击，使国人得以接触近代的法治思想，一定程度上培育了法律职业化所需要的社会土壤⑦。其次，法律文化的传播指引和推动了当时的司法体制的改革，司法体制的改革促进了法律职业人才的产生，为法律职业化的发展提供了条件。第二，司法主权之争也对法律职业化产生了催生效果。司法主权之争下进行的司法改革，改变了中国历史上长期存在的"行政兼理司法"的传统，司法权与行政权相分离，法律职业阶层的独立地位有了制度上的依托，为法官、检察官及律师成为具有独立地位的新兴职业群体提供了制度空间。第三，法学教育的兴起为法律职业化提供了专业知识上的支撑。大量专门法律教育机构的出现，培养了一批具备系统理论知识的本土法律人才，遵循的教育理念和采取的教育方式也更加科学、合理，保证了受教育者具有相同的专业素养和思维方式，促进了法律职业化的发展。

---

① 《护理滇督沈秉堃奏筹办各级审判厅折》，载《申报》1907 年 8 月 7 日。

② 《司法研究所聘定教员》，载《申报》1910 年 2 月 25 日。

③ 蔡永明：《中国近代法律职业的生成及其影响》，载《南开学报（哲学社会科学版）》2018 年第 1 期。

④ 《法院考试任用暂行章程实施细则》，连载于 1910 年 5 月 16 日、17 日、18 日、19 日的《大公报》。

⑤ 朱晓东：《探索与规范：民国北京政府司法官考试制度述论》，载《江汉论坛》2021 年第 5 期。

⑥ 《法部考试法官之示文》，载《大公报》1910 年 9 月 26 日。《考试法官最优等名单》，载《申报》1910 年 10 月 29 日。

⑦ 张晋藩著：《中华法律的传统及现代转型》（第二版），法律出版社 2005 年版，第 201 页。

（二）民国时期中国法律职业化进程

民国时期的法律职业化进一步发展，呈现出其独有的特点。法治化水平不断提高，法律职业准入制度也日益明确严格，注重对司法职业者的培训等。

1. 法制化水平有所提高

法制发展水平是法律职业共同体形成的基本条件。人类社会经济生活、政治生活和其他社会生活的不断发展，对法律产生了越来越多的需求。首先，民国时期法律文件的数量不断增加。如宪法层面有《中华民国约法》《贿选宪法》《中华民国训政时期约法》《五五宪草》等；刑法层面有《中华民国暂行新刑律》以及两次刑法修正案、《中华民国刑法》（1928年和1935年）等，有关刑事方面的法律规范日益健全；民事层面的法律规范也日益健全；民国后期有关行政方面的法律规范也越来越多，涉及组织、内政、教育、军政等多个方面。法律规范在社会中发挥着重要作用，法治化中有法可依的要求不断完善法律规范，社会各层面法律规范的制定，表明民国时期法治化水平的发展。其次，更加注重司法独立，如北洋政府时期第一任司法总长王宠惠认为，培养司法人才具有重要意义，强调司法职业者应当具有司法专业知识，"实行司法独立，是为宪法之精义"①。

2. 司法官考试制度趋于严格

民国时期司法官制度伴随中国法律近代化的发展而出现，体现了法律专业化和司法职业化。首先，制定诸多有关司法官职业准入的规范性文件。司法部颁布《甄拔司法人员准则》《法院编制法试行法草案》确定司法官的任职资格，以保障司法官选拔任用的有序进行。制定回避制度，颁布《司法官回避办法》以规范司法官的行为，对其行为进行约束。随后又颁布《司法官考试令》，对于考试规格、资格、行使、内容等做了更加详细的规定。其次，建立了高规格的考试主管机构。清末并没有设立专门的考试机构，使得职业准入较随意，对司法人才的进入造成一定的阻碍。民国时期设立专门的机构，避免其随意性，保障司法官考试的正常开展。具体而言，典试委员会分为两种，一种为甄录试及初试典试委员会，另一种为再试典试委员会②。也更加类似于我们目前的司法资格考试的形式。再次，考生资格得以优化。扩大应试人员的范围，将国立大学、高等专门学校、教育部或司法部认可之公立私立大学、外国大学或专门学校毕业的毕业生纳入其范围内，改变之前过于看重官宦履历的情况③，这一变革有助于促进法律专业化的进展，有助于社会的公平正义。最后，有更加严密的考试程序。民国时期司法官考试分为甄录试、初试、再试三种。这种方式有助于选拔出优秀司法人才，以避免冗滥人员进入司法行业，有助于案件审理的公平正义，有效维护统治秩序。

二、当代中国的法律职业化历程

中华人民共和国成立以后，伴随社会主义制度的建立，司法制度也需要符合社会主义

---

① 参见朱晓东：《探索与规范：民国北京政府司法官考试制度述论》，载《江汉论坛》2021年第5期。

② 朱晓东：《探索与规范：民国北京政府司法官考试制度述论》，载《江汉论坛》2021年第5期。

③ 刘薇、陈云英：《民国时期司法官选拔制度考略》，载《兰台世界》2014年第31期。

的性质要求，国民党时期的"法统"被否定，以该"法统"为专业素养的法律职业人员，特别是法官当然也就不能留任。为了解决法律职业人员的断档，1950年，中国人民大学法律系在北京创办。1951年4月，在北京创办了新法学研究院，为新政权培训司法干部。1952—1953年前后，对民国时期留下的法律教育机构进行了大规模的院系调整，形成了全国法科布局的新格局，即当时的北京、华东、西南、中南四所政法学院和东北人民大学法律系、中国人民大学法律系、武汉大学法律系、西北大学司法专修科（1954年改为法律系）。① 1963年10月，教育部和最高人民法院召开全国政法教育工作会议，将我国法学教育体系调整为新"五院四系"格局，即北京、西南、华东、西北、中南五所政法院校和北京大学、人民大学、吉林大学、武汉大学四个法律系。② 由于法律职业人员的专业素养需要通过接受系统的法学知识教育来获得，这些调整后的法学院系就为新的政权开启法律职业化提供了可能。

然而，法学教育的存在与法律职业化之间不能相提并论。法律职业化应该以强调和重视法律职业具有的特殊性为前提，但在当时的历史条件下，非常强调的是法律的阶级性，对法律的认识只讲阶级分析方法的运用，包括法院、检察院在内的所有国家机关都是阶级专政的工具，尤其是把法院、检察院视为直接掌握"刀把子"的专政机关，和其他机关一样，都需要执行国家的统治职能，根本不谈在这些机关中从事法律职业的人员具有的特殊性，不具备是实行法律职业化的前提条件。此外，新的政权建立以后，除了《共同纲领》、1954年宪法之外，其他的法律基本上是关于国家组织方面内容的规定，调整各个领域基本社会关系的法律都没有，高等院校法学院系讲授的专业知识，除了原理性的内容之外，都是政策性的。这种缺乏实在法内容支撑的专业知识，也无法支撑起法律职业化需要达到的一定水准的专业素养水平。即便如此，"文化大革命"期间，法学院系基本上停止招生，检察院也被撤销，法院虽然保留了下来，更无可能向职业化的方向发展。

律师制度方面，1950年7月，中央人民政府政务院公布的《人民法庭通则》规定，人民法庭应保障被告有辩护和请人辩护的权利。1954年7月31日，中央人民政府司法部发出了《关于试验法院组织制度中几个问题的通知》，决定在北京、上海、天津等大城市试行开展律师工作。1954年9月，《宪法》和《人民法院组织法》规定，被告人可以委托律师为自己辩护；1956年1月，国务院批准了司法部《关于建立律师工作的请示报告》；1956年7月20日，颁布了《律师收费暂行办法》；1957年上半年，《律师暂行条例》（草案）脱稿，1957年下半年，律师制度建设被迫中断。律师职业作为法律职业中不可缺少的组成部分，在律师制度都没有正式建立起来的情形下，既不可能实现自身的职业化，也无法在推动法律职业化发展上贡献自己的力量。

当代中国法律职业化的契机来自改革开放之后，为适应国家工作重心转移而进行的加强民主法制建设的需要。尽管在当时的背景下，不可能明确提出法律职业化的目标，但开展的工作毫无疑问为今后的法律职业化奠定了基础，主要有：法学教育的恢复发展；一些

---

① 王健：《论中国的法律教育》，载《比较法研究》1994年第2期。

② 霍宪丹：《法律教育：从社会人到法律人的中国实践》，中国政法大学出版社2010年版，第9页。

重要的法律，如刑法、刑事诉讼法、民事诉讼法等颁布；恢复了检察机关等。其中 1979 年党中央决定重建律师制度，无疑应该是具有法律职业化萌芽的性质。1979 年 4 月，全国人大常委会法制委员会成立了专门小组，开始起草律师条例。1980 年 8 月 26 日，五届人大常委会第十五次会议通过《中华人民共和国律师暂行条例》。1986 年 7 月　中华全国律师协会成立。1996 年 5 月 15 日，八届人大常委会第十九次会议通过了新中国第一部律师法典——《中华人民共和国律师法》，自 1997 年 1 月 1 日起施行。

法律职业化不仅要求法律职业人员具有系统的法学专业知识，更要求这种专业知识要达到一定的水准，检验的方法就是建立职业考试制度，1986 年开始实行的全国律师资格统一考试，就是一个开端，意在保证职业共同体成员具有相同的入门条件，形式上存在共同起点基础上的专业素养水平。问题在于，改革开放前的高等法学教育几乎处于全面瘫痪的状态，恢复法学教育以后，短时间内不可能在招生人数上达到很大的规模，有限的法学专业毕业生又大量地被分配到人民法院、人民检察院、公安机关、司法行政机关，以缓解当时面临的专业人员严重短缺问题，从事律师职业的人员数量占比更少。因此，律师资格统一考试制度的建立，无法真正成为当代中国法律职业化的开端，但却对推动法律职业化产生了催化作用。原因在于，律师资格统一考试制度，对考试参加人员的教育背景、专业能力等方面有要求，有了相同的入门门槛。而在法院、检察院中从事法律工作的人员，除了来源于高等学校法学专业的毕业生之外，还有部队转业干部、单独招考、工人提干、从其他单位调入等众多途径，不仅来源广泛，而且在专业知识上存在严重的参差不齐问题。根据当时的统计，"截至 1994 年，全国没有达到法律大专程度的法官大约一半。截至 1997 年年底，在全国法院系统 25 万多名法官之中，本科层次占 5.6%，研究生仅占 0.25%"。① 检察院的 18 万名人员中，本科层次的占 4%，研究生仅占 0.15%。② 由此容易给人造成律师整体素质高于法官、检察官的印象，给司法权威的树立带来不利的影响。为改变这种状况，法院、检察院各自建立了自己的考试录用制度，在人员录用上开始重视所录用人员的教育背景和专业性。这种形式上考试录用制度的建立和实施，为后来实行统一司法考试制度积累了经验。

2002 年全国统一司法资格考试制度取代了原来的律师资格考试制度，应该被视为是当代中国法律职业化大幕的正式开启，它不仅促进了法律职业的统一职业观，还促进了法律职业的统一和高技术要求，法律的技术属性得到应有的重视。除此之外，统一司法考试制度的实施，也促进了法律专业人士共同法律语言的形成，使法官、检察官、律师之间的专业对话变得容易；促进了法律专业人士司法伦理体系的形成，也有效地节省了司法资源。③

作为法律职业共同体的重要成员，法官、检察官的职业素养也开始受到重视，全国人大常委会制定并先后经过多次修改的《法官法》《检察官法》明确规定，担任法官、检察官在专业知识上，具备普通高等学校法学类本科学历并获得学士及以上学位；或者普通高

---

① 石茂生：《法律职业化》，载《河南社会科学》2002 年第 4 期。
② 张卫理：《中国需要大批法律人才》，载《法制日报》1997 年 10 月 3 日。
③ 孙艳华：《法律职业化探微》，载《法学论坛》2002 年第 4 期。

等学校非法学类本科及以上学历并获得法律硕士、法学硕士及以上学位；或者普通高等学校非法学类本科及以上学历，获得其他相应学位，并具有法律专业知识；从事法律工作满五年。其中获得法律硕士、法学硕士学位，或者获得法学博士学位的，从事法律工作的年限可以分别放宽至四年、三年；国家对初任法官、检察官实行统一的法律职业资格考试制度。这就从任职资格上统一了法官、检察官与律师的标准，解决了过去存在的律师与法官、检察官之间要求不一致的问题。除此之外，在对法官、检察官的任用、考核、奖惩方面，也充分认识到了其具有的职业特性，不再像过去那样将法官、检察官与一般的党政干部同等看待。2017 年修改的《法官法》《检察官法》中明确规定，法官、检察官实行单独职务序列管理。省、自治区、直辖市设立法官、检察官遴选委员会，负责初任法官、检察官人选专业能力的审核。省级法官、检察官遴选委员会的组成人员应当包括地方各级人民法院、人民检察院的法官、检察官代表，其他从事法律职业的人员和有关方面代表，其中法官、检察官代表不少于三分之一。人民法院、人民检察院设立法官、检察官考评委员会，负责对本院法官、检察官的考核工作。最高人民法院和最高人民检察院和省、自治区、直辖市设立法官、检察官惩戒委员会，负责从专业角度审查认定法官、检察官是否存在违反审判、检察职责的行为，提出构成故意违反职责、存在重大过失、存在一般过失或者没有违反职责等审查意见。可以说，对法官、检察官职业特性的承认与维护，是法律职业化能够现实存在和发展的重要决定因素。

法律职业化以法律职业人员的专业化为核心内容，其专业知识获取的基本途径是接受系统的法学教育，由此而使得法学教育与法律职业化之间形成了密切的联系，法学教育应该能够为法律职业化的实现输送合格的法律人才。为此，2011 年 12 月，教育部、中央政法委联合发布《关于实施卓越法律人才教育培养计划的若干意见》；2018 年 9 月再次发布《关于坚持德法兼修实施卓越法治人才教育培养计划 2.0 的意见》；2019 年 10 月，教育部发布《关于深化本科教育教学改革全面提高人才培养质量的意见》，进一步明确了我国法学教育要坚持内涵式高质量的发展之路。这些意见最根本的方面就是要求我们的法学教育要能够满足国家法治建设的需要，为中国的法律职业化培养优秀的人才。

第五章 法学的学习

第一节 法学是法教义学

一、法教义学的产生

在法学的发展过程中，法教义学是一种重要的法学学习和研究方法论。通俗地说，法教义学是运用法律自身的原理，遵循逻辑与体系的要求，将现行实在法秩序作为坚定信奉而不加怀疑的前提，并以此为出发点开展体系化与解释工作的规范科学。在法学方法论中，法教义学就等同于法学。目前我国对法教义学的概念、法教义学与价值判断的关联等根本性问题已有较深入的研究。

教义学的研究始于对词源的考证。德语中"教义学"的词根是 dogma，意指定理、原理或原则，后引申为教义或信条。另一种界定认为，dogma 是指阐释圣经及其启示应严守的规则。《牛津哲学词典》对 dogma 的解释是：一般指的是毫无疑问所持有的一种观念，具有无须辩护的确定性。它指向那些通过一定方式得到阐明并因此具有某种权威性的规则。德语 dogma 是"基本确信信仰规则"的意思，它并非通过理性的证立，而是通过权威的宣言或源自信仰的接受来排除怀疑。相应地，教义学就是讨论原理、原则或教义、信条的理论学说。[①]

12 世纪早期，法学研究中的经院主义方法在法律和神学两个领域都有广泛的应用，其内涵是：预先假定某些书籍的绝对权威性，认为这些书籍包含着一种综合、全面的体系，同时也承认文本中及文本之间可能存在漏洞与冲突，该方法将对文本的概述和解释、解决冲突与填补漏洞作为其主要任务。这种解释文本、调和冲突与填补漏洞的方法，当时被称作为"对话的"的方法（即黑格尔提出的"辩证"概念）。[②]与我们当下所说的法教义学已经比较接近了。法学领域中正式的教义观念，可以追溯到罗马法复兴运动时期的注释法学，并经由 17、18 世纪的理性自然法学说奠定其体系方法论基础。

18 世纪，德国出现了历史上第一本以"教义学"为题的法学著作，即欣郁贝尔在 1739 年出版的《新裁判论与教义学》，但独立的法教义学观念是在历史法学产生时期诞生的。根据德国当代学者图尔的考证，教义学的概念虽然在 18 世纪达到"法学的彼岸"，但却是从 19 世纪开始才在法学领域内得到迅速扩展的。其背景是，随着西欧各民族法典

---

① 王泽鉴著：《法律思维与民法实例》，中国政法大学出版社 2002 年版，第 211 页。

② ［美］伯尔曼著：《法律与革命（第 1 卷）》，贺卫方等译，法律出版社 2008 年版，第 127 页。

化运动的开展，法典编纂实现了启蒙时代自然法的理性预设，后者因而变得多余。"实在法"成为法学关注的核心，德国开始了一种所谓的"历史性反省"。正是此时，走向前台的历史法学派将"教义学"这一概念正式引入了法学（法律科学）之中，"法教义学"这个法学的分支学科得以正式诞生。①

自然法学及其之前的学者并未对"法教义"与"法律（制定法）"这两者进行区分，无论实在法文本（如《查士丁尼法典》）还是法教义（如《学说汇纂》）都无差别地被奉为权威性命题或原理，历史法学则对之加以了明确区分。最早提出这一区分的是黑尔费尔德，他指出："法律为某个上位者所规定，由此区别于建议、教义和约定。"法律与法教义的区分，表现为两个方面：从阐释的形式看，教义学命题由"陈述式的"的语词组成，法律由"命令式的"语词组成；法教义是描述性的，实在法是规定性的。从内容看，教义学并不限于对实在法秩序的体系化重构，而是以此为基础进行的整体法律学说构造。就像格吕克所主张的，应这样理解查士丁尼的《民法大全》："它首先是个制定法文本；但其次它也包含着一个直到查士丁尼皇帝时期所受训练的完整的法学体系；由语词说明、定义、分类、一般法律原理、附带条件等组成。简言之，一种与当时的学术课程相匹配的法律学说构造的整体。"②

另一方面，"法教义"被认为拥有超越于"法律（制定法）"之外的权威性。立法者无法为教义学立法，以使特定建构具有拘束力。立法者的意志仅在于为人类的外部自由行为提供准则；相反地，我们的知性和确信却不处于立法者的支配之下。在布林兹看来，定义仅属于教义学领域，而立法定义都是对"学术自由的立法干涉"。耶林更是认为，立法定义对于法学家没有约束力。③　可见，历史法学旨在将法教义从实在法中解放出来：法教义是围绕实在法展开的但有别于实在法本身的权威性命题或原理，它具有描述的性质。

二、法教义学的特点

在法教义学产生和发展过程中，长期以来被赋予了某种类似于自然科学的那种精确的、确定的、具有实证性的知识属性，因而具有鲜明的理性、实践性和秩序性特点。

（一）思维方式受理性权威拘束

法教义因其一般理性而具有权威，法教义学是受理性权威拘束的思维方式，这可以在"教义"与"历史"的对立中得到说明。德国哲学家康德（Kant）区分了历史认知与教义认知："对真理之教义认知的对象是事物的一般状态，历史真理的对象是实际的东西和感官的对象。每一个事件都是历史性的；所有的命题都是教义性的。"历史法学家深受康德思想的影响，主张教义是一种"一般性的理性认知"，它的"对象并非具体的事物，而是

---

① 雷磊：《什么是法教义学？——基于19世纪以后德国学说史的简要考察》，载《法制与社会发展》2018年第24卷第4期。

② 雷磊：《什么是法教义学？——基于19世纪以后德国学说史的简要考察》，载《法制与社会发展》2018年第24卷第4期。

③ 雷磊：《什么是法教义学？——基于19世纪以后德国学说史的简要考察》，载《法制与社会发展》2018年第24卷第4期。

事物的一般特征与状态"。两者也存在阐释形式上的区别：历史认知无法通过对理由的一般性认知推导出来，教义认知则能够做到这一点，被等同于"理性的"认知。所以，教义学是运用对理由的一般认知来把握事物的一般特征和状态。相应地，法教义学是对现行实在法的一般性理性认知，因此而具有权威拘束性。①

（二）研究对象上具有倾向性

法教义学有别于法社会学、法政治学、法史学等学科。虽然它们均以法现象为研究对象，但是观察法现象的视角却大相径庭。法社会学的视野中只有作为社会现象的法，如法在人类社会中的作用、社会对法的形象的塑造，以及使法发生实效应具备的社会条件等。法政治学的视野里，法是以一种政治现象的面貌呈现的，法从属于政治，实现政治目标的功用是其主要的兴趣点。法史学是把法作为一种历史现象进行观察。法的历史演变以及历史中诸种因素阻碍或促进法的发展的史实，具有分外的价值。法教义学视野中的法现象是以规范形式之身份出现的，其设定人们应当如何行为与交往的标准。此行为标准属于规范性范畴，其有效性的主张不受规范是否具有实效性的影响。因此，法教义学的主要任务即在于"通过特别的法律（学）方法"，探求此种行为标准的"规范意义"。从反面来讲，则是通过排除对于法律之下的生活、法律现实等的研究而划定自己的界限。②

（三）合理确信现行法秩序

法教义学之所以区别于以自然法或者历史哲学、社会哲学为根据的社会理论，首要原因在于法教义学的思考建立在断定现行法秩序大体看来是合理的这一基础之上，并且确信这一断定的真实性。尤其不同于上述社会理论中的批判理论，后者认定，现行法不过是片面的"支配关系"的法定化结果，从而否定现行法的正当性。法教义学者不会问法律究竟应当是怎样的，而是"相信"现行法秩序的正义性，这是它开展一切工作不可动摇的前提。对于既存法秩序中的法规范、规范意义或者法院判决，法教义学能否采取批判性的立场呢？答案是肯定的。但是其批判的依据并非源自现行法秩序之外的超越性的道德标准，而是借由对法体系内部之规范、规范意义及其脉络关联的总结、抽象而获得的统合性原则，得以对于争议条款、规范解释乃至法院判决保持一种反思性评价的可能性。

在现代法律制度中，此种反思性的评价最为有力地体现在宪法审查制度的设置及运作之上。宪法审查制度的目标便是构建一个"良善"的实在法体系。所谓"良善"，其标志之一便是该体系具备自我改善、更新、校正的能力。此种改善、更新与校正需依据立宪主义宪法中的基本权利规范展开。这是一种体系内的自我批判，区别于从体系外部开展的颠覆性的批判。它崇尚秩序的安定而拒绝破坏，现行有效的法秩序本身永远不会成为法教义学批评的对象，就像基督徒面对《圣经》或者各种信经一样。③ 一般法教义学对"教义"体系整体保持一种敬意，甚至是必要的虔诚，并在此前提下根据现实生活的需要不断地调整对于体系内个别"教义"的理解与解释方案。必要时甚至可能将其从体系中排除出去，但法秩序整体则永远不会被怀疑。这构成其至为重要的身份标志之一。

---

① 白斌：《论法教义学：源流、特征及其功能》，载《环球法律评论》2010年第32卷第3期。

② 白斌：《论法教义学：源流、特征及其功能》，载《环球法律评论》2010年第32卷第3期。

③ 白斌：《论法教义学：源流、特征及其功能》，载《环球法律评论》2010年第32卷第3期。

法教义学本质上是实证的,其内容受到某特定法律体系的特殊内容的影响。原则上,法社会学、法史学、法政治学、法哲学等学科处理所有在历史上出现过或者应当出现的法秩序。但法教义学仅仅"针对当时、特定的法秩序,其论述……之直接意义仅与该当法律秩序有关"。现行有效的法律秩序既是法教义学工作的基础和前提,也是其研究的潜在界限,越出了现行实在法的界限,法教义学就丧失了自己相对于其他学科的独特品格。从法律逻辑学角度看,现行有效的实在法体系构成了法教义学论证、推理的唯一有效的大前提,也是对法院唯一具有规范性拘束力的法律渊源。所以,法教义学是在"戴着规范的镣铐跳舞"。"规范镣铐"的存在,即构成了对其"自由地"舞动的限制,也造就了它自身的稳当与凝重。①

(四) 浓厚的法律实践性

不仅法教义学的诸多命题之发生渊源于法律生活,其分析的结果也主要应用于司法裁判,故而法教义学具有格外浓郁的实践性特征。反过来讲,法教义学绝非"躲进小楼成一统,管他冬夏与春秋"式的书斋学问,恰恰是在社会实践中获得生命力量及其智识意义,是在实践难题面前延伸自己的理论触角。因此,法教义学虽然承认常规案件与疑难案件的区分,但从不承认存在无解的疑难案件。法教义学坚持自身是有界限的,认为在现行实在法秩序的范围内,规范性的判断是或真或假的,具有真值可以认知。② 因此,丰富多彩的现实生活为法律和司法者准备了许多不可能提前预见的新情况。当法律争议诉至法院时,不论这个案件是多么的疑难或新颖,法官均不得以法律对此无明文规定为由拒绝受理或驳回起诉。只要它是"法律"案件,法教义学就必须给出一个"适当的"解答,可能在日后的法律适用中该解答被认为并不适当,甚至是错误的,一种新的更为适当的解答会取而代之。③ 这内含着法教义学解答的可辩驳性。任何现实问题,只要它是法律问题,那就必然会存在"法律答案",法教义学的任务之一便是发现它。

(五) 个别性与具体细节上的争议

法教义学的个别性表现在如下两个方面:其一,法教义学的研究对象并非所有的法律现象,而是由一些特定的法律所组成的"历史性的以及因此是个别性的"法秩序;它的任务也并不是越过某国特定法秩序而研究对各国法秩序都具有普适性的规则,恰恰是在其独特性中理解个别的法秩序。其二,由法教义学的实践性肇端,法律个案以及与其所对应的个别性法规范及其解释方案,包括相互之间关联脉络等细节性因素乃是法教义学格外关切的内容。除法教义学以外,其他诸多以法现象为研究对象的学科都概括地研究法这个标的,但往往置身于法体系之外,以整个法秩序作为批判或者分析的对象。它们不会专心致志地去探究某个条文、某条规范的正义内涵,而是常常把整个法秩序还原为现实力量对比关系,从而全面、彻底地批判现行实在法制度。法教义学则不同,为避免解决法律问题时产生的评价矛盾,也从事概括性的规范之间的协调工作,但其主要关注的是法体系内部各

---

① 白斌:《论法教义学:源流、特征及其功能》,载《环球法律评论》2010 年第 32 卷第 3 期。

② 许德风:《法教义学的应用》,载《中外法学》2013 年第 25 卷第 5 期。

③ 雷磊:《什么是法教义学?——基于 19 世纪以后德国学说史的简要考察》,载《法制与社会发展》2018 年第 24 卷第 4 期。

构成部分——法规范以及规范之间的脉络联结，故而其研究多执着于细节。① 这一特征亦凸显了法教义学的保守性。

三、法教义学与社科法学的关系

法学知识的性质在很大程度上取决于其研究对象与研究方法这两个要素的影响。从研究对象来说，法是一种规范体系，运用不同的研究方法从不同维度进行考察，形成了不同性质的法学。我国法学性质的演变，可以概括为三个阶段：20 世纪 80 年代"政法法学"阶段，法学知识还不具有独立性，依附于政治话语，法学不是纯粹的法学，而是政法法学。20 世纪 90 年代社科法学兴起，开始取代政法法学。我国的社科法学，主要受美国法学传统的影响，运用法学之外的其他社会"科学"乃至人文学科的研究方法，来研究法律与其他社会现象（如政治、经济、社会、文化、宗教、组织、个体等）的关系。研究方法上，强调运用社会科学的方法来研究法律现象，以经验研究为基础，注重因果关系解释的研究进路。研究对象上，以法律与社会的关系为主线，侧重研究法律规范的运行过程和社会影响。

进入 21 世纪，教义法学（或称法教义学）异军突起，社科法学与法教义学的兴起，是当代中国法学发展的新趋势。特别是 2014 年以来，社科法学与教义法学成为我国法学发展的基本主线，由此标志着我国法学研究布局的基本完成。② 社科法学和教义法学的主要区别可以概括为如下方面：

1. 法学方法论（研究方法）方面

也是目前两大阵营争议主要聚焦的领域，尤其是部门法学者，其核心在于"法律（规范）对于司法裁判是否具有决定作用"这一问题。法教义学，基本特征是"法条主义（教条主义）"，主张法条穷尽了法律的全部内涵，也构成了法律裁判的唯一依据。社科法学则相反，以"反法条主义（现实主义）"为特征，认可后果导向的司法裁判模式。

2. 在对法的认识方面

社科法学的基本命题是"法律是一种行为"，强调它的事实属性；而法教义学主张"法律是一种规范"，强调它的规范属性。社科法学所研究的是整体法，而法教义学所研究的是个体法；社科法学是在整体意义上考察法，而法教义学是在个体意义上考察法。社科法学中的法社会学是把法当作一种社会事实进行观察和分析。

3. 在法学理论方面

社科法学秉持描述性法学理论的立场，法学不是一门理性的科学，而是经验的科学。

①　白斌：《论法教义学：源流、特征及其功能》，载《环球法律评论》2010 年第 32 卷第 3 期，第 5~17 页。

②　2014 年 5 月，中南财经政法大学、北京大学举行"社科法学与法教义学对话"的学术活动将讨论推向高潮，不少权威期刊相继组文进行专题探究。例如，《法商研究》2014 年第 5 期以"中国法学研究格局中的社科法学"为主题组稿；《交大法学》2016 年第 1 期组稿对社科法学进行研讨；《中国法律评论》2021 年第 5 期对"社科法学与教义法学对话"系列稿件。其他权威期刊、报纸在近十年来陆续发表相关论文近 50 篇。对于"社科法学"在中国形成与发展的历史详情，可以参见尤陈俊：《社科法学的成长与发展》，载《南开法律评论（第十辑）》，南开大学出版社 2015 年版。

它的方法是观察，它的目的是预测效果，它的模式是自然科学式的。法教义学秉持规范性法学理论的立场，认为法学自身并不是经验科学，它无法被现实社会学所取代，必须坚守理性与规范性的立场。法学理论更重要的任务是，一方面，法学家应为法官解决法律问题提供一套理性化的标准；另一方面，在学科定位方面，法教义学认定法学是一门实践科学而非理论科学。法学要告诉人们，在特定的情形中，在现行法律框架之下，人们应该如何行动，也就是应当、不得、可以或能够去做什么。

第二节　法学学习的方法

人们为达成某种目的而采取的步骤、方式和手段，总称为方法。法学作为社会科学的一个分支，有独特的研究对象，与其他社会学科分支的学习和研究方法有交叉之处，也有不同之法。法学学习和研究的方法通常包括四种：规范分析方法、比较分析方法、实证分析方法和历史分析方法。

一、规范分析方法

（一）规范分析的含义

规范分析方法基本的出发点是，通过对法律概念和其可能效力之间的关系对照和比较，发现法律之所以能对人们起到规范作用的内在奥秘，并进一步解决法律自身存在的一般机理。① 具体说，规范分析方法大致包括以下的含义：第一，对于规范分析而言，任何法律规范之外的要求都不能、也不应进入规范分析的领域，因为它们或者是先验的，或者是超验的，都是难以得到验证的。第二，规范分析方法是建立在由语言文字所构筑的实在法律之上的，因此，它特别注重对于规范的语言学分析。第三，规范分析方法尊重法律规范本身，认为规范是规范分析得以展开的前提条件。通过法律的规范分析与概念梳理，以寻求规范和概念背后的意蕴。第四，关于"善法"和"恶法"的评价。规范分析是借助于对实在法的技术性评判而得出判断结论的，而非借助于某种先验的价值准则来评判法律的善恶。②

（二）规范分析的适用

1. 价值实证

法律的合法性，一直是一个争议较大的问题。中国封建社会的法律是否合法呢？在皇帝的领导下，总结社会发展的经验规律，通过大臣起草、修改、解释、编纂法律，具有法律所应该有的外观，符合法律制定的运作流程，当然是那个时代的合法的法律，然而站在我们的时代，却认为是非法的，主要是古代的法律不符合当下社会的价值观念，充斥着不平等、不民主、不自由，不符合当今社会天赋人权、人民主权等价值秩序所架构的思维观念。然而，法律规范本身具有其合法性与合道德性，并根据社会的发展建立起评价法律规

---

① 喻中：《法学方法论视野中的规范分析方法及其哲学基础》，载《新疆社会科学》2004 年第 3 期。

② 谢晖：《转型社会的法理面向——纯粹法理学导言》，载《广东社会科学》2003 年第 2 期。

范本身具有的合法性与合道德性的一般标准，形成法律价值体系，这是价值实证应当发挥的作用。① 与此同时，法律的研究除了针对法律规范本身，更重要的是在实践中检验法律的实际效果，这成为学界的共识。但在法律适用的过程中，往往会面临"应然法"与"实然法"之间的价值冲突，梳理二者在司法实践领域的矛盾与分歧，是价值实证应担负起的任务。

2. 社会实证

社会实证，关注的是法律的调整与效果问题，是从应然到实然层次的思考，是连接规范与社会的桥梁。"杀人偿命"源于古代同态复仇理论，其强调复仇的平等性。然而到了现代，法治意识的树立和法治制度的建立，在国家公权力的主导下，一些国家限制死刑的适用，一些国家更是废除了死刑，"杀人"就未必"偿命"，这种转变考虑的是人与人之间的平等性，或者生命本身的神圣性，我们无权剥夺他人的生命，纵使其罪孽深重。单单从规范的价值层面考虑，同态复仇也许更符合人性，然而社会的实际要求我们从根本的观念层次进行转变。在社会实证中，关注的重点在于法律的实践，特别是规范的预设效果与社会实效之间的冲突。通过社会实证的论证，正确认识到规范预期效果以及具体运行中的问题，才能在规范的社会实际效果不理想时，及时采取措施予以改正或补救，② 法律才能既有持续性又有稳定性，而不是朝令夕改，导致法律秩序的紊乱。

3. 规范实证

法律的核心在于权利义务，法律要调整的是人与人之间的权利义务关系。在社会中，人与人之间的联系是密不可分的，会产生各种各样的关系，每个人都对他人享有诸多权利，负担诸多义务。③ 通过法律将人们的权利义务规定清楚，人们据此可以认识到自己享有哪些权利，应履行哪些义务，规范分析的作用就在于厘清权利义务的边界。然而规范作为人类能动性的产物，在立法者制定出的那一刻，就存在落后于社会实践的问题。法律也并不总是给人们的交往带来便利，有时候反倒让人们的交往行为变得繁琐、复杂，多如牛毛的法律，往往让人无所适从。如何将法律变为一种常识性知识，简化法律规范的内容和法律适用的技术方式，是规范实证的重要任务。④ 规范实证的直接目的，就是为法律方法的创造奠定理论基础，甚至规范实证本身就是法律方法。规范实证的努力，将使芜杂的、人造的法律规范事实，变得更有条理，更有适用性。规范实证倘若不能达致这样的实用效果，我们只能说它的任务是没有完成的。

二、比较分析方法

比较分析方法是法学与其他学科共同使用的方法，也是法学的常用方法。法学学科中的比较法学就是以比较分析方法作为学术手段而得以建立的。

---

① 谢晖：《论规范分析的三种实证方法》，载《江海学刊》2008 年第 5 期。
② 谢晖：《论规范分析的三种实证方法》，载《江海学刊》2008 年第 5 期。
③ 饶龙飞：《论规范分析方法的核心要义——基于法学的视域》，载《广西政法管理干部学院学报》2014 年第 29 卷第 6 期。
④ 谢晖：《论规范分析的三种实证方法》，载《江海学刊》2008 年第 5 期。

（一）法的比较是比较分析法的基础

比较分析方法或者比较分析法学，是以比较分析方法研究法律的产物。比较法的方法表现为将不同国家或地区的法律制度进行比较研究。①

比较分析法学包括三个层次的内容，也即三个层次的比较研究。第一个层次是对各个法系或者作为整体的法律制度进行比较研究，如大陆法系与英美法系的比较、中华法系与其他法系的比较、亚洲法律与非洲法律的比较，等等。第二个层次是在部门法之间进行比较研究，形成比较部门法学，如比较宪法学、比较刑法学和比较民法学等。第三个层次是进行专题的比较研究，如立法机关比较研究、诉讼制度比较研究、法官地位比较研究等。②

（二）法学比较分析方法的历史

在西方，古希腊的雅典执政官梭伦对各个城邦的法律进行过比较研究，以制定自己的法律。有法学家考证，古罗马在制定《十二铜表法》的时候就曾派人前去希腊考察，其中当然会有比较方法的运用。公元4世纪，西方出现第一本以比较研究作为主旨的法学著作《摩西法和罗马法合编》，内容是对犹太法与罗马法的比较。中国先秦时代，其"集诸国刑典，造法经六篇"。其"集诸国刑典"当然就有进行比较分析的目的，"造法经六篇"就是对诸国刑典进行比较研究的结果。

近代资产阶级革命以来，西方法学中的比较方法受到了空前重视。法国的孟德斯鸠对法学中比较方法的运用做出了卓越贡献。他的《论法的精神》一书，就是在研究古希腊、古罗马、英、法、德、意、日、西班牙、印度、美洲各国和中国等各个主要国家法律体系的基础之上写成的。该著作的每一章都把世界上各个主要国家的法从历史和现实两个角度进行反复、交错的比较研究，甚至直接论述了"对两种不同的法律应该怎样进行比较"，得出了许多精辟的结论，如"要判断这些法律中哪些最合乎理性，就不应当逐条地比较；而应当把它们作为一个整体来看，进行整体的比较"；以及，相似的法律未必就有相同的效果，相同的法律未必出自相同的动机；相反的法律有时是从相同的精神出发的，相同的法律有时实际是不相同的。这一著作论及了法与政体、法与教育、法与权力、法与婚姻、法与家庭、法与防御力量、法与攻击力量、法与自由、法与公民权利、法与气候、法与土壤、法与人口、法与货币法与风俗习惯、法与礼仪、法与宗教、法与民族性格、法与贸易、法与对外政策、法与革命等的关系；内容涉及民法、刑法、诉讼法和继承法等各个法律部门。所以，孟德斯鸠的《论法的精神》被誉为运用比较方法进行法学研究的"小百科全书"。③

（三）法学比较方法的运用步骤

比较分析方法在法学上的运用，对推动立法发展、促进法律实施、借鉴他国法律、发展法学研究与法学教育有重要的意义。比较方法的运用一般应遵循以下的步骤：

第一，确定比较主题。这是进行比较研究的动因所在与目标设定。法学中的比较并不

---

① 沈宗灵著：《比较法研究》，北京大学出版社1998年版，第5页。

② 卓泽渊著：《法学导论》，法律出版社2021年版，第231页。

③ 卓泽渊著：《法学导论》，法律出版社2021年版，第232页。

是毫无目的的任意行为。主题确定是由动机和目标决定的。例如，对美国和德国宪法中关于行政权力的规定进行比较研究，目的就是研究美国和德国宪制的异同。

第二，掌握比较材料。进行比较研究，应以比较材料的掌握作为基础，否则，比较研究就成为无米之炊，难以进行。例如，对美国和德国宪法当中对于行政权力的规定进行比较研究，必须要准备美国和德国的宪法文本、制宪会议有关记录、相关行政程序法律，以及其他相关历史资料。

第三，发现异同所在。通过比较，就是要发现被比较的各方之间有何相同与差异，需要开展由表及里、去伪存真的工作。

第四，解读异同之处。发现异同固然需要，更为需要的是对异同进行解读。如果没有解读，发现异同的目的就无法实现；如果没有正确的解读，就可能使比较误入歧途。只有正确或合理的解读才使比较的意义得以体现。

第五，归纳比较结论。通过比较而得出的结论，应能回答比较主题所提出的问题。结论对于主题问题是否定或者肯定，都不重要；重要的是必须得出相应的结论。凡是不能归结到比较主题上的结论，都无法达到比较的目的。

三、实证分析方法

与"实证分析"概念相关的如"实证""实证主义""实证主义哲学"等，虽然具有一定的关联性，但也有本质的差别。实证分析是一种依据一定的程序、经验、总结归纳而形成结论的研究方法，其强调感觉、经验、常识、客观认识活动中的重要性。所以实证分析方法是对世界固有理论、现象的认识，最终只是将这种结论表达出来而已。在这个过程中，其不拘束于对现实世界的直观观察，而是加入了人类理性思维的抽象分析，强调对事实的直观认识和理性思维的交流，通过理性思维内化加深对事实的理解，因此这个过程是客观的，因为认识是客观的，是可以通过实验可验证的。①

法律通常依靠法律规范、司法活动、执法活动，影响着社会与人们的生活，实证分析对于法律的作用主要有以下几个方面：

第一，立法、司法、执法活动本身是一种法律实践，人们基于自己的理性选择而遵守法律，适用法律，这种理性是基于一定的利益驱使。原因就在于人都具有趋利避害的本能，法律惩罚那些违反它的人，而人也会为追求利益而触犯法律，法律对人的行为的规范尺度就需要有客观的衡量标准。立法者对于社会的理解是主观的，只有对社会生活进行充分的实证分析，才能把握好立法的尺度。法律本身也需要达到一定的精确性程度，例如驾车违反交通规章而进行的罚款，罚款多少是适当的，要经过充分的实践调研，如此形成的法律规范才是合法的、合理的。如果立法者从自己的主观臆断出发而进行假设，则会影响法律的精确性。

第二，法律调整的社会关系是复杂的，并且处在动态发展的过程中，需要强调法律适用的实际效果，而不是仅仅以法律规范的存在为标志。例如行政诉讼法能在何种范围内适用？司法解释是否能解决现实中的问题？当这些问题能够被解决，也就意味着法律实证分

---

① 白建军：《论法律实证分析》，载《中国法学》2000年第4期。

析方法得到了具体的应用。对法律在社会运作过程中的实际效果进行反思和经验总结，就是实证分析方法应发挥的作用。① 通过对法律实践的考察分析，才能认识到法律的合法性与合理性，实证分析方法就是作为一种检验工具来衡量法律的好坏。

四、历史分析方法

历史分析方法，是为了弄清楚事物发生和发展的"来龙去脉"，从而解析现状、推测未来的一种分析方法。

（一）历史分析方法在法学中的运用

法律是历史发展的产物，历史是法律得以产生的基础。法律的产生、发展又有自己的历史。历史中的法律和法学，以及法律和法学发展的历史都表明了历史与法学之间的密切关系。法学中的历史分析方法，具有两个层面的含义。一是将历史作为一种哲学的世界观和方法论加以应用。在这个层面，就是指运用历史的眼光来认识法律现象，即相关的法学成果是运用科学的历史观进行研究的产物。二是将历史科学中的考据方法、解释方法、分期方法、叙述方法、训诂方法、文献编辑与分类方法等在法学中加以运用。② 历史上，历史分析方法在法学研究中也一直被广泛使用。"用法律去阐明历史，用历史去阐明法律"是法学方法论上的名言。③ 孟德斯鸠主张应当运用历史的方法进行法学研究，他的《罗马盛衰原因论》就是运用历史分析方法进行法学研究的代表作。该书在描述罗马国家盛衰历史的同时，考察了其国家政治法律制度盛衰的原因及其教训。在《论法的精神》中，他采用历史分析方法对各种法律制度的成因进行研究。他说："我建立了一些原则，我看见了：个别的情况是服从这些原则的，仿佛是由原则引申而出的；所有各国的历史都不过是由这些原则而来的结果；每一个个别法律都和另一个法律联系着，或者是依赖于一个更具有一般性的法律。""当我回顾古代，我便追寻它的精神之所在，以免把实际不同的情况当作相同，或是看不出外貌相似的情况间的差别。"④

19世纪的历史法学派对历史分析方法特别注重。以德国法学家萨维尼为代表的历史法学派认为，法是自发产生并按阶段发展的：第一个阶段为习惯法阶段，法直接存在于民族的共同意识之中；第二个阶段为学术法阶段，法表现在法学家的意识之中，使法律科学化起来。此时，法既是民族生活的一部分，又是法学家的一门特殊科学。法的发展的第三个阶段为法典法阶段。在这个阶段，编纂法典，制定法律，使学术法与习惯法统一起来。在他看来，法学家必须具备两个条件：一是要有敏锐的历史眼光，熟悉每个时代各种法律的历史精神；二是要有渊博的法律知识。显然，历史眼光是第一位的。⑤ 历史法学派对于历史的倚重，不能说是一个特例，任何法学学说都不可能彻底地置历史于不顾。相反地，

---

① 熊秉元、叶斌：《实证法学初探》，载《中国地质大学学报（社会科学版）》2016年第16卷第3期。

② 卓泽渊著：《法学导论》，法律出版社2021年版，第231页。

③ 卓泽渊著：《法学导论》，法律出版社2021年版，第231页。

④ ［法］孟德斯鸠著：《论法的精神（上册）》，张雁深译，商务印书馆1961年版，第37页。

⑤ 郑盼盼、晏齐孟：《萨维尼及其历史法学派思想探析》，载《知与行》2017年第8期。

几乎所有的法学学说都将历史研究作为重要方法加以应用。

（二）历史分析方法的任务

历史分析方法在法学中的运用有以下的任务：

一是寻找法律与法学的历史真相，恢复法律与法学的历史原貌。对于历史遗迹与过程进行探究，是人类向前发展的需要；法律也是人类社会中的一种历史现象，对其进行研究难以回避历史分析方法的运用。

二是探索法律与法学发展的历史规律。对法律发展的历史材料进行总结和提炼，使人们的认识由感性上升到理性的高度，目的在于深化对法律这一历史现象的认识，深刻把握法律的产生、发展和变化的规律。

三是对法律与其他社会现象之间的关系演变作出历史考察，为推动法律发展提供相关的理论支持。法律并不是孤立的社会现象，在历史和现实之中一直与其他社会现象发生联系与互动。认识这种联系与互动的关系必然有助于正确处理现实的法与其他社会现象之间的关系。

四是总结经验教训，为法律未来发展提供方向预测和指引。历史分析方法的一个重要功用就是为人类的决策和发展提供镜鉴，使人类不断总结自己的历史实践，避免重蹈覆辙。法律已经伴随人类走过了数千年的历程，无论是经验还是教训都是丰富而深刻的。为了保证这些经验和教训能够被科学地总结，运用历史分析方法展开研究就是必不可少的。

法律和法学具有内容上的广博性、历史上的复杂性和研究方法上的多元性，其研究方法不说包罗万象，也是丰富多彩。法学学习和研究方法对于法律和法学的发展进步具有十分重要的意义，集中体现在完善法学理论、健全法律体系和建构法学体系三个方面。

第六章 法治思维

第一节 法治思维的构成

国务院于 2010 年印发了《关于加强法治政府建设的意见》，文中指出，"行政机关工作人员特别是领导干部要带头学法、尊法、守法、用法……切实提高运用法治思维和法律手段解决经济社会发展中突出矛盾和问题的能力"。[1] 党的十八大报告进一步指出"要提高领导干部运用法治思维和法律手段解决经济社会发展中突出矛盾和问题的能力"。[2] 随后国家领导人在诸多重大场合以及重要文件中多次强调法治思维，使得对法治思维的研究成为学界的热点话题。学者们分别从法治理念、形式规范、思维主体、实践措施、特征及原则等诸多角度对法治思维进行了解读与阐释，而近些年对法治思维的研究呈现出与某一具体社会实践领域相结合的特点。法治思维作为法治内涵在思维领域的展开，对于推动中国特色社会主义现代化建设具有重大意义。

一、法治思维的要素

所谓法治思维，是指人们在法治理念、法治精神的基础上，以合法性为起点，以人权保障和公平正义为目标，运用法律精神、法律原则、法律规范和法律逻辑对所遇到或要处理的问题进行分析、判断、推理的思想认识活动与过程。[3] 由此而言，法治思维是要把法律的要求作为判断是非和解决问题依据，要求人们无论处在何种社会关系之中，以什么样的角色出现，都要用法律来规范自身的行为，运用法律的原则、遵循法律的基本精神来认识、分析问题，是一种以法律规则为基准的逻辑化理性思维方式。从文化上讲，法治包含了精神、制度乃至物质等不同方面，法治思维属于精神文化范畴的内容，其构成可以划分为三个不同的层面：

一是法治意识的层面，由认知、情感、评价等要素构成。"认知"就是对法律内容和精神的了解。法律虽然来自人们的日常生活经验，但因人们相互之间生活经验存在差异，决定了任何国家的法律在内容上绝对不是对所有人生活经验的简单记载或相加，而是依照一定程序进行抽象提炼形成，具有很强的专业性，不会自动进入到人们的意识之中，需要

---

① 《国务院关于加强法治政府建设的意见》（国发〔2010〕33 号）。

② 胡锦涛：《坚定不移沿着中国特色社会主义道路前进，为全面建成小康社会而奋斗》，人民出版社 2012 年版，第 28 页。

③ 刘丹：《法治思维：治国理政新思维》，载《湖湘论坛》2014 年第 6 期。

每一个人去了解，才能明确其内容、形式有哪些，精神是什么，以便在行动的时候加以遵守。不知法不能作为免除违法者应承担的法律责任的理由，"知法犯法，罪加一等"也不是对所有的违法行为都适用。"情感"是指人受外界刺激而产生的心理反应，如喜、怒、悲、恐、爱、憎等。在法治意识中，用以表示人们在认知法律的基础上，对法律产生的喜欢、厌恶等心理反应。"评价"是指人对一件事或人物进行判断、分析后的产生的结论，主要表现为赞成或肯定、反对或否定两个方面。法治意识中的评价，则是指人对法律进行认知、产生情感的基础上，形成的肯定或否定法律的结论。

二是法治理念层面。人们对事物的认识由感性上升到理性高度而形成的观念叫"理念"，法治理念是指人们对法律的产生、性质、地位、作用等问题的认识和看法。它是人们在参与有关法律的社会实践过程中自身认识发展的内化与积淀，是主体将自己的经验和法律知识加以组合的结果。法律在人类社会的发展过程中有悠久的存在历史，处在不同社会发展阶段的人们对法律的产生、性质、地位、作用的看法或认识不能说完全不同，至少是存在差别的；即便是处在同一历史时空之下的人们，这样的差别依然会存在，如发达国家与发展中国家、落后国家之间，资本主义国家与社会主义国家之间。法律理念对法治制度建构和具体实践发挥着巨大的形塑和推动作用，不同国家的法治制度在内容上之所以存在差别，就是由法治理念不同导致的。

三是法治价值层面。价值属于关系范畴，是指客体能够满足主体需要的程度，表示的是客体的属性和功能与主体需要间的一种效用、效益或效应关系。法治价值就是指法治能够满足人们对秩序、安全、利益的需要而形成的效用关系。法治作为与人治相对立的制度，在满足人们对秩序、安全、利益的需要方面，二者之间肯定存在着不同，它必然要求法治思维必须对法治在满足人们对秩序、安全、利益等需要方面与人治存在的差别表示认同并加以遵从，然后才有可能据此设计或发展相应的制度，借助于这些制度来确保人们对安全、秩序、利益等需求的实现，让人们切实感受到法治制度是有用的，在满足人们需要的可期待性、公平性、合理性上比人治制度要优越得多。如此人们才能自觉地对法律的权威加以信仰，对法治的制度加以遵从和维护。

法治制度存在于整个国家和社会之内，面对的社会关系复杂，适用的领域和事务不同，决定了法治思维的内容会因面对的领域和事务不同而存在一定的差别。另外，法治思维本质上是人的思维，但人与人之间在社会分工、从事的职业、具备的能力等方面存在各种差别，虽然可以要求每一个人都需要树立或具备法治思维，但不能要求所有的人在法治思维上都达到同样的水平，更不能要求所有的人都具有相同的法治思维能力。

二、法治思维的层次

根据所面对问题不同而对法治思维要求程度的差别，可将法治思维区分为以下四个层次。

一是认知判断层次，即运用法律的相关知识对社会生活中的现象进行认识并得出违法与否的判断的层次。这是最低层次的法治思维，凡是具有基本认知判断能力的社会成员都程度不同地具备。该层次法治思维能力的获得，对很多人来讲，不需要系统地去学习或掌握法律方面的知识，有些以人所具有的基本道德良知就可以做到，如杀人是犯罪行为，盗窃是违法甚至构成犯罪；有些则通过宣传或有关机关对法律适用产生的效果来形成，例如饮酒驾车是违法行为，醉驾行为构成犯罪等；还有些是社会发展变化引发的人们观念进步而导致，如个人信息权、个人隐私意识的萌生等。认知判断层次的法治思维，对相关现象做出的违法与否的判断，有很多直觉的成分，呈现出"是"或"否"的非此即彼状态，无法从理性上做出具有说服力的分析，涉及的也是一些比较容易判断，存在高度共识性的问题。一旦面对需要专业性知识才能做出准确判断的问题时，这样层次的法治思维是无能为力的。我们开展的全民普法活动，主要解决的就是这个层次的法治思维树立问题。

二是逻辑推理层次，即运用法学理论、法治原则，依据具体的法律规范对一定的社会现象、行为进行分析判断、综合推理，得出该社会现象、行为的法律属性是什么，对存在的问题，尤其是法律上的争议、纠纷，提出专业性处理办法的层次。这个层次的法治思维，并不是对社会大众的要求，针对的是法律职业者，包括法官、检察官、律师等；在效果上不仅要对面临问题的法律属性做出准确判断，更重要的还应该能够运用专业的知识、方法，对其中存在的争议提出解决的办法，并对解决措施基于的事实、规范依据，运用的法学理论、法律方法等做出严谨的论证，因而多表现为个案法律事务的处理上。这种法治思维的能力，需要接受系统的专业教育或训练才能获得，仅靠基本的道德良知、生活经验，即便是对法律知识的一般性了解是无法具备的。各国建立的法律职业资格考试制度，就是针对系统学习了法学知识者是否具备了这样的法治思维能力进行的检验。

三是综合决策层次。所谓综合决策，意味着不仅需要考虑各种复杂因素对决策结果具有的影响，还需要运用各种标准对多种决策方案进行评价，以确保做出的决策在既有条件和人的认识所达到的水平下具有最高的合理性程度。这其中，对决策方案进行的评价就包括政治思维、道德思维、经济思维、科学思维、法治思维等多个方面。但这些思维在对决策方案进行的评价上，并不是等量齐观的关系，而是要求其他的思维内容，最终都要符合法治思维的要求，以确保最终的决策结果都能符合法治的精神。因此，综合决策也就是运用政治思维、经济思维、道德思维、科学思维、法治思维，进行的综合衡量与判断，最终的决策结果还要进行法律性的认知判断、分析推理，检验其是否符合法治的要求。很显然，综合决策层次的法治思维，主要是针对领导干部而言的，或者是在领导干部的工作中经常会运用得到。当然，领导干部在综合决策上的法治思维，并不要求要达到法律职业者那样的专业水准，也不一定是让领导干部自己去对决策结果是否符合法治要求做出充分的论证，但一定是要求我们的领导干部在进行综合决策时，要具有法治思维的意识，不能不考虑法治思维的运用，也不能不对决策方案进行法治的评价。

四是建构制度层次。法治不是纯粹观念的存在，需要外化为各种制度来体现，才能将观念层面的要求变为现实中的力量，对合法的给予保护，对违法的给予制裁，法律的强制性由此而让每一个人都直接感受得到，才能在国家和社会的治理中发挥出应有的作用。考虑到一个国家的范围内，法律的内容和法治的制度应该具有统一性，尤其是在重要的法治制度上，不能存在地域上的差异，制度构建层次的法治思维一般是对享有制度构建权力者的要求，也就是高层级的领导干部所应当具备的。制度构建层次法治思维的运用，主要表现为制度创建和制度改革这样两个方面：前者是指创设出以往没有的制度过程中，要坚持法治思维，确保创设出的制度符合法治的要求；后者是对既有制度进行的变革、完善，包括对符合法治要求的既有制度，根据社会的变化而做出的发展；也包括将那些原本不符合或者不完全符合法治要求的制度进行法治化改造。

综上所述，既然法治思维存在层次的不同，在对法治思维能力进行评价时，就应当有所区分，按照对象和主体的不同设定不同的标准，提出不同的要求。

第二节　法治思维的内容

法治思维涉及法治的方方面面，可以从不同的角度进行概括，归纳为不同的内容，但在基本方面，包括底线思维、规则思维、权利思维以及程序思维等。

一、法治思维是一种底线思维

人的行为要受到自己意志的支配，是否采取一定的行为，以何种方式来从事某种行为，往往会基于自己的认识能力进行判断以后才做出选择。其中一个很重要的方面就是，要充分考虑将要采取的行为对自己能否带来所期望的利益，在主客观条件允许的范围内能够有多大程度达到所期望的目标，特别是面临的风险是什么？据此而预测可能出现的最坏情形，将其作为不能突破的底线，然后去争取最好的结果，否则就要承担由此带来的不利后果。就此而言，底线思维是一种思维技巧，意味着每一个人在采取行动时要搜集尽可能多的信息，并对可能出现的最糟糕情况作出实事求是的评价，注重的是对危机、风险的防范，目标上侧重于最大限度地避免对自己所期望实现的目的带来不利影响。

法治思维是一种底线思维，原因就在于法治的基本要求是所有人都必须遵守法律，不能通过违法的方式来追求自己利益的实现。有法谚谓之，"法律是最低的道德，道德是最高的法律"。因此，底线思维是法治思维的逻辑起点，作为底线思维而言的法治思维，就是要求任何人或组织，都必须把法律作为不能突破的底线看待，遵守法律，尤其是不违反法律是红线、底线、高压线。

首先，以底线思维来认识法治思维，才能维持社会交往的正常进行，实现社会关系的法治化、规范化运行。社会是由众多的个体构成的，要维系人们之间交往的正常进行，就必须设立一定的交往底线，在此底线上，才能确保每一个人自身利益的最低限度实现，保障每个人与他人之间建立起最低限度的公平关系，然后依靠自身的努力去追求更高的目标。如果法律这个底线得不到遵守，正常的社会交往关系就无法维系，在一个没有基本秩序的社会之中，个人必定会缺乏安全感，常常处在担心与他人交往过程中自己的利益得不到保障的不安甚至是恐惧之中，人与人之间的关系将沦落到人人自危的状态，个人的生存利益难以受到保障，公共利益的实现也无法达成。

其次，以底线思维来理解法治思维，才能使每一个人的切身利益得到保障。法律是通过为社会关系主体设定一定的权利义务来实现社会关系的规范化的，权利义务关系本质上就是利益关系，依据法律规定的权利义务来从事自己的行为，实质上就是保障权利义务主体的利益的实现。因此，严格遵守法律的要求，实际上就是要确保自己的最低限度利益得到保障。人们在社会之中生存目标的实现，当然需要通过自己的努力来达成，但社会中的人与人之间不可避免地存在着连带的关系，满足自己生存利益需要的衣食住行方面的需求，不可能完全由个人以纯粹自给自足的方式来完成，而是通过必要的社会分工与合作来实现。在此情形之下，如何才能够解决人与人之间在实现生存需要方面产生的合作关系，确保每一个人在社会合作的过程中，形成相互依赖的关系，在人与人之间生存需要满足上达到互补的效果，使得每一个人的最低限度生存需求得到满足。此外，人与人的生存需要之间有共同之处，但在需求的内容和满足的程度上，不可能会完全一样，总会存在这样或那样的差别，法律对人们利益的保护，不以达到所有人相同为目标，仅在于守住底线，这个底线就是人的最低限度尊严，也就是不允许人们之间的利益差别导致一些人丧失自立、自主能力，以至于甘愿沦落到受人奴役的地位，或者以牺牲人的尊严的方式来维持自己生存的地步。因此，底线思维实质上就是维护和保障人的尊严不受侵犯的思维。

最后，以底线思维来理解法治思维，才能将国家对个人自由权利的干预控制在合理的范围之内，确保个人的权利自由不至于因国家的任意干预而难以得到保障。法律在规定人们权利自由的同时，也允许国家进行必要的干预，以避免个人对权利自由的滥用而侵犯他人权利自由，或者损害公共利益的实现，以此来维持每个人的权利自由与他人权利自由、与公共利益的实现之间形成平衡关系，即在一定的社会发展程度下，各自能够得到最大程度的实现。从这个意义上讲，法律就是国家干预个人权利自由的底线，国家不能超越法律赋予的权限，也不能违反法律设定的程序来对个人的权利自由进行干预。一旦突破这个底线，法治主义中蕴含的对国家权力进行制约，以防止其滥用而侵犯人权的意图就难以实现。

人是社会的动物，处在复杂的社会关系网络之中，有着多种的生存需求，自然需要根据生存需求内容涉及领域的不同，在追求自己利益的过程中，进行不同的思维，如以成本收益为特征的经济思维、以是非善恶为标准的道德思维、以权力的获取巩固为目标的政治思维等，并非只有法治思维一种。但在法治的国家和社会之中，其他的思维最终都要接受法治思维的评判，不能违背法治思维之中蕴含的价值与精神。由此而言，法治思维构成了其他思维不能突破的底线。

二、法治思维是规则思维

就法治思维而言，规则思维是其核心要义，规则思维是以法律为基准，遵守规则、尊重规则、依据规则、运用规则对所遇到的问题进行理性认识、分析、评判、推理和形成结论的思维方式。[①] 一般而言，规则是指人们采取行动、追求某种目标实现的过程中，应该遵循的规矩、准则，广泛存在于社会关系的各个领域，在社会关系的有序化方面发挥着重要的作用。规则有自然规则与社会规则之分，在不同场合及语境之下，后者又可以包涵法律规则、政策规则、道德规则、政党规则、礼仪规则等等各种方面，而作为法治思维核心要义的规则思维之规则，当然指的是法律规则。不仅因为法律本身就是一种规则，在法治国家和法治社会中是最重要的规则，其他的规则都必须符合法律这种规则的要求，更关键的是，法律这种规则本身就具有对人们的行为进行指引、评价、预测、教育的作用，正所谓"小智治事，中智治人，大智立法""没有规矩，不成方圆"。在此意义上讲，法治就

---

① 庞凌：《作为法治思维的规则思维及其运用》，载《法学》2015 年第 8 期。

是法律的统治，就是规则之治，法治思维就是规则思维。

法治思维首先是尊重规则的思维，也就是在思想观念上，树立规则神圣的意识，在此基础之上，发自内心地对规则产生敬仰、敬畏的情感，选择自己行为的时候，要进行是否符合规则的考量，从而将自己行为的动机严格限定在符合规则要求的范围之内，不能抱有任何的侥幸心理，更不能以他人违反规则而没有带来不利后果作为自己不敬重规则的理由。尤其是不能以"善小而不为""恶小而为之"作为是否尊重规则的行为动机。

法治思维其次是遵守规则的思维。法律这种社会规范约束的是人们的外在行为，即便是对人们行为的评价不可避免会考虑到行为动机的因素，尤其是会涉及行为人的主观心理状态，如"故意""过失"等，但单纯的行为动机或主观心理状态而无外在行为的表现，法律难以对其做出是否合法以及合法程度的评价。因此，内心对法律的尊重，还必须在行为上表现为对法律的遵守，也就是严格地按照法律规则的要求来选择自己的行为，才能真正显示出法治思维的有无以及所达到的水平。

法律对人们行为的要求，表现为"可以""应当""有权"等不同的规范形态，大致上可以概括为两大方面：一是必须从事的行为，如有关法律义务、职责的规定；二是可以或有权从事的行为，个人可以根据法律的规定去进行选择，包括是否从事某种行为，什么时候从事该种行为，以什么方式从事该种行为等，只要不违背法律的禁止性规定，都属于遵守规则的体现。大体而言，对于国家机关以及从事公务管理的人而言，法律的要求多体现为义务、职责的形态，即"法无授权不可为""法有规定必须为"；对于个人而言，法律的要求除了义务的履行之外，多为选择性的规定，即"法不禁止即自由"。因此，基于规则思维的要求，所有人都应该对遵守规则的行为加以肯定、赞扬和支持，否定和抵制违反规则的行为，如此，才能形成人人遵守规则的良好社会环境，法律才能真正成为人人共同遵守的规则，才能使法律对人们行为的规范作用更多是建立在大家自觉遵守的基础之上，而不是完全地依赖于外在的强制。

法治思维还是运用法律规则的思维。法律作为规范人与人之间关系的行为准则，对合法的行为给予保护，对违反法律的行为要给予制裁，让违法者承担不利的后果，想借助于违法行为而谋求的利益不能实现，甚至既有的利益还有可能丧失，实际上就是要让不遵守规则的违法者付出相应的代价，提高违法的成本。因此，基于法治思维的要求，每一个人都要学会运用法律规则，来维护自己的权利，对自己利益的主张和维护，一定要有法律上的依据，符合法律蕴含的原理，特别是在与他人产生利益上的纠纷时，一定要合理地表达自己的诉求，让自己的诉求能够获得法律上的支持，才有被认可或实现的可能性。不能以损害他人和公共利益的方式来谋求自己利益的实现，同时还要能够运用法律，去抵制或制止他人的违法行为，维护自己的利益或公共利益不受侵犯。

由于社会关系的复杂多变，加上个人行为的多样性，法律对人们行为的规范不可能达到为所有人的每个行为提供直接可以遵循的明确规则的程度，由此导致了法律规范的有限性与社会关系多变性之间存在难以克服的紧张关系。在此情形下，规则思维不能理解为让法律为所有人的行为都提供直接、具体的规则，不能将法律之治理解为规则之治，要求人们所有的行为都能够在法律上直接找到依据，凡是没有规则依据的行为，都是不合法甚至是违法的，这是任何实行法治制度的国家都无法做到的，也是立法者难以完成和承受的。

由此而形成了法律规则的有限性与社会关系复杂多变性之间存在着难以克服的紧张关系，化解这一紧张关系的办法是，立法者在理性能够认识到的范围内，不仅规定了许多具体的法律规则，还规定了一定的法律原则，用以弥补规则的不足，承接对缺乏具体规则指引的行为的规范，同时协调规则之间的冲突，将各种具体的规则整合为一个协调的整体。这样一来，所谓的规则思维不能仅仅理解为对具体规则遵守的思维，还应该包括对相关法律原则遵守的思维，这样才能在逻辑上确保所遵守的规则内部的和谐，一定程度上化解具体规则面对千变万化的行为时存在的入不敷出问题。

规则思维在要求所有法律关系的主体都要树立严格的规则意识方面是不存在差别的，但在如何判断是否遵守规则方面，因法律关系的不同是存在区别的。对于公权力机关及其工作人员而言：在行使权力的过程中不仅要了解、熟悉相关的法律规则，树立对法律规则的信仰，养成自觉遵守法律规则的习惯，而且要恪守"法定职责必须为"的要求，权力的行使要符合法定的权限，并严格遵守既定的法律规则，在法律规则的框架内寻求解决问题的方案即"要行为，先找法"，不得以言代法、以权压法、逐利违法、徇私枉法。另一面，要切实履行自身法定职责，不允许懒政、怠政、缺位与不作为。更要坚持"法无授权不可为"的理念，认识到国家的权力来自人民的授予，宪法和法律规定的国家权力内容就是人民授予的国家权力的范围，也就是国家机关和国家工作人员行使权力需要遵守的规则，超出宪法和法律规定的范围行使权力，就是对人民保留权利的侵犯。

对个人而言，或者更准确地说，对国家以外的个人、社会组织而言，当然也应该树立良好的规则思维意识，在社会生活中自觉遵守法律规则，将规则作为自己的行为规范，依据规则预测自己的行为后果，处理自己与他人的权利义务关系。但与对国家的要求不同，在个人、社会组织是否遵循规则的判断上，应坚持"法不禁止即自由"的原则，只要从事的行为不为法律所明文禁止，都应该属于合法的性质。如此一来，对个人、社会组织是否遵循法律规则的判断上，应该包括三种情形：不去从事法律明文禁止的行为；选择如何从事法律授权的行为；根据自己的意愿决定是否从事法律既未明确禁止、也未明确授权的行为。不能将对法律规则的遵守理解为仅仅从事法律授权的行为，而把从事法律未明确授权、但也未明确禁止的行为认定为违法，进而追究其法律责任。

根据上述可以得出的基本结论是，规则思维实质上就是合法性思维。无论是国家机关、国家工作人员的行为，还是个人、社会组织的行为，都必须在法律允许的范围之内来从事，尤其是不能违背法律的禁止性规定。合法性构成了人们行为、社会关系运行是否具有正当性的首要标准。至于合法与否的判断，并非完全能够从既有的法律规范中找到依据，即便是能够找到依据，也会因为法律规范之中有很多不确定法律概念、高度概括词语的使用，而在理解上产生分析，影响到判断的准确性，因此，就不能将合法性单纯地理解为"合法律性"，也不能仅凭个人的情感、或者生活的经验、或者常识性的知识去理解，需要借助于职业人员运用专业知识加以判断。因此，法治思维所要求的规则思维，不可能要求所有的人，特别是非法律职业人员做到像专业人员那样的思维程度，但这却不能成为非法律职业人员不去培养和树立法治思维所要求的规则思维的借口，应当通过法律职业人员提供的法律服务，来满足规则思维的要求。

三、法治思维是一种权利思维

所谓法治思维是一种权利思维，是要求在法治思维的培养和运用过程中，要深刻理解和把握法律的精神实质就是保障人权，法治思维就是视法律以保障权利为根本目的的思维，就是树立保障权利是法律的核心价值的思维。古罗马伟大的思想家西塞罗早就指出，我们是法律的仆人，以便我们可以获得自由，意思就是，我们服从法律，根本的目的是为了我们自己的自由，其中当然蕴含着法律是保护我们的自由的意思，否则，我们何以能够通过服从法律来获得自由呢？马克思也明确指出，法典就是人民自由的圣经；伟大的启蒙思想家孟德斯鸠也提出，自由就是可以从事一切法律不禁止的行为，如果一个人能够从事法律禁止的行为，那他就不能自由了。这些思想家虽然生活在不同的国家，处于不同的历史发展阶段，但在把法律看作保障权利的方面，却存在高度的一致性，显然不是他们个人的主观想象，而是对法律应有的精神实质的洞察。

法律对权利保障的精神实质是从价值判断而非事实陈述层面上讲的，也就是法律应该保障权利，并不意味着现实存在的法律都当然地会保障权利。历史上的奴隶制、封建制国家，也有法律和法律制度存在，但由于其法律依附于专制制度而存在，在内容上公开地维护等级特权，甚至在某些方面是严重践踏人权，所以才会同专制制度一起被推翻。即便是近代民主制度普及化以后，法律的内容也存在不保障人权的情形，如希特勒通过法律实行种族灭绝，美国、南非历史上法律对种族隔离制度的公开确认等，就是典型的体现。为了解决这个问题，让法律的内容真正落实在对权利的保障之上，特别是避免法律的内容对权利侵犯而造成无法挽回的后果，各国都颁布了宪法，以列举和概括的方式确认了法律应当保障的基本权利，作为立法者进行立法的依据，同时又建立了宪法审查制度，对立法者的立法在内容上是否存在侵犯权利，或者没有很好发挥保障权利的作用而产生的争议进行合宪性审查，以纠正法律中可能存在的违反宪法精神，不能发挥保障权利作用的内容。

根据上述分析可知，法律思维之所以是权利思维，就在于法律的内容是为了保障权利而规定的，它构成了法律是否能够具有可接受性、因而是否具有正当性的决定性因素。那么，如何理解法律的内容是为了保障权利而规定的呢？首先我们应该认识到，人类社会是由众多的个体构成的群体，每个人都有自己的利益需求需要满足，以实现自己基本的生存目标。但是，人的欲望是无限的，能够满足人的欲望的资源是有限的，在实现自己利益需求上如果没有一定的规则可以遵循，必然会形成弱肉强食的状态。从根本上，每一个人基本的生存需求都具有正当性，都应该受到保障，根本不存在为了某个人或某些人的生存需求满足而完全牺牲其他人生存需求满足的情形。在资源一定的情形下，每个人都想实现自己利益的最大化，也就是满足自己利益的最大需求，或者说是希望自己的利益需求能够完全得到满足。倘若所有人的利益需求都在合理的范围之内，且能够为现有的资源所承载，自然没有问题。现实的情况往往是，我们无法保证每个人对自己利益需求的判断都在合理的范围内，因为每个人在判断自己的利益需求时，基本上仅考虑的是既有资源是否能够满足自己的需求，而不是所有人的需求，很容易产生因资源有限性而导致的利益实现上的冲突与矛盾，这个时候就必然产生如何能够将有限的资源在人与人之间进行合理分配的问题，这就是法律对人们的行为进行规范要达到的基本目标。就人与人之间有可能产生的利益纠葛而言，大致上可以归为三种情形：为了实现自己的利益而损害他人和公共利益；在追求自己利益实现的时候，又不损害他人和公共的利益，甚至是能够促进他人和公共利益的实现；自己利益的实现不涉及与他人和公共利益的关系，或者是对他人和公共利益的促进还是损害都无法明显地表现出来。在此情形下，法律的规范作用就体现在：对损害他人或公共利益来追求自己利益实现的行为加以明文禁止；对追求自己利益的实现同时又能促进他人和公共利益实现的行为，规定为权利和自由，赋予人们根据自己的意愿加以选择的机会；对追求自己利益实现，而对他人和公共利益究竟是促进还是损害都无法明显表现出来的行为，依照"法不禁止即自由"的原则，法律既不禁止，也不鼓励，给个人以选择的自由。由此可以看出，法律对人们行为的规范都是围绕着个人利益与他人利益、公共利益的关系这个核心而展开的，意在找到它们之间最佳的结合点，在个人能力和客观条件允许的范围内，既要保障个人正当利益需求的满足，又要避免对他人的利益、公共的利益造成侵犯。正因为如此，权利的内容本质上就是利益分配或边界划定的问题。权利一词，实质就是对利益的一种法律专业用语表达。

或许人们会提出，法律的内容，除了规定权利之外，还规定了人们应该履行的义务，还对权利的行使设置了限制性的规定，对这些规定，如何将它们纳入权利思维之中，看作是对权利的保障呢？对此问题的回答，需要从整体上来看待法律的内容，不能将法律的相关规定分割开来理解。法律中规定的义务条款，大体上可以划分为两个方面：针对权利相对人的义务和针对国家的义务。针对权利相对人的义务是指每个人享有权利的时候，其他人作为权利的相对人，负有不侵犯他人权利的义务，体现的是权利义务不可分割的理念，意在让每一个人都要认识到，自己既是权利的主体，也是义务的主体；在享有权利的时候，也要履行相应的义务，确保每一个人的权利享有建立在其他人不侵犯的基础之上，权利的实现才有可能。义务性的规定，根本目的是保障权利的实现，更直接地说，是为权利的实现创造条件。为何个人权利的实现需要他人履行义务来创造条件，原因就在于人是社会的动物，在社会这个共同体中，人与人之间需要形成合作的关系，个人自身利益的追求和实现，如果缺乏其他人的配合，特别是其他人以自己的能力创造的条件，是无法达成的。另一方面，如果每一个人不履行尊重他人权利、不侵犯他人权利的义务，必然意味着任何人都可以将自己权利的实现建立在侵犯他人权利的基础之上，你自己可以这样做，当然就不能够禁止其他人同样将自己权利的实现建立在侵犯你的权利的基础上，到头来他人的权利实现不了，自己的权利也无法得到保障。履行不侵犯他人权利的义务，根本上是为了保障每个人自己的权利不受侵犯。正因为如此，我国的宪法才明确规定："任何公民享有宪法和法律规定的权利，同时必须履行宪法和法律规定的义务。"

针对国家的义务，是指向国家履行的义务，主要包括纳税和服兵役。各国的宪法和法律规定的这些义务，是为了维持国家这个共同体秩序存在。现实上看，每个人都隶属于一定的国家，其利益的实现与其所属国家的发展水平和能够提供的保障程度有极大的关系。因为个人权利的内容和实现，是受社会的发展水平决定的，所以马克思才说："权利永远也不能超出社会的经济结构以及由经济结构所制约的社会文化发展。"根本的原因在于，权利的内容及其实现，不是完全由人的主观意志决定的，还要受外部的物质条件的影响，特别是那些具有物质性利益的权利，缺乏一定的物质基础，就变成了一句空话。虽然社会的发展有其内在的规律性，不由人的主观性任意决定，但人可以发挥其主观能动性，运用已经认识到的社会发展规律，借助于国家权力，去实施各种促进社会经济发展的政策，为权利的实现创造最大的可能性。另一方面，当个人权利受到侵犯的时候，需要国家建立的相关制度提供救济，让受到侵犯的权利得到恢复，使权利之中蕴含的利益得到保障。这涉及两个层面的意思：一是权利与救济不可分割，相伴始终。罗马法上有句名言，"无救济就无权利"，也就是没有救济就等同于没有权利。因为所有的权利本质上就是利益，所有人的利益都有可能受到侵犯。当权利受到侵犯而不能得到有效救济的时候，权利之中蕴含的利益也就根本不能实现，或者是受到侵犯的利益无法被恢复、得到赔偿，权利就成为一种形式上的存在，不再具有实际的内容。二是对权利进行的救济，是由国家来完成的。人类社会的早期，个人利益被侵犯时实行私力救济的制度，依靠利益受害人自己或亲属的力量，去惩罚侵犯自己利益的人，或使受到损害的利益得到恢复及赔偿。但由于私人力量的差异性、有限性，获得救济的程度与实际损害之间存在超过或不足的可能性，还容易产生冤冤相报的后果。为此，私力救济制度便逐渐被公力救济取代。所谓公力救济，就是指借助于国家公权力实行的救济。特别是法律具有的强制性，需要借助于国家权力来实现，也就意味着法律权利的实现需要由国家权力作为后盾。个人对国家履行纳税、服兵役的义务，实际上具有对国家保护其权利进行回报的性质。要让国家权力真正发挥对权利的保障作用，就必须确保国家这个共同体的存在和延续，在国家自身得到延续的前提下，国家权力才能发挥对权利的保障作用。在这个意义上看，对国家履行义务，最终还是要回归到对自己权利的保障之上。我国宪法 2004 年的修正案增设"国家尊重和保障人权"的规定，就是对国家权力最终应该以保障权利的实现为目的的明确要求。

法治思维之中权利思维的要求，本质是要在法治思维中树立"权利神圣"的意识，不仅国家要尊重每一个人的权利，个人也要尊重其他人的权利，形成良好的尊重权利的社会氛围，才能使每一个人能够有效地运用法律去维护自己的权利，同时又不侵犯他人的权利。但是，任何事情都不具有绝对性，法治思维中的权利思维，并不能理解为可以只主张权利，甚至是为了实现自己的权利，完全不考虑对他人权利的尊重以及对公共利益的维护，或者个人权利的实现与他人权利、公共利益发生冲突的时候，只强调自己的权利，不能做出合理的平衡与协调，使得个人对权利的维护变成纯粹的利益算计，成为精致的利己主义者，根本上也是不符合法治主义要求的，也并非权利思维的应有之义。

四、法治思维是一种程序思维

法治思维中的程序思维，要求依照法律程序开展执法活动和从事守法行为，并将是否遵守法律程序作为判断执法和守法行为合法性的思维方式。

法治思维之所以包含程序思维，根本原因就在于法律内含的公平正义之价值，需要借助于特定的法律程序来实现，法律格言有云"正义不仅应得到实现，而且要以人们看得见的方式加以实现"，"看不见的正义非正义"。由此而论，程序思维是法律正义中程序正义的内在要求，只有思想观念中树立起牢固的"程序正义"意识之后，才会在外在行为上去严格遵守既有的法律程序。

法律内含的公平正义价值被称之为实体公正，是指法律规定的内容而言的，程序公正则是为了保证实体公正的实现，二者之间可以类比为手段与目的的关系。法律程序实际上就是实现法律公平正义价值应该遵循的步骤以及由这些步骤构成的具有逻辑关系的一套办事规程，借此而将法律内含的公平正义价值实现的过程展现在大家的面前，让大家感受到法律的公平正义价值具有的效果，然后才能在内心深处确信法律是公平正义的，才能自觉地认同法律的权威，遵守法律的规定，将遵守法律程序变为自觉的行动，而不是对法律具有的强制性的恐惧而被动地去遵守法律。

程序思维的要求在于，要将法律的实体正义与程序正义作同等的看待，程序正义是法律正义价值不可缺少的组成部分。不能将程序仅仅看作是手段，更不能将程序正义视为实体正义的附属物，应该认识到其本身具有独立的存在价值。程序正义本身也属于正义的组成部分，仅有实体正义的追求，缺乏程序正义的保障，实体正义的实现就会出现残缺不全的问题。

在人类社会的发展过程中，对正义的追求始终是一个孜孜以求的重要目标，有关正义的各种学说或主张层出不穷，如"分配正义""矫正的正义""均衡的正议"等，从内容上看多属于"实质正义"的性质，强调的是每一个人受到与其相同的人同样的对待，获得了其应得的利益，履行了其应履行的义务，就是正义的。它关注的主要是结果，而不是产生某种结果的过程的正当性。实际上，如果没有一定的程序来显示对正义结果追求或实现的过程，即便是正义的实质内容规定得再具体，人们也会因为无法通过一定的程序观察到其实现的过程，难以相信其是正义的，更有可能为暗箱操作而掏空实质正义的内容，出现不公平正义的结果。更关键的是，社会是一个复杂的交往系统，而且处在不断发生变化的过程之中，一方面由于人的认识能力有限性，决定了处在特定历史阶段的人们对所谓"正义"究竟应该是什么的判断上，不可能达到准确和清晰的程度；另一方面，社会发展程度以及相应的制度安排，对所谓"正义"内容的认定也会产生极大的影响。这就决定了立法者制定的法律对正义内容的规定，并不能做到完全规定清晰的程度，这个时候，就需要借助于一定的程序来确定正义的内容究竟是什么，如果没有程序的保障，正义根本就没有实现的可能性。

程序思维是法治思维的重要组成部分，在强调程序理性的法治理念框架之下，法律规则的有效运行必然要遵循正当程序，法治在某种层面上来说就是程序之治。它意味着，在对法律问题，特别是法律纠纷的处理上，不仅要判断得正确、公平，完全符合实体法的规定和精神，而且还应当使人感受到判决过程的公平性和合理性。美国20世纪90年代著名的"辛普森案"的最终裁判结果就是坚决捍卫程序正义的具体体现；此外通过判例确立起来的"米兰达规则"也是对坚持程序正义的有力诠释。我国自古以来在国家治理方面尤其是在司法活动中有着重结果而轻程序的传统，口供一直被看作"证据之王"，由此而引发的刑讯逼供、冤假错案的出现，与之存在着密切的联系。历史与现实雄辩地证明了程序正义是使实体正义得以实现的基础与保障，轻视程序而一味追求实体结果往往会产生正义缺席的后果。随着历史发展、时代进步以及法律法规的逐步完善，我国已经进入了一个程序时代。如在行政活动中事前公开、事中参与、事后告知的原则得以充分贯彻落实；在司法活动中法官中立、当事人平等、审判公开、程序参与、非法证据排除等重要程序制度不断建立并运行起来。尽管如此，要想彻底转变那种固有的轻程序而重实体的观念，仍需要一个漫长的过程。行政机关和司法部门应当始终坚持程序的公正性、优先性、终局性，来维护程序的公正与法律的权威。

第三节　法治思维在依法治国中的作用

依法治国，建设社会主义国家是一项十分庞大和复杂的工程，在这一进程中既需要物质力量的支撑亦需要精神力量的指引。法治思维作为一种文化"软"力量与人治思维、政策思维、道德思维、经济思维等其他思维相比，更加强调思维理性、程序正义以及法律权威，是完善国家治理体系、提升国家治理能力的根本路径，也是实现国家治理现代化的必然选择，其在推动依法治国的进程中发挥着重要的作用。

一、法治思维是法治行为的内在动因

人是理性的动物，即可以借助于自己的理性，对外在事物进行认识，来把握事物的本质，这就是人的思维。它最初是人脑借助于语言对客观事物的概括和间接的反应过程，进而去探索与发现事物的内部本质联系和规律性，达到思维过程的高级阶段。思维是人类特有的一种精神活动，人从事的所有行为就是受思维形成的认识或判断控制的。这说明，人的行为不是完全依靠本能，而是具有明确的目的性，基于何种动机、考虑哪些因素来实现何种目的，就是思维的结果。正是因为人能够思维，对自己的行为进行选择，所以才能要求人对自己行为产生的后果承担责任。

法治建设的基本目标就是让每一个人的行为都能符合法律的要求，以确保法律的权威得以实现。遵守和维护法律的权威，是对每一个人的要求；确保自己的行为不违反法律的规定，也是每一个人都应该做到的。每一个人遵守法律的前提就是具备一定的法治思维，哪怕是最低限度上知晓哪些行为为法律所禁止或允许，然后才能对自己的行为做出选择。因此，内在的法治思维构成了外在法治行为的心理基础，是促成和支撑法治行为的意志力量。

我国进入全面依法治国的新时期以后，法治建设的基本方针由过去的"有法可依、有法必依、执法必严、违法必究"转变为"科学立法、严格执法、公正司法、全民守法"，其中的"全民守法"是要为"全面依法治国"的实现奠定坚实的社会基础。"全面依法治国"就是要在社会关系的各个领域，国家和社会事务管理的各个方面，所有人的行为都要符合法治的要求，如果没有全民守法这个坚实的基础，全面依法治国的实现就失去了根基，成为了空中楼阁。何以能够做到"全民守法"，根本就是要让全民树立法治思维，促使社会大众理性守法，营造人与人之间明理、诚信、尊法、守规则、履承诺以及由此带来的社会稳定有序的理想局面。要做到理性守法，就必须有社会大众自觉守法、护法作为基础。每一个人具有了良好的法治思维、法治理念和法治精神，就能够严格依照法律行使自己的权利，履行自己应尽的义务，达到国家力量的外在强制转化为公民对法律所内含的价值精神以及法律的权威的内在认同。

中国的历史发展过程中，虽然有比较发达的法律制度，也形成了独树一帜的"中华法系"为代表的法文化，但在人治的治国模式和专制制度之下，难以孕育出近代意义上的法治理念。这就决定了我们的法治国家建设需要对传统文化进行改造，或者进行创造性的转化，在国家和社会治理模式的支撑根基上，将伦理文化孕育出来的"人治"理念转变为"法治"的思维。这样的转变，仅仅发生在部分人或群体中是难以为全面依法治国提供支撑力量的，必须成为每一个人都具有的素养，才能使"全民守法"的要求成为现实。因此，改革开放以后，国家的工作重心发生了转移，社会主义民主与法制建设受到了重视，党和国家在重视立法工作以解决"无法可依"问题的同时，也非常重视公众法治意识的培养和树立。1984 年，我国社会主义法制主要奠基人，时任全国人大常委会委员长彭真同志提出：把法律交给人民。1985 年，在六届全国人大常委会第十三次会议上，司法部提交了普法"一五规划"草案，全国人大常委会会议通过了《关于在公民中基本普及法律常识的决议》。中共中央、国务院转发了《关于向全体公民普及法律常识的五年规划》的通知，一项规模宏大的全民普法工程由此拉开了帷幕，现在已经进行到了"八五普法"时期。开展如此规模大、周期长的全民普法运动，就是一场对全民进行法治思维培养及巩固的活动，不仅使得全民的法治意识得以不断树立和提升，也有力推动了法治建设的进行和深入发展。

二、法治思维有利于降低和化解社会矛盾

法律对人们行为的规范，根本上是要为人们追求自己利益的行为划定边界，确保每一个人都能够在合理的范围内，有能力和机会去谋求自己的正当利益，实现自己的生存目标，同时又不对公共利益和他人的利益造成侵犯，维持社会关系的和谐稳定。正是在这个意义上，法律具有非常明显的"定分止争"的作用。然而，社会关系不可能总是在一种充满和谐的状态之中运行，也不能确保所有的人都能够在追求自己利益的时候，完全不会出现侵犯公共利益或他人利益的情形。一旦发生了这种情形，必然会引发社会矛盾，导致社会冲突。既然因利益之争引发的社会矛盾或冲突无法完全避免，那我们就不能加以回避，更不能因此而放弃寻求解决之道，法治制度便由此而产生。尤其是在市场经济条件下，人们的思想观念多元多样多变，各种利益分歧、矛盾冲突相互交织，只有法治才能有效整合各种张力、化解各种冲突，为社会和谐稳定奠定根基。原因在于，法律以保护人们对自己正当利益的追求为根本内容，每个人通过对法律内容的了解，具有一定的法治思维以后，就可以知道自己的哪些利益是受法律保护的，可以积极地去追求；哪些行为是侵犯公共利益或他人利益的，尽可能地避免去从事。如果每一个人都能做到这一点，就可以最大限度地减少因利益追求而引发社会矛盾与冲突，维持社会关系的和谐与稳定。同时，法律也充分注意到了利益冲突不能完全避免，因而规定了相应的解决措施，包括对发生的利益冲突，法律可以提供哪些化解渠道；对受到侵犯的利益，法律如何给予救济等。具备一定的法律思维以后，就可以对法律规定的化解社会矛盾与冲突的内容有比较清晰的了解，积极运用法律的规定，去寻求法律上纠纷的解决，救济受到侵犯的权利。在此过程中，充分利用法律遵循的原理和蕴含的精神，避免纠纷的进一步扩大，阻止权利受侵犯的状态延续，减少因利益之争而引发的社会矛盾与冲突带来的不利影响，使受到社会冲突影响的社会关系尽快恢复到和谐运行的状态上来。

三、法治思维有助于提升国家的治理能力

国家的治理需要借助于相应的制度，各种制度共同构成了国家的治理体系。在治理体系基本确定的前提下，治理能力就要依赖于各种治理制度之间关系的优化配置及效能的充分发挥。在法治的国家中，构成国家治理体系的各种制度的建立与运行，必须做到有法可依，依法运行，由此决定了在国家治理制度运行中活动的人必须具有相应的法治思维能力，才能够适应国家治理制度遵循法治原则运行而对人们行为的要求。

在民主制度下，国家的权力直接由人民选出或经由一定程序产生的公职人员运用，但不能因此而否定或排斥人民对国家事务管理的参与。基于法治主义的原理，法律面前人人平等，人民中的每一个人在国家治理关系中都是主体，而不是被动接受国家管理的客体。因此，在参与国家事务管理的时候，必须基于法治思维来开展相关的活动，才能确保整个国家治理体系按照法治的精神来运行，使得国家治理体系的效能得到最大限度的发挥。

对于直接掌握和运用国家公权力的领导干部而言，法治思维是他们依法执政、从事国家治理的前提，决定着领导干部的法治素养的强弱、执政能力水平的高低。因此，领导干部这一"关键少数"作为全面推进依法治国的重要组织者、推动者和实践者，其法治思维和依法办事能力，是全面推进依法治国的关键所在。如果领导不重视法治、不具备法治思维，我们很难想象在全社会能够形成法治的氛围，也很难想象每个社会成员能够遵纪守法，会依法办事。因此，建设一支努力为人民服务的执政为民、信念坚定、清正廉洁的领导干部队伍，不仅要端正执政理念、提高执政水平，而且要善于运用法治思维严格依法办事、依法施政。法治是最大的社会公约数，法治思维能够从根本上解决领导干部提高法律素质、树立法治理念、维护宪法法律权威，严格依法办事的问题。法治思维就是领导干部在想问题、作决策、定政策、办事情时，牢固树立人民授权和职权法定，严格遵守目的合法、权限合法、内容合法、手段合法、程序合法的要求，切实尊重和保护人民权利，自觉接受监督和承担法律责任，并强调尊重法律权威、遵循法治原则、体现法律理性。树立法治思维，既是领导干部自身素质提高的重要标志，又是领导干部执政能力提升的重要体现。法治思维能够使领导干部在法律框架内保护人民群众合法权益、处理人民内部矛盾、能够最大限度地稳定社会预期、最大限度地赢得人民群众的支持与拥护，赢得人民群众的信赖。并以此为表率，使广大人民群众对法律产生信仰，进而学习法律遵守法律，维护法律的权威和尊严，最终使法治成为社会安定有序的压舱石。树立法治思维，也有助于我们从制度建构层面，对管人管权管事中存在的问题从法治的角度予以重视并加以解决，从法治与理性出发提出长远解决方案，确保权力规范、公正行使，确保干部清正、政府清廉、政治清明。

第七章　法律的适用

法律的适用有广义和狭义之分：广义的法律适用是指国家机关和国家授权的机构、组织按照法律的规定运用国家权力，将法律规范适用于具体的对象，处理具体问题的专门活动。狭义的法律适用仅指国家司法机关及其工作人员依据法定职权和程序，运用法律处理案件的专门活动。

法律的适用过程包括：确认事实；法律规范的选择适用；做出法律适用的决定，制作适用法的文件；适用法的文件的送达或公布；适用法的文件的执行等步骤①。在实质上，法律适用还要符合正确、合法和及时的要求，依照法律面前人人平等、司法机关依法独立行使职权、以人民为中心等原则来进行。

法律适用的意义有：第一，保障公民权利的实现。法律的适用要将抽象的权利义务规定转变为现实的权利义务落实。不能适用的法律不是真正的法律，其危害性甚至大于不立法所导致的危害②。第二，建立和维护社会秩序。法律适用表现为国家机关运用法律规范对特定的主体行为产生一定的效果，以便维护社会的和谐秩序。

第一节　法律适用的机关

法律适用由特定国家机关及法律授权的特定单位进行，特定机关包括审判机关、检察机关、监察机关、公安机关、安全机关以及其他行政执法机关。法律授权机关的范围十分广泛，国家通过行政法规授权一定单位行使行政权力履行一定的行政职责，例如高校依据法律授权有权对学生的学位进行管理等。

一、行政机关

行政机关是按照国家宪法和有关组织法的规定而设立的，代表国家依法行使行政权，组织和管理国家行政事务的国家机关，是国家权力机关的执行机关。行政机关适用法律的形式表现为执法③。行政执法的典型形式是行政适用，是指行政机关及其公职人员，依照法定职权及程序，将法律规范适用于特定的行政相对人或事件，调整行政法律关系的活

---

① 朱景文主编：《法理学》（第四版），中国人民大学出版社 2021 年版，第 314 页。
② 周永坤著：《法理学——全球视野》（第四版），法律出版社 2016 年版，第 277 页。
③ 执法分广义的执法和狭义的执法，广义的执法仅指执行法律，狭义的执法指与司法相对应的行政机关执行法律的活动，这里仅论述狭义的执法。

动①。

（一）行政适用的特点

行政适用的主体具有特定性。不仅包括法定的行政机关，也包括国家或法律法规授权的组织。法定的行政机关包括中央和地方各级人民政府，以及享有行政执法权的行政机关的部门，如土地、市场监管、财政、公安、卫生、环境等管理部门；国家或者法律法规授权的组织，指本身并不享有行政职权，不履行行政职责，而是经过国家或者法律的授权成为行政主体的组织，如《食品安全法》授权食品卫生监督站对食品卫生进行检查监督，对违反《食品卫生法》的行政相对人给予行政处罚。

行政适用的内容具有特定性。行政机关的法律适用并非行政机关所有的行为，仅指行政机关将法律、法规适用于具体的行政相对人或者事实而做出的活动，由此引起法律关系的产生、变更和消灭，如行政机关的行政许可、行政处罚、行政裁决等行为，日常进行的巡逻等则不属于行政机关的法律适用。

行政适用具有主动性和单方性。行政机关适用法律既是行政机关的权力，也是行政机关的职责，行政机关应主动采取相关的管理措施，不作为的构成违法行为，需要承担相应的法律责任。其次，由于行政主体与行政相对人并不处于平等地位，行政机关作出行政行为一般不需要相对人的同意，如行政机关依照法律规定和程序作出行政处罚、行政决定等都无须相对人同意，但有些行政行为的做出仍然需要与行政相对人形成合意，如行政协议。

行政适用的范围广泛。行政机关作为执法机关，担负国家和社会事务的日常管理职责，涉及社会生活的方方面面，由此而决定其适用法律的范围十分广泛，涉及政治、经济、文化、生态等各个领域。

（二）行政适用的方式

行政机关适用法律的方式主要存在于具体行政行为之中，从法律的规定看，包括以下几种方式：行政许可，行政征收，行政征用，行政确认，行政给付，行政奖励，行政强制，行政裁决等。这些行为均要求行政机关依照法律的实体规定和程序性规定，对行政相对人产生一定的影响，为保障行政相对人的权益，还赋予相对人通过行政复议或者行政诉讼等手段或者救济的权利。

二、审判机关

《中华人民共和国宪法》第 128 条规定"人民法院是国家的审判机关"，人民法院通过审理和判决民事、刑事和行政等案件，具体适用法律，实现国家的司法职能。司法适用，指司法机关和司法人员依照法定权限和程序，应用法律处理刑事、民事、行政等案件的专门活动，② 是法律适用的典型形式③。法院依法审理案件，做出判决、裁定、调解就是法院适用法律的表现形式。

---

①　朱景文主编：《法理学》（第四版），中国人民大学出版社 2021 年版，第 325 页。

②　周旺生著：《法理学》，北京大学出版社 2006 年版，第 218 页。

③　孙国华、朱景文主编：《法理学》（第四版），中国人民大学出版社 2014 年版，第 229 页。

（一）审判机关适用法律的特点

1. 主体的特定性和专属性

我国宪法和法律规定，只有法院才拥有法定的审判权，其他机关无权行使审判权，也无权干涉法官依据法律对具体案件进行裁判。

2. 程序的法定性

人民法院审理案件，必须严格依照法律规定的程序进行。严格的程序是审判活动最重要、最显著的特点。西方国家的刑事诉讼坚持"毒树之果"原则，认为凡是有毒的树上结出的果子也必然是有毒的，充分肯定程序公正的价值。审判机关适用法律严格依照法定程序进行，才能最大限度地确保程序正义价值的实现，进而实现裁判内容的公平正义。

3. 程序启动的被动性

审判机关总是被动适用法律规范，法院对案件的处理严格遵循"不告不理"的原则，充分尊重当事人的处分权，如果原告没有起诉，就不会导致诉讼程序的发生。从这个意义上讲，司法权是由法院享有的，但审判程序的启动与否却不能由法院决定，而是由个人或其他机关行使起诉权与否来决定。司法机关被动适用法律也体现了对立法机关和行政机关的尊重，避免对其他机关适用法律的行为产生不利影响。

4. 裁判的终局性

法院适用法律做出的裁决是终局性的，所形成的判决书、裁决书、调解书等法律文书，对当事人具有强制约束力，当事人不能针对裁判确定的事项再次起诉；法院对不执行裁判的当事人，有进行强制执行的权力。裁判的终局性，有利于纠纷的及时解决，防止或避免形成缠讼，体现了现代法治社会的制度安排。

5. 审判人员的专业性

法官是法律纠纷的裁决者，法律适用是一项复杂的技术，需要具有专业知识的人员才能熟练运用。为保障司法的公正和统一，只有具备专业知识与素养的群体才能胜任。

（二）审判机关适用法律的价值

1. 解决纠纷

法院适用法律审理案件最直接的功能就是解决当事人之间存在的纠纷。虽然不同的诉讼程序适用的法律规范、程序，案件的性质，保护的利益类型有所不同，但是最基本的功能就是定纷止争，保护人们的合法权益。

2. 维护法律权威

法律的权威是法治的前提。法律权威不仅依靠法律的强制力，也要依靠社会公众的认同，法院依法适用法律作出裁判，使当事人的合法权益得到保障，违法行为受到法律的追究，能有效树立社会公众对法律规范的信任，自觉地遵守和维护法律的权威。

三、检察机关

《中华人民共和国宪法》第 134 条规定，"中华人民共和国人民检察院是国家的法律监督机关"。人民检察院通过依法进行侦查、审查批捕、提起公诉、开展对审判和诉讼活动的法律监督、提起抗诉等活动，履行法律监督职能，保证国家法制的统一和法律的正确实施。

（一）检察机关的职能

1. 诉讼职能

检察机关基于国家公诉的需要而产生，通过代表国家提起诉讼，追究违法者的法律责任，维护国家和社会公共利益。检察机关在刑事公诉中的职能主要表现为三种形态：一是刑事案件，由检察机关向法院提交起诉书的方式启动诉讼程序，申请法院对被告人进行定罪处罚；二是根据案件的事实，提出有关被告人定罪量刑的建议，督促法院作出正确裁判；三是程序性公诉，即在诉讼中为证明其证据的合法性而进行的程序性活动等。

检察机关作为保护国家和社会公共利益的国家机关，随着社会公共问题的增多，我国的法律进行了与时俱进的修改，赋予检察机关提起公益诉讼的职能。首先，对于破坏生态环境和资源保护、食品药品安全领域侵害众多消费者合法权益的行为，检察机关可以提起民事公益诉讼；其次，行政机关对破坏生态环境、国有土地使用权等行为负有管理职责，如果不作为或者违法作为，使得公共利益受到侵害的，检察机关可以依法提起行政公益诉讼。公益诉讼的发展，丰富了检察机关的职能，同时也使得公共利益得以更好的保障。

2. 法律监督职能

《中华人民共和国宪法》第 134 条明确规定，中华人民共和国人民检察院是国家的法律监督机关，检察机关的法律监督权具有特定性和专门性。目前检察机关的监督权主要表现为行政监督、刑事诉讼监督和民事行政监督三种方式。

检察机关对行政机关的监督主要表现为行政公益诉讼的方式，针对行政机关的不作为或者违法行为，检察机关以检察建议的方式要求行政机关积极履行职责。如在法定期限内不履行，检察机关依法可以提起诉讼。由于检察机关并不是一般的法律监督，其对行政机关行政行为的监督范围受到一定的限制。

检察机关的刑事法律监督是最常见的法律监督方式，表现为检察机关对刑事诉讼中的立案、侦查、审判、执行全过程进行监督。立案阶段，检察机关有权针对侦查机关的行为提出建议，督促侦查机关立案或者不立案。检察机关对侦查机关的侦查行为进行监督，如检察机关可以进行羁押必要性审查，对侦查机关收集证据的行为进行监督等。在执行环节，检察机关对减刑、假释、监外执行等执行行为进行监督。

（二）检察机关与审判机关适用法律的异同

在我国，检察机关和审判机关均属于司法机关，其适用法律时要遵循相同的原则：（1）独立性原则。我国《宪法》《刑事诉讼法》《民事诉讼法》《行政诉讼法》《人民法院组织法》《人民检察院组织法》等均明确规定司法机关依法独立行使其职权，不受行政机关、社会团体和个人的干涉。司法机关依法独立行使职权有利于保障案件审理的正确性，维护法律的权威，维持良好的社会秩序。但是司法的独立性并不意味着司法机关的职权行为不受任何约束，而是要接受人大的监督、上级司法机关的监督、社会公众的监督等。（2）司法公正原则。司法公正要求司法机关在司法活动中应坚持和体现公平和正义的原则。公正是司法的本质要求①，司法公正包括实体公正和程序公正，实体公正指司法机关运用职权所取得的结果符合公平正义的要求；程序公正指司法机关依照法定程序行使职

---

① 朱景文主编：《法理学》（第四版），中国人民大学出版社 2021 年版，第 323 页。

权。现代社会的程序公正在促进司法公平正义中发挥了重要的作用。（3）司法为民原则。司法机关适用法律的目的就是保障公民的合法权益。司法为民是社会主义法治的本质要求①，它要求司法机关行使职权应始终坚持以人民为中心的立场。

人民法院作为审判机关和人民检察院作为法律监督机关存在的不同之处是：第一，担负职能不同。人民法院作为审判机关，负责审理民事、经济、刑事等案件，依据法律作出裁判，行使的是国家审判职能；检察机关负责对危害国家、社会和他人利益的犯罪行为进行侦查、审查批捕、提起公诉等，行使的是国家的法律监督职能。第二，诉讼地位不同。法院受理诉讼案件，依照法律规定的程序进行审理，作出最终裁判，导致诉讼程序终结。人民检察院则只能针对刑事案件，依照法律规定，向法院提起公诉，是刑事案件诉讼程序的发动者。

四、监察机关

关于监察机关的性质，学界存在不同的看法。有学者认为监察机关是"集党纪监督、行政监督与法律监督于一体的综合性、混合性与独立性的机关"②。有的学者则认为"监察机关的性质应当属于政治机关"。但根据《监察法》第 3 条的规定，各级监察委员会是行使国家监察职能的专责机关。表明监察机关是独立于行政机关、司法机关的专门行使监察权的机关。

（一）监察机关与其他国家机关的关系

监察机关与人大。根据《监察法》的规定，国家监察委员会由全国人民代表大会产生，地方各级监察委员会由同级人大产生。国家监察委员会由人大产生，对人大负责，受人大监督，人大的地位高于监察机关。

监察机关与其他国家机关。监察机关依法独立行使职权，是独立于行政机关和司法机关的独立的国家机构。由于监察对象的特殊性，要求监察机关必须具备权威性，拥有足够的力量排除外力的干预，因此监察机关不能依附于其他国家机关存在。根据《监察法》的规定，监察机关办理职务违法和职务犯罪案件，应当与审判机关、检察机关、执法部门相互配合、互相制约。

（二）监察机关的职权

监察机关职责的内容。根据《监察法》第 11 条的规定，监察机关享有监督、调查和处置的权力。（1）监督权指对公职人员开展廉政教育，监督其履职、行使职权以及道德操守的情况。（2）调查权指对公职人员职务违法和职务犯罪的行为进行调查的权力。（3）处置权指对违法的公职人员做出政务处分决定，对失职领导人员进行问责，将涉及职务犯罪的行为移交人民检察院，依法提起公诉。其纪律处分包括警告、记过、记大过、降级、免职、开除公职等。

监察机关职权行使的对象。监察机关的监察对象实行"全面覆盖"，全面覆盖全部公

---

① 《法理学》编写组编：《法理学》（第一版），人民出版社、高等教育出版社 2010 年版，第 340 页。

② 韩大元：《论国家监察体制改革中若干宪法问题》，载《法学评论》2017 年第 3 期。

职人员，全面覆盖全部国家权力运行机关，全面覆盖公务员法所规定的公务员范围①。

对监察机关的监督。监察机关作为对公职人员的职务违法和职务犯罪行为进行监督、调查、处置的机关，具有较强的震慑力，对监察机关自身的监督具有重要意义。（1）人大监督。各级监察委员会由同级人大产生，对人大负责，受人大监督。要接受人大的询问、质询、罢免等。由于一切权力属于人民，人大作为人民选出的代表组成，代表人民的利益，监察机关必然要受人大的监督。（2）内部监督。内部监督指监察机关的自我监督。中纪委成立纪检监察干部监督室，加强对中纪委监察部机关、各省区市，中央和国家机关纪检监察干部的执纪监督②。（3）社会监督。在目前社会中社会监督发挥了巨大的作用。社会公众的举报，媒体的曝光等途径对监察机关进行监督。

第二节　法律适用的制度

法律适用的制度主要包括诉讼制度、调解制度和仲裁制度。

一、诉讼制度

诉讼指国家司法机关在当事人及其他诉讼参加人的参加下，按照法定程序解决案件争议的活动③。目前我国存在的诉讼制度包括民事诉讼制度、刑事诉讼制度和行政诉讼制度。

（一）诉讼制度的模式：当事人主义和职权主义

1. 当事人主义诉讼结构

这是指诉讼以诉权的行使为重心的，事实的查明主要由当事人承担，当事人的程序主体地位增强，在诉讼中的负荷较重，需要自行处理的矛盾较多。

当事人主义诉讼模式依据是"三角结构"型的诉讼机理，也即"三方组合"型的诉讼形态，其表征是作为双方当事人的原告、被告间相对立，法官（裁判者）作为第三方居于其中，居于其上，公正裁判，解决冲突。直观地看，这种诉讼结构呈"等腰三角形"或者说是"正三角形"，其内在要求首先是审判中立，其次是诉辩平等，三是控辩相对抗，其特征是：（1）诉、审分离；（2）审判本位主义；（3）控辩对抗构成法庭审判的主要内容。公诉人在诉、辩、审三角关系中始终处于平等的一方当事人的地位，是纯粹的公诉人的身份。

当事人主义诉讼模式将诉讼活动的主导权完全赋予双方当事人，法官只是消极、被动的裁判者。当事人为了在诉讼中赢得对自己有利的裁判结果，往往滥用处分权利，随意采取拖延的战略以延缓诉讼程序的进行，通过长时间的诉讼折磨来从经济上拖垮对方。这样一来，有的诉讼程序比当事人存活的时间还要长，案件的审理期限变得永无休止，裁判结

---

① 参见江国华、彭超：《国家监察立法的六个基本问题》，载《江汉论坛》2017年第2期。

② 李志勇：《绝不容忍"害群之马"——从中央纪委通报的19起纪检监察干部违纪违法典型案例看"灯下黑"》，载《中国纪检监察报》2015年2月15日。

③ 张文显主编：《法学概论》（第二版），高等教育出版社2010年版，第216页。

果距离案件事实真相也相差甚远。其结局就是更高的成本、更长的时间、更大的浪费以及更加难以预见的诉讼结果。当事人主义诉讼模式追求的是诉讼程序正义，而忽视了案件的实质正义。这不仅损害当事人的合法权益，而且动摇社会公众对司法程序的信心。

2. 职权主义诉讼模式

其是一种"线型"结构的诉讼机理。所谓线型结构，就是将诉讼视为一种"双方组合"，一方是作为整体的国家司法机关，另一方为被告人（包括犯罪嫌疑人），诉讼是司法机关积极进攻性的司法活动。其特征是：（1）司法一体化；（2）司法机关活动的主动性、积极性构成刑事诉讼的基本内容；（3）被告方的权利受到限制。

职权主义诉讼模式则走向另一个极端：法官将案件事实的探明权和诉讼程序的控制权完全集中在自己手中，当事人没有自己独立的诉讼地位，不能根据自己的意志支配和处分实体权利和诉讼权利，当事人的自主意志和自由处分权利往往得不到应有尊重。这种带有强烈权力色彩的家长式诉讼模式，潜伏着权力滥用的危险，往往演变成为践踏个人权利和自由的工具，而不是保护当事人权利的有效机制。同时，职权主义诉讼模式也不利于揭示案件事实。因为在这种模式中，法官在诉讼资料的调查收集方面具有绝对主导权，双方当事人尽管也可以向法院提出证据，但仅仅是法院了解案件情况的信息渠道，法官对案件事实的探明不受当事人事实主张的约束。由于缺乏当事人在事实探知上的竞争，因此，案件事实的揭示在很大程度上依赖于法官的人格品行和职业操守，而不是依靠诉讼程序机制来保障，难免出现法院对事实真相的探知具有较大的随意性和不稳定性。

（二）诉讼制度的特征

1. 公权性

诉讼制度与调解、仲裁这些诉讼外的解决纠纷的方式相比，具有如下特征：诉讼是以司法方式解决争议主体之间的纠纷，法院代表国家行使审判权去解决纠纷。既不同于群众自治组织性质的人民调解委员会以调解方式解决纠纷，也不同于由民间性质的仲裁委员会以仲裁方式解决纠纷。

2. 强制性

强制性是公权力的重要属性。诉讼的强制性既表现在案件的受理上，又反映在裁判的执行上。调解、仲裁均建立在当事人自愿的基础上，只要有一方不愿意选择上述方式解决争议，调解、仲裁就无从进行。诉讼则不同，只要原告起诉符合诉讼法规定的条件，无论被告是否愿意，诉讼均会发生。诉讼外调解协议的履行依赖于当事人的自觉，不具有强制力，法院裁判则不同，当事人不自动履行生效裁判所确定的义务，法院可以依法强制执行。

3. 程序性

诉讼必须严格依照法定程序进行，无论是法院还是当事人和其他诉讼参与人，都要按照法律的程序实施诉讼行为，违反诉讼程序常常会引起一定的法律后果。

（三）诉讼制度的形态

1. 民事诉讼制度

民事诉讼制度是指民事主体之间因财产或人身关系产生民事争议而向人民法院提出诉讼请求，人民法院在双方当事人和其他诉讼参与人的参加下，依法审理和裁判民事争议的制度，是解决民事主体之间人身和财产权利纠纷的基本方式。

民事诉讼的原则：根据《民事诉讼法》的规定，在诉讼过程中应当遵循人民法院依法独立行使审判权的原则；以事实为依据，以法律为准绳原则；诉讼当事人权利平等原则；自愿合法原则；合议、回避、公开审判和两审终审的原则；使用本民族语言文字的原则；辩论原则；诚信原则；人民检察院对审判活动实行法律监督原则；处分原则等。

2. 刑事诉讼制度

刑事诉讼制度是指审判机关（人民法院）、检察机关（人民检察院）和侦查机关（公安机关或国家安全机关等）在当事人以及诉讼参与人的参加下，依照法定程序解决被追诉者刑事责任问题的诉讼制度。它以惩罚犯罪，保护人民，保障国家安全和社会公共安全，维护社会主义社会秩序为目的。

刑事诉讼制度的原则：根据我国《刑事诉讼法》的规定，刑事诉讼活动应当遵循以下的原则：侦查权、检察权、审判权由专门机关依法行使原则；人民法院、人民检察院依法独立行使审判权、检察权原则；以事实为依据，以法律为准绳原则；分工负责、互相配合、互相制约原则；人民检察院依法对刑事诉讼实行法律监督原则；审判公开原则；有权获得辩护原则；未经人民法院依法判决对任何人都不能确定有罪原则；认罪认罚从宽原则。

刑事诉讼的阶段包括：立案、侦查、起诉、审判和执行。

（1）立案是指公安机关、人民检察院、人民法院对报案、控告、举报和犯罪人的自首等材料进行审查，判明是否有犯罪事实并需要追究刑事责任，依法决定是否作为刑事案件交付侦查或审判的诉讼活动。

（2）侦查指由特定的司法机关为收集、查明、证实犯罪和缉获犯罪人而依法采取的专门调查工作和有关的强制性措施。

（3）起诉有两种，包括公诉和自诉。公诉由人民检察院提起；根据我国《刑事诉讼法》的规定，自诉是指被害人、被害人的法定代理人、近亲属为了追究被告人的刑事责任而直接向人民法院提起的诉讼。公诉和自诉案件的范围，即哪些案件实行公诉，哪些案件实行自诉，要由法律来规定。

（4）审判是指法院在控、辩双方及其他诉讼参与人参加下，依照法定权限和程序，对依法向其提出诉讼请求的刑事案件进行审理和裁判的诉讼活动。

（5）执行是指有关机关为实施已经发生法律效力的判决和裁定确定的内容而进行的活动，我国刑事执行的主体是人民法院、公安机关和监狱管理机关等。

3. 行政诉讼制度

行政诉讼制度是指公民、法人或者其他组织认为行政机关的行政行为侵犯其合法权益，向人民法院提起诉讼，人民法院根据行政相对人的请求，依法予以受理、审理并作出裁判的制度。行政诉讼的被告是行政机关，因而被称之为"民告官"的诉讼。行政诉讼的核心是审查行政行为的合法性，宗旨是解决争议，保障公民、法人和其他组织的合法权益，规范行政机关的行政行为。

行政诉讼的原则：行政诉讼的原则包括：人民法院对行政案件独立审判原则；以事实为依据，以法律为准绳原则；当事人诉讼法律地位平等原则；合议、回避、公开审判和两审终审原则；使用本民族语言文字进行诉讼原则；辩论原则；人民检察院对行政诉讼实行法律监督原则等。

行政诉讼审理的是行政争议，即行政机关或法律、法规授权的组织与公民、法人或者其他组织在行政管理过程中发生的争议，这是行政诉讼在受理、裁判的案件上与其他诉讼的区别。因此行政诉讼的双方当事人恒定。行政诉讼的原告只能是行政管理中的相对方，即公民、法人或者其他组织；行政诉讼的被告只能是行政管理中的管理方，即作为行政主体的行政机关和法律、法规授权的组织，不允许行政主体作为原告起诉行政管理相对方。

二、调解制度

调解制度是指调解组织或其他具有调解职能的组织作为第三方，依照法律的规定和其他社会规范，以劝解的方式，协助当事人自愿达成协议，解决民商事纠纷和轻微刑事案件中法律责任承担的一种非诉讼法律制度。我国的调解制度包括行政调解、司法调解和人民调解①。

（一）行政调解

1. 行政调解的特征

行政调解是行政主体依据国家法律和政策，以自愿为原则，通过说服教育等方式，促使双方当事人互谅互让，达成协议，以解决民事争议或特定行政争议的活动②。

行政调解的主体是特定的国家行政机关，是行政主体行使职权的一种方式；行政调解的对象是民事争议和部分特定的行政争议。其中民事争议必须是与行政机关实施的行政管理活动有关，如公安机关针对因民间纠纷而引起的打架斗殴行为进行调解，否则，行政机关无权进行调解。部分特定的行政争议包括行政机关行使自由裁量权作出的行政行为和行政赔偿、行政补偿案件。行政调解是诉讼外的调解，达成的调解协议不具有强制执行力，一方当事人不履行协议内容，另一方当事人不能直接请求法院强制执行。行政调解要坚持自愿原则，行政机关应当充分尊重当事人的意愿③，在当事人没有自愿的情形下不能强制进行。行政调解不适用于行政复议和行政诉讼。行政调解由不同种类的调解制度构成，在我国主要包括：基层人民政府主持的调解；政府职能部门主持的调解；法规授权的组织、机构主持的调解④。

2. 行政调解的优势

第一，行政调解专业性强。诉讼活动中，审判人员虽然精通法律规定，有较高的法律素养，但是社会的发展，科技的进步，新兴事物的出现，许多专业性问题适宜交由具备专门知识能力的人来完成，例如，随着大数据、算法等新兴科技的出现，导致有关网络的争

---

① 罗智敏：《改革开放以来的行政调解：适用瓶颈与解决路径》，载《中国行政管理》2018年第10期。

② 方世荣、石佑启主编：《行政法与行政诉讼法》（第三版），北京大学出版社2015年版，第260~261页。

③ 方世荣、石佑启主编：《行政法与行政诉讼法》（第三版），北京大学出版社2015年版，第260~261页。

④ 常怡主编：《中国调解制度》，法律出版社2013年版，第157页。

议不断增多，行政机关存在管理信息网络的专门部门，相较于司法机关具有更强的专业性，能够使得纠纷得以快速高效解决。

第二，行政调解具有较高的权威性和合法性认同。行政调解的主体是行政机关，我国历来有称行政官员为"父母官"的说法，认为其是权威性和合法性的代表，体现了对行政权威的依赖和需求①。行政机关运用其行政调查权和自由裁量权来促成调解，是司法调解和人民调解不具备的优势②。

（二）司法调解

1. 司法调解的特征

司法调解是指在诉讼过程中，由审判人员主持，依照法律的规定，以自愿为原则，通过双方协商，达成协议，解决纠纷的活动。司法调解主要存在于民事诉讼和部分刑事诉讼案件的审理中，主持人由人民法院的审判人员担任；就法律效力而言，司法调解达成的调解书和法官作出的判决书具有同等的效力，一方当事人不履行调解书中的义务，另一方当事人可以依法申请法院强制执行，其权威性是人民调解和行政调解不可比拟的；司法调解要严格依照法律所规定的程序来进行，但相较于诉讼程序，调解程序灵活，有助于纠纷迅速得以解决。

2. 司法调解的优势

第一，有效解决当事人之间的纠纷。司法调解活动并非简单运用法律规范来确定当事人之间的权利义务关系，而是将案件看作连接当事人所处社会关系的纽带③。司法调解的过程中，法官充分考量双方当事人的利益，尽力实现双方的"共赢"，能够有效解决当事人之间的纠纷，降低当事人之间因纠纷而产生的对立和对抗程度，也能够使得达成的协议更好地得到执行。

第二，维护当事人之间的平等地位。司法调解以当事人自愿为原则，运用柔性的方式，促使双方当事人相互理解，对其权利义务的处分由当事人自己决定，法院仅仅是居中进行劝解，因而能够更好地体现当事人的平等地位，促使当事人之间平等协商，平等对话，实现双方当事人利益的最大化④。

（三）人民调解

1. 人民调解的特征

人民调解是指人民调解委员会，依照法律规定、社会风俗习惯等，通过劝解说服、排解疏导等方式，促使双方当事人互谅互让，达成协议，解决纠纷的活动。人民调解经历了

---

① 邹英、向德平：《大调解模式的实践困境与政策建议——基于张家湾司法所的案例分析》，载《山东社会科学》2016 年第 3 期。

② 王聪：《作为诉源治理机制的行政调解：价值重塑与路径优化》，载《行政法学研究》2021 年第 5 期。

③ 参见牛博文：《中国司法调解的历史叙事及成因分析》，载《甘肃行政学院学报》2014 年第 2 期。

④ 参见肖扬：《充分发挥司法调解在构建社会主义和谐社会中的积极作用》，载《求是》2006 年第 19 期。

复兴、衰落、再复兴的发展过程①。由于我国的历史传统，民间调解在解决纠纷中发挥重要的作用。

人民调解委员会一般是在乡镇或者街道办事处下设的调解民间纠纷的组织②。根据《宪法》③ 和《人民调解法》④ 的规定，人民调解委员会是群众性自治组织。人民调解的范围较广泛，所有的民事纠纷和轻微的刑事纠纷都可以通过人民调解来解决。人民调解属于诉讼外的调解，并非当事人解决纠纷的必经程序，所达成的和解协议具有民事合同的效力，依靠当事人的自觉履行，不具有强制执行力。一方不履行的另一方当事人可以向法院提起诉讼，但不能请求法院强制执行。

2. 人民调解的优势

第一，人民调解能够有效地将纠纷解决在基层。人民调解具有预防纠纷和化解纠纷的功能。人民调解委员会作为基层自治组织，其分布面积广，数量多，截至 2021 年共有41636 个乡镇行政单位设立有人民调解委员会，距离纠纷发生地近且方便与居民接触，能够更加便捷地解决纠纷，节约成本，被国际社会誉为化解社会矛盾的"东方经验"⑤，在构建和谐社会的过程中发挥了重要作用。

第二，有效减轻行政调解和司法调解的压力。多元化的纠纷解决方式是目前解决纠纷的主流。无论国内还是国外都日益重视纠纷解决方式的多元化，调解制度作为非诉讼形式，能有效弥补诉讼方式的不足。通过人民调解的方式解决当事人之间的纠纷，可以极大地减少有关纠纷进入行政调解或者法院调解、行政诉讼的可能性，减轻行政机关和法院的压力。

三、仲裁制度

诉讼和调解在解决法律纠纷中发挥了重要作用，但由于社会生活的复杂性和多样性，纠纷的解决方式也应不断丰富。仲裁制度对当事人而言，是一种简便、快捷、保密的纠纷解决途径，具有缓解法院压力、化解社会冲突等多重价值，成为现代社会与民事诉讼并行的不可或缺的纠纷解决机制。

（一）仲裁制度的特征

就字面意思而言，仲裁的"仲"指居中，"裁"表示衡量、判断。依据《现代汉语词典》的解释，"仲裁"是指争执双方同意的第三者对所争议事项作出的决定。在法律层面，仲裁是一种根据相关各方的共同约定，而将纠纷交由第三者依照法律和公正的原则裁

① 参见钱大军：《组织与权威：人民调解的兴衰、重振和未来发展逻辑》，载《法制与社会发展》2022 年第 2 期。

② 洪冬英：《论大调解格局下的人民调解制度定位》，载《河南财经政法大学学报》2013 年第 28 期。

③ 《中华人民共和国宪法》第 111 条第 1 款：城市和农村按居民居住地设立的居民委员会或者村民委员会是基层群众性自治组织。

④ 《人民调解法》第 7 条：人民调解委员会是依法设立的调解民间纠纷的群众性组织。

⑤ 朱新林：《人民调解：衰落与复兴——基于 1986—2009 年人民调解纠纷数量的分析》，载《河南财经政法大学学报》2012 年第 4 期。

断以确定各方权利义务的纠纷解决方式①。

仲裁制度的特点：（1）自愿性。仲裁制度以争议双方当事人自愿为前提，我国的《仲裁法》第4条规定，当事人采用仲裁方式解决纠纷，应当双方自愿。当事人之间就仲裁机构、仲裁庭组成人员、仲裁过程是否公开等进行决定都以自愿为前提。在仲裁制度发展的过程中，当事人自愿的程度也在发生着变化，大致可以分为完全自由时期、绝对限制时期及相对限制时期②。（2）专业性。我国《仲裁法》对仲裁员的资格水平提出了较高的要求，仲裁员必须从事仲裁工作或者律师工作满8年，具有较高的专业水平。首先，适用于仲裁方式解决的案件多为商业经济纠纷，涉及特殊的知识领域，问题较专业化，仲裁员具有相应的专业知识水平才能认清问题的要害，做出的裁决才能更好地为当事人所接受；其次，仲裁制度是法律适用的制度，仲裁员也应具有较高的法律专业水平和能力，以保障法律规范得以正确运用，纠纷得以公正解决。（3）快捷性。首先，仲裁制度的自愿性促使当事人通过协议约定仲裁庭人员，自主选择适当的仲裁程序，无须严格依照诉讼法的规定进行复杂的程序，审理的过程可依当事人同意以简单的方式进行；其次，仲裁实行一裁终审的制度，当事人在仲裁庭作出裁决后只能履行其应当承担的义务，无权再次提起诉讼，有助于案件快速得以解决；最后，仲裁制度的法定程序相较于诉讼更加灵活，我国立法和实践中放宽对简易程序的适用范围，使仲裁的快捷性能得到更充分的实现。（4）独立性。根据《仲裁法》第8条的规定，仲裁依法独立进行，不受行政机关、社会团体和个人的干涉。这一规定表明仲裁制度是一种独立的纠纷解决方式，仲裁庭独立适用法律规范对案件进行审理作出裁判，其他机关、组织和个人都无权干涉。即便是受到法院的监督，但这种监督并非干预仲裁庭案件的审理，而是一种事后的监督。

（二）仲裁制度的功能

1. 提高纠纷解决的效率

仲裁是商人在交易过程中，为快速解决纠纷而创制的纠纷解决方式，进而成为一种法定的制度。它不同于诉讼，不需要严格依据法定的程序，仲裁程序灵活，公开不公开由当事人决定，当事人可以选择自己所信任的仲裁员，加之一裁终局的制度设计使得仲裁花费的时间明显短于诉讼，能够满足纠纷解决效率的要求，实现纠纷解决的高效化。

2. 维护当事人的合法权益

仲裁对维护当事人的合法权益也具有重要作用，仲裁对纠纷进行裁决，如同法院居中做出裁判，对双方当事人具有约束力，能够维护当事人合法权益，追究违法者的法律责任。

3. 推动经济稳步发展

经济发展追求效率和稳定性，纠纷的出现必然对经济发展产生一定的不利影响，仲裁作为纠纷解决的途径，能够弥补诉讼和调解存在的不足，达到稳定社会经济秩序，促进经济发展的目的。具体体现为，仲裁机构依照法定的程序，裁决双方当事人的权利义务，对社会资源进行有效分配，使经济交往具有可预期性，维护了交易安全，也就促进了社会经

---

① 葛洪义主编：《法理学》（第三版），中国政法大学出版社2017年版，第322页。

② 张斌生主编：《仲裁法新论》（第四版），厦门大学出版社2004年版，第579页。

济秩序的稳定和发展。

（三）仲裁制度的具体内容

我国 1994 年颁布了《中华人民共和国仲裁法》，分别于 2009 年和 2017 年由十一届全国人大常委会和十二届全国人大常委会进行了修订。

1. 仲裁机构

仲裁委员会可以在直辖市和省、自治区人民政府所在的市设立，但不依照行政区划层层设立，县级以下就不设立仲裁委员会。仲裁机构具有非营利性，独立性和民间性的特点，分为临时仲裁机构和常设仲裁机构。临时仲裁机构只负责对某一仲裁案件的审理，作出裁决后解散，其职责较单一；常设仲裁机构本身不具体负责某一仲裁案件的审理，而是履行制定商事仲裁规则和监督其实施的职能。

2. 仲裁协议

《仲裁法》第 4 条①规定，仲裁协议是仲裁委员会进行仲裁的前提。仲裁协议具有独立性，即合同中的仲裁协议条款，虽然依附于合同，但与合同的其他条款相互分离，其效力不受主合同效力的影响，合同无效并不影响当事人达成的仲裁条款的效力，仲裁委员会仍然享有管辖权。仲裁协议也需要满足法定的主体、形式和实质要件，否则会导致仲裁协议无效。仲裁协议生效后，对当事人、仲裁机构以及法院都产生相应的效力②。当事人之间的争议，只能选择仲裁的方式解决。仲裁机构要依据仲裁协议的内容行使仲裁的权力，不能随意进行裁决，仲裁协议的约定排除了法院的管辖权。

3. 仲裁程序

仲裁程序相较于诉讼程序更加灵活，不存在仲裁需要遵循的详细的程序规则，当事人能够选择仲裁机构和仲裁庭的组成人员、仲裁地；可以选择正式或非正式的仲裁程序；可以选择过程的公开或者不公开等，方式灵活、快捷。

4. 一裁终局

仲裁实行一裁终局。《仲裁法》第 57 条③明确规定，裁决书作出后立即生效，不同于诉讼实行两审终审。对于仲裁裁决，即使当事人不服，也不能通过上诉的方式获得救济。但终局性并非绝对的和毫无例外的，裁决存在法定撤销的情形，当事人可以申请撤销裁决，向法院申请不予执行仲裁裁决。

第三节　法律适用的方法

法律适用的方法是指法律职业者认识、判断、处理法律问题的专门方法。法律草案的论证、执法人员运用法律作出合法合理的决定、司法裁判的说理等都需要运用法律方法。"法律适用的方法"区别于"法学研究方法""方法论"，它是法律共同体的职业思维、

---

① 《中华人民共和国仲裁法》第 4 条：当事人采用仲裁方式解决纠纷，应当双方自愿，达成仲裁协议。没有仲裁协议，一方申请仲裁的，仲裁委员会不予受理。

② 江伟、肖建国主编：《仲裁法》（第三版），中国人民大学出版社 2016 年版，第 211 页。

③ 《中华人民共和国仲裁法》第 57 条：裁决书自作出之日起发生法律效力。

技术与规范的综合，目的是提高法律适用时的客观性、合法性、合理性和准确性。概括而言，法律适用主要有法律推理、法律论证和法律解释等基本的方法和技术手段①。

一、法律推理

推理作为一种思维方式，是由已知的判断推断出新的判断的过程，这种思维方式在法律领域的适用就是法律推理。广义的法律推理存在于法实施的全过程，立法机关创制法律，行政机关做出行政决定，司法作出判决，公民为维护自身的合法权益等都需要运用法律推理的思维方式。狭义的法律推理仅指，在法的适用过程中，以法律规定和事实为基础，运用科学的逻辑、方式得出相应结论的思维方式。通常所说的法律推理仅指狭义的法律推理。法律适用要求"以事实为依据，以法律为准绳"，事实和法律就是法律推理的已知前提，而要正确适用法律，就必须先运用真实、全面、科学的证据来确定案件事实，没有法律推理，就没有法律适用②。美国学者阿蒂亚和萨默斯将法律推理分成形式推理和实质推理③。

（一）形式推理

形式推理是依形式逻辑规则进行的推理，在法律推理中具有重要地位。法律结论都必须有法律依据，形式推理以法律适用者获得某条规则或者原则为前提，包括演绎推理、归纳推理和类比推理三类。

1. 演绎推理

演绎推理是从一般到个别的推理方式。三段论是典型的演绎推理，推理方式表现为大前提、小前提和结论；大前提是法律适用者进行裁判时可以适用的法律规范，小前提是经过认定的法律事实，然后在大前提和小前提之间进行涵摄得出最终的结论。如张三故意杀人应当判处死刑。其中故意杀人罪应承担何种法律责任由法律明文规定，这属于大前提，张三实施故意杀人的行为是经法律适用者认定的事实，属于小前提，通过小前提和大前提之间的反复涵摄，最终给予张三适当的罪名与刑期。这就是演绎推理的过程，它要求对大小前提进行仔细甄别。大陆法系国家注重法典化和成文化，制定成文的法律规则和原则，为演绎推理的进行提供了大前提。

2. 归纳推理

归纳推理是从个别到一般的推理。法院在审理案件时，如果没有合适的法律规范适用，则可以从早期的判例中概括出能够适用的规则和原则，用于审理该案件，这种推理方式被称为归纳推理。通过对反复出现的类似案件的总结，形成法律适用者的判断依据。归纳推理使得相同案件得以有相同的处理结果，避免出现同案不同判的情况，但其技术难度较大，加重了法律适用者的操作负担，可能造成法律的僵化适用。

3. 类比推理

类比推理是指两个案件具有相似的小前提，则可以适用同一大前提，得出相同结论的

---

① 朱景文主编：《法理学》（第四版），中国人民大学出版社 2021 年版，第 315 页。

② 沈宗灵：《法律推理与法律适用》，载《法学》1988 年第 5 期。

③ 周永坤著：《法理学——全球视野》（第四版），法律出版社 2016 年版，第 307 页。

推理方式。类比推理的前提为法律没有明确的规定，但该行为或事件可以适用与其类似案件的法律规定。类比推理需要想象和猜测，其结论具有豁然性，根据此推理方式获得的结论无论在数量还是正确性上并不具有唯一性，且存在错误的可能性较大①。法律适用中的类比推理主要表现为类推适用，但由于法治主义要求必须以法律为准绳，以及为了更好地保障诉讼当事人的权利，这种方式一般被禁止，除非对被告人有利。

形式推理在法律适用中具有重要作用，具有确定性、稳定性、操作性强和可预测性的优势，但形式推理要求作为小前提的事实必须真实、全面，大前提的引用要准确、适当，因而形式推理的方法一般适用于事实清楚、依据明确的案件，且在适用时存在证据虚假、循环论证、只追求形式正确等可能性，因此运用形式推理时，应当严格认定案件的大小前提，以保障案件审理的真实性。

（二）实质推理

实质推理又称为辩证推理，是指作为推理的前提包含两个或者两个以上矛盾，形式推理不能发挥其作用，需要借助辩证思维从中选择出最适当的命题以解决法律问题的推理方式。它要求法律适用者不能通过形式推理得出结论时，必须运用实质推理的方式维护权利与正义，而不能选择放弃。在法律实践中，以下几种情况可能需要进行实质推理：（1）法律规范对有关问题没有规定。（2）法律规范虽然对相关问题进行了规定，但规定本身模糊不清，对其实质内容产生多种理解。（3）法律规范虽然对有关问题进行了规定，但是有两种以上可以选择的条款，或者条文本身存在冲突。（4）法律虽然有明确的规定，但由于社会的发展，适用这一条款会产生重大的不公。（5）法律虽然有明确的规定，但是出现"合法性"和"合理性"相冲突的状况。

实质推理并非从固定的概念或规则出发进行推理。按照传统逻辑学的观点，所有法律问题都能够通过形式逻辑推理的方式加以解决，理论上，这一观点有其存在的正当性，但社会生活不是真空的，社会关系具有复杂性，社会也处在不断发展变化的过程中，总会出现无法使用业已存在的法律规范的情况。从本质上讲，法律适用以维护利益、正义、秩序等良性价值为目的，法律适用者运用法律时需要进行一定的价值判断，在无法运用形式推理或者运用形式推理会导致重大不正义的情况下，实质推理就应运而生，需要对各种价值、利益、政策进行综合平衡和选择②。

实证推理赋予法律适用者一定的自由裁量权，但仍然是建立在客观基础之上，法律适用者作出裁判必须具有客观依据，而不是基于主观的想象。如此而言，实质推理对法律适用者提出了更高的要求，即面对疑难案件时，法律适用者应根据其科学知识水平、道德文化素养、经验、习惯、价值观，对案件进行综合考虑与平衡，正确适用法律解决纠纷。

实质推理和形式推理相辅相成，实质推理的过程中也充分运用形式推理，形式推理的过程实质推理也不可或缺。法律适用者在实践中通常将两者相结合，以达到维护公民权益和维持社会正义的目的。

---

① 葛洪义主编：《法律方法与法律思维·第 1 辑》，中国政法大学出版社 2002 年版，第 99~100 页。

② 张文显主编：《法理学》（第五版），高等教育出版社 2018 年版，第 299 页。

二、法律论证

(一) 法律论证的特点

法学研究的过程是论证的过程，法律命题都应当通过提出论据证明其主张或判断的合法性和正当性才能得到认同。法律论证有广义和狭义之分。广义的法律论证贯穿法律实施的全过程。狭义的法律论证仅指在诉讼过程中，诉讼主体运用证据证明其主张的正确性和正当性。一个正当的司法决定、法律陈述必须具有足够的论据，具有合乎逻辑的证明过程，否则其结论将缺乏应有的说服力。法律论证就是对存在多种不同法律主张的情况下，通过论证说服其他人，选择最佳的法律结论。

法律论证的特点：(1) 法律论证具有目的性。法律适用过程是法律适用者有目的的活动，法律论证作为法律适用的一种方法，其目的是追求法律活动的正当性、合理性及可接受性，法律论证围绕这一目的而展开，以证明自己主张的正确性和合理性。(2) 法律论证具有交涉性。交涉性是指在法律论证过程中，不同参与者之间要相互交流，通过表达自己的见解或者反驳对方的主张来论证自己的主张，说服他人或社会公众，证明自己主张的正确性。法律论证的过程经常以"对话""商谈"等形式出现。(3) 法律论证具有合理性。当事人在论证过程中依据逻辑规则和法律规则原则进行说理，不仅具有逻辑上的说服力，也具有法律上的正当性，法律论证的方式排除了主观猜测和擅断的成分，其论证依据如能具有合理性和说服力，会增强法律论证结果的合理性。

(二) 法律论证的类型

依据不同的标准，法律论证有不同的类型。从论证依据的角度，法律论证可分为：法律规则论证、法律原则论证、案例论证、普遍适用性论证、专业技术性论证、文理语意论证、模拟论证等；从论证依据与法律的关系角度可分为合法性论证及合理性论证；根据技术方法可分为内部证成和外部证成。内部证成指以法律规则、原则、案例为基础，运用形式推理的方式进行的证成；外部证成指证明该结论与社会政策、政治理念、道德体系、利益格局、社会发展趋势是一致的，其证明对象是这个前提的正确性。

(三) 法律论证的方法

1. 法律论证的方式

法律论证是比较典型的对话性论证。包括话语式证成、可辩驳式证成、辩驳式证成、跳跃式证成。话语式证成是指通过话语和交流来陈述各自的理由，达成共识，主要表现为协商、调解、协调等，各方通过对话形成可接受的结论；可辩驳式证成是指各方的主张都能为对方当事人所辩驳，通过双方的质证、辩驳达到最具有说服力的结论，如论证会和法庭的质证环节；辩驳式证成指采用修辞、反证和辩论的形式论证自己的主张，如在法庭中律师给予的辩驳意见；跳跃式论证指对两个完全相反的证词、情感、经验等，主要依靠法律适用者和大众的心理感受来论证其主张。只有在理论论辩的基础上，让所有参与者充分发表其意见，才能寻找最佳论证结果，因此法律论证必须健全完善其理性论辩的程序。

2. 法律论证的正当性标准

法律论证是当事人举出证据证明其主张的正确性的方式，其正确与否具有至关重要的作用，无论在法律论证的哪一环节都必须遵守法律的程序和标准。

第一，论证程序的正当性。程序正当为实体正义的实现提供外观保障，本身具有重要的价值。法律论证过程中也要保障程序的正当性，因而建立相应的程序标准是必要的，调解、仲裁、听证会、法庭辩论、审判等机制，有其特定的程序规则。比如，在论证中每个人都享有平等的发言权，都能够提出自己的主张，任何人都可以质疑他人的主张，被质疑的一方有义务直接回答相关质疑，并合理负担举证责任。

第二，论证依据的客观性和正确性。法律论证由主张者对其主张提出相应的证据，其依据的法律规范、社会习俗、行业惯例等必须客观、真实，虚假的、不确定的、臆测的都不能作为论证其合法性、合理性的依据。

第三，论证结果的可接受性。进行法律论证，目的是证明法律陈述、司法决定等的正确性，但法律制度存在于社会生活当中，社会的不断发展，其结果的正确性也会受到一定程度的影响，我们不可能等待法律经过实践检验证明是正确的之后才适用相关的法律。因此在实践中，法律争论结果的可接受性是判断论证是否正确的标准之一，与民主制度有着十分紧密的联系。

（四）法律论证与法律推理

法律论证与法律推理有许多相同和重合之处，如在论证的过程中也要充分运用形式推理和实质推理的法律方法，但两者之间有着明显的区别。法律推理在法律论证的框架中进行，运用法律推理无法得出最佳结论时，需要采用法律论证的方式在多个具有正当性、合理性的法律结论中选择最佳的结论。首先，法律推理一般是从已有的观点推出相应的结论，即以已有前提为基础，法律论证是先有论题，再围绕论题寻找根据，论证论题的正确性、合理性；其次，法律推理没有确定的目标，仅是法律适用者在裁判过程中运用的一种方法，法律论证则有明确的目的性，是为证明自己主张的正确性、合理性而采用多种论证方式；最后，法律推理更多体现为法律适用者的思考，并不具有交涉性，不与他人发生交互行为；法律论证则具有实践性的特点，往往发生在交往活动当中，表现为对话、商谈、辩论等形式。

三、法律解释

（一）法律解释的必要性

法律解释是指运用一定的理论与方法，对法律规范的含义进行的阐释与说明，意在将具有普遍适用性的抽象法律规范，特别是其中的高度概括词语、不确定法律用语的含义给揭示出来，以便能够准确理解其语义，摆脱因对法律规范的不同理解而导致的适用困境，为相关法律纠纷的解决提供更加明确、直接的依据。

法律解释的必要性在于：法治的前提是有法可依，但因为社会关系的复杂多变性与调整社会关系的法律规范有限性之间存在难以克服的紧张关系，要让立法者制定出详细的法律规则，实现对所有社会关系主体的各种行为的具体调整，这种意义上的有法可依且不说为立法者的能力所不及，也会导致人的行为受到太过具体的法律规则规范而失去选择上的可能性。再者，法律规范要具有的普遍适用性，只能采取对不特定人设定行为模式的方式来达到，由此决定了法律规范设定的行为模式针对的仅是不特定人行为的相同或相似方面，然后用高度概括的词语对行为模式的特征进行描述，所有的法律规范因而都具有一定的抽象性。法律规范的抽象性、概括性解决了法律的普遍适用性，但因人们的认识与思维客观上存在差异，对法律规范的理解就可能是多元的，① 带来的是对其中概括性词语、不特定法律概念理解上的不同，这不仅仅在当事人之间、代理人之间、辩护人与公诉人之间存在，就是在法官之间、法院之间也都存在，② 会导致法律规范适用上的可操作性程度降低。为解决这一矛盾，需要有权威的解释来确保法律被统一理解和适用，而不是各行其是。法律解释制度便应运而生，在法律规范的普遍适用性与可操作性之间架起了沟通的桥梁，确保对立法原意的阐述，使人们能够准确地理解法律的制度性规定，领悟法律的要旨。由此可知，法律规范的概括性、抽象性特定决定了，只有通过解释者的解释才能为执法者适用，与复杂多变的现实生活对接③。

基于法律解释的必要性，其作用有如下的方面：

1. 法律解释可以弥补立法之不足

受人的认识能力局限、立法遗漏、立法条件不成熟等因素的影响，任何法律规范都存在不足之处。法律规范无论以立法文件还是判例的方式存在，或多或少要受到文字、语言、记录材料等方面的限制，达到绝对完备与完善是不可能的。当出现法律规范空白或含义模糊不清等情况，或者对其理解存在歧见、误解的时候，未必都需要通过制定或者修改法律、法规的形式来应对，根据立法的意图、法律原则、社会发展状况等对一定法律规范含义作出说明，也能够达到弥补法律规范不足之效果，确保法律的精神能够被充分理解和遵守。法律解释不能违背立法的原意，但可以使得立法原意体现得更加充分，因此，可以现实地弥补立法存在的不足，降低法律修改带来的成本与风险。

2. 法律解释可以使法律更好地适应社会发展需要

法律调整的是社会关系，但社会关系并不会因为法律的出现而变得凝固，始终遵循一定的规律处于发展变化的过程之中。一旦法律被制定出来，其中设置的调整规范形式上就处于确定的形态，与不断变化的社会关系之间就会产生裂隙甚至是发生矛盾，法律的滞后性由此而具有不可避免性。人们对法律滞后性的表现有个认识过程，立法也需要遵循一定的程序，不可能因为法律的某个条款无法适应社会发展需要就要重新立法，或者对法律进行修改。若要以既有法律来应对始终变化着的社会关系带来的冲击，可以选择对既有法律的内容进行适合社会发展需要的阐释，④ 使之具有满足社会发展变化需要的实效性。

3. 法律解释能够更好地维护法律的安定性

法律的权威性实现要求其必须具有稳定性，人们才能根据法律的规定合理安排自己的行为，知道如何维护自己的合法权益，承担相应的法律责任。如果法律能够随意改变，则会对人们依照法律选择自己的行为带来极大的不确定性，根本上危及法律自身的权威。但社会处于不断变化的过程中，会有新的问题出现，既有的法律不可能覆盖未来可能发生的需要法律规范的情形，法律规范因此与社会实际之间始终会存在一定的张力关系。通过法

---

① 王夏昊：《论法律解释方法的规范性质及功能》，载《现代法学》2017 年第 6 期。

② 王利明：《论法律解释之必要性》，载《中国法律评论》2014 年第 2 期。

③ 张志铭著：《法律解释操作分析》，中国政法大学出版社 1999 年版，第 4 页。

④ 王利民、王叶刚著：《法律解释学读本》，江苏人民出版社 2016 年版，第 5 页。

律解释，采用一定的方法，去延展、扩张或者限缩法律规范的含义，则可以有效缓解法律规范稳定性与社会生活多变性之间的矛盾，保持法律规范的形式不变，内容因解释而发生一定的变化，更好地适应了社会的需要，也就是维护了法律本身的安定性。

（二）法律解释的主要方法

1. 文义解释

文义解释，又称语义解释、语法解释、文理解释，是指根据法律条文语词的语法结构和语言规则，包括法律条文的词组联系、句子结构、文字结构、文字排列及标点符号等，对法律规范的含义进行的说明。文字是人们之间进行交流而创造出来的符号，一定的字词具有相对固定且为大家所认可的含义，否则人们就无法用以交流。立法者通常会以大众能够理解的文字表达其立法意图①，因此在各国的法律适用中，无论解释方法多么复杂，文义解释都占据重要地位，是最基础、最优先使用的法律解释方法，构成法律解释的起点；同时，一切法律解释都无法脱离法律规范使用的文字符号所具有的语义，文义解释也是法律解释的终点。

文义解释之所以能够在法律解释方法中占据优越地位，原因表现为：

第一，法律规范的文义内涵和外延具有不确定性。法治社会的法律必须是明确的，才能对人们的行为发挥指导、规范的作用，但由于人类思维存在一定的缺陷，文字符号的语义无法做到绝对的精准，由文字符号组成的法律规范自然也不能做到绝对的清晰、明确;② 况且，法律规范的普遍适用性本身就要有一定的概括性词语使用，要留给适用者一定的自由裁量空间，使得法律规范的内涵和外延存在一定的不确定性。现存法律条文中包含许多不确定的法律概念和术语，这增加了法律适用者适用法律条文的难度。例如，《民法典》中的"物权人""公共利益""利害关系人""补偿"等概念，常常可以做多种理解，所涵盖的对象具有不确定性；此外，法条中也常使用一些非法律术语，如"有关部门""有关单位"等，具体指的是哪些部门、单位都不清晰，均需要通过文义解释等方法来澄清其内涵和外延。

第二，法律规范的文义表述存在不完整性。有些法律规范的表述不完整，也会导致其存在多种理解的可能。例如，《民法典》第 810 条规定："从事公共运输的承运人不得拒绝旅客、托运人通常、合理的运输要求。"这条规定的是从事公共运输承运人的强制缔约义务，但并没有规定从事公共运输的承运人违反该规定的法律后果，是导致合同直接订立？还是承运人承担违约责任？或者是承担缔约过失责任？也就是欠缺法律后果的规定，在逻辑上表述不完整。法律适用者在进行解释时应慎重运用文义解释的方法，必要时结合其他解释方法，补充完整法律条文的内容。

第三，法律规范中存在文义表述不一致甚至是矛盾的情形。由于语言表达的局限性和立法者在立法时的疏忽，会导致法律文本中对同一问题使用不同的词语来表述，导致出现文义矛盾、词不达意等情形。例如，《民法典》中使用的标的物"瑕疵"概念，时而使用

---

① 《法理学》编写组编，《法理学》（第二版），人民出版社、高等教育出版社 2020 年版，第 183 页。

② 参见谢晖：《文义解释与法律模糊的释明》，载《学习与探索》2008 年第 6 期。

"不符合质量要求"，时而使用"质量不符合约定"，有时则使用"质量不合格"，这种用语的不一致可能影响当事人对瑕疵的判断。① 再如，《行政许可法》第 12 条和第 13 条规定，第 12 条第 2 款规定"有限自然资源开发利用、公共资源配置以及直接关系公共利益的特定行业的市场准入等，可以设定行政许可"；第 13 条第 2 款规定"市场竞争机制能够有效调节的有限自然资源，可以不设行政许可"。有学者认为，从经济学的视角，有限自然资源，由于其稀缺性，价格高于一般资源，其价格由其稀缺程度决定，因此市场能够对其进行调节，按此理解就没有必要针对有限资源设置行政许可。② 但《行政许可法》第 12 条的规定表明可以设定行政许可，据此理解，两条款之间存在矛盾，容易使人产生歧义。法律适用者在适用该法律条文时，应按照文义解释的日常语言规则理解该条文，将其视为一般与特殊的关系，以确定法律规范的合理含义，但应当明确的是在面临相对复杂的情况时，法律适用者应当综合多种解释方法，并非仅仅适用文义解释这一种方法。

第四，法律规范的文义具有多义性。所谓多义，是指法律语言可作多种不同的理解。法律语言大多直接采用生活语言，而生活语言的内涵并非唯一的，往往具有多义性。例如，《民法典》中的"登记"一词，有时是指物权变动的公示方法，有时是指具有管理性质的登记注册，出现了同一概念、术语，究竟应如何理解的问题。法律适用者在适用法律时，应当依照文义解释的要求对有关法律规范进行解释。

第五，文义的抽象性会导致不同理解的存在。法律规范是对社会生活关系的一般情形做出的高度概括提炼，必须保持一定的抽象性，才能具有开放性、包容性、灵活性和普遍适用性。例如《民法典》中规定的公序良俗、诚实信用、善意、重大等词语，语义有较强的抽象性。但在面临具体法律纠纷时，并非其所有含义都能够契合案件的事实，争议各方也会采用对自己最有利的含义来支持其诉求。在此情形下，要想使纠纷得到解决，法律的适用者就必须结合具体的案情，对适用的法律规范进行说明，找到其中最适合该案件的含义作为依据。

第六，文义具有滞后性。阐明文义的必要性来自文义的历史性特征。法律制定或修改于特定的时期，随着时代的发展，其中使用的文字含义会逐渐发生变化。例如，"婚姻"一词起初是指异性之间以永久共同生活为目的的结合。但是，随着生理学、心理学等的发展，将来可能承认同性婚姻，"婚姻"就不再仅仅指的异性之间的结合。但有些法律条文能够经历时间和实践的检验而得以留存，如英国《大宪章》至今仍是英国普通法的组成部分，文义解释在这一过程中发挥了重要作用，英国法院通过赋予相应法律条文、法律语词以新的含义，使其保持强大的生命力③。

第七，文义还具有地域的差异性。由于历史、文化传统等影响，不同地域对某些语义的理解存在一定的差异。例如，"大蒜"到底属于调味品还是蔬菜曾经引发争论，在南北方群众对其理解就存在一定的差异。法律语言直接采用生活语言就会导致对某些词义的理解存在不同，在面临此类法律纠纷时，就需要法律适用者对其作出明确的解释。

2. 体系解释

体系解释，又称为逻辑解释、系统解释，是指将具体的法律条文置于所属的法律制度、法律部门、法律体系之中而对其含义进行阐释和说明的解释方法。无论是法律体系、法律部门还是法律条文，都是由具有内在逻辑联系的众多规范组成，是具有内在价值一致性的体系结构。体系解释要求法律解释者在阐释和说明某个法律规范的含义时，应充分考虑到其在一定的法律体系中所处的结构位置，与其他法律规则、原则、制度之间的关系，而不能孤立看待该法律条文，以免造成对法条的僵化理解，甚至是断章取义的认识。

体系解释是哲学上关于事物的整体性、普遍联系观点在法解释学中的具体运用，也是解释学中"解释学循环"理论在体系解释中的表现。它以"法律不会自相矛盾"的推定为基础，需要借助于法律规则的逻辑结构，即立法者在构建规则体系时所遵循的逻辑。

体系解释的基本要求表现为：一是一致性要求。法律文本中上下条文之间，不同的法律之间应当保持一致性，如果某一法律条文中缺乏对相应语词的规定，基于体系解释的要求，法律适用者在解释时应当做出和其他条文一致的解释，其结论不能自相矛盾。二是，禁止冗余。即法律适用者解释的结论应当避免出现被其他法律规范完全包含的情况①。换句话说就是，法律适用者通过解释将 A 解释为 B，而 B 本身为其他法律规范所规定，此种情形下，法律解释就会都导致冗余，而体系解释禁止冗余的出现。三是，体系秩序的要求。法律适用者利用体系解释时应当将个别的法律观念放到整个法律秩序的框架中，注意法律体系内部的逻辑性②。例如，《刑法》分为总则、分则和附则三个部分，总则提炼出不同犯罪形式的共同点，分则中每种罪名的适用都不得脱离总则的规定，总则对分则具有一定的指导作用，如抢劫罪的帮助犯，在认定其法律责任时须正确适用总则所规定的共同犯罪。③

从我国的司法实践看，已有法院采用法条顺序排列的方法来对法条进行体系解释。例如，在"马钢物资公司、马钢股份公司、马钢销售公司与江合公司、华强公司票据追索权纠纷案"中，关于票据在付款后能否追索的问题，法院认为，《票据法》第六十条规定："付款人依法足额付款后，全体汇票债务人的责任解除"，但第六十条规定在付款章节，位于追索权之前；《中华人民共和国票据法》第二章"汇票"依次作出如下规定："出票、背书、承兑、保证、付款、追索权。"根据该条顺序的排列，按照体系解释，虽然付款之后票据债务关系当然解除，紧接其后规定的追索权应是指票据未获得正常承兑付款时，在非规范状态下的票据权利救济途径，而且《票据法》对追索权的规定没有以票据是否已经获得兑付为前提。因此，票据已经付款不影响追索权的行使。

体系解释是在文义解释出现了复数含义的情况下而适用的一种解释方法，也是从文本的字面含义和结构来进行阐释和说明，与文义解释自然存在密切的联系，甚至在很多情况

---

① 参见车浩：《法教义学与体系解释》，载《中国法律评论》2022 年第 4 期。

② 参见陈金钊：《法律解释规则及其运用研究（中）——法律解释规则及其分类》，载《政法论丛》2013 年第 4 期。

③ 参见车浩：《法教义学与体系解释》，载《中国法律评论》2022 年第 4 期。

下难以区分。例如，根据概念、条文在文本中所处的位置进行解释，可能是文义解释也可能是体系解释。

3. 当然解释

当然解释是指法律虽无明文规定，但根据立法的目的，如果其事实较之于法律规定的情况，更有适用的理由，就可以直接适用该法律规定。[①] 它是解释者从被解释的规范中推论出其他相似的或对应的规范。由于立法者在创制法律规范时，"见微知著"，并不详细列举各种"大小覆盖"的情况，往往进行省略性的规定，将未列举的情形留给解释者加以明确，因此解释者只需要从文本的含义出发，在立法目的的指导下进行逻辑推演，即可得出相应明确的结论。当然解释包括两种基本方法，即"举重以明轻"和"举轻以明重"，实际上是运用形式逻辑得出的结论。当然解释的前提是两个事物之间具有性质上的相同性，如果两个事物之间没有共同性，无法进行比较，也就无法进行当然解释。

当然解释并非仅仅是"轻"与"重"的衡量，在衡量的背后，还应当考量法律规范的目的。先要明确法律的立法目的是否允许作此种逻辑推论，在多大限度内允许进行逻辑推论，以及法律对其是否有例外的规定等。其逻辑推理机理是：假设法律规范的构成要件包括 ABCD，其法律后果为 F，待决事实的构成要件包括 abcd，其中 bcd 符合 BCD，仅需要对比 a 和 A，如果 a 和 A 的递进关系成立，则成立当然解释，适用"举重以明轻"，和"举轻以明重"的规定[②]。

"举重以明轻"也称为以大推小，即根据法律规定的目的来考虑，如果待决事实较之于法律所规定的情况更轻，就可以直接适用该法律规定。如《刑法》第 114 条所规定的，"以危险方法危害公共安全罪"中的危险方法，必须是与放火、爆炸等程度相当的方法。如果燃放鞭炮的行为不成立爆炸罪，当然就不可能成立以危险方法危害公共安全罪[③]。

"举轻以明重"也称为以小推大，即根据法律规定的目的，如果待决事实较之于法律所规定的情况更重，那么按照立法的意思，既然较轻的行为都适用该规则，较重的事实能更有理由适用该法律规定，但构成其他罪名的按照相应法律条文的规定。例如，公园为保护游客安全，禁止游客带宠物进园，游客甲认为，其所带的藏獒并不属于宠物，应当可以进园。但事实上，藏獒对游客安全的威胁要大于一般宠物，基于对公园规定保障游客安全的目的，按照举轻以明重的解释规则，宠物尚不能进园，藏獒更不能进园。

4. 目的解释

目的解释是一种古老的法律解释方法，罗马法谚云："认识法律并非固守它们的文辞，而要掌握它们的效力和意向。"即强调解释者应该进行立法目的的探究，以确定法律的某项规定是否符合立法目的的要求，避免对法律规范含义进行的阐释或说明溢出立法目的之外，实质上与立法目的不相符合甚至是相违背。所谓立法目的，既包括整个法律体系的目的，也包括某个法律规范的目的；既包括立法者确立法律规范、概念时的意图，又包括解释者所认为法律规范本身所具有的目的。在社会发生重大变化，会产生原来的立法目

---

① 梁慧星著：《民法解释学》，中国政法大学出版社 1995 年版，第 225 页。
② 参见魏治勋：《当然解释的思维机理及操作规则》，载《法商研究》2018 年第 3 期。
③ 参见张明楷：《刑法学中的当然解释》，载《现代法学》2012 年第 4 期。

的与当前社会实际状况冲突的现象，要求法律解释者对其进行深入研究，准确界定其目的。我国许多法律都开宗明义地宣告了制定法的目的，应该成为目的解释的重要依据。例如《民法典》第 1 条规定："为了保护民事主体的合法权益，调整民事关系，维护社会和经济秩序，适应中国特色社会主义发展要求，弘扬社会主义核心价值观，根据宪法，制定本法。"《刑法》第 1 条规定："为了惩罚犯罪，保护人民，根据宪法，结合我国同犯罪作斗争的具体经验及实际情况，制定本法。"

我国司法实践中有不少裁判运用了目的解释的方法。例如，被告 A 盗窃某小区正在使用中的接地铜线若干、接地镀锌铜牌若干块（其价值均未达法定追责的标准），导致 4 栋居民楼电路失去地线保护，若发生雷击、漏电情况时可能危及居民人身、财产安全。被告 A 认为其盗窃的客体不属于《刑法》所规定的电力设备，因此不构成破坏电力设备罪，且由于并未达到盗窃罪的标准也并不构成盗窃罪。最终法院认为，《刑法》所规定的破坏电力设备罪的目的在于维护电力安全，即发电、变电、输电、供电的安全，虽然被告 A 的行为属于破坏电力设施，并非破坏电力设备，但两者存在密切的联系，且被告 A 破坏电力设施的行为足以危及电力安全，法院根据目的解释认为被告 A 的行为构成破坏电力设备罪[①]。

目的解释主要借助立法目的来阐释法律规范的含义，在法律解释方法中具有重要地位，被称为"解释的王冠"。因为目的解释从文本出发，但要求不能拘泥于法律规范的字面意思，而应考察立法的意旨，以准确把握法律文本的含义。一般而言，目的解释是在法律文义存在模糊性、通过文义解释无法得出清晰结论的情况下才运用的解释方法。如果法律规则的文义十分清晰，裁判者不得借助立法目的对该法律规则的文义作他种解释，以防止法律适用者划入"任意解释"中。但会存在法律规则的文义较清晰，但与法律明确表达出来的立法目的相违背的情形，此时应当探究立法目的，结合立法意图，对相应的法律规则作合理、准确的解释。以此而论，目的解释是要约束裁判者受一定的解释规则约束，不能操两可之说、曲解法律，随意进行裁判，那样的话，会导致同案不同判、同法不同解的现象发生，损害司法的统一性和权威性。[②] 因而才有法谚云："死啃条文，其毒如蛇。"

5. 限缩解释

限缩解释也称缩小解释，指排除相关法律条文中不符合立法目的及不满足社会需求的含义，通过对法律的文义进行阐释和说明，以限制、缩小其适用的范围，准确适用于特定的法律关系当中。当然，法律适用者对法律进行限缩解释，可能会影响到当事人的权益，对案件的结果产生较大的影响，因此法律适用者在进行限缩解释时应基于法律文义和立法目的，不应当损害法条的核心文义，满足相应的条件后才能予以适用。法律适用者在适用限缩解释时要考虑到法律条文的文义范围宽窄，法律条文的文义范围越宽，进行限缩解释的可能性就越大，反之则越小。例如，《民法典》第 1165 条规定："行为人因过错侵害他人民事权益造成损害的，应当承担侵权责任""民事权益"的范围十分宽泛，不能将所有类型的民事权益都涵盖其中，尤其是不能将债权涵盖其中，对其作限缩解释，就是要将合

---

① 参见天津市和平区人民法院（2015）和刑初字第 0144 号刑事判决书。
② 王利民、王叶刚著：《法律解释学读本》，江苏人民出版社 2016 年版，第 116 页。

同债权排除在民事权益之外。此外在"乌木纠纷案"中，不应拘泥于《民法典》所规定的"等自然资源"这一表述的本身，而应当将其限缩解释为具有重大经济价值且关系国计民生的自然资源。

6. 扩张解释

扩张解释是指与立法目的和立法意图相比较，法律条文的字面含义过于狭窄，通过解释对法条的字面含义作宽于其字面含义的理解，以符合立法目的和社会需要[①]。有的法律规则文义过于狭窄，不能完全表明其立法目的及社会需要，需要法律适用者在解决相应纠纷时对法律规则的含义予以扩张，以更好地实现立法目的。扩张解释中暗含"目的性扩张"，即法律适用者为了实现特定的目的，对法律条文所作出的宽于其基本内涵的解释[②]。当然，扩张解释得出的结论必须在法律文本可能的文义范围之内。例如，《中华人民共和国保险法》第 60 条第 1 款规定："因第三者对保险标的的损害而造成保险事故的，保险人自向被保险人赔偿保险金之日起，在赔偿金额范围内代位行使被保险人对第三者请求赔偿的权利"。最高人民法院对"损害"作扩张性解释，将第三人因违约所造成的损害也纳入损害的范围之内，并不仅限于侵权所导致的损害[③]。

7. 历史解释

历史解释，是通过研究法律规范制定时的历史背景，依据法律规范的历史演变进程，以确定法律规范含义的一种法律解释方法。历史解释不同于目的解释，是借助法律体系之外的资料，如法律建议稿、立法机关审议情况、草案说明报告、法律起草人的私人学术著作等来确定法律规范的含义，理解法律规范的含义。

历史解释就是要探究立法者的真意，但并非现在的立法者的意思，而是历史上立法者的意思，它内在地要求所探寻的历史上立法者的意思必须能够适用于当下的案件或法律问题的解决。如果因立法者的认识局限，或社会的发展变化，导致寻找到的历史上立法者的意思明显不能适用于现在的社会实际时，甚至本身会导致产生不公正的结果，则历史解释方法的使用就失去了意义。

历史解释和目的解释有着十分密切的关系，两者均表现为探究立法者的本意，但两者之间存在一定的差别，历史解释包含两个要点：一是，这一解释方法的适用以立法时相关资料作为依据；二是，这一解释方式的目的在于探究制定法律时立法者的目的[④]。而目的解释与历史解释存在不同之处，每一部法律、法律条文、法律制度均有其目的，法律解释者在运用目的解释方法时，可能以历史上的立法目的为依据，但仍要进行深思熟虑，考虑法律本身的价值和意图[⑤]。换句话说，目的解释指法律适用者以法律规范本身固有的合理性对法律规范所进行的解释。而历史解释则要探究立法者在制定法律规范时的意图。

[①]　张文显主编：《法理学》（第五版），高等教育出版社 2018 年版，第 297 页。

[②]　参见魏治勋：《扩张解释与限缩解释的思维进路与操作机制——兼及区分"类推"和"扩张解释"的理论难题与根本解决之道》，载《法学论坛》2018 年第 5 期。

[③]　参见汪鑫：《保险代位求偿权损害基础范围的扩张解释》，载《北方金融》2021 年第 7 期。

[④]　参见焦宝乾：《历史解释与目的解释的区分难题及其破解》，载《法商研究》2021 年第 5 期。

[⑤]　［德］卡尔·拉伦茨：《法学方法论》，陈爱娥译，商务印书馆 2003 年版，第 207 页。

（三）法律解释与法律漏洞填补

法律解释是对已有的法律规范，在其可能的文义范围内寻找或明确某种含义。所谓可能的文义，是指法律规范可以包含的含义，或者说在文义的射程范围之内，一旦超越可能的文义范围，就属于漏洞的填补。德国学者齐泊利乌斯曾指出："法律解释"和"法律漏洞的填补"两者是不同的，它们之间的界限就在于，法规中文义的可能范围。在法律文字意义的空间之内操作，就是法律解释，主要目标是"确定字义，纠正辞句，补充法意"，为司法三段论中作为大前提的法律规则提供确定的含义，是适用法律，而不是创造法律，因此要受到立法者所制定法律的严格拘束。① 而超越文义界限，就是发现并填补法律漏洞。

法律漏洞填补，又称法律补充或法律续造，是指法律存在漏洞的情况下，由法官根据一定的标准和程序，针对特定的待决案件，寻找妥当的法律规则，并据此进行案件的裁判。法律漏洞填补必须以法律漏洞的存在为前提，② 法官须先确定是否存在法律漏洞。即便法律未就相关事项作出规定，如果能够通过法律解释的方法，阐释法律规范或其中概念的含义，则不能认为存在法律漏洞。

填补漏洞是为确定司法三段论中的大前提而采取的创造性司法方式，本质上就是法官通过一定标准和方法，在既有法律规范之外，努力寻求可适用到具体个案的裁判规则，以解决个案争议。但与法律解释和价值补充方法不同，漏洞填补是裁判者创造性的司法活动，最终确定的大前提是制定法中不存在的。因此，它不是从现有的具体规则来解释规则、确定大前提，而是通过习惯法、法律原则等其他非规则来创造法律规范。③

漏洞填补要坚持司法克制的立场，法官应当负担更重的论证义务。这主要是考虑到，填补漏洞是授权法官进行创造性司法，一定程度上已经脱离了现行法的拘束，可能影响法律的安定性，如果不受制约，有可能会导致司法肆意，蕴含危害公平正义的风险，课以法官一定的论证义务，有利于防止司法的恣意。

法律漏洞填补应当遵循以下的规则：

1. 穷尽所有法律解释方法和价值补充方法

法律漏洞的填补必须在穷尽了所有的法律解释方法之后，仍无法寻找到法律适用的大前提之情形下才能进行。对于特定的案件事实，立法者有意保持沉默，就不存在法律漏洞。探讨法律漏洞填补的规则，并非要鼓励法官进行漏洞填补，相反，是要限制法官必须是在不得已的情况下进行漏洞填补，而且要遵循严格的程序和条件进行。④

2. 漏洞填补应当符合法律的立法目的

漏洞填补时，因为具体适用规则的缺失，裁判者不再受法律规范可能文义的拘束，但并不意味着其可以无拘无束地自由创设规则。裁判者填补漏洞所寻得的可适用案件裁判的法律规则无论怎样都必须与法律精神和原则相符合。在识别法律漏洞时，裁判者必须依据

---

① 王利民、王叶刚：《法律解释学读本》，江苏人民出版社 2016 年版，第 39 页。
② 王利民、王叶刚：《法律解释学读本》，江苏人民出版社 2016 年版，第 200 页。
③ 王利民、王叶刚：《法律解释学读本》，江苏人民出版社 2016 年版，第 200 页。
④ 王利民、王叶刚：《法律解释学读本》，江苏人民出版社 2016 年版，第 201 页。

立法目的确定立法者是有意排斥某项规则，还是因为疏忽而未作任何安排。

3. 漏洞填补应当遵循相关先后顺序

漏洞填补的方法可以分为两大类：一类为法律体系内的填补，即借助于现有法律体系内的规则来进行相关漏洞填补，如类推适用、目的性扩张解释、目的性限缩解释等；另一类为法律体系外的填补，即在现有法律体系外寻求相关规则来填补漏洞，如基于习惯法和比较法填补漏洞等。一般而言，法官只有在不能依据体系内因素填补漏洞时，才能选用体系外因素进行填补漏洞。例如，在司法过程中，应当尽可能地从现行法的规则中寻找依据。因此，类推适用、目的性扩张、目的性限缩，应当优先于其他填补漏洞的方式而适用。

4. 漏洞填补应当尽量寻找具体可供适用的规则

漏洞填补的过程中，法官必须努力寻找可供案件裁判的具体规则，从而与小前提相联系。由于法律原则是一切制度的基本标准，其内涵较抽象，不能简单地用来填补漏洞，通常只能作为填补漏洞的最后方式适用。

（四）我国的法律解释体制

法律解释因其解释主体和解释效力的不同被分为正式解释和非正式解释。正式解释指特定的国家机关及其工作人员依法对法律条文作出的具有法律约束力的解答和说明。正式法律解释的主体是法定的国家机关及其公职人员；作出的解释与法律规范具有同等的法律效力。非正式解释指未经法律授权的机关、团体、组织或个人对法律规范的含义作出的理解，并不具备法律上的拘束力，包括学理解释和任意解释，学理解释虽然不具有法律效力，但由于其由学者或者个人对法律规范进行研究所作出的专业化较强的说明，具有理性色彩和系统阐述的特点，在法学研究、法学教育、法制宣传等方面有重要意义，且可能转变为正式解释。

根据《中华人民共和国宪法》《立法法》和全国人大常委会《关于加强法律解释工作的决议》等法律文件的规定，我国的正式解释分为立法解释、行政解释和司法解释三种。

1. 立法解释

立法解释有广义和狭义的区分。广义的立法解释是指所有有权制定法律、法规等规范性文件的国家机关或者法律授权机关对其所制定的法律文件作出的说明，包括全国人大常委会的法律解释权；国务院及其主管部门的法律解释权；具有地方立法权的地方人大常委会的法律解释权；特别行政区的法律解释权等。狭义的立法解释是指法定的立法机关依照法定程序对法律条文作出的说明。解释主体是全国人民代表大会常务委员会，《宪法》第67条规定，全国人民代表大会常务委员会有解释宪法和法律的权力；解释的对象是宪法和法律。这里的法律仅指由全国人民代表大会制定的基本法律和由全国人民代表大会常务委员会制定的基本法律以外的法律；解释的方式是对法律条文的含义进行界定和对法律条文的内容作出补充规定。

立法机关对法律条文进行解释与法律具有同等的效力，对司法、执法和社会公众具有约束力，方式是采用决定、决议等形式对法律规范的内容进行有针对性的说明①。立法解释分为事前解释和事后解释，事前解释是为了预防法律在实施过程中发生疑问而事先对其内容进行说明；事后解释是指在法律实施过程中产生了疑问，为解决理解上的分歧而进行的说明。

2. 司法解释

司法解释是指由最高人民法院和最高人民检察院依法就其履行职权过程中如何适用法律、法规而进行的说明，形式上包括审判解释、检察解释和审判检察联合解释。

审判解释是指最高人民法院就其审判过程中，如何具体适用法律的问题进行的说明。审判解释的主体具有特定性，仅包括最高人民法院，地方各级人民法院无权对法律如何适用进行解释；审判解释的对象是除宪法以外的所有的法律，内容包括三类，一是就审判工作中具体应用法律的问题做出说明，如《民事诉讼法》实施后，专门为规范证据问题，2019 年最高人民法院作出的《最高人民法院关于民事诉讼证据的若干规定》；二是针对各级人民法院审判工作做出的规定，如最高人民法院所作出的《最高人民法院关于审理判决拒不执行判决、裁定刑事案件适用法律若干问题的解释》；三是对法律条文的含义进行说明，即对法律条文中原则性、模糊性的规定进行具体化说明，以便能够有效适用。

检察解释是指最高人民检察院对其工作中如何应用法律问题进行的说明。检察解释的对象主要是刑法和刑事诉讼法。

除审判解释和检察解释外，还存在联合解释的形式，即由审判机关和检察机关联合对如何具体适用法律的问题进行说明，如最高人民法院、最高人民检察院、公安部、国家安全部、司法部印发《关于办理刑事案件严格排除非法证据若干问题的规定》。

最高人民法院的审判解释和检察解释发生冲突，应报请全国人民代表大会常委会解释或者决定。

3. 行政解释

行政解释是指行政机关在依法行使职权时，对有关行政法规、规章如何具体应用问题所作的说明。1999 年 5 月 10 日国务院办公厅作出的《关于行政法规解释权限和程序问题的通知》，对行政法规的解释问题作出了规定。（1）凡属于行政法规条文本身需要进一步明确界限或者作补充规定的问题，由国务院作出解释。（2）凡属于行政工作中具体应用行政法规的问题，有关行政主管部门在职权范围内能够解释的，由其负责解释；有关行政主管部门解释有困难或者其他有关部门对其作出的解释有不同意见，要求国务院解释的，由国务院法制办公室②承办，作出解释，其中涉及重大问题的，由国务院法制办公室提出意见，报国务院同意后作出解释。（3）国务院、国务院办公厅有关贯彻实施法律、行政法规的规范性文件的解释，由国务院法制办公室承办，作出解释，其中涉及重大问题的，由国务院法制办公室提出意见，报国务院同意后作出解释。

2001 年 11 月国务院颁布的《行政法规制定程序条例》第 31 条规定："行政法规条文本身需要进一步明确界限或者作出补充规定的，由国务院解释。行政法规的解释与行政法

---

① 舒国滢主编：《法理学导论》（第三版），北京大学出版社 2019 年版，第 239 页。

② 国务院法制办公室现已并入司法部。

规具有同等效力。"第 33 条规定："对属于行政工作中具体应用行政法规的问题，省、自治区、直辖市人民政府法制机构以及国务院有关部门法制机构请求国务院法制机构解释的，国务院法制机构可以研究答复；其中涉及重大问题的，由国务院法制机构提出意见，报国务院同意后答复。"

2001 年 11 月国务院颁布的《规章制定程序条例》第 33 条规定："规章解释权属于规章制定机关。规章有下列情况之一的，由制定机关解释：（一）规章的规定需要进一步明确具体含义的；（二）规章制定后出现新的情况，需要明确适用规章依据的。""规章解释由规章制定机关的法制机构参照规章送审稿审查程序提出意见，报请制定机关批准后公布。""规章的解释同规章具有同等效力。"

第四节　法律适用的效力

一、对人的效力

对人效力是指法律规范适用于哪些人，对哪些人产生拘束力。一般采用如下原则确定法的对人效力：

1. 属人主义原则

属人主义原则是指凡是本国人和组织，无论在国内还是在国外，都依法享有宪法和法律所规定的权利，履行相应的义务①。也就是以自然人的国籍和组织的国别作为判断法律对人效力的依据。如果完全贯彻该原则，则存在一国的法律不能对该国内的外国人和组织具有约束力的问题。

2. 属地主义原则

以地域为依据来判断法律效力的空间范围，具体是指一个国家的法律对其管辖领域内的所有人和组织都具有约束力。无论是本国人还是外国人，只要身处该国家管辖的领域之内，都依法享有相应的权利，履行相应的义务。但是，仅依照该原则来决定法律的空间效力，则存在对不在其领域内的本国人和组织没有约束力的问题。

3. 保护主义原则

以保护本国利益为出发点而确立法律的对人效力。本国人或者组织，在国外受到其他国家的人或者组织的侵害，基于保护本国人和组织的目的，可以将本国法律适用于外国的人和组织。适用该原则会对其他国家的主权造成一定的侵害。

4. 混合主义原则

混合主义原则指，以属地主义为主，结合属人主义与保护主义的原则，来确定法律的效力，以弥补单纯适用某一种原则的不足，既维护了本国的主权，也体现了对他国主权的尊重，为世界上多数国家所采用。

我国法律适用的对人效力主要体现为两个方面：第一，对中国公民的效力。我国公民

① 《法理学》编写组著，《法理学》（第二版），人民出版社、高等教育出版社 2020 年版，第 116 页。

平等享受宪法和法律规定的权利，平等履行宪法和法律规定的义务。中国公民在国外，仍然受中国法律的保护和约束，但是不同国家的法律制度、规定有所不同，可能会出现一定的冲突，此时要根据两国之间所签订的协议、条约以及国内法的规定，来确定适用哪国的法律。

第二，对外国公民及无国籍人的效力。外国公民或无国籍人在中国境内，依法享有中国宪法和法律规定的权利，并履行相应的义务，但是并非所有的权利都为外国公民、组织享有，如选举权和被选举权、担任公职的权利等外国公民或无国籍人不能享有。外国公民在中国境内实施违法行为，依法适用中国法律追究其责任，但是也存在例外情况。如在刑事领域，对享有外交特权和豁免权的外国人的犯罪行为，需要追究刑事责任的，通过外交途径解决。这既体现了对本国主权的保护，也体现了对外国主权的尊重。外国公民、组织在国外侵害中国公民、组织的权益，依照我国刑法规定判处最低刑为三年以上有期徒刑的，可适用中国法律，但是按照犯罪地的法律不受处罚的除外①。这一规定表明中国法律适用于外国公民、组织在外国的犯罪行为要符合最低刑为三年以上、两国法律都认为是犯罪行为的条件。

二、时间效力

时间效力是指法律在何时生效或者终止，以及法律对其生效前的行为是否具有溯及力。

1. 法律生效。法律规范只有生效后，才能被适用。从我国的立法实践看，法律生效的方式存在不同的情形：（1）公布之日即为生效之日。例如《中华人民共和国监察法》规定，该法律自公布之日起施行。（2）公布后的某个确定时间生效。如《消防法》第74条规定，本法自 2009 年 5 月 1 日起施行。（3）公布后满足某种条件后生效。《企业破产法》第 43 条规定，本法自全民所有制工业企业法实施满三个月之日起试行，也就是生效。

2. 法律失效。法律失效是指法律规范失去效力，不再具有约束力，法律适用机关不能再以该法律为依据，认定行为的合法与否，或对法律争议加以解决。法律规范失效的方式有：（1）新法宣布废除旧法。如《民法典》第 1260 条规定，本法自 2021 年 1 月 1 日起施行。《中华人民共和国婚姻法》《中华人民共和国继承法》等同时废止。《中华人民共和国监察法》第 69 条规定，本法自公布之日起施行。《中华人民共和国行政监察法》同时废止。（2）完成一定的历史任务后不再适用，例如战时法律，一旦战争状态结束即失效；戒严时适用的法律，戒严结束即失效。（3）通过专门的决定废止法律。

3. 法律的溯及力

法律的溯及力是指，法律对其生效之前的事件和行为是否具有效力，也就是能否以刚生效的法律对该法律生效之前的行为和事件的合法性进行判断？如果有效则是具有溯及力，没有效力就是没有溯及力。一般而言，法律不应当有溯及力，法律仅用来规范其生效

---

① 《刑法》第 8 条：外国人在中华人民共和国领域外对中华人民共和国国家或者公民犯罪，而按本法规定的最低刑为三年以上有期徒刑的，可以适用本法，但是按照犯罪地的法律不受处罚的除外。

后人们的行为。国家不能用今天的法律指引人们昨天的行为，不能因人们先前的在法律上未被禁止的某种行为现在被规定为违法而给予制裁。但是，也存在有溯及力的主张，如果现行的法律规范适用于过去的行为或事件是有利的，则可以用现在的法律去评价过去的行为或者事件。

法律是否具有溯及力，各国采用的立场主要有：（1）从旧原则，即过去的行为或事件适用过去的法律；（2）从新原则，即法律具有溯及力；（3）从轻原则，即适用对人们最有利的法律；（4）从旧兼从轻原则，原则上法律无溯及力，但如果有利于当事人，则可以适用新法；（5）从新兼从轻原则，法律原则上有溯及力，但是如果旧法有利于行为人，则适用旧法的规定。基于保障人权的目的，我国目前适用从旧兼从轻的原则。

三、空间效力

空间效力是指法在哪些空间或者地域范围内适用。法的空间效力与国家主权相关，一个国家的主权领域包括领陆、领水、领空、底土，也包括驻外使领馆、该国的境外飞行器、船舶等延伸意义上的领土，因此，法律应该适用于一国管辖的所有领域，在特殊情况下也对域外产生一定的效力。

由于法律制定的主体不同，在一国的领域内，法律的空间效力也是有差别的，主要有以下几种情况：（1）在全国范围内有效。在中国，全国人大及其常委会、国务院制定的法律文件在全国范围内适用。如宪法、法律、行政法规、部门规章等。（2）在局部地区有效。我国地方人大及其常委会、人民政府依法制定的地方性法规及地方政府规章，民族自治地方制定的自治条例与单行条例，适用于相应的地区，并不在全国范围内有效。

法的域外效力。法之所以能够适用于域外是基于保护本国人利益的目的。例如民事、婚姻家庭的事项，有些法律实行有条件的域外效力原则；《刑法》第7条明确规定，符合一定的条件后，我国的法律可以适用于外国人、组织。

第五节　法律适用中的证据规则

一、法律证据种类

（一）法律证据的具体种类

证据是指证明某种事实的材料。法律证据只是证据的一种，是用以在诉讼和其他法律事务中明确事实、查明案件真实情况的各类证据①。证据的种类是指法律规定的证据的不同表现形式。不同的诉讼制度在目的、程序等方面有差别，证据的表现形式也存在不同之处。根据《民事诉讼法》的规定，民事诉讼中法律证据的种类包括：当事人的陈述；书证；物证；视听资料；电子数据；证人证言；鉴定意见；勘验笔录。《刑事诉讼法》中规定了8种刑事证据：物证；书证；证人证言；被害人陈述；犯罪嫌疑人、被告人的供述和辩解；鉴定意见；勘验、检查、辨认、侦查实验笔录；视听资料、电子数据。《行政诉讼

---

① 熊志海：《法律证据客观性研究》，载《探索》2002年第3期。

法》规定 8 种证据：书证；物证；视听资料；电子数据；证人证言；当事人的陈述；鉴定意见；勘验笔录、现场笔录。

对证据进行分类，能够在一定程度上限制法律适用者滥用证据对案件做出裁判，有利于维护社会秩序，规范法律适用，保障当事人的合法权益，且有助于法律证据的收集使用，让法律适用者更加客观、清楚地适用证据类型查清案件事实。但也存在一定的不足之处，证据类型是不能够穷尽的，有的材料具有实质证明意义，但并未纳入法定证据类型当中，此时就会产生适用的困难。如随着互联网的发展导致视频形式保存的证据增多，在其未纳入法定证据类型之前，对其属于哪种类型的证据存在争议，自然会影响对证据的搜集、案件事实的认定，这就需要对证据类型作出更加合理的规定，弥补列举式的不足。

（二）法律分类

在我国证据种类和证据分类不属于同一概念，证据分类属于理论研究中的划分，不具备法律效力，仅出于法律研究的目的，但两者之间并非完全割裂的。学理上法律证据被分为：（1）言词证据和实物证据。言词证据是指表现为人的陈述的各种证据，包括证人证言、当事人陈述、鉴定意见、犯罪嫌疑人供述等，实物证据是指以一定实物形态存在的证据，包括书证、物证、电子数据、勘验笔录等；（2）原始证据和传来证据。原始证据是指直接来源于案件事实且未经复制或者转述的证明材料，如证人陈述其直接看到的与案件有关的事实情况，或者直接从现场取回的与案件相关联的物证等；传来证据是指并非第一手直接获取的，而是间接来源于案件事实的证明材料，如证人转述第三人的话语或者照片的复制品等。原始证据的证明力大于传来证据，法律适用者在收集证据时应当尽可能收集原始证据。（3）有罪证据和无罪证据。有罪证据是指能够证明犯罪嫌疑人或者被告实施了危害社会的行为且依照刑法规定达到了犯罪程度的证明材料，无罪证据是指能够证明犯罪嫌疑人或者被告无罪或者没有犯罪事实的证明材料。刑事证据中区分有罪和无罪证据能促使公安机关及其人员全面客观收集和运用证据，保障公平正义的实现；（4）直接证据和间接证据。直接证据是指能够直接证明当事人主要争议事实的那些证明材料，如合同纠纷中，合同原件能够直接证明是否存在合同关系；间接证据是指不能独立证明案件主要事实的证明材料。如证人陈述其看到张三带着一块手表，这一证言无法证明当事人双方之间是否存在买卖合同关系；（5）本证与反证。本证是指对证明对象负有举证责任一方提出的，能够证明待证事实成立的证明材料，如张三出示证据证明李四的车撞到了他；反证是指对证明对象不负举证责任的一方当事人提出的，能够证明该事实不存在的证明材料，如小汪出示证据证明其没有实施违约行为。

二、法律证据的特征

西方国家法律证据的特征和我国有所不同，英美法系注重证据的关联性和可采性，大陆法系国家注重证据的证据能力和证明力①。我国法律证据的特征主要表现为真实性、关联性和合法性。

---

① 陈光中主编：《证据法学》（第四版），法律出版社 2019 年版，第 139~142 页。

（一）真实性

证据的真实性是指证据的形式和其内容是客观存在，而非虚假捏造①。我国传统证据法律理论将客观性作为证据的基本属性之一，认为证据是能够证明案件的客观事实②。但如今，学者们认为证据客观性应当为证据的真实性所代替。首先，证据既具有客观性，也具有主观性。就物证而言，是客观存在的证据形式，具有客观性；但是就证人证言而言，作为证据形式，是证人主观的表达，具有主观性。且所有证据的收集都离不开人的主观能动性。其次，证据本身不是客观的，如果是客观的，就无须在诉讼阶段对证据进行质证，可直接用于证明案件的事实。但《刑事诉讼法》《民事诉讼法》《行政诉讼法》均规定诉讼中的证据要经过质证，未经质证的证据不能作为裁判的依据。《民诉法解释》也要求，在诉讼过程中围绕证据的真实性进行质证③。

（二）关联性

1. 客观性

法律证据关联性中的客观性，是指证据与待证对象之间的联系必须具有客观的属性④。证据之所以能够证明待证的证明对象，就在于证据与证明对象之间存在客观的联系，具体表现在两个方面：一是与有争议的行为有客观联系；二是同作出行为所依据的事实有客观联系。

2. 多样性

多样性是指联系形式是多方面的，存在因果联系、时间联系、空间联系、偶然联系和必然联系、直接联系和间接联系、肯定联系和否定联系等。联系的方式包括结果、时间、条件、方法、手段等。正如某一物证证明某案件的结果，就和该待证的事实具有因果联系。视频资料时间能够证明案件发生的时间，就和该案件具有时间上的联系。证据与案件事实之间的联系越紧密，证据的证明力就越强，在诉讼中所起的作用也越大。我国证据的关联性与英美法中的关联性存在一定的区别。我国注重实质的关联性，英美法系证据法中注重证据与证明对象之间的形式性联系。

（三）合法性

证据的合法性是指证据的形式以及证据收集的主体、方法和程序符合法律的规定，并且证据必须经过法定的审查程序。合法性是证据真实性和关联性的重要保障。

主体合法要求只有法律规定的有权主体收集、运用的证据才能作为认定案件事实的根据。如在民事诉讼中，与案件有关的当事人收集的证据才能作为定案的根据，其他与案件无关的人提出的证明材料不能作为案件的证据。

方式合法要求证据的提供收集和审查必须符合法定的程序要求。如，行政机关通过恐

---

① 陈光中主编：《证据法学》（第四版），法律出版社 2019 年版，第 143 页。

② 巫宇甦主编：《证据法学》，群众出版社 1983 年版，第 67 页。

③ 《最高人民法院关于适用〈中华人民共和国民事诉讼法〉的解释》第 104 条：人民法院应当组织当事人围绕证据的真实性、合法性以及与待证事实的关联性进行质证，并针对证据有无证明力和证明力大小进行说明和辩论。能够反映案件真实情况、与待证事实相关联、来源和形式符合法律规定的证据，应当作为认定案件事实的根据。

④ 熊志海：《法律证据客观性研究》，载《探索》2002 年第 3 期。

吓、诱骗的方式取得的证据而对行政相对人予以行政处罚，该证据的取得方式就不合法，不能作为行政处罚的根据。

形式合法要求证明案件的证据形式必须符合法律的要求，即属于法律规范中所规定的证据类型。

程序合法要求证据必须经法定程序出示和审查。比如，当事人提交的证据都应当在诉讼过程中进行质证。证人证言要经过法庭的询问，对方当事人的质证，证据都应当依法提交原件，在诉讼过程中经当事人辨认等。

法律证据的真实性、关联性和合法性之间是相辅相成、相互联系的，对法律适用机关了解案件事实，作出正确判断具有重要作用。

三、法律证据与法律事实的关系

（一）法律事实

法律事实就是法律规范规定的，能够引起法律关系产生、变更与消灭的客观情况或现象①，是与人类生活有联系的客观存在的现象，而非一种心理活动。

法律事实的分类：

1. 行为和事件

行为是指以权利主体的意志为转移，能够引起法律后果的法律事实。因为人们的意志有善恶之分，行为也可分为合法与不合法。合法行为是指与法律规范及其价值要求相一致，能够引起法律关系的产生、变更和消灭的行为。如双方当事人依法签订合同使合同关系成立，双方当事人依法进行婚姻登记成立婚姻关系。不合法行为是指与法律规范及其价值要求不相符合的行为。不仅合法行为能够引起法律关系的变动，不合法行为也能引起法律关系的变动，如犯罪行为能够引起刑事法律关系的产生等。

事件是指不以权利主体的意志为转移的法律事实，又可以分为绝对事件和相对事件。绝对事件是指因为某种自然原因而引起的事件，如人的自然死亡所导致的生前婚姻法律关系、劳动关系的消灭；人的出生所引起的父母与子女之间的法律关系产生等；相对事件是指由人们的行为所引起的事件，如交通肇事导致一方主体死亡，因死亡所产生的保护性法律关系是行为，但死亡一方的死亡导致生前的劳动关系的消灭则是事件所导致的。

2. 肯定的法律事实和否定的法律事实。

肯定的法律事实是指只有该事实存在时才能引起法律关系的产生、变更和消灭。如只有达到法定结婚年龄才可能缔结婚姻关系。否定性的法事实是指只有当该事实不存在时才能引起法律关系的变化。如成立婚姻关系时，不能存在重婚的事实。

3. 单一的法律事实和事实构成。

单一的法律事实是指由单一事件引起的相应法律后果，如出生这一事实构成父母与子女之间的法律关系。事实构成是指某一法律关系的变化需要多个法律事实共同作用。如双方当事人形成婚姻关系要求满足年龄、不存在重婚的事实等条件，即某一单独的法律事实不能引起法律关系的变化。

---

① 张文显主编：《法学概论》（第二版），高等教育出版社 2010 年版，第 160 页。

（二）法律证据与法律事实

法律证据与法律事实之间有紧密的联系。在某些方面，事实与证据有类似本质和现象、内容和形式的关系：事实具有不变性、整体性、本源性；证据具有变动性、片段性、表征性①。具体来讲，法律证据与法律事实的联系包括：

1. 法律事实必须用证据加以证明

在法律适用中，证据是与案件事实相关的信息，用于证明所主张事实存在的可能性②。认定案件事实，必须以证据为根据，使得法律适用者做出的裁决合法、准确与科学；若没有证据，即便是法律适用者依据常理能够推断出的事实也不能认定为是案件的事实。法律事实需要法律证据加以证明，则法律事实是法律证据的证明对象。

2. 案件事实与证据事实并不是一回事

一个是具体事实，一个是抽象事实，这中间需要通过逻辑关系才能连接起来③。两者在本质上是不同的。

3. 法律证据要证明的法律事实必须是有意义的事实

法律事实有很多种，但在法律适用过程中，法律事实必须与案件有某种联系，与案件毫无关联的事实没有适用证据加以证明的必要。

4. 法律事实是法律规范所确定的事实

法律适用过程中的法律事实既包括实体法要件事实，也包括程序法要件事实。如在诉讼中，当事人不仅要通过证据证明其实施的行为符合法律实体法的规定，也要证明其行为符合程序法的要求。

四、法律证据的适用规则

法律证据的适用规则是指法律适用中收集、审查、判断证据应当遵循的准则。确立并遵循证据适用规则，有利于保障当事人的权利，当事人举证证明的案件事实符合证据适用的规则，能够增强其主张获得支持的几率；同时，能够有效限制国家权力的恣意行使，更有助于发现案件真相，减少冤假错案的出现。

（一）关联性规则

关联性规则是指证据要证明的内容必须与案件有关联。英美国家中，关联性规则与证据的可采用性有密切的联系，在证据与案件的关联性中需要对品格证据规则和类似证据规则进行严格认定。

1. 品格证据规则

品格证据规则是诉讼中，起诉方以被告方平时的品格作为依据支撑其主张的规则。"品格"包括：一是指个人在其社会生活范围内的整体声誉；二是个人针对某类事件的惯

---

① 张保生：《事实、证据与事实认定》，载《中国社会科学》2017 年第 8 期。

② 张保生：《事实、证据与事实认定》，载《中国社会科学》2017 年第 8 期。

③ ［匈］贝拉·弗格拉希：《逻辑学》，刘丕坤译，生活·读书·新知三联书店 1979 年版，第 353 页。

常性做法等①。

应当注意的是，有关个人的品格证据不能作为证人实施某种行为的依据，该证据与案件不具有关联性。如果在法律适用的过程中，原告方主张该盗窃行为一定是被告所为，原告向法律适用者提出的证据材料是被告文化水平低，性格孤僻，游手好闲等，显然这种证明材料与案件没有关联性，不能作为定案的根据。

由于品格有优良和恶劣之分，对其可采性会有不同的态度。基于保障人权的原则，行为人的恶劣品格不能作为认定其实施某种应受法律谴责的行为的依据；基于宽严相济的政策，被告可以提出其享有良好的品格的证据材料，但不能提出其不良品质的材料，在法律适用的过程中有关当事人不良品格的证据材料原则上应当被排除。

2. 类似事实证据规则

类似事实证据是指当事人实施的其他与案件相类似的不法行为的证据。由于此类事实与本案无关，也不能作为定案的依据。如当事人之前有实施危害他人利益的行为，但不能就此认定此案中危害他人利益的行为就是该当事人所实施的。

（二）非法证据排除规则

非法证据排除规则是指违反法定程序以非法方法获取的证据，不具有证明能力，不能作为认定案件事实的依据。《刑事诉讼法》第56条第1款规定，采用非法方式收集证人证言、被害人陈述，应当予以排除，收集的物证、书证无法补正或作出合理解释的应当排除。该规定表明我国的非法证据分为两类：一类是以非法方法获取的言词证据；另一类是以非法方法获取的实物证据。

非法证据排除规则所排除的是证据的证据能力而非证明力。证据能力和证明力既有密切的联系也有区别。证据能力是指某事实材料在法律上作为诉讼证据的资格，证明力是指证据对案件事实的证明价值，证明力有大小之分，而证据能力则表现为有无，是否具有证据能力由法律法规规定，证明力的大小则依靠裁判者的价值判断。非法证据排除规则所对应的是证据的证明力，若证据材料是以非法方式获取的，则不具有证据能力，不能作为定案的依据②。

非法证据排除规则无论程序上还是实体上都具有重要价值。程序价值即保障程序人权的价值，在刑事诉讼中，非法证据排除规则主要适用于国家机关以非法侦查、调查等行为所获取的有关犯罪嫌疑人的证据，犯罪嫌疑人相较于国家机关处于弱势地位，其合法权益容易受到司法机关的侵害，非法证据排除规则能够有效保障犯罪嫌疑人的合法权益，符合尊重保障人权的要求。实体价值主要体现为有助于查清案件事实真相。有学者认为适用非法证据排除规则，有罪之人不受法律追究，使得案件事实的查明更加困难，但应当注意的是，这一原则的适用有助于避免冤假错案的出现。

我国关于非法证据排除规则的立法，在刑事诉讼领域，《刑事诉讼法》第56条对非法证据排除规则作出了规定，最高人民法院印发的《人民法院办理刑事案件排除非法证据规程》，两院三部发布的《严格排除非法证据规定》等对何为非法方式作出了更详尽的

① 陈光中主编：《证据法学》（第四版），法律出版社2019年版，第232页。
② 参见李浩：《民事诉讼非法证据排除规则探析》，载《法学评论》2002年第6期。

规定。在民事诉讼领域，2015 年《民事诉讼法解释》、2019 年《最高人民法院关于修改〈关于民事诉讼证据的若干规定〉的决定》对非法证据排除规则也作出了明确的规定。

非法证据的判断标准对法官决定是否适用该证据材料具有重要作用，判断标准越明确，法官的裁量性越小，对其适用越规范。在刑事领域，非法证据排除规则主要适用下列情况：一是采用殴打、违法使用戒具等暴力方法或者变相肉刑的恶劣手段导致犯罪嫌疑人、被告人遭受难以忍受的痛苦而违背意愿作出的供述；二是采用以暴力或者严重损害本人及近亲属合法权益等威胁方式使犯罪嫌疑人、被告人遭受难以忍受的痛苦而违背意愿作出的供述；三是采用非法拘禁等非法限制人身自由的方法的行为；四是我国将重复供述也作为排除的标准，但规定了两种例外的情况；五是，实物证据的收集不符合法定程序，可能严重影响司法公正且不能补正或者做出合理解释的。在民事领域，非法证据的判断标准主要表现为：一是严重侵犯他人合法权益；二是违反法律禁止性规定或者严重违背公序良俗的方式获取的证据。民事诉讼中有关非法证据的判断标准相较于刑事诉讼更加模糊，法院在行使职权的过程中享有更大的自由裁量权。

（三）传闻证据规则

传闻证据规则是指证人在庭审期间所陈述的并非自己亲身经历的事实，以及亲身经历案件的证人在庭审期日以外所作的证人证言。传闻证据的对象是证人证言。传闻证据包括两种形式：一是亲身经历案件的证人，在庭审期日外作出的证人证言；二是庭审中的证人没有亲身经历案件，所作出的证人证言。传闻证据原则上不能作为定案的根据，原因在于：（1）传闻证据中出庭的当事人是案件见证人的转述人，并没有亲身经历案件，存在转述不准确或者伪造的可能；（2）证人在庭审期日外所提交的证据没有经过质证，不符合法定程序的要求，在一定程度上对证据真实性产生不利的影响；（3）会对对方当事人的权益产生不利的影响。传闻证据使对方当事人无法与对方当事人进行对质，不利于保障对方当事人的法定权益。

传闻证据不能作为定案的根据，但存在例外情形：只有查清案件事实，才能更好地适用法律做出裁决，如果排除所有的传闻证据会导致案件事实无法查清或者查清案件事实所要花费的成本高昂，也可以在满足一定条件的情况下采用传闻证据。正如英美证据采用中的做法，如果传闻证据具有"可信任性的情况保障"，不经质证也不会侵害对方当事人的权益，或者已经给予双方质证、询问的机会则可以采用传闻证据。

（四）最佳证据规则

最佳证据规则是指在当事人提出的书证，应当适用原始的文书，除非能够对不适用原始文书作出合理的解释。最佳证据规则是英美法最古老的证据规则之一，起源于英国①。它是一项规范证据的证据能力规则。最佳证据规则使证据的采用具有重要意义。对于文书而言，即使是极细小的差别也会导致对其意思的理解产生巨大的偏差，如果不加限制的适用复制件，可能会对案件的真实性产生不良影响，影响司法程序，对当事人的权益产生一定的危害②。

---

① 陈光中主编：《证据法学》（第四版），法律出版社 2019 年版，第 253 页。
② 参见易延友：《最佳证据规则》，载《比较法研究》2011 年第 6 期。

　　我国最佳证据规则体现在各种诉讼程序当中，最高人民法院关于适用《中华人民共和国刑事诉讼法的解释》第83条规定，据以定案的物质应当是原物。第84条规定，据以定案的书证应当是原件。①《民事诉讼》第73条规定，书证应当提交原件。物证应当提交原物。此外《民诉解释》②以及《民诉证据规定》③都对物证和书证的原件作出规定。《行政证据规定》④对行政诉讼中书证、物证的出示作出明确规定。这些规定都体现出了我国对最佳证据规则的适用，这一规则适用于物证、书证以及视听资料、电子数据等，并不仅限于书证，同时也规定了缺乏物证、书证原件的例外情况。

（五）意见证据规则

　　意见证据规则是指，证人在作证过程中，只能陈述自己的感知，而不能对自己感知的事实提出意见、推理或结论。证人关于事实进行的推理，提出的意见，不能作为定案的根据。正如，证人在路上看见被告人随意变道，导致交通事故的出现，就只能陈述其所看见的事实，关于被告人是否存在紧急情况，是否醉驾等推理性的意见不能作为定案的依据。意见证据是指"证言的内容是证人所相信的、想象的、推论的，或者是对某事实的结论"的证据。

　　意见证据应当予以排除的原因：（1）意见证据侵犯了案件裁判者的权力。在诉讼中，案件推理论证应当由法官来进行，法官通过了解真实、全面的案件事实，运用专业知识做出裁判。允许证人对事实情况作出推论，提出意见，会在一定程度上损害审判者的权威；（2）证人发表意见，可能误导案件事实的认定。由于证人并没有对案件进行全面了解，所作的推测、结论等可能会对审判者形成误导，进而影响案件事实的认定。（3）意见证据不具有证明价值。证人进行的推论、猜测等，法律适用者或者专业鉴定人依其能力能给予更加合理、合法、客观、准确的意见，证人的意见证据不具有证明价值。

　　西方国家中，意见证据规则存在例外情形，专家证人意见和普通证人意见的例外。专家证人意见都是可以采纳的，但是需要满足一定的要求，如专家证人其专业能力要经过认

---

　　①　《最高人民法院关于适用〈中华人民共和国刑事诉讼法〉的解释》第83条规定：据以定案的物证应当是原物。第84条规定：据以定案的书证应当是原件。

　　②　《民诉法解释》第110条：民事诉讼法第七十三条规定的提交书证原件确有困难，包括下列情形：（一）书证原件遗失、灭失或者毁损的；（二）原件在对方当事人控制之下，经合法通知提交而拒不提交的；（三）原件在他人控制之下，而其有权不提交的；（四）原件因篇幅或者体积过大而不便提交的；（五）承担举证证明责任的当事人通过申请人民法院调查收集或者其他方式无法获得书证原件的。前款规定情形，人民法院应当结合其他证据和案件具体情况，审查判断书证复制品等能否作为认定案件事实的根据。

　　③　《最高人民法院关于民事诉讼证据的若干规定》第21条：人民法院调查收集的书证，可以是原件，也可以是经核对无误的副本或者复制件。是副本或者复制件的，应当在调查笔录中说明来源和取证情况。第22条：人民法院调查收集的物证应当是原物。被调查人提供原物确有困难的，可以提供复制品或者影像资料。提供复制品或者影像资料的，应当在调查笔录中说明取证情况。

　　④　《最高人民法院关于行政诉讼证据若干问题的规定》第10条规定：（一）提供书证的原件，原本、正本和副本均属于书证的原件。提供原件确有困难的，可以提供与原件核对无误的复印件、照片、节录本。第12条中规定：（一）提供原物。提供原物确有困难的，可以提供与原物核对无误的复制件或者证明该物证的照片、录像等其他证据。

定程序，只能就其所掌握领域内的事件提出意见，作出推论；专家证人提出的证据材料要经过交叉询问等。普通证人的意见合理地建立在该证人的感知上，或者对查清案件事实，确定争议事实确实有益，则该意见证据可以作为意见证据规则例外被采用。

在我国，意见证据不能作为定案依据，如最高人民法院关于适用《中华人民共和国刑事诉讼法的解释》① 规定，证人的猜测性、评论性、推断性的证言，不得作为证据适用，但根据一般生活经验判断符合事实的除外。最高人民法院《关于行政诉讼证据若干问题的规定》第 46 条规定，证人应当陈述其亲历的具体事实。证人根据其经历所作的判断、推测或者评论，不能作为定案的依据。最高人民法院关于《民事诉讼证据的若干规定》第 72 条第 1 款规定，证人应当客观陈述其亲身感知的事实，作证时不得使用猜测、推断或者评论性语言。

---

① 《最高人民法院关于适用〈中华人民共和国刑事诉讼法〉的解释》第 88 条第 2 款：证人的猜测性、评论性、推断性的证言，不得作为证据使用，但根据一般生活经验判断符合事实的除外。

后　记

　　编写一本适合于非法律专业学习的《法学导论》用书的想法，产生于10多年之前，并在当时草拟了一个大纲，但具体撰写一直处于停顿的状态，主要原因有两个方面：一是法学概论体系式的法学导论用书，已经普遍使用，客观上让教师和学习者对学法通论的体系形成了某种习惯认知，新的体系是否能够被大家所接受，难以做出符合实际的判断；二是新的体系中，如何进行内容的取舍与安排，究竟应该让学习者掌握法律和法学哪些方面的知识，才能摆脱碎片化知识了解的状况，实现对法律精神和法学体系的宏观性把握，学理上缺乏一定的讨论，难易程度的把握面临困难。在这个意义上，目前的体系和内容，只能算作一种尝试或探索，无论是肯定还是质疑，我们都会诚恳地加以对待，尤其是欢迎大家提出批评和建议，以便今后有机会修改的时候进行补充完善。

　　参加编写人员：

　　王广辉，武汉学院法学院院长，中南财经政法大学法学教授，博士生导师。

　　周萍，武汉学院副教授，法学院副院长。

　　周芳芳，武汉学院副教授。

　　需要特别说明的是，在编写过程中，苗晓阳、毋振文、张祝园、袁明班等在资料收集、整理以及部分初稿撰写上做出了贡献。其中第三章第四节的"法学流派"部分由苗晓阳撰写初稿，第四章"法律职业共同体"部分由袁名班撰写初稿，借此表示感谢！

2023年4月